I0751898

DICTIONNAIRE
GEOGRAPHIQUE,
HISTORIQUE ET POLITIQUE
DE
LA SUISSE.

O fortunatos nimium, sua si bona nôrint !
GEORG. L. II.

TOME PREMIER.

A NEUCHATEL.
Chez J. P. JEANRENAUD & COMPAGNIE.
Libraires, & Imprimeurs du Roi.

M. DCC. LXXV.

(Extrait en grande partie de l'Encyclopédie d'Yverdun)

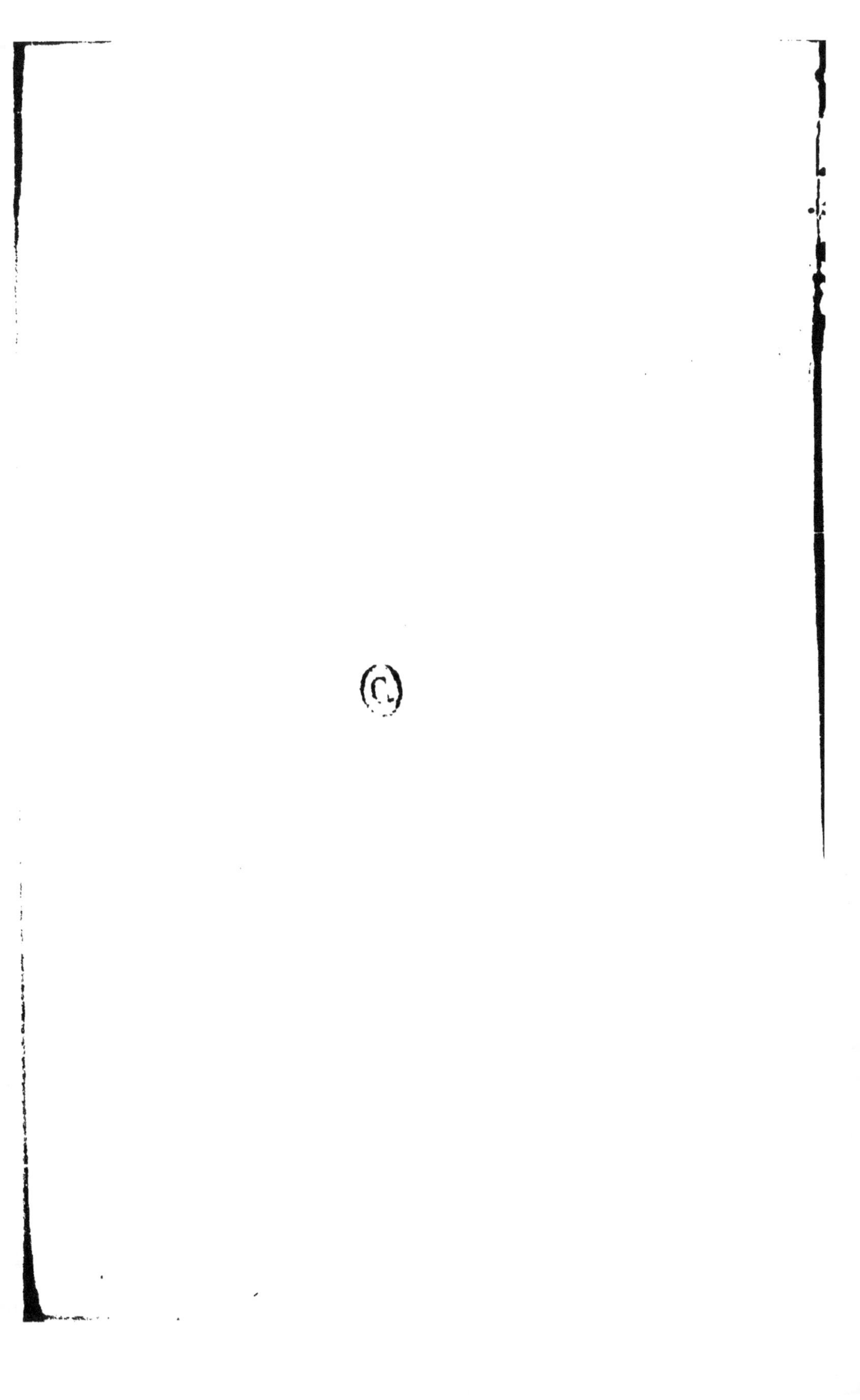

A
MONSIEUR
VINCENT BERNARD TSCHARNER,
MEMBRE DU CONSEIL SOUVERAIN
DE LA VILLE ET RÉPUBLIQUE
DE BERNE, SEIGNEUR BAILLIF
D'AUBONNE,
&c. &c. &c.

MONSIEUR

Si nous prenons la respectueuse liberté de vous dédier ce Dictionnaire, nous n'entreprendrons pas dans cette dédicace, de tracer le tableau de vos lumiéres, de vos talens & de vos vertus : la tâche seroit trop forte pour nous ; elle n'appartient qu'à ces plumes éloquentes, qui savent peindre le mérite avec de justes couleurs & qui ne se laissent pas arrêter par la multitude des objets que la matiere présente à leurs yeux.

Vous admirant en silence, nous vous supplions, MONSIEUR, de recevoir avec bonté cette marque de nôtre respect; c'est d'ailleurs un hommage que nous vous devons. L'ouvrage que nous donnons au public, intéressant par lui-même & par la maniere habile avec laquelle les articles y sont traités, sera plus satisfaisant, en paroissant sous les favorables auspices de celui qui en est le principal Auteur. Le lecteur, reconnoissant ici le fidéle & savant historien de la Suisse, se félicitera de savoir qu'il peut puiser dans la même source, la connoissance de la partie géographique & politique de ce même païs.

Nous osons donc nous flatter, MONSIEUR, que vous ne désaprouverés pas nôtre démarche & que vous voudrés bien l'envisager comme une suite du très profond respect & de la vénération avec lesquels nous sommes.

MONSIEUR

Neuchâtel le 26 Septembre 1775.

Vos très-humbles & très obéissans Serviteurs,
J. P. JEANRENAUD & COMP..

AVIS DES EDITEURS.

L'Ouvrage que l'on donne ici au Public, paroit s'annoncer suffisamment par son titre: l'on n'exposera donc pas le lecteur aux ennuis d'une longue préface. Il est tiré pour la plus grande partie, de l'Encyclopédie d'Yverdon, source trop avantageusement connuë pour avoir besoin d'une autre recommandation. La matiere qui en fait l'objet, intéressante par elle-même pour les Suisses, semble l'être devenuë encore pour les autres peuples de l'Europe, par la maniere dont elle est traitée. D'après ces deux seules considérations le succès de cet ouvrage ne doit plus être équivoque & c'est avec confiance que l'on s'en rapporte au jugement respectable de ceux qui cherchent à s'instruire. Pour ajouter à la satisfaction de ces personnes toujours estimables, de même que pour contribuer, autant que possible, à rendre justice au mérite distingué de l'Auteur des principaux articles de ce livre, l'on ne doit pas laiſſer ignorer, qu'ils ſortent de la plume du ſeigneur Bernois à qui la reconnoiſſance l'a dédié, & auquel les Suiſſes ont eu il y a quelques années, les mêmes obligations pour leur hiſtoire, qu'ils lui ont aujourd'hui pour leur géographie. Puiſque c'eſt à la faveur du travail de cet illuſtre compatriote, que ce Dictionnaire voit actuellement le jour, il ne ſauroit manquer d'être reçu avec empreſſement du public éclairé.

Tout le monde n'étant pas également inſtruit de la conſtitution des Suiſſes, l'on auroit pu faire précéder ce Dictionnaire d'une introduction qui donnat au lecteur une idée générale d'un corps qui s'eſt illuſtré dans tous les tems: mais on y a ſuppléé en ſortant l'article Corps Helvetique de ſa place naturelle, pour lui faire occuper la tête de cet ouvrage. Par ce moyen le but ſe trouve rempli avec d'autant plus d'exactitude, que l'on ne ſauroit traiter cette partie avec plus de clarté & de préciſion.

CORPS HELVETIQUE.

CORPS HELVETIQUE. C'eſt ainſi qu'on déſigne en françois la maſſe entiere des petites républiques de la Suiſſe, conſidérées comme une confédération nationale. Cette dénomination répond à celle *d'Eidgenoſſenſchaft*, ou *d'aſſociation par ſerment*, adoptée par les Suiſſes même dans leurs traités d'alliance & dans le ſtyle de leurs chancelleries. Comme le terme de *corps Helvétique* embraſſe également les treize cantons & les autres Etats de la Suiſſe, leurs aſſociés ou alliés, l'idée d'union générale n'eſt pas, à beaucoup près, exacte. Dans cet article nous nous propoſons donc d'expliquer les diverſes relations entre les membres dont eſt compoſée la ligue des Suiſſes, de même que les conditions & les obligations réciproques qui forment leur ſyſtême politique & leur droit public. Nous ne toucherons ici l'hiſtoire de l'origine & des progrès de leur confédération, qu'autant qu'il ſera indiſpenſablement néceſſaire, pour développer le ſujet que nous traitons ; réſervant pour l'article SUISSE les détails hiſtoriques.

Pour mieux fixer les idées des lecteurs ſur la conſtitution politique & ſur le droit

a iv

public des Suisses, il convient de parler d'abord de la confédération des cantons mêmes, & d'indiquer les différentes époques de son accroissement; nous parlerons ensuite de l'état de leurs associés & des alliés dans la Suisse.

On regarde avec raison l'union perpétuelle, jurée entre les trois petits pays d'Uri, de Schwitz & d'Underwalden, en 1315, pour la conservation de leurs prérogatives, comme la base de l'association fédérative des Suisses. Il existe cependant un acte, à peu près semblable, de 1291, publié à la suite d'une *dissertation* de M. J. H. Gléser, à Bâle, 1760, & les deux traités ne different pas essentiellement de ces confédérations particulieres, fréquentes dans des tems antérieurs, dans toute l'étendue de l'Empire germanique. Depuis l'année 1315, jusqu'en 1353, la nouvelle confédération s'accrut successivement au nombre de huit cantons ou Etats confédérés; elle demeura fixée à ce nombre pendant environ cent & trente ans. Aujourd'hui encore cette distinction des huit anciens cantons subsiste, rélativement au rang qu'ils ont conservé, & à la domination qu'ils exercent en commun sur quelques provinces conquises. Il n'est pas superflu de considérer séparément l'origine, les progrès, le but & les conditions de cette premiere ligue. Nous l'envisageons comme la premiere époque de la ligue des Suisses & de leur droit public.

Lors de la révolution de 1308, par l'expulsion des baillifs ou officiers Autrichiens, voyez les articles WALDSTÆTT, URI, SCHWITZ, UNDERWALDEN, les trois pays d'Uri, de Schwitz & d'Underwalden, formerent une confédération pour dix ans. Ils ne rendirent cette union perpétuelle qu'après la victoire remportée à Morgarten en 1315. Elle étoit absolument défensive, contre ceux qui entreprendroient de dépouiller ces peuples de leurs priviléges, sans qu'il y soit fait mention du projet de l'empereur Albert I. de réunir ces pays, avec une grande partie de l'Helvétie, aux fiefs & domaines de sa maison. Comme l'objet de leur confédération étoit de se maintenir dans la prérogative de relever directement de l'Empire, l'obéissance envers l'Empire & son chef fut expressément reservée, & spécialement encore tous les droits que des seigneurs particuliers possédoient, à titres légitimes, dans l'enceinte des trois pays; sauf les cas où ces seigneurs se trouveroient en guerre avec les communautés générales de ces pays. Pour prévenir leur propre désunion, ils se lierent, à n'entrer ni en engagement par serment, ni même en négociation avec d'autres, que d'un consentement général, & à ne reconnoitre aucun maître, c'est-à-dire, aucun chef de l'Empire que d'un accord unanime. Ils déterminerent une forme d'arbitrage sur les différends qui pourroient s'élever entre les communautés, avec le pouvoir, pour la partie neutre, d'employer la force contre celle qui voudroit s'y soustraire. Les articles positifs de leur traité d'union se rapportent aux abus particuliers, contre lesquels ils s'étoient si justement revoltés; à l'introduction des juges étrangers; à l'usurpation d'un juge sur le ressort d'un autre, & à l'impunité que la conduite arbitraire des officiers Autrichiens, &, avant leur établissement, la vacance des places de juges, affectée par l'empereur Albert, avoit introduite. Cette premiere ligue est appellée *l'alliance des trois Waldstätt*, ou cantons forêtiers.

Lucerne accéda à cette ligue en 1332, à l'occasion d'un complot formé par le parti Autrichien, de prévenir cette union en se rendant maîtres de la ville. Voyez l'article LUCERNE. Le projet fut écouté & l'alliance aussi-tôt conclue. On appelle ce traité *l'alliance des quatre Waldstätt*. Il ne differe pas essentiellement du précédent. Lucerne y reserva également les droits légitimes des ducs d'Autriche & ses propres priviléges. Les parties s'engagent à s'entre-sécourir aux propres frais des auxiliaires, sitôt que la pluralité, dans une communauté, auroit décidé d'appeller ses alliés.

Un événement semblable, les mêmes ennemis & les mêmes intérêts, réunirent la ville de Zuric & les quatre Waldstätt. Il s'étoit fait dans le gouvernement de cette ville une révolution, par laquelle les tribus bourgeoises obtinrent une plus grande influence dans l'administration publique.

Quelques magiſtrats exilés ſe liguérent avec la nobleſſe voiſine, jalouſe par état de l'accroiſſement de tout pouvoir populaire, & ſûre au moins de l'appui des ducs d'Autriche. Une conſpiration dangereuſe, qui ne fut connue que dans l'inſtant même où ſon exécution échoua, ne ſervit qu'à fortifier la haine des citoyens contre des ennemis perfides. Le ſentiment de leur foibleſſe porta les Zuricois à rechercher, & les Waldſtätt à accorder avec le même empreſſement une union plus étroite & plus ſolemnelle. Dans ce traité conclu en 1351, nous obſervons déja une différence ſenſible, & par rapport au but, & dans les termes de cette alliance. Les Zuricois ſe reſervent, non-ſeulement leurs priviléges & leurs engagemens antérieurs d'alliance & de combourgeoiſie, mais, réciproquement avec ſes confédérés, le droit de former de nouvelles alliances, pourvu qu'elles ne dérogent en rien à la préſente union. Ils ſe font en même tems garantir par leurs alliés la forme actuelle de leur gouvernement. Juſqu'ici l'obligation auxiliaire étoit bornée par les limites des pays confédérés; la ſituation iſolée de la ville de Zuric n'admettoit point cette reſtriction; l'horiſon de la ligne fut conſidérablement étendu; il embraſſa tout le pays entre les frontieres de la Rhétie & le cours de la Thour, de l'Aar & du Rhin. Dans cette enceinte, les alliés devoient s'entreſécourir à leurs propres dépens, & même en cas d'attaque ſubite, avant d'être appellés. Les villes, en cas de siege, sont chargées de payer le secours d'une garnison. Les parties contractantes se promettent de ne point permettre à leurs ressortissans de citations, pour des causes civiles, devant les juges ecclésiastiques. Une clause remarquable est l'obligation de saisir partout ceux qui auroient lésé un confédéré, lors-même que le fait seroit arrivé hors de l'enceinte de la ligue. On ne se proposoit, sans doute, dans cet engagement de represailles, que de mettre les particuliers à couvert de la vengeance d'une noblesse peu accoutumée à respecter le droit des gens ; mais il faut avouer que dans les tems suivans, après les succès répétés dans leurs premieres guerres, les Suisses ont abusé quelquefois de ce principe, pour en faire le prétexte de prises d'armes aussi partiales qu'imprudentes. L'abbaye des Hermites, dans le canton de Schwitz, fut choisie pour le rendez-vous des arbitres, appellés à juger des difficultés qui pourront naitre entre Zuric & les Waldstätt. On s'accorda à renouveller le serment de cette union à chaque époque de dix ans ; toutefois, l'omission de cette solemnité, ne devoit point porter atteinte à la perpétuité de l'alliance. Les confédérés céderent le premier rang à la ville de Zuric ; depuis cette date elle a toujours été regardée comme le chef de la ligue des Suisses, par le dépôt qu'elle conserve de la correspondance & des actes qui concernent tout le *corps Helvétique*.

Pendant la guerre, qui ne tarda pas d'éclater entre le parti Autrichien & les confédérés, les troupes de Zuric & des trois Waldstätt entrerent en 1352 dans le pays de Glaris, opprimé sous la domination usurpée des ducs d'Autriche. L'ordre & l'ancienne constitution populaire furent rétablis dans ce petit pays par ses libérateurs. *v.* GLARIS. Les quatre cantons reçurent les habitans dans leur union perpétuelle. La ville de Zoug fit quelque résistance aux troupes de Zuric, de Lucerne, & des trois Waldstätt ; mais délaissée par les ducs elle se soumit, à l'exemple du pays voisin. Soit que les confédérés ne se sentissent pas assez fort pour conserver des conquêtes, ou qu'ils n'en eussent pas encore l'ambition, les cinq cantons admirent la ville & le pays de Zoug dans leur alliance, la même année 1352. Les conditions de ces deux traités furent inégales, par la défense faite aux nouveaux confédérés de prendre d'autres engagemens, & par rapport à la prérogative, réservée aux premiers cantons, de pouvoir seuls changer les articles de l'alliance. Cette distinction a été levée dans la suite. Les droits légitimes des ducs étoient réservés dans ces traités, & par l'accommodement qui termina la guerre, on leur restitua les fiefs & les revenus, qui leur appartenoient dans ces pays. Mais l'alliance fut conservée, sous la promesse des anciens confédérés, de ne plus recevoir dorsenavant dans leur union les sujets de la maison d'Autriche.

Pendant ces événemens, la petite république de Berne combattoit dans une autre partie de l'Helvétie, avec des succès aussi heureux; c'étoit la même action jouée par d'autres personnes. Cette ville n'existoit que depuis cent soixante ans; elle étoit gouvernée par une aristocratie naissante, à la tête de laquelle se trouvoient des familles nobles, réunies par la nécessité de se défendre contre l'ambition des comtes de Kibourg, que soutenoient encore les princes d'Autriche. Quoiqu'elle agit sur un plan différent, elle se trouvoit dans un rapport de circonstances, qui devoit resserrer ses liaisons avec les confédérés. Déja en 1323 la ville de Berne & les trois Waldstätt avoient conclu une alliance défensive, que des députés, munis de pleins-pouvoirs, avoient jurée au nom de leurs constituans. Elle dut en grande partie au secours de ces alliés, la victoire remportée près de Laupen, en 1339, contre la ligue de la haute noblesse. Un différend avec le pays d'Underwalden, dont Berne soumit la décision aux deux autres Waldstätt, occasionna la conclusion de son union perpétuelle avec les trois pays, en 1353. Dans ce traité on fixe un lieu de conférence, dans un village près des confins d'Underwalden, pour y discuter par députés, ou décider par arbitres les intérêts réciproques. Les deux parties s'engagent à faire diversion dans les guerres, que l'une ou l'autre auroient à soutenir. Si l'une des parties clame des forces auxiliaires, après avoir réglé ce ſecours dans une conférence, les troupes ſeront à la ſolde de la partie appellante, dès leur arrivée à Underſéen, petite ville ſur l'Aar, au-deſſus du lac de Thoun. En cas de ſiege, la ville de Berne ſupportera tous les frais, de même que les Waldſtätt, ſi de forces majeures les tiennent reſſerrées dans leurs confins; mais pour les expéditions en terre ennemie, chaque allié armera à ſes dépens. Les reſerves du traité ſont en faveur de l'Empire, des libertés & priviléges de chaque membre de l'alliance, & des engagemens antérieurs juſques à leur expiration. Les villes de Zuric & de Lucerne promirent à la ville de Berne, & celle-ci réciproquement aux deux premieres, par des déclarations particulieres, de ſe ſécourir ſur l'appel, qui leur ſeroit fait par les trois Waldſtätt.

Depuis cette époque juſques en 1481, le nombre des parties intéreſſées dans cette union, n'a pas été augmenté. Nous employerons quelquefois le terme de cantons pour déſigner ces petits peuples confédérés, quoiqu'il ne fut pas encore connu à cette époque, & que même il n'ait jamais été adopté dans le ſtyle du droit public des Suiſſes. *v.* CANTON. Après quelques réflexions ſur cette premiere ligue, nous continuerons la narration abrégée de ſes progrès.

On voit, par ce que nous venons de rapporter, qu'on ne doit point conſidérer la ligue des Suiſſes, comme un ſyſtême politique d'une conſtitution réfléchie, nationale & tendante à l'indépendance; ce n'étoit pas même une confédération générale, uniforme, égale. Les trois Waldſtätt, Uri, Schwitz & Underwalden, en étoient le centre. Etroitement unis enſemble, ces trois pays ne repréſentoient qu'une ſeule partie, pour ainſi dire, dans tous ces traités d'union, dont ils avoient donné les premiers le courageux exemple. Pluſieurs des cinq autres cantons, leurs alliés immédiats, ne formoient entr'eux qu'une ligue indirecte, au moyen de ce chaînon commun, auquel ils étoient tous attachés. Ce lien étoit ſuffiſant dans une confédération qui ne tendoit point à acquérir de nouveaux droits, mais à conſerver les anciens, & qui, quoiqu'indéfinie pour ſa durée, n'étoit que proviſionnelle, pour ſervir de ſauve-garde contre des entrepriſes qui pouvoient ſans ceſſe renaître.

Il ne paroit point, nous le répétons, que les confédérés ayent cherché alors à dépouiller les ducs d'Autriche & leurs adhérens d'aucun titre légitime, en répréſailles des uſurpations tentées par ces princes. Ils ſe contenterent d'une garantie des droits des communautés, de leurs conſtitutions publiques, des loix civiles, des franchiſes municipales, feudales & individuelles; tous les citoyens, vaſſaux & reſſortiſſans de ces petits Etats confédérés, jouirent, au moyen de cette garantie, pour leur ſureté perſonnelle & pour celle de leurs propriétés, de la protection des

des forces réunies de la confédération.

Dans ces conférences sur les frontieres, prescrites par les alliances, nous trouvons la premiere origine des dietes helvétiques. On appelloit ces conférences *tagen*, journées; de-là vient le terme de *tagleistung*, par lequel on désigne encore aujourd'hui les dietes des Suisses. Ce seroit une grande erreur d'envisager ces conférences comme des congrès formés par les représentans des divers membres de la ligue, pour délibérer sur les intérêts communs des peuples confédérés. Elles n'etoient point fixes alors, ni pour le tems, ni pour les sujets à traiter; les divers traités établissoient différens lieux de conférence entre les divers alliés. Cet établissement n'étoit exactement qu'un mode de vivre de convention entre les cantons, pour préparer des négociations importantes, pour abréger la correspondance, & pour prévenir des sujets de brouillerie. Le seul point de vue, sous lequel on peut le regarder comme une loi du droit public, se rapporte à la forme des arbitrages, prescrite par les traités, pour terminer les différends qui pourroient troubler l'union; cependant, dans ces cas même, cette loi laissoit aux parties le libre choix des arbitres, & ils n'étoient pas toujours astreints à les choisir dans le *corps* de la ligue.

Si les premiers Suisses, en formant leur ligue, n'avoient ni le projet d'un cantonnement isolé, indépendant, ni même celui d'une union générale, uniforme, exclusive, d'un syſtême ſoumis à un régime fixe & combiné, on peut encore moins leur reprocher des vues d'agrandiſſement. Les villes gouvernées, ſuivant des formes plus ou moins ariſtocratiques, tendoient, à la vérité, à élargir leurs barrieres, en acquerrant un territoire; c'étoit l'effet d'une force particuliere, qui ſe déployoit dans toute l'étendue de l'empire germanique, & dont le reſſort avoit été fortifié par la facilité politique ou intéreſſée, de quelques empereurs, à accorder des priviléges, & par la concurrence des maiſons puiſſantes pour la ſucceſſion à la dignité impériale.

Deux cauſes portoient les premiers confédérés à ſortir des bornes exactes d'une ſimple défenſe; la préſomption inquiete de leurs adverſaires, qui par des complots imprudens leur procurerent de nouveaux alliés, & par des hoſtilités fréquentes & mal ſoutenues les irritoient, les accoutumoient à prendre ſouvent les armes, & ſuccomboient à l'épreuve d'un combat reglé: d'un autre côté les encouragemens des empereurs, qui, rivaux de la nouvelle puiſſance des ducs d'Autriche, invitoient les cantons à rompre les tréves. Lorſqu'un prince de cette maiſon occupoit le trône, de plus grands deſſeins & des embarras plus preſſans l'empêchoient de diriger ſes efforts vers une petite province écartée. Nous réſervons les détails de ces faits à l'article SUISSE.

Ainſi deux partis s'étoient formés dans l'Helvétie; celui de la nobleſſe, ayant les ducs d'Autriche à leur tête; & celui des villes & des peuples privilégiés, dont la confédération des cantons faisoit le point d'appui & le centre. Les petites guerres particulieres entre ces partis servoient à aguerrir les alliés & procuroient aux villes quelques conquêtes sur la noblesse. Les mêmes mouvemens agitoient diverses provinces de l'Allemagne. Dans la Suabe, en particulier, l'union des comtes de Wirtemberg avec les ducs d'Autriche excitoit la jalousie des villes impériales. Le rançonnement, auquel le commerce étoit par-tout exposé, fournissoit aux villes le principal motif pour se réunir par des confédérations.

Pour remédier à ces désordres, les cantons firent en 1370 une convention, dont l'objet principal étoit de limiter la jurisdiction ecclésiastique, en défendant aux clercs de traduire leurs parties devant les tribunaux des évêques. Cette convention, dressée par six cantons, & acceptée par les deux autres, ne se borne cependant pas à ce seul objet; elle embrasse tout ce qui tient le plus essentiellement à la sureté des personnes & des propriétés. Elle défend aux parties de soustraire les causes du ressort du juge naturel. Les cantons se lient réciproquement à ne point donner retraite aux coupables fugitifs: par une suite de cet engagement, chaque État de la Suisse a encore aujourd'hui le droit de bannir les malfaiteurs, jugés ou contumacés, de tous les territoires compris dans la ligue. Enfin les alliés établirent une garantie générale pour la sureté des routes & du commerce.

La défiance générale produisit vers l'année 1385, une ligue entre les villes du Palatinat, de l'Alsace & de la Suabe, au nombre de plus de quarante. Les quatre villes de la confédération Suisse y accéderent, sans opposition de la part de leurs alliés; nouvelle preuve que la confédération ne différoit pas de ces ligues alors si fréquentes, & si nécessaires pour suppléer au défaut d'une autorité titulaire assez puissante pour conserver la paix publique. La rivalité des partis produisoit les offenses, les représailles & les hostilités. La ville de Lucerne rompit la trêve avec les ducs, pour abolir un péage onéreux établi à Rothenbourg. Bientôt, par le contact, pour ainsi dire, des parties intéressées, la guerre devint générale. Après deux victoires remportées par les confédérés, l'une en 1386 près de Sempach, aujourd'hui dans le canton de Lucerne, l'autre en 1388 à Nafels dans le canton de Glaris, les alliés obtinrent une paix plus avantageuse que les précédentes. Cette paix, qui fut prolongée à diverses reprises, n'opéra aucun changement dans la ligue des cantons. Le plus grand fruit de cette guerre pour les alliés, fut d'avoir donné à leurs ennemis & d'avoir pris eux-mêmes une plus haute opinion de leurs forces. Indirectement cependant, les petites conquêtes, faites par quelques cantons en particulier, aux dépens des ducs & de leurs adhérans, tournoient à l'avantage de la société fédérative.

Les cantons sensibles aux inconvéniens que pouvoient attirer à la ligue l'habitude & la facilité trop grandes de courir aux armes, & les désordres qui suivent la victoire, dresserent en 1393 une convention à Sempach, tendante à empêcher qu'un public ou des particuliers n'entreprissent de leur propre mouvement des actes d'hostilité sans l'aveu des confédérés; à établir la subordination dans les troupes, & à prévenir les abus du pillage. C'étoit par rapport à ces derniers objets une foible ébauche d'une ordonnance militaire; mais si les Suisses se distinguerent par leur fermeté à combattre dans leurs rangs, ce fut plutôt l'effet du tempérament national que de la discipline, & pour tout le reste les instructions de leurs supérieurs continuerent à être à-peu-près sans effet. Aussi cette convention, qui devoit d'abord servir de loi commune & de droit public, est-elle tombée en oubli dans les siecles postérieurs; & même le premier article, dont la prudence ne devoit pas permettre à de petits Etats de s'écarter, ne tint point à l'épreuve des pensions qui leur furent offertes.

Lorsque les Appenzellois, au commencement du XVe siecle, se souleverent contre les violences exercées par quelques officiers de l'abbé de S. Gall, *v.* APPENZELL, ce petit peuple, sur la ressemblance de sa cause avec celle des premiers cantons confédérés, se flattoit de leur appui. Abandonné à son prorpe courage, il unit ſes intérêts avec ceux de la ville de S. Gall; repouſſa avec intrépidité les attaques des Autrichiens, armés en faveur de l'abbé, & ſe vengea par des incurſions ſur les terres ennemies. Cependant les cantons, ſoit par reſpect pour la trêve, ou parce que le théatre de cette guerre étoit hors de la ſphere de leur ligue & de leurs vues, ne s'intéreſſerent directement ni aux avantages remportés par les communes d'Appenzell, ni aux revers qui forcerent ces derniers à mettre bas les armes. Il ne ſe forma aucune confédération particuliere en leur faveur. Le ſeul canton de Schwitz profita de ces troubles, pour s'approprier le pays de Gaſter qui étoit à ſa bienſéance.

Un événement, ſur lequel l'Europe entiere fixoit ſes regards, réveilla pour la premiere fois l'ambition des Suiſſes confédérés. C'eſt de-là que nous datons la ſeconde époque de leur ligue & de leur droit public, pendant laquelle ils ſortirent de la condition modeſte d'une ſimple défenſe, pour ſuivre, en commun, des projets d'agrandiſſement, par des conquêtes ſur des puiſſances voiſines & rivales de leur union. Fréderic duc d'Autriche avoit protégé l'évaſion du pape Jean XXIII dépoſé par le concile de Conſtance. On prononce contre les fugitifs les bans de l'Égliſe & de l'Empire. Les cantons ſont invités à ſe charger de l'exécution ; on les décide par l'appas qu'on leur préſente, de garder les conquêtes qu'ils feroient ſur le duc. Les villes de Zuric, de Berne & de Lucerne, s'emparent de quelques terres pour leur compte particulier, & les cantons réunissent leurs armes, pour se saisir des bailliages libres & du comté de Baden, dont ils ont conservé la proprieté en commun.

L'acquisition des bailliages communs formoit un nouvel anneau à la chaîne qui lie les parties fondamentales, pour ainsi dire, du *corps Helvétique.* Il ne nous paroit pas, cependant, que ces sujets de la république confédérée puissent exactement être considérés comme une partie constituante du *corps Helvétique.* Cette propriété commune est un nouveau lien pour les seuls cantons qui en jouissent en indivision; sa conservation offre un intérêt commun; la régie de cette propriété multiplie les occasions pour la correspondance, & renforce l'idée & l'habitude des liaisons entre des associés, dont les rélations, à ne considérer que l'intérêt politique général, sont d'ailleurs, peut-être, trop foibles. Malheureusement ces gouvernemens communs ont été plusieurs fois un sujet de jalousie & de désunion entre les souverains co-propriétaires. Nous parlerons de l'administration de ces bailliages en traitant du droit public actuel de la Suisse, après avoir achevé le tableau raccourci des révolutions de la constitution nationale.

Cette nouvelle rélation de co-propriétaires des pays conquis, n'ajoûtoit d'ailleurs rien aux engagemens réciproques entre les cantons. Nous voyons au contraire, les alliances particulieres de combourgeoisie, en-

b iv

tre un ou plusieurs cantons d'une part & quelques villes ou communautés voisines de l'autre, devenir plus fréquentes; mais toujours l'union des cantons conservoit-elle une prérogative marquée. Il seroit intéressant de fixer nos idées sur les distinctions entre ces traités d'union, d'alliance ou de combourgeoisie; mais il ne seroit guere possible de les définir exactement, & cette discussion nous écarteroit trop de notre sujet principal. Il suffira d'observer que la plus grande partie de ces unions de combourgeoisie étoient des alliances auxiliaires, de condition inégale; la partie plus forte s'attribuant un titre de protection en retour de certains services. Au reste, ces dénominations étoient souvent arbitraires, & les conditions diversement limitées & interprétées, suivant les circonstances des tems & des parties. Tant que ces traités ne concernoient que des publics, qui militoient pour la liberté, les cantons non-intéressés, n'en conçurent aucun ombrage; mais quand la ville de Zuric, dans le dépit d'une querelle avec le canton de Schwitz, prit en 1442 des engagemens avec la maison d'Autriche, les confédérés les taxerent d'une infraction faite à leur alliance. Une question si importante pour le droit public mérite une attention plus particuliere.

La confiance dans leurs forces, puisée dans les succès de leurs armes, avoit inspiré aux cantons, non-seulement le désir de s'agrandir, mais l'émulation de se prévenir, en s'attribuant un droit ou de propriété, ou du moins de protection, sur les pays voisins de leurs territoires. Fréderic III. dernier comte de Toggenbourg, mit les Zuricois aux prises avec les cantons de Schwitz & de Glaris, en permettant à ses sujets de prendre successivement des liaisons de combourgeoisie avec les uns & les autres. Cette concurrence, jointe à la crainte d'être prévenus par les ducs d'Autriche, qui formoient le même projet, occasionna une prise d'armes, dont les cantons neutres arrétérent les suites, en obligeant la ville de Zuric de respecter les droits des deux cantons, en attendant l'événement de la mort du comte & les résolutions des héritiers. Les mouvemens de divers partis, qui prétendoient à la succession, & des peuples, qui penchoient pour les cantons démocratiques, avec lesquels ils se flattoient de conserver des conditions plus égales, firent renaître les hostilités, que deux chefs d'un caractère haut & opiniâtre, le bourguemestre Stussi à Zuric & le landamman de Reding à Schwitz, sont accusés d'avoir précipitées, par une animosité personnelle. Les Zuricois vouloient reduire les deux cantons à céder, en leur refusant le passage des grains, que ces peuples montagnards tirent de l'étranger. Mais ceux-ci, appuyés du secours des autres confédérés, forcérent à leur tour les Zuricois à soumettre tous leurs différends à une prononciation, suivant la forme prescrite par les traités. Ils furent encore condamnés à se désister de quelques petites conquêtes & des prétentions, qui faisoient l'objet de la querelle & s'engagerent à perpétuité de ne jamais gêner les cantons par rapport au transit des vivres. Le mécontentement leur fit envisager ces jugemens comme des actes de partialité. Pour marquer leur ressentiment & se ménager au besoin un nouvel appui, ils se liguérent avec l'empereur Fréderic III. & les autres princes de la maison d'Autriche, que les confédérés ne s'étoient point encore désacoutumés de considérer comme les anciens ennemis de leur liberté. Ils crurent sauver les apparences en réservant les traités de confédération; mais le canton de Schwitz s'éleva avec vivacité contre un engagement, qu'il envisageoit comme une lésion manifeste des traités d'union, & somma les Zuricois de soumettre leur nouvelle alliance avec les princes à l'examen & à la décision des cantons. Les Zuricois, se fondant sur un droit qu'ils s'étoient réservé dans tous leurs traités antérieurs, refuserent de compromettre un privilége aussi essentiel devant des juges qui pouvoient leur paroître intéressés ou prévenus. (*)

(*) Déja en 1393, quand le petit conseil de Zuric, séduit par les intrigues des ducs d'Autriche, eut formé une liaison particuliere avec ce parti, sous prétexte de mieux affermir la trêve, les cantons protesterent aussi-tôt contre cette nouveauté. Le grand conseil de Zuric rompit l'engagement avec éclat, & pu-

Menacés par les confédérés, ils se jetterent entierement dans les bras des princes, & reçurent garnison de la noblesse Autrichienne. On reprit les armes. Dans un combat aux portes de la ville, les Zuricois & leurs alliés furent défaits & leur bourguemestre tué. Bloqués dans leurs murs, ils virent pendant deux campagnes leur territoire cruellement saccagé. C'étoit en même tems une guerre civile entre Zuric & quelques cantons, & une guerre d'ancienne rivalité entre les confédérés & le parti Autrichien. Berne, Bâle & Soleure, secrétement mieux inclinés pour Zuric, dirigerent leurs efforts contre les terres des ducs. Ceux-ci, trop foibles pour protéger leurs sujets & leurs alliés, appellerent un secours étranger. Louis dauphin de France s'approcha avec une forte armée, pour disperser le concile de Bâle & dégager Zuric. Alors se passa cette fameuse journée de S. Jaques près de Bâle, où douze cents Suisses attaquerent si opiniâtrement l'avant-garde de l'armée du dauphin, qu'ils se firent tuer presque tous sur le champ de bataille. Ce prince, qui a régné depuis sous le nom de Louis XI. se contenta de cette preuve de leur valeur, dont il fit son profit dans la suite. Leur défaite eut au moins l'effet de refroidir le ressentiment des cantons contre les Zuricois, &

nit les principaux magistrats, auteurs du traité, par la privation de leurs charges & par l'exil.

ceux-ci, plus las encore de la guerre, s'estimerent heureux d'obtenir la restitution de leurs pays désolés, en passant expédient sur le fond du procès. Par une prononciation d'arbitres, conformément au prescrit des traités d'union, l'alliance avec l'Autriche fut annullée, & ensuite la confédération de nouveau jurée.

Ainsi les sept cantons, par une guerre sanglante & des pacifications forcées, constaterent deux axiomes importans de leur droit public. Le premier, que tout différend entre les cantons doit être soumis à la négociation, ou au jugement des cantons neutres, & que ceux-ci peuvent employer les armes, pour réduire le parti qui refuse à accepter leur prononciation, & à satisfaire pour les hostilités commencées; condition positive, énoncée dans le traité des trois premiers cantons, qui fait la base de la confédération. Le second axiome, que non-obstant le privilége, réservé par divers cantons, de former de nouvelles alliances, les autres confédérés ont le droit de juger, si un tel engagement est compatible avec celui de leur union générale. Cette dépendance assujettissoit indirectement tous les cantons à la condition de ne pouvoir former des alliances, sans le consentement des autres confédérés.

Nous avons un exemple d'une date antérieure, qui, au premier coup d'œil, pourroit faire juger, que les confédérés s'attribuoient une influence même sur les affaires intérieures de chaque canton. Il s'étoit élevé en 1404 un différend entre la ville de Zoug & les trois communautés, qui partagent avec elle, dans une certaine proportion, les droits & les emplois de ce gouvernement démocratique. Les communautés, qui prétendoient une plus grande égalité, étoient soutenues par un fort parti du peuple de Schwitz, & ceux-ci, en même tems qu'ils offroient de prêter main forte, insinuoient aux communes, que les cantons n'avoient aucun titre pour s'immiscer dans leur querelle. Les cantons, appellés par les bourgeois de Zoug, terminerent ces troubles les armes à la main. Mais nous ne pouvons envisager cette démarche que comme auxiliaire, ou tout au plus, comme l'éxécution d'une garantie de l'ancienne constitution. L'intérêt commun semble, au reste, inviter les cantons à la vocation de médiateurs & de garants, lors même que les traités ne les appellent pas positivement à cela. Les tems postérieurs fournissent plusieurs exemples, qui confirment notre opinion sur ce cas.

La conquête de la Tourgovie, en 1460, les inquietudes que les cantons ne cessoient de causer aux ducs d'Autriche, occasionnerent leurs liaisons, avec Charles dernier duc de Bourgogne, lesquelles produisirent cette guerre célebre, imprudemment entreprise par les cantons, & terminée par la triple défaite & par la mort du téméraire Charles. Louis XI avoit fomenté cette querelle pour occuper l'ambition d'un rival dangereux, il profita de sa chute, tandis que les Suisses recueilloient une gloire plus éclatante qu'utile. Nous sommes dispensés d'en dire d'avantage dans un article destiné seulement à l'histoire du droit public.

Cependant cette guerre fut l'époque de deux liaisons importantes pour la nation Helvétique : la paix & l'union perpétuelle avec la maison d'Autriche, & l'alliance avec la couronne de France. Déja en 1474 Louis XI avoit ménagé un traité de pacification, entre Sigismond d'Autriche, repentant de s'être livré au duc de Bourgogne, & les cantons, qui se préparoient à entrer en guerre avec ce prince. Ce traité contenoit la renonciation formelle de Sigismond sur les terres conquises sur les ducs ses prédécesseurs, par les confédérés ; la promesse de paix & de garantie réciproque pour leurs pays ; l'acceptation de l'évêque ou de la ville de Constance, de l'évêque ou de la ville de Bâle, au choix des parties, pour être les arbitres ou les juges des différends, entre les Etats ou les sujets réciproques, avec engagement de forcer les résistans à s'assujettir à cet arrangement & à exécuter la prononciation de ces arbitres ; les deux parties se promettent dans le besoin des troupes auxiliaires, à la solde de la partie qui les demandera, & pour sûreté de la barriere, le duc s'engage d'ouvrir aux troupes des confédérés les quatre villes forêtieres sur le Rhin.

L'alliance avec Louis XI de 1480, n'étoit au fond qu'un contrat mercenaire par lequel les cantons abandonnoient au roi le ſort des Franc-Comtois & lui vendoient leurs ſervices à un prix proportionné à l'opinion que Louis avoit conçue de leur valeur. Ce traité ſervit de baſe à ceux que les cantons firent dans la ſuite avec la couronne de France. Ils rouloient à-peu-près tous ſur cet intérêt oppoſé, d'une part de vendre chérement ſes ſervices, & de l'autre de les payer à bon compte. Il devoit réſulter de-là, que les Suiſſes profiteroient ſouvent des beſoins de la France pour hauſſer leurs demandes, & que leur avide crédulité ſeroit ſouvent déçue par des promeſſes illuſoires.

Ces alliances nous paroiſſent moins des engagemens pris par les confédérés en corps, qu'une aſſociation de traités particuliers ; puiſque chaque canton étoit libre de ne pas s'y intéreſſer. Nous voyons ſouvent varier le nombre des cantons qui prenoient part à ces capitulations, & nous voyons auſſi des villes ou pays, alliés avec quelques cantons ſeulement, telles que Fribourg, Soleure, Bâle, Appenzell, avant leur admiſſion dans la ligue, participer à ces alliances ſur le même pied que les cantons. Ces villes étoient alors exactement dans la même relation avec les confédérés, qui ſubſiſte encore aujourd'hui entre les cantons & quelques petits États, appellés *les alliés* ou *aſſociés de la ligue des Suiſſes.*

Une rivalité ſécrete entre les confédérés avoit alors refroidi leur empreſſement d'agrandir la ligue. Le beſoin preſſant de la défenſe de leurs perſonnes & de leurs propriétés, n'avoient pas permis aux premiers confédérés de faire attention à la diverſité dans les principes de leurs conſtitutions particulieres; mais les progrès des cantons ariſtocratiques, par des conquêtes faites pour leur propre compte, ne tarda pas d'exciter la jalouſie des cantons démocratiques; ſur-tout après que ceux-ci eurent tenté avec ſuccès de conquerir à leur tour des ſujets; eſpèce d'ambition, qui pouvoit d'abord paroître contradictoire avec l'eſprit & le motif original de leur conſtitution. Cette jalouſie ſe manifeſta dans toute ſa force dans les conteſtations occaſionnées par l'extinction de la maiſon de Toggenbourg. Les villes ne virent pas ſans mécontentement les excès, auxquels ſe livrerent alors les cantons populaires dans leurs hoſtilités contre Zuric; & ſans l'inimitié contre la maiſon d'Autriche, mêlée dans cette querelle, il eût été fort équivoque qu'elles ſe fuſſent prêtées à des moyens auſſi extrêmes. Dans la guerre contre le duc de Bourgogne, pluſieurs cantons ne fournirent des troupes, que ſous la reſtriction, qu'elles ne ſerviroient ni aux ſieges, ni pour faire des conquêtes. L'habitude de la victoire inſpiroit au commun peuple, ſur-tout dans les cantons démocratiques, une préſomption ſi indocile; les dépouilles du duc Charles, les rançons extorquées

quées au ſujet de la maiſon de Savoie, les penſions de Louis XI, tant de richeſſes ſubites, ou mal partagées, ou pillées & diſſipées, excitoient chez une milice indiſciplinée une cupidité ſi arrogante, que les villes avoient également à craindre des invaſions de ces bandes ameutées, & des ſoulevemens de leurs propres ſujets. Pendant ces allarmes elles formerent une aſſociation défenſive, qui fit tout-à-coup éclater l'oppoſition des préjugés populaires & civiques. Heureuſement cette criſe ſe termina par une réconciliation qui fait époque dans l'hiſtoire du droit public des Suiſſes.

Ce fait nous offre un tableau vraiment intéreſſant. Un ſaint anachorête, Nicolas de Flue, autrefois magiſtrat reſpecté dans ſa patrie, deſcend de ſa retraite dans l'aſſemblée des députés à Stantz; & là, par une éloquence modeſte, aidée de la vénération qu'inſpire une piété auſtere, il rallume dans les cœurs des repréſentans de la ligue les ſentimens de la fraternité nationale, & devient l'arbitre des cantons. Le célebre convenant de Stantz eſt un monument immortel du triomphe de la juſtice & de la vertu ſur un peuple prêt à ſe corrompre & à ſe diviſer, mais chez lequel les caracteres du ſentiment primitif n'étoient point encore effacés par des opinions & des habitudes étrangeres.

Dans ce convenant les confédérés ſe promettent une protection mutuelle, contre toute violence d'un peuple voiſin à l'autre, & contre les ſoulevemens intérieurs dans chaque Etat, assûrant à la justice de chaque lieu la punition des perturbateurs. Ils reglent le partage des profits des guerres, suivant la proportion des contingents de troupes, fournis par chaque canton. Ils confirment leurs anciens traités d'union, sous offre d'en renouveller le serment tous les cinq ans. Enfin ils rappellent encore le pacte fait en 1370, au sujet de la jurisdiction ecclésiastique, & celui de 1393; rélatif à la police militaire.

Dans le même tems, après la rénonciation faite par les villes de leur union particuliere, Fribourg & Soleure furent associées à la ligue des cantons; toutefois sous les restrictions de ne s'engager dans aucune guerre ou alliance sans le consentement des anciens cantons; de soumettre tous leurs différends à l'arbitrage des cantons, dès qu'il leur aura été offert par la partie adverse, & d'observer la neutralité dans les divisions entre les anciens cantons. Par cette nouvelle association, les limites jusques où devoit s'étendre l'engagement auxiliaire entre les confédérés, furent considérablement étendues.

Un événement de 1489 sert à confirmer ce droit, que s'attribuoient les cantons, surtout rélativement à des alliés intérieurs, de juger des différends qui pouvoient troubler la paix publique, & d'empêcher les voies de fait. Après la révolution & les guerres, qui avoient soustrait les bourgeois de S. Gall & le peuple d'Appenzell, à la domination des abbés de S. Gall, l'abbé Gaspar de Landenberg avoit conclu, en 1451, un traité de combourgeoisie avec quatre cantons, Zuric, Lucerne, Schwitz & Glaris, par lequel il mettoit l'abbaye sous leur protection. Un abbé Ulric, indigné du refus que lui fit la ville, de lui céder un peu de terrain, pour étendre l'enceinte du monastere, entreprit de former un établissement considérable. Les peuples jaloux de ce projet, après quelques oppositions inutiles, s'attrouperent & raserent les nouveaux bâtimens. Comme ils refuserent encore de donner une satisfaction à l'abbé après cette violence, les cantons envoyerent des troupes pour les y forcer. Les chefs du tumulte s'exilerent & les peuples se soumirent. La ville de S. Gall fut mise à l'amende pour dédommagement envers l'abbé & pour les frais de la guerre. Les Appenzellois furent dépouillés du bailliage du Rhinthal qu'ils avoient acheté, en 1460. Les autres cantons, qui n'avoient point pris part à cette expédition, furent dans la suite admis à la co-regence de ce petit pays, qui forme encore aujourd'hui un bailliage commun; le pays d'Appenzell, après être devenu canton, y obtint aussi une part *v.* RHINTHAL.

Nous passons sous silence les détails d'une querelle, aussi vive que peu durable, que la jalousie nationale produisit en 1499, entre la ligue de S. Georges formée en Suabe & la ligue des Suisses confédérés, & qui ensanglanta les bords du Rhin, depuis Bâle jusques dans le pays des Grisons. Avec la gloire d'une ſupériorité décidée dans les combats en plein champ, les dix cantons ne conſerverent, par le traité de paix, d'autre avantage réel, que la ceſſion qui leur fut faite de la juriſdiction criminelle dans la Thurgovie. Comme ſept des anciens cantons y poſſedoient depuis 1460, la juriſdiction territoriale & civile, il reſulta, de cette conquête ſucceſſive de différents droits de domination en divers tems, une ſingularité, qui ſubſiſte encore dans le gouvernement de cette province. Les baillifs, que les huit cantons y établiſſent à tour, Berne ayant part à ce gouvernement depuis 1712, rendent compte à dix cantons des bamps & confiſcations provenans des cauſes capitales. Les doutes que des droits auſſi compliqués ne pouvoient manquer de produire, ont été levés ou fixés par des prononciations particulieres en 1549 & 1555.

En 1501 les villes de Bâle & de Schaffauſen furent auſſi aſſociées à la confédération. Enfin le pays d'Appenzell obtint la même faveur en 1513. Par cette acceſſion le nombre des cantons fut porté à treize. Il n'a pas augmenté depuis lors. Les traités des trois derniers cantons ſont ſemblables à celui de Fribourg & Soleure de 1481, dont les différences avec les alliances entre les anciens confédérés ont été ſommairement indiquées. Seulement les quatre cantons, alliés avec l'abbé de S. Gall, reſerverent expreſſément, dans l'alliance avec Appenzell, ce traité particulier.

La ville de Constance avoit formé le projet d'entrer dans la ligue des cantons; mais des circonstances, qui seront rapportées ailleurs, firent échouer ce projet, dont par l'événement, l'issue étoit décisive pour la conservation de la liberté de cette ville. *v.* CONSTANCE.

Nous voici à la troisieme époque de l'histoire du droit public des Suisses; c'est la reception du canton d'Appenzell. Comme pendant le période de tems écoulé depuis 1513, jusqu'à nos jours, la forme de la ligue n'a pas changé, nous serons plus courts dans l'exposé des événemens. On peut les ranger sous trois classes. 1°. L'acquisition de quelques terres & sujets, soit au profit commun de plusieurs cantons, soit pour celui de quelques cantons en particulier, par lesquelles les bornes de la Suisse proprement dite & les engagemens auxiliaires, réciproques entre les confédérés, furent un peu plus étendus. 2°. Les divers pactes, conventions & traités de pacification, entre les cantons, à l'occasion des événemens, qui intéressoient la constitution intérieure de la Suisse. 3°. Les engagemens pris avec des puissances étrangeres, ou par tout le *corps Helvétique*, ou par divers cantons. Nous parlerons séparement des alliés associés à la ligue des Suisses & de leurs diverses rélations avec les membres de cette ligue. En passant ces divers objets en revue, nous ajoûterons quelques réflexions indispensables pour faire connoître la pente de l'esprit national, ou les opinions publiques qui ont influé ſur ces divers actes.

Il ſemble que la nature ait fixé les barrieres de la ligue des Suiſſes, entre les Alpes, le Jura, le Rhin & le Rhône, tant pour leur faciliter la défenſe de leur liberté, que pour les ſéparer des grandes puiſſances voiſines & des provinces malheureuſement deſtinées à être ſouvent le théâtre de l'ambition des princes & celui de leurs guerres cruelles. Il étoit du véritable intérêt des Suiſſes de ſe renfermer dans ces bornes phiſiques de leur confédération. Il paroît auſſi que la crainte des embarras, qu'entraineroit après lui l'engagement de proteger un pays plus étendu, aidée de la jalouſie ſur les progrès des cantons ariſtocratiques, formoit ſouvent le principal obſtacle à la réception de nouveaux alliés, dont l'aſſociation devoit agrandir la ſphere de l'obligation auxiliaire. Ce principe contribua peut-être autant que les intrigues de Louis XI, à faire rejetter le projet d'annexer la Franche-Comté à la confédération, ou comme alliée, ou comme province protégée, après la mort de Charles le téméraire. Le même principe, ſans doute, avoit porté les cantons populaires à refuſer leur ſecours pour envahir le pays-de-Vaud, après la bataille de Morat.

Il paroiſſoit cependant plus conſéquent d'embraſſer ſous la tutelle de l'alliance des terres placées en deça du lac de Geneve, qu'une province ſituée au-delà des Alpes.

Les divers bailliages, que possedent les Suisses & les Grisons sur les frontieres de la Lombardie, & qui ont été démembrés du duché de Milan, forment en effet, une province assez considérable. Les princes, qui, vers la fin du XVe. & le commencement du XVIe. siecle, se disputoient la possession du Milanois, mettoient à l'enchere les services mercenaires de ces intrepides montagnards. Ceux-ci, séduits & trompés tour à tour par les divers compétiteurs, tantôt unis & tantôt partagés, changeoient souvent de parti dans ces querelles, & rançonnoient les sujets pour se payer du sang prodigué à leurs maîtres. Cependant, vers l'an 1500, les habitans des trois petits vallons, Pallenza, Riviera & Bellinzona, se soumirent aux trois cantons, Uri, Schwitz & le bas-Underwalden. Ce dernier canton a été de tout tems divisé en deux démocraties indépendantes l'une de l'autre. *v.* UNDERWALDEN. En 1512, les Suisses & les Grisons, mécontens de Louis XII, s'emparerent, les premiers des quatre bailliages, Lugano, Locarno, Mendris & Val-Maggio; & les derniers des comtés de Bormio, de Chiavenna & de la Valteline. Après la défaite des François à Novarre, en 1513, après l'irruption des Suisses en Bourgogne & la victoire de Marignan, si opiniâtrement disputée à François I; ce prince céda, en 1516, aux douze cantons & aux ligues Grises, la propriété des pays conquis.

D'un autre côté, les troupes de Berne

& de Fribourg s'accoutumoient à traverser le pays-de-Vaud les mains armées, pour la défense de la ville de Geneve leur alliée. Après diverses hostilités, les Bernois s'emparerent enfin en 1536 d'une grande partie de cette province & des autres possessions du duc de Savoye autour du lac Léman. Ils firent ces conquêtes à titre de confiscation & de représailles, à cause du refus que faisoit le duc, d'exécuter des conventions acceptées sous la peine expresse, s'il y manquoit, d'encourir cette confiscation. Les Fribourgeois qui avoient renoncés à l'alliance de Geneve, & les Valaisans qui n'en avoient point avec cette ville, profiterent aussi de la circonstance pour saisir les terres qui se trouvoient à leur portée. Près de trente ans s'écoulerent avant que ce différend pût être terminé. Les disgraces qu'essuyerent les ducs de Savoye, les mettoient dans l'impuissance de se venger, & ils ne pouvoient se résoudre à ratifier leurs pertes. Enfin en 1564, par la médiation de la France, de l'Espagne & des onze cantons neutres, le duc obtint la restitution du pays de Gex, du Chablais & des terres situées autour de Geneve, en renonçant à tout le reste. Les deux puissances médiatrices garantirent ce traité, mais l'Etat de Berne n'obtint que successivement, & des cantons les plus voisins seulement, ou les plus étroitement liés avec lui, des déclarations particulieres de lui garantir la possession du pays-de-Vaud.

Depuis cette époque, les bornes topographiques des pays attribués au *corps Helvétique* n'ont plus varié ; elles correſpondent à peu de choſe près, avec les limites naturelles que nous avons indiquées ; elles les paſſent même du côté de l'Italie : & ſi, du côté du Rhin, la maiſon d'Autriche a conſervé quelques territoires en Suiſſe, cela ſe compenſe par celui de Schafouſen & par une portion de celui de Bâle, ſitués au-delà de ce fleuve.

Malgré la diverſité confuſe d'engagemens & de relations, compliquées entre les cantons & leurs aſſociés ou alliés dans la Suiſſe, nous oſons établir comme un axiome général du droit public helvétique, qu'il n'eſt aucune propriété particuliere ou commune des cantons & des alliés, qu'ils n'ayent tous, ou une vocation directe, ou un intérêt indirect de protéger, & à la défenſe de laquelle ils ne puiſſent tous intervenir ou comme garants, ou comme auxiliaires des garants.

Des brouilleries entre les confédérés Suiſſes les empêchoient de donner à leur ligue la forme complette & ſolide d'une conſtitution nationale & uniforme, & d'établir cet accord entre les parties, auſſi rare que néceſſaire dans un *corps* politique composé. A la premiere rivalité entre les cantons, fondée ſur la diſparité de leurs gouvernemens particuliers, avoient ſuccédé les préventions les plus opiniâtres, nées de la diverſité des opinions ſur les dogmes de la religion. Auſſi long-tems que les cantons qui embraſſerent la réformation, avoient renfermé l'activité de leur zele dans l'intérieur de leurs Etats, les autres cantons résolus de ne point ſe ſéparer de l'égliſe de Rome, s'étoient contentés de refuſer tout accès chez eux à la nouvelle prédication; mais dès que la doctrine de Zwingle commença à ſe répandre dans les bailliages communs, ils prirent ombrage ſur ſes progrès, dans la ſuppoſition que l'attachement des ſujets ſeroit plus grand pour les maîtres de la même religion. Zuric & Berne ſoutenoient la cauſe des réformateurs. Le zele toujours impatient fit commettre des indiſcrétions, & courir enfin aux armes en 1529. Un premier accomodement parut appaiſer les défiances réciproques, mais elles éclaterent de nouveau en 1531. On ſe reſſentoit dans le parti des proteſtans, de l'agitation & du déſordre qui accompagnent les révolutions. Auſſi les cinq cantons, Lucerne, Uri, Schwitz, Underwalden & Zug, triompherent-ils par leur union & par leur fermeté, de la préſomption de leurs ennemis. Par un nouveau traité de paix, la meſſe fut rétablie à Raperſwil, dans le comté de Baden, & dans divers autres lieux des bailliages communs, d'où elle avoit été bannie..

Depuis cette époque, un nouvel eſprit de parti a ſuccédé à celui qui naiſſoit de la diverſité des gouvernemens & de la différence de la puiſſance. Le mélange des cultes chez les ſujets communs & l'eſprit d'intolérence, ne pouvoient manquer d'occasionner des querelles propres à nourrir & à faire éclater cette division. Ce fut dès-lors le sujet ordinaire des ruptures entre les anciens cantons; nous voyons chaque fois les deux premiers cantons, Zuric & Berne, se trouver aux prises avec les cinq cantons catholiques qui les suivent en rang. Les cinq nouveaux cantons, dans ces malheureuses crises, sont demeurés fideles à leur engagement de neutralité; cependant on peut regarder Bâle & Schafousen comme attachés au parti protestant, & Fribourg & Soleure comme favorables au parti catholique. Comme dans les cantons de Glaris & d'Appenzell les deux cultes sont établis, c'est un motif de plus pour ces deux pays d'éviter les guerres, dont la religion est le sujet ou le prétexte.

L'histoire nous offre trois de ces tristes scenes, où les Suisses confédérés s'égorgerent pour la cause privée, ou les querelles indiscretes de quelques sujets ou alliés, sur les priviléges de leur culte. La guerre de Capel, en 1529 & 1531, dont nous avons parlé, est la premiere. En 1630, Zuric forma des plaintes contre les cinq cantons sur les griefs des habitans évangeliques dans divers lieux des bailliages communs. Des arbitres prononcerent sur ces griefs en 1632. Peu de tems après, en 1655, quelques familles d'Arth, dans le canton de Schwitz, menacées d'être inquiétées sur leurs sentimens, s'étant retirées à Zuric, non seulement le gouvernement de Schwitz refusa de livrer les biens & effets des refugiés, mais il reclama les personnes, pour les punir comme déserteurs & apostats. Des prétentions si fortes & si contradictoires furent bientôt suivies d'hostilités. Les troupes des Bernois, simples auxiliaires dans cette guerre, se laisserent surprendre près de Villmerghen & furent battues. Les cantons neutres réussirent à rétablir la paix en 1656.

Enfin, en 1712, des brouilleries entre l'abbé de S. Gall & les Toggenbourgeois, ses sujets, occasionnerent une nouvelle guerre, dans laquelle les Bernois remporterent d'abord un avantage dans une rencontre auprès de la petite ville de Bremgarten. Pendant qu'on traitoit d'un accomodement, les troupes des cinq cantons se rassemblerent, &, sans respecter l'armistice, elles attaquerent les Bernois près de Villmerguen, avec des forces supérieures. La fortune se déclara encore pour ces derniers, qui remporterent une victoire décisive. Par cette infraction de la tréve, les deux cantons se crurent autorisés à profiter de leur avantage, pour exiger des vaincus la cession de leurs droits sur le comté de Baden & sur une portion des bailliages libres. Berne obtint de plus, par le traité de paix, une part au gouvernement de la Tourgovie, du Rhinthal & du comté de Sargans. Après avoir inutilement cherché la protection de l'Empire, l'abbé de S. Gall fit sa paix particuliere en 1718; & seulement en

1759, les dernieres difficultés pour le comté de Toggenbourg ont été terminées, par l'intervention des deux cantons. *v.* S. GALL, *Abbaye*, & TOGGENBOURG.

A la suite des premieres capitulations des pays conquis par les cantons, & des conventions avec des voisins qui peuvent avoir conservé quelques droits ou revenus dans ces pays, les traités de pacification entre les cantons, les prononcés des arbitres ou médiateurs, forment, si l'on veut, un code de droit public spécial & conventionnel entre ces cantons relativement à leurs gouvernemens indivis & à l'état des églises chez ces sujets communs. Ces actes fixent, dans le plus grand détail, les limites de l'autorité épiscopale, de la censure ecclésiastique, de la jurisdiction matrimoniale, des patronats, des prérogatives de chaque culte ou de leur exercice alternatif, &c. C'est sans doute, la considération de l'importance & de l'usage presque journalier de ces traités dans les affaires intérieures de la Suisse, qui a déterminé les publicistes & les géographes à compter les bailliages communs, comme une partie distincte du *corps Helvétique*. Nous n'avons pas cru devoir nous attacher à une division qui ne nous paroît pas fondée sur une vue exacte de la constitution nationale. Ces associations de souveraineté ne sont au fond, que des relations particulieres entre un nombre déterminé de cantons intéressés dans ces indivisions de domaines.

Pour completter l'énumération historique des preuves du droit public des Suisses, & pour faire connoitre leur *corps* politique sous tous ces divers rapports, il nous reste à parler des liaisons contractées, ou par la nation réunie, ou par un nombre de cantons séparément, avec des puissances étrangeres. Pour éviter la confusion des objets, nous avons réservé à celui-ci une place particuliere, & par le même motif, nous presenterons séparément les traités des Suisses avec chaque Etat voisin, en abandonnant aux réflexions des lecteurs bien des questions importantes, mais peut-être faciles à résoudre; si la position topographique de la Suisse rend les alliances étrangeres inévitables? si des raisons d'Etat les rendent nécessaires? sous quelles conditions elles peuvent devenir utiles & s'accorder avec l'esprit & le but de la confédération? Si les hommes savoient se préserver des séductions illusoires, des préventions crédules, d'une jalousie inquiéte, il semble que les Suisses, bornant leur ambition à conserver leur indépendance, à l'abri des orages qu'excitent les passions des rois ou des ministres, & jouissant de leur liberté dans une union paisible, n'auroient besoin d'autres pactes, que du consentement de leurs voisins pour l'échange des productions & des marchandises, & que l'avantage de ces échanges étant toujours réciproque, les conventions à ce sujet, s'il en faut, ne pourroient jamais être ni bien difficiles, ni d'aucune conséquence onéreuse.

Les princes de la maison d'Autriche, comme nous l'avons déja rapporté, après avoir échoué dans le projet de s'approprier une grande partie de la Suisse, se virent à leur tour inquiétés & dépouillés par l'activité victorieuse des confédérés, & forcés de consentir en 1414, à changer en une paix de cinquante ans, des trêves trop mal observées. De nouvelles ruptures, toujours suivies de nouvelles pertes pour les ducs, produisoient des traités aussi fréquens qu'incertains. Enfin cette inimitié ancienne & invétérée céda à la haine plus nouvelle des deux partis contre Charles duc de Bourgogne. Louis XI, empressé à lever tous les obstacles qui pouvoient retarder la guerre projettée contre Charles, profita de cette disposition des esprits, pour cimenter la réconciliation du duc Sigismond d'Autriche avec les cantons. Après la guerre de Bourgogne, Sigismond, qui avoit appris à connoitre l'utilité de l'amitié des Suisses, comme ses ancêtres avoient éprouvé le danger de leur inimitié, conclut en 1477, la premiere union perpétuelle pour lui & ses héritiers avec les huit cantons & la ville de Soleure, en prenant pour base le traité de 1470, dont nous avons donné un précis plus haut. Ce traité d'union n'embrassoit que les pays & domaines possédés par le duc Sigismond, en Suabe & dans le Sundgaw, sur les frontieres de la Suisse. Il confirmoit la rénonciation exprimée dans l'acte de 1474, & la cession des conquêtes faites par les confédérés sur la maison d'Autriche. C'étoit au fond un traité de paix & d'alliance défensive.

En 1500, immédiatement après la guerre de Suabe, l'empereur Maximilien I obtint de quelques cantons la confirmation de ce traité. En 1511, ce prince, en qualité d'héritier du duc Sigismond, le renouvella plus solemnellement avec les douze cantons, la ville de S. Gall & le pays d'Appenzell; il y fit comprendre son petit-fils, qui lui a succédé dans la dignité impériale sous le nom de *Charles* V. De quelques passages de ce traité, on pourroit inférer qu'il regardoit tous les pays & sujets présens & futurs de la maison d'Autriche ; mais d'autres articles bien positifs, prouvent qu'il n'avoit pour objet que la succession du duc Sigismond & la Franche-Comté, devenue propriété de l'archiduc-Charles. C'est dans cet acte, que nous trouvons, pour la premiere fois, le terme de *treues aufseben*, qui répond à celui d'une *surveillance fidelle*, que les parties contractantes se promettent réciproquement. L'interprétation de cette expression vague, trop foible pour désigner un engagement absolu de garantie, inutile si elle n'exprime au moins quelque obligation de protection & de défense réciproque, a fourni dans la suite matiere à des contestations & à des reproches. Il paroît que les cantons en bornoient le sens à des cas de surprise ou de révolte ; ils refuserent de l'étendre aux guerres ouvertes entre la maison d'Autriche

&

& d'autres puissances. Un engagement aussi imprudent, que le supposoit l'explication prétendue par la maison d'Autriche, eût exposé les cantons à des guerres perpétuelles & dangereuses, au bon plaisir de ces princes, & peut-être même avec d'autres alliés du *corps Helvétique*. Il n'est pas douteux qu'une obligation aussi onéreuse doit au moins être fondée sur des titres très-clairs & non sur un terme obscur ou équivoque. C'étoit toujours un coup de politique, bien essentiel pour l'empereur, d'intéresser les cantons à conserver la barriere, que formoient ses Etats & ceux de l'archiduc entre la Suisse & la France. Il prévoyoit que cette puissance, à l'occasion des guerres d'Italie, pourroit distraire les forces Autrichiennes par des attaques sur l'Alsace ou sur la Franche-Comté, si elle n'étoit arrêtée par la crainte de réveiller les Suisses. Maximilien avoit fait un traité semblable, à peu-près avec les ligues des Grisons en 1485. Philippe II roi d'Espagne, renouvella l'union avec les cantons en 1557, sans aucun changement.

Le traité de paix, de commerce & de franchises, qui subsiste entre les ducs de Milan & les Suisses, sous le titre de *capitulat*, est un nouveau lien des cantons avec la maison d'Autriche, depuis que ces princes sont demeurés les propriétaires de ce duché. Galeas Sforze en avoit posé les fondemens vers l'an 1467. Le capitulat a été renouvellé par Louis XII roi de France, après la conquête du Milanois, & rappellé par François I, dans son *traité de paix avec les Suisses*, en 1516. L'empereur Charles V le confirma, en 1552. Ce traité fut ensuite fondu dans l'alliance des cantons catholiques avec la couronne d'Espagne en 1634. Pendant la guerre pour la succession de cette couronne, la France fit consentir les mêmes cantons au renouvellement du capitulat, en 1702, malgré les sollicitations contraires de la cour de Vienne. Quatre ans après, quelques-uns des ces cantons, retenus par ces oppositions & sur les instances des cantons évangeliques, suspendirent leur résolution, & quatre cantons seulement renouvellerent leurs engagemens avec l'ambassadeur d'Espagne.

L'Histoire de la Suisse nous offre la même révolution dans la partie méridionale du pays, que dans la partie opposée; l'esprit militaire, le courage & une activité infatigable, firent prendre aux deux villes de Berne & de Fribourg le même ascendant sur la maison de Savoie, que les confédérés avoient obtenu sur la maison d'Autriche. Ce fut le même effet produit par des circonstances un peu différentes. Les deux villes devoient sans doute en grande partie leur conservation à la protection des comtes de Savoie. Fribourg les a long-tems reconnus pour ses maitres, & Berne pour ses alliés & ses bienfaiteurs. Ici les hostilités momentanées, étoient des interruptions de l'amitié entre des voisins; au lieu que les ducs d'Autriche, ayant cherché à subjuguer & à opprimer les premiers cantons confédérés, ils se trouverent réciproquement dans un état de guerre juste, soutenue pendant environ un siecle & demi ; & ils ne suspendoient leurs armes que pour se donner le court relâche d'une trève souvent mal observée. La guerre de Bourgogne, dans laquelle les princes de Savoie se trouverent mêlés, fournit aux Bernois & à leurs alliés la premiere occasion de tenter des conquêtes dans le pays-de-Vaud. Pendant que la ville de Geneve luttoit contre l'autorité dangereuse des ducs de Savoie, favorisés par les évêques, Berne & Fribourg, ayant embrassé sa défense, sentirent souvent le besoin d'une communication libre avec leur alliée, & des marches répétées pour la sécourir, leur prouverent la facilité de s'emparer du pays-de-Vaud. Enfin, cette conquête se fit, presque sans résistance, en 1536. Tous ces faits n'étant pas de notre sujet, nous renvoyons le lecteur aux articles BERNE, FRIBOURG, & GENEVE.

La maison de Savoie désirant de rentrer dans la possession des terres que Berne, Fribourg & la république du Vallais, lui retenoient, & les cantons catholiques, alarmés des progrès de la réformation, cherchant à se rassurer par l'appui des puissances étrangeres, ces motifs produisirent la premiere alliance de six cantons avec le duc de Savoie en 1560. Fribourg refusa d'y prendre part, aussi long-tems que la cour de Turin formeroit des prétentions sur le pays-de-Vaud. Cette alliance contribua à la conclusion du traité du duc Emmanuel Philibert avec les Bernois, en 1564, par lequel ce prince obtint des derniers la restitution d'une partie des pays conquis en renonçant pour toujours au reste. Les Bernois entrerent eux-mêmes en alliance avec le duc Charles Emmanuel, en 1617. Comme ce traité fut conclu dans les circonstances d'une guerre onéreuse du duc avec les Espagnols, & qu'il fut borné au terme de vingt ans; il doit être regardé comme une capitulation pour les troupes que la république promit à ce prince; ainsi que de nos jours encore elle fournit un régiment à la solde de la cour de Turin. A côté des conditions fort détaillées sur cet objet, ce traité, dans ses autres articles, ne nous offre qu'une convention de paix & d'amitié, aussi naturelle qu'indispensable entre des Etats voisins. La nouvelle alliance que les cantons catholiques conclurent, pour toute la vie du duc régnant alors en 1651, & que Victor Amédée II confirma en 1683, est plus étendue; aux engagemens de secours mutuels le duc ajoute, dans un article particulier, la promesse d'intervenir comme médiateur dans les différends entre les cantons, & au besoin, d'employer la force contre la partie qui refuseroit de se soumettre à une prononciation; en échange les cantons promettent de ne point s'intéresser pour la ville de Geneve, tant que les prétentions de la maison de Savoie sur cette ville subsisteroient.

Depuis la séparation du royaume de Bourgogne de la monarchie de France, vers la fin du IXe siecle, les peuples de l'Helvétie n'avoient plus de liaison avec les François. Les deux nations apprirent de nouveau à se connoître à la journée sanglante du combat de S. Jaques, en 1444. Cette connoissance produisit un traité, entre le roi Charles VII & les cantons confédérés, en 1453, confirmé dix ans après par Louis XI. La politique profonde de ce prince tira parti du courage des Suisses, pour perdre le duc de Bourgogne. La maison d'Autriche ayant succédé à celle de Bourgogne, dans les querelles que cette rivalité ne pouvoit manquer de produire, il importoit à chaque parti de retenir les Suisses dans ses intérêts. Louis portoit des regards avides sur la Bourgogne. Ses successeurs formerent des prétentions sur le royaume de Naples & le duché de Milan. Les intrigues, les révolutions, les guerres & les traités, que tant de projets firent éclore, ne sont pas de notre sujet. Il seroit même trop long & assez superflu de faire l'énumération de toutes les conventions entre la France & les cantons. Comme les vues de la cour de France n'alloient qu'à obtenir des Suisses des secours de troupes, & de les empêcher d'en fournir à ses ennemis, les pensions qu'elle leur promettoit faisoient la base de ses conventions, & la négligence de les acquitter fut un sujet inépuisable de mécontentement & de brouilleries. Il en coutoit ordinairement plus à la

France, pour appaiser les Suisses mécontents, qu'il n'en eût couté pour leur tenir parole. Ces peuples, à portée de faire des incursions dans la Lombardie, décidoient souvent du sort du Milanois, se vengeoient aisément des promesses trompeuses, & formoient l'obstacle le plus difficile aux conquêtes des François, lorsqu'on osoit mépriser leurs prétentions ou leurs plaintes. Enfin, le roi François I, dans la mémorable bataille de Marignan, continuée pendant deux jours, triompha de l'opiniâtreté jusques-là invincible des Suisses, & conclut ensuite une paix perpétuelle avec les cantons, en 1516.

Le même prince fit encore un traité d'alliance plus étroite avec les cantons, en 1521. Elle devoit durer trente ans après la mort du roi. Ce traité a été renouvellé par plusieurs de ses successeurs; par Charles IX, en 1564; par Henri III en 1582; & par Henri IV en 1602. Louis XIV conclut une nouvelle alliance avec tout le *corps Helvétique*, c'est-à-dire, avec tous les treize cantons & les associés de la ligue des Suisses, en 1663. Après la derniere guerre civile entre les sept cantons, la cour proposa un renouvellement d'alliance, en 1713, auquel les Suisses protestans refuserent de se prêter. Les esprits étoient encore trop agités; la partialité manifestée par l'ambassadeur de France pendant la désunion des cantons, la confiance imprudente du parti catholique sur l'appui de cette couronne, leur empressement même de renouveller l'alliance à cette époque, toutes ces circonſtances avoient contribué, à inſpirer aux réformés une répugnance à prendre part aux mêmes engagemens. Il ſe répandit un bruit, auquel des eſprits prevenus donnerent trop facilement accès, que, par des articles ſecrets, le roi avoit promis aux catholiques, de leur faire reſtituer ce qu'ils venoient de perdre par le traité de pacification. La mort de Louis XIV fit évanouir ces eſpérances hazardées & ces ſuſpicions crédules (*).

(*) Il eſt moralement impoſſible, que des petites républiques, des Etats démocratiques ſur-tout, faſſent des traités ſecrets; il n'eſt pas vraiſemblable que des peuples, ſi fort accoutumés & ſi jaloux de juger par eux-mêmes de leurs intérêts, confient à des repréſentans le pouvoir de contracter des engagemens ſi dangereux, ſans vouloir les connoître. Si l'on s'étoit contenté de dire, que la France avoit flatté les cinq cantons, de leur faire rendre ce qu'ils perdirent dans la paix de 1712, on pourroit y ajouter quelque foi; mais, que cette puiſſance veuille ſérieuſement s'intéreſſer, & que les cantons catholiques puiſſent conſentir, à faire reſtitution à la maiſon d'Autriche & à la Savoie, des terres cédées par ces puiſſances & poſſédées de bonne foi par les Suiſſes depuis deux ou trois ſiecles, que la France déſire beaucoup le rétabliſſement des évêques à Geneve, à Bâle & à Lauſanne, & qu'on ait projetté dans un traité ſolemnel de donner à tous les cantons une propriété égale, c'eſt des

Depuis Charles VIII jusques à Henri II, les rois de France avoient employé les bras des Suisses pour soutenir leurs vues ambitieuses. Pendant les guerres civiles, sous les fils de Henri, les Suisses s'attacherent aux deux partis, auxquels la religion servoit plutôt de prétexte que de motif, & s'exposerent souvent à combattre les uns contre les autres, dans des querelles que le fanatisme ne leur permettoit pas de regarder comme étrangeres. Le plus grand nombre cependant se trouvoit toujours dans le parti de la cour; & quand la fameuse ligue voulut exclure Henri IV du trône, les Suisses des deux religions, réunis sous ses drapeaux furent un des principaux instrumens de son triomphe. Sous les regnes suivans un grand nombre

rêveries absurdes, imaginées pour calomnier la nation & ses alliés. Espérons que le tems, l'expérience funeste du passé & les progrès des lumieres dans les différens gouvernemens de la Suisse, affoibliront toujours plus, dans les deux partis, les préventions d'une jalousie populaire & d'un zele exagéré pour sa doctrine. Au reste, ce soupçon de quelques articles secrets insérés dans le traité de 1715, donna de fortes inquiétudes aux Suisses protestans, & la publication de ces prétendus articles causa en 1729, dans l'assemblée du peuple à Zug, une fermentation violente, suivie de la renonciation que fit le canton à la nouvelle alliance. Un mécontentement pareil a porté le canton de Schwitz à la même démarche en 1765.

de Suisses ont servi, en tout tems, à la solde la France. C'est aujourd'hui une armée permanente, regulierement complettée par de nouvelles recrues (*). La plupart des régimens ou des compagnies Suisses servent sous des conditions réglées par des capitulations, qui sont des traités formels, entre le roi & les gouvernemens Suisses, & des especes de titres du droit public entre les deux nations.

Il en est de même des priviléges que les Suisses ont conservés, dès les tems de Louis XI, & de Charles VIII, relativement au commerce. Ces franchises perpétuées par des liaisons si variées & si soutenues entre les deux nations, ont été sanctionées par des titres particuliers, & sont consignées dans les *traités d'alliance*.

Pour rendre complet le tableau historique des actes, qui ont trait à l'histoire politique de la Suisse, nous ne ferons qu'indiquer encore quelques liaisons, ou passageres ou permanentes, prises tantôt par quelques cantons particuliers, tantôt par la nation en *corps*, avec des puissances éloignées qui ne peuvent avoir qu'une influence indirecte sur les intérêts des peuples Suisses.

Dans les guerres si long-tems répetées pour la possession du duché de Milan, deux

(*) On peut actuellement l'évaluer à 15500 hommes. Sous le regne de Louis XIV, en 1696, le nombre des Suisses au service de France alloit à 28000.

papes, Jules II, & Leon X, qui, par leur qualité de souverains de Rome, avoient un intérêt dans les révolutions de l'Italie, firent, en 1510 & 1515, des traités avec les Suisses, pour en obtenir des troupes. A l'exemple des autres princes ils firent répandre de l'argent dans les cantons, par le cardinal Scheiner, leur négociateur; ils promirent de plus grandes sommes encore, & comme les autres princes ils manquerent de parole. Cette conduite, plus indécente pour des chefs de l'église, fournit aux réformateurs de la Suisse des armes, qui porterent à l'autorité du S. Siege des coups plus funestes que les conquêtes des puissances étrangeres en Italie. En 1565, le pape Pie IV, conclut une nouvelle alliance avec les cinq anciens cantons catholiques, par laquelle il leur promit, au nom du S. Siege, sous un engagement réciproque, des secours de troupes & d'argent, lorsqu'ils seroient attaqués dans leurs possessions pour cause de religion.

Depuis 1615, il existe une alliance, ou traité de subsides, entre les deux cantons de Zuric & Berne & la république de Venise, pour des secours mutuels, de troupes de la part des deux villes, & d'argent de la part de Venise. Ce traité a été renouvellé en 1648 & 1658. Les conditions de la solde des troupes ont été changées en 1706, conformément à la révolution arrivée dans la valeur de l'argent monnoié. Il est reservé dans ces traités, que les troupes des deux cantons ne feroient employées qu'à la défenfe des poffeffions de la république en terre ferme.

La premiere relation de politique des cantons Suiffes proteftans, avec l'Angleterre & la Hollande, date de 1654. Ils furent alors compris, en reconnoiffance pour leurs bons offices, dans le traité de paix entre le protecteur Cromwel & les Provinces-Unies. Guillaume, prince d'Orange, parvenu à la couronne d'Angleterre, rechercha l'alliance des cantons proteftans, dans la même vue d'en tirer des troupes. Un traité de fubfide fut conclu en 1690. Depuis cette époque, les Suiffes du parti évangelique ont entretenu des liaifons avec la couronne d'Angleterre, mais plus particulierement avec les Etats de la république de Hollande, dont Guillaume fut le chef fous le titre de Stathouder. Le canton de Berne en particulier conclut en 1712, un traité d'union défenfive avec les Provinces-Unies; cet exemple fut imité l'année fuivante par les ligues des Grifons. C'eft à peu près de cette époque que datent les capitulations pour les troupes Suiffes, que les Etats-Généraux entretiennent principalement pour en fournir des garnifons dans les places de barrieres.

Pour ne pas égarer nos lecteurs dans le labyrinthe que forment les diverfes parties du *corps* politique de la république des Suiffes, peu connu des étrangers, il étoit néceffaire d'indiquer avant toute chofe, l'origine & les motifs de tous les traités qui lient les treize cantons, tant entr'eux qu'avec d'autres puissances. Nous suivrons le même plan par rapport aux autres petits Etats, alliés des cantons & compris avec eux sous la dénomination générale du *corps Helvétique*. Un tableau du droit public de ces alliés des Suisses & de toutes leurs relations politiques, le plus précis & le plus exact qu'il nous sera possible, sera la conclusion de cet article.

L'abbaye de S. Gall possédoit un territoire fort considérable, avant la révolution, qui, au commencement du XVe. siecle, détacha de sa domination la ville de S. Gall & le pays d'Appenzell. Elle avoit acquis le comté de Toggenbourg, en 1468. La crainte de se voir dépouiller de quelques terres par les bourgeois de S. Gall, avoit décidé l'abbé Gaspar de Laudenberg, de mettre son monastere sous la protection des quatre cantons, Zuric, Lucerne, Schwitz & Glaris, par un traité de combourgeoisie perpétuelle, en 1451; il les reconnoissoit par cet acte pour seuls juges entre ses peuples & lui. Depuis cette date ces cantons établissent à tour, un officier à Wyl, qui, avec le titre de capitaine du pays, *Landshauptmann*, est le gardien des droits réciproques de l'abbaye & des sujets, & prend connoissance des causes criminelles en participant aux bamps. La pension de cet officier a été fixée par une convention particuliere en 1597, immédiatement après l'achat du comté de Toggenbourg, l'abbé

Ulric avoit conclu ſous ce nouveau titre, un traité particulier de combourgeoiſie avec Schwitz & Glaris, pour contrebalancer l'effet de celle que ces deux cantons avoient conclue, en 1436, avec les communautés du Toggenbourg. Les abbés de S. Gall n'ont pas des liaiſons directes avec les autres cantons; mais admis par les confédérés de la Suiſſe à diverſes alliances avec des puiſſances voiſines, l'habitude de s'intéreſſer aux négociations fréquentes, que ces traités occaſionnoient, leur procura un droit d'uſage & de preſcription, d'envoyer des députés aux dietes générales, & c'eſt à ce titre qu'on conſidere l'abbaye de S. Gall, comme aſſociée au *corps Helvetique*.(*) *v.* S. GALL & TOGGENBOURG.

Il s'en eſt peu fallu, que la ville de S. Gall, en profitant de la révolution dans le pays d'Appenzell pour étendre ſes immunités, ne parvint à dépouiller cette abbaye puiſſante d'une grande partie de ſes terres. Quand les abbés eurent obtenu la protection de quelques cantons, la ville ſe hâta de s'aſſurer la même reſſource. Ils firent en 1454, une alliance avec ſix cantons, Zuric, Berne, Lucerne, Schwitz, Zug &

(*) Les abbés de S. Gall prêtent hommage de fidélité à l'Empire, ſans avoir ni ſiege ni ſuffrage dans les dietes d'Allemagne. C'eſt une ſervitude de politique, qui ne leur a été d'aucune utilité dans leurs dernieres diſgraces.

Glaris. Dans ce traité ils prirent ce double engagement, de ne s'allier avec personne sans le consentement des cantons, & de se soumettre à leur prononciation, dans tous les cas, où la partie opposée appelleroit à leur jugement. Les cantons les forcerent en 1489 par les armes, à respecter cet engagement, dans un différend avec l'abbé, que nous avons rapporté plus haut. Dans les diverses guerres des Suisses, depuis la date de l'alliance, la ville de S. Gall a toujours fourni son contingent de troupes, de même que dans plusieurs des expéditions en Lombardie. Elle fut, par cette raison, associée à diverses alliances avec des puissances étrangeres; elle prenoit part aux pensions de subsides & envoyoit des députés aux dietes. Cette derniere prérogative a été avouée par les cantons en 1666. Elle l'exerce d'autant plus assidument, que ses propriétés territoriales, avec une jurisdiction inférieure en Tourgovie, lui donnent souvent un intérêt dans les affaires qui se traitent à la diete annuelle de Frauenfeld. *v.* l'article S. Gall, *ville.*

De tous les membres associés du *corps Helvétique*, celui dont l'alliance avec les cantons est depuis long-tems la plus générale, c'est la ville de Mulhausen, située dans la haute Alsace, hors des limites de la Suisse. Ses liaisons étroites avec la ville de Bâle, son alliance avec les villes de Berne, de Fribourg & de Soleure, dès l'année 1466; la part qu'elle prit à leurs guerres, particulierement à leurs brouilleries avec la France, depuis 1512 jusqu'en 1515, lui procurerent à cette derniere date, une alliance avec les treize cantons. Elle a été en conséquence comprise dans les traités avec la France, & elle jouissoit du droit de se faire representer aux dietes. Pendant les troubles qui agiterent la ville de Mulhausen en 1587, le magistrat, par une démarche imprudente, ayant offensé les cantons catholiques, déjà mécontens de ce que la ville avoit embrassé la réformation, ceux-ci renoncerent à son alliance. Elle a, depuis cette époque, souvent sollicité le retour de leurs bonnes graces : les cantons protestans n'ont pas discontinué de s'intéresser en sa faveur, & elle n'a pas encore perdu l'espérance de réussir. *v.* MULHAUSEN.

Bienne n'est pas une république entierement indépendante, puisqu'elle rend hommage à l'évêque de Bâle, qui est son prince; cependant elle jouit de divers droits essentiels de la souveraineté même, entr'autres de celui du port d'armes dans un district considérable. C'est ce droit, très-ancien, qui mit la ville de Bienne en état de prendre part aux premieres guerres des villes de Berne & de Soleure avec la maison d'Autriche & la noblesse de ce parti. En vertu de ses titres de combourgeoisie de 1278, 1306 & 1352 avec Berne, de 1382 avec Soleure, & de 1496 avec Fribourg, sa banniere figuroit avec celles des confédérés, dans leurs expéditions militaires les plus importantes. C'est aussi par ces titres qu'elle a part aux alliances avec la France, comme associée des cantons, & qu'elle envoye un député aux dietes. *v.* l'article BIENNE. (*).

Outre ces membres associés du *corps Helvétique*, il se trouve plusieurs Etats indépendans & détachés, qui confinent avec les cantons Suisses, & qui, à cause de leurs alliances particulieres avec quelques-uns de ces cantons, ont été compris dans les traités des Suisses avec quelques puissances étrangeres, sous le titre d'alliés des Suisses.

Dans ce nombre l'Etat le plus considérable par ses propres forces est la république confédérée des Grisons. Elle est formée par trois ligues distinctes; la *ligue haute* ou *ligue Grise*; la *ligue Caddée* ou *de la maison Dieu; & la ligue des Dix droitures* ou *communes*. Chacune de ces ligues est composée de diverses communautés libres, gouvernées par des principes purement démocratiques. Ces associations séparées, formées dans le cours du quinzieme siecle, se réunirent en une masse, par une confédération commencée en 1471. Les querelles particulieres des Grisons avec les sujets Autrichiens,

(*) La ville de Rottwyl en Suabe, ayant depuis la fameuse guerre de trente ans, abandonné ou négligé la prérogative d'associée du *corps Helvétique*, dont elle jouissoit depuis 1519, il seroit inutile d'en parler dans cet article.

leurs

leurs voisins, les lierent avec les confédérés Suisses, au moment que la guerre de Suabe alloit éclater. La ligue Grise conclut la premiere en 1497 avec sept des anciens cantons, celui de Berne n'y étant pas compris, une alliance défensive. Un an après la ligue Caddée suivit cet exemple. Celle des dix Droitures a demandé la même faveur en 1567; mais les cantons se contenterent de répondre, que dans l'occasion ils se conduiroient envers eux en bons amis & voisins. Les protestans attribuent à l'esprit de parti de religion, le refus donné en 1701 aux trois ligues des Grisons sur leur demande, d'être incorporés à la confédération des cantons; en effet, les communes qui ont adopté la réformation ont une grande supériorité en nombre, dans ces ligues. Mais, peut-être, les constitutions particulieres de ces peuples, & le souvenir des désordres, qui, dans le passé en ont souvent résulté, présentoient-elles aux cantons des motifs plus forts encore, pour ne pas s'empresser à entrer avec eux dans des liaisons plus étroites. Les Grisons, par les incursions qu'ils firent dans la Lombardie, en même tems que les Suisses, y acquirent des possessions importantes, qui furent dans la suite des sujets de divisions & de guerres pour eux. La Valteline, le comté de Chiavenna & celui de Bormio, leur ont été cédés, dans le même traité de paix avec François I, qui a assuré aux cantons la propriété de leurs conquêtes. Au reste, la république des Grisons a traité la plupart du tems, pour son propre compte avec les puissances étrangeres. Elle a son union particuliere avec la maison d'Autriche ; ses capitulats avec le duché de Milan ; ses alliances avec la France, avec les papes, avec l'Etat de Venise. Elle s'est aussi alliée séparément, en 1600 avec la république du Vallais; en 1608 avec celle de Berne, & en 1707 avec celle de Zuric. Des délibérations lentes, presque jamais unanimes, des résolutions incertaines, effets d'une constitution populaire & divisée, empêchent les trois ligues de s'intéresser aux affaires politiques de leurs alliés, & ont souvent même rendu inutiles les bons offices de ces derniers, dans des tems d'oppression & de troubles, excités par des factions souvent trop puissantes dans les ligues. Voyez l'article Grisons.

Le Vallais présente de même un corps politique détaché, composé de plusieurs petites démocraties séparées, appellées *dizains*, qui se réunissent en un faisceau par une confédération étroite & une administration sommaire pour leurs intérêts communs. L'évêque de Sion est, à plusieurs égards, le chef de cette république. Dès l'an 1250, elle a fait des traités, & a eu des démêlés fréquens, avec le canton de Berne. En 1416 & 1417, trois dizains du Vallais entrerent en combourgeoisie avec Lucerne, Uri & Underwalden, & en 1473, tout le pays fit une alliance perpétuelle avec ces trois cantons & celui de Schwitz. Les Vallaiſans fournirent des troupes auxiliaires aux Suiſſes dans la guerre de Suabe, & participerent à quelques expéditions en Lombardie. Leur alliance avec tous les cantons catholiques, pour la défenſe de la foi, eſt de 1528. Cet engagement s'eſt trouvé ſouvent en colliſion avec l'alliance, qui ſubſiſte toujours entre la république du Vallais & le canton de Berne, renouvellée en différens tems, depuis 1448 juſqu'en 1618. A la ſuite du même engagement, ils ont été aſſociés à diverſes alliances des cantons catholiques avec les puiſſances voiſines. De leur côté ils ont fait des traités particuliers, avec la maiſon de Savoie; avec la France dès l'an 1500; avec la république des Griſons en 1600. Ainſi que ces derniers, ils ne ſont invités aux dietes Suiſſes, que dans les cas qui les intéreſſent particuliérement. Voyez l'article VALLAIS.

Les conteſtations entre la bourgeoiſie de Geneve & ſes évêques, aidés des princes de Savoie, ont éclaté peu de tems avant que l'entiere défaite du duc Charles de Bourgogne, eut inſpiré aux deux villes de Berne & de Fribourg des projets de conquêtes, pour leſquels les ſecours prêtés à ce prince par les comtes de Romond, de la maiſon de Savoie, leur fourniſſoient un prétexte plauſible. Ce rapport de vues & d'intérêts préparoît des liaiſons entre les trois villes. Les Genevois déterminerent leur évêque à s'allier avec Berne & Fribourg en 1478. De nouvelles entrepriſes ſur leurs franchiſes occasionnerent une combourgeoisie particuliere avec Fribourg, en 1519, que le duc parvint à faire dissoudre ; mais la continuation des mêmes alarmes la fit renouveller en 1526, entre Berne, Fribourg & Geneve. La république de Fribourg y renonça cependant encore en 1533 ; dans le mécontentement de n'avoir pu réussir à détourner les Genevois de la réformation. L'alliance avec Berne, au contraire, fut rendue perpétuelle en 1558 ; & la république de Zuric y accéda en 1584. Cet appui eût difficilement suffi pour assurer l'indépendance de Geneve, sans celui de la France. La république de Geneve, fut comprise dans un traité particulier de cette puissance avec les cantons de Berne & de Soleure, en 1579, auquel Zuric accéda en 1602. Henri IV a mis le sceau à sa protection en faveur de Geneve, en la faisant comprendre dans ses traités de paix avec le duc de Savoie, en 1599 & 1601. Par ces divers liens de la cour de France, & des deux Etats de Zuric & de Berne avec Geneve, ces trois puissances sont devenues les médiateurs dans les divisions survenues entre les citoyens de Geneve, & les garants de la constitution intérieure de la république. C'est en vertu de l'alliance avec Zuric & Berne, que Geneve est alliée du *corps Helvétique*. Elle a souvent tenté de s'y faire incorporer, en 1601, entr'autres ; ses alliés solliciterent pour la faire recevoir au rang des cantons ; mais toutes ces tentatives ont été sans effet. Voyez l'article GENEVE.

C'eſt une ſingularité encore, de trouver dans cette aſſociation ſi diverſe, de petits peuples libres, qui ſe gouvernent par des principes ſi différens, une principauté ſouveraine, qui, par les liaiſons prudentes de ſes maîtres avec ces républiques, s'eſt ſauvée de la deſtruction générale des princes & de la nobleſſe, dont la domination s'étendoit autrefois ſur les terres aujourd'hui compriſes dans l'enceinte du *corps Helvétique*. Les comtés de Neuchâtel & de Vallengin, dont nous voulons parler, avoient été ſaiſis par les cantons en 1512, à l'occaſion de leur rupture avec la France; mais après ſa reconciliation avec les Suiſſes, Louis XII les engagea à rétablir dans ce patrimoine, Jeanne d'Hochberg, héritiere de Louis d'Orléans, duc de Longueville, auquel ces pays avoient été enlevés. Au reſte les peuples de ces comtés ont joui dès long-tems de grandes franchiſes. Ce ſont auſſi les Etats du pays ſeuls, qui jugent entre les partis, qui peuvent avoir des droits oppoſés ſur la ſucceſſion de cette ſouveraineté héréditaire. Dans ces anciens tems, où l'on entendoit par-tout les vœux des peuples pour la liberté, s'élever contre les projets d'une ambition plus oppreſſive que puiſſante, les comtes de Neuchâtel eurent auſſi de fréquentes querelles avec leurs ſujets. Ce fut dans une circonſtance pareille, qu'en 1406, la ville de Neuchâtel rechercha & obtint, ſous la forme d'un traité de combourgeoiſie, la protection du canton de Berne. Le comte Conrad de Fribourg, se hâta de se concilier la république par un traité semblable. Par ce double titre la ville de Berne devint juge dans les différends qui pourroient s'élever entre les princes & les peuples de Neuchâtel; avec le pouvoir d'employer au besoin, la force pour exécuter ses sentences. Elle a exercé cette fonction de juge dans différentes occasions, malgré la déclination affectée par l'une des parties. Vallengin, dont la souveraineté étoit dans un tems détachée de celle de Neuchâtel, a des liaisons semblables de combourgeoisie avec Berne, dès l'année 1399. Ces traités ont été souvent renouvellés. Les princes de Neuchâtel ont encore des alliances avec les cantons de Lucerne, de Fribourg & de Soleure. C'est en vertu de ces liaisons que cette principauté a été reconnue indépendante du *corps* germanique, réputée alliée des Suisses, & pays neutre dans les guerres de la France avec l'empereur. Nous passons sous silence les divers faits de l'histoire des confédérés, auxquels les peuples des deux comtés peuvent avoir pris quelque part, de même que les événemens relatifs à la succession à cette souveraineté, auxquels les cantons ont paru s'intéresser. *v.* les articles NEUCHATEL & VALLENGIN.

Ce zele exclusif, ou cette crainte inquiete pour la conservation de leur foi, qui avoit porté les cantons catholiques à s'unir par des traités particuliers, tant entr'eux, qu'avec les Etats alliés de la Suiſſe qui profeſſent la méme religion, les décida à conclure en 1579, avec l'évêque de Bâle une alliance étroite que ſes ſucceſſeurs ont eu ſoin de renouveller. Ce traité donne au prince, évêque titulaire de Bâle, la qualité d'allié du *corps Helvétique*; prérogative, qui cependant ne peut-être relative qu'à cette partie des terres ſujettes de l'évêque & du chapitre, qui ſont cenſées compriſes dans la Suiſſe. Une autre partie des terres de l'évêché relevent de l'Empire; par celles-ci, le prince a rang & ſuffrage dans le cercle du haut-Rhin, & paye ſon contingent des contributions à l'Empire. Dans l'alliance avec l'évêque, les huit cantons ſe ſont engagés de lui prêter main-forte pour ramener au giron de l'égliſe, ceux de ſes ſujets qui avoient embraſſé le culte réformé. Cependant comme d'un autre côté, ces peuples, particulierement les communautés de Munſterthal, ou de la prévôté de Moûtier-Grand-Vall, jouiſſent de la protection du canton de Berne, en vertu d'un traité de combourgeoiſie de 1486, renouvellé & maintenu juſqu'à nos jours, que les quatre cantons proteſtants ſont garants du libre exercice de la religion réformée dans l'Erguel, autre partie de l'évêché, & que les cantons catholiques, dans leur traité avec l'évêque, ſe ſont réſervés qu'il n'emploieroit point les voies de fait ſans leur avis, cette clauſe coercitive de l'alliance de 1579, n'a eu aucun effet dans les frequentes diſcuſſions de l'évêque avec la république de Berne, à l'occaſion des franchiſes des ſujets proteſtans de cette principauté. *v.* MUNSTERTHAL. L'évêque de Bâle eſt allié de la France par des traités & des capitulations particulieres.

Pour nous mettre en état de tracer le plan du ſyſtême politique, plutôt composé que combiné de la république fédérative des Suiſſes, il étoit néceſſaire d'en examiner ſéparément les parties, leur rapport ou leurs proportions rélatives, les points de contact ou d'appui de ces parties, leur combinaiſon progreſſive, les nœuds qui les uniſſent, & l'effet de ces diverſes réactions ; de ces différens reſſorts ſur le mouvement général & ſur la force totale du *corps* entier. Quels ſont le but & la fin de la ligue des Suiſſes? Quels ſont les engagemens eſſentiels & réciproques des cantons entr'eux, les avantages que chaque membre a droit de ſe promettre de la confédération, & les obligations qui en réſultent ? La différence entre les cantons & les aſſociés, en quoi conſiſte-t-elle eſſentiellement ? Quelles ſont les formes du régime de cette ligue nationale ? Quels ſont enfin les intérêts politiques & du *corps* entier, & de ſes membres, par rapport aux puiſſances voiſines ? Les réponſes à ces queſtions entrent eſſentiellement dans les vues de cet article; elles en feront la concluſion.

La ligue des cantons Suiſſes eſt une alliance défenſive, étroite & perpétuelle entre treize petites républiques. Elle consiste essentiellement dans l'engagement de se protéger les unes les autres, par leurs forces réunies, contre tout ennemi du dehors & de s'entr'aider pour prévenir les troubles intérieurs.

Quant au premier objet, la ligue des premiers cantons n'avoit dans son origine d'autre but, que la conservation de la liberté personnelle & des franchises municipales des peuples confédérés. Par les succès de ces peuples contre leurs ennemis, cette confédération se convertit en garantie de tous les nouveaux droits, de toutes les propriétés territoriales, acquises par achât ou par conquêtes, soit par plusieurs cantons en société, soit par les uns ou les autres en particulier.

Premiere observation sur cet article. Par l'obligation auxiliaire entre les cantons, chaque membre de la ligue dispose, pour sa défense, des forces de tout le *corps* confédéré. L'usage seulement de ce droit est plus étendu pour les huit anciens cantons que pour les cinq derniers : ceux-là peuvent appeller le secours de leurs alliés par de simples monitoires, sans rendre compte des motifs de leurs querelles avec des ennemis étrangers ; & les cinq derniers cantons n'interviennent dans ces querelles que comme médiateurs, ou comme auxiliaires ; & ceux-ci n'osent point commencer les hostilités sans l'avis des confédérés, & si les adversaires les citent à comparoître en droit devant les autres cantons, ils ne peuvent pas les recuſer pour arbitres ou juges.

Seconde obſervation. La ſeule exception que nous connoiſſions, à cette garantie générale & réciproque entre les confédérés, pour leurs propriétés territoriales, regarde la partie du pays-de-Vaud, conquiſe par les Bernois, en 1532, que quelques cantons ſeulement, les cantons proteſtans, & du nombre des cantons catholiques, Lucerne, Fribourg & Soleure, ont pris ſous la protection des alliances. Cependant, comme la portion de ce même pays que les Fribourgeois ſe ſont appropriée dans la même époque, eſt garantie par l'union particuliere entre les Etats catholiques de la Suiſſe, on peut dire, que tous les membres de la ligue, ſont, directement ou indirectement, engagés à maintenir les deux cantons dans la poſſeſſion entiere.

Le ſecond objet eſſentiel de la ligue des cantons, c'eſt la conſervation de la tranquillité intérieure, par la protection réciproque des formes de gouvernemens établies dans chaque canton. C'eſt en vertu de l'engagement entre les alliés, de ne pas donner retraite aux ennemis de leur liberté & de la paix publique, que chaque canton & Etat allié du *corps Hëlvétique* a le droit de bannir de toutes les terres compriſes dans la confédération, les ſujets rebelles & les malfaiteurs, conſidérés comme perturbateurs de l'ordre public. La ville de Zuric, menacée par des magiſtrats exilés, fut la premiere à demander & à obtenir, expressément, une garantie de ses constitutions civiles, dans son traité d'alliance, en 1351. En dépossédant la maison d'Autriche du pays de Glaris, les confédérés y établirent l'administration publique sur l'ancien pied. Nous avons cité l'exemple de Zug, où les cantons vinrent à main armée en 1404, raffermir l'ancien ordre dans la distribution des prérogatives du gouvernement, qu'une faction avoit entrepris de changer par la force. L'indocilité de la milice, après la guerre de Bourgogne, amena divers désordres dont le peuple des cantons démocratiques avoit donné l'exemple, & causa aux gouvernemens aristocratiques des inquiétudes d'autant plus fortes, qu'on pouvoit soubçonner l'esprit des démocraties de tendre naturellement à élargir les franchises des sujets des villes, & que les cantons populaires ne cachoient point leur jalousie sur les progrès d'agrandissement & sur l'union étroite des Etats aristocratiques. Ces défiances réciproques se terminerent cependant par la stipulation de la célebre convention de Stantz, en 1481, dont le but principal est de prévenir les factions & les révoltes, en armant dans chaque canton, le *corps* qui représente le souverain, des forces de tous les Etats alliés.

Afin de mieux développer cet événement & pour mieux prouver la solidité de ce nouveau lien entre les Suisses, il n'est pas ſuperflu d'obſerver, qu'indépendamment de l'intérêt commun à tous les gouvernemens Suiſſes, de tenir dans la ſubordination leurs ſujets des bailliages communs, il n'eſt aucun des Etats démocratiques dans la Suiſſe, qui ne renferme dans ſon enceinte une claſſe d'habitans exclus des aſſemblées générales, où réſide le pouvoir ſouverain; & les hommes tiennent toujours plus fortement aux opinions de ſupériorité, & en uſent plus rigidement, avec des perſonnes à peu-près leurs égales, qu'avec celles d'un état décidément inférieur. Auſſi, lors de la grande révolte des payſans dans les cantons de Bâle, de Soleure, de Berne & de Lucerne, & dans quelques bailliages libres, en 1653, les cantons populaires furent des premiers à prendre les armes contre les rebelles. L'hiſtoire de la Suiſſe nous fournit, même dans des tems récens, de fréquens exemples de la protection & du ſecours donnés réciproquement entre les confédérés, pour maintenir la conſtitution intérieure reçue dans chaque canton.

Pour que le lien entre les cantons Suiſſes fût étroit, ſolide & permanent, pour qu'il pût inſpirer une pleine confiance aux membres unis, & être reſpecté par leurs rivaux ou ennemis, il étoit néceſſaire que la ligue fût perpétuelle & qu'elle eût une force obligatoire excluſive, ou de préférence ſur tout autre engagement.

Quant à la premiere de ces deux conditions, nous obſerverons que dès la premiere union des Waldſtätt, de 1315, tous les traités d'aſſociation ſucceſſive entre les cantons, ont été munis de la clauſe expreſſe de leur perpétuité. Ces traités fixoient, à la vérité, un terme de cinq ou de dix ans, pour renouveller le ſerment de l'alliance, mais avec l'explication poſitive, que l'omiſſion de cette ſolemnité ne porteroit aucune atteinte à la ſainteté & à la perpétuité du contrat. C'étoit anciennement l'uſage d'envoyer des députés d'un canton à l'autre, pour recevoir la promeſſe ſermentale des confédérés. Des guerres, divers événemens publics, interrompoient l'obſervation réguliere de cette preſtation réciproque de fidélité ſociale. Dans des momens de diſſentions ou de mécontentement, on craignoit, peut-être, de l'exiger, le ſchiſme dans le culte public préſentoit, ſans doute, une autre difficulté pour le cérémoniel. Ainſi depuis plus de deux ſiecles, cette ſolemnité eſt tombée en déſuétude. Mais indépendamment des titres d'aſſociation, qui contiennent la preuve de ſa perpétuité; indépendamment de l'opinion héréditaire & univerſelle dans la nation, qui ne laiſſe aucun doute ſur la conviction intérieure de tous les confédérés; indépendamment de la qualité d'amis & de perpétuels alliés, qu'ils s'attribuent réciproquement dans tous les actes & inſtrumens publics, & de la déclaration particuliere qu'offrent, à cet égard, les traités de pacification après des diviſions paſſageres; l'obligation confédérale eſt publiquement reconnue, par la ſalutation helvétique, que les députés des cantons prononcent, à huis ouverts, à l'ouverture de chaque diete générale ou particuliere, & qui tient lieu d'une profeſſion ſolemnelle, faite au nom de leurs conſtituans, de leur attachement ſincere & conſtant à l'union étroite & perpétuelle, formée par leurs ancêtres.

Quant à la ſeconde condition de l'alliance des cantons, qui conſiſte dans la prépondérance de l'obligation fédérative ſur tout autre engagement, il eſt néceſſaire d'obſerver, que cette clauſe inſérée déja dans les traités d'union entre les premiers cantons, n'a pu acquérir toute ſa force que dans les tems poſtérieurs en s'étendant proportionellement aux progrès des parties contractantes vers leur entiere indépendance. D'abord, non-ſeulement l'obéiſſance envers le chef de l'Empire & de l'Egliſe, & les liaiſons antérieures des membres de la ligue avec d'autres alliés, faiſoient autant d'exceptions à cette clauſe, qui ne pouvoit jamais être rétroactive contre des titres ſupérieurs ou plus anciens; mais les droits légitimes de la maiſon d'Autriche même, contre laquelle cette confédération étoit dirigée, ont été réſervés dans quelques uns des premiers traités, tels que celui de Lucerne & de Zoug. A la vérité, l'empereur Louis de Baviere, ennemi des ducs d'Autriche, avoit déclaré en 1316, ces princes déchus de tous leurs titres acquis dans les Waldſtätt ; enſuite, tant par réâchats que par la force des armes, les ducs ont été dépouillés de tous leurs droits dans les divers cantons ; mais la réſerve, faite en leur faveur dans les deux traités ſuſmentionnés, n'a été retranchée qu'en 1454. Quelques uns des cantons ſe trouvoient engagés dans des traités de combourgeoiſies & d'alliances particulieres & antérieures, dont l'obligation devoit précéder celle de leur nouvelle liaiſon.

Nous ne pouvons trop le répéter, pour fixer l'idée qu'on doit ſe faire de l'union des cantons Suiſſes ; elle n'étoit, dans ſon origine, qu'une aſſociation auxiliaire, pour préſerver d'une uſurpation violente des franchiſes limitées. Tous les confédérés n'étoient pas d'abord directement liés entr'eux, & leur aſſociation n'excluoit pas toute liaiſon du même genre avec d'autres. Ce n'eſt que depuis la convention de Stantz & l'alliance des huit cantons avec Fribourg & Soleure, en 1481, que la ligue revêtit le caractere d'une union ſtable, générale & nationale. Depuis que les Suiſſes, par une longue preſcription, reconnue par des titres formels, ſont devenus entierement indépendans de l'Empire, la réſerve faite à ce ſujet dans les anciens traités d'union, eſt annullée par le droit & par le fait. (*) De même la moitié au moins des

(*) Les villes & pays de la Suiſſe, non-ſeulement reconnoiſſoient dans les premiers tems de leur ligue, leur dépendance de l'Em-

Etats de la Suisse, ayant renoncé à l'obéissance envers le S. Siege, en matiere de religion, ont en même tems renoncé à la

pire; mais ils appuioient sur ce titre les motifs de leur association. Ils continuerent, en conséquence de ce principe, de solliciter la confirmation de leurs immunités, à chaque mutation dans la succession à la couronne impériale. Les empereurs de la maison d'Autriche refusoient souvent cette confirmation, ou vouloient la rendre conditionnelle, ou y apportoient des délais affectés. Les empereurs des autres maisons, en échange, non-seulement confirmoient les franchises des peuples Suisses avec empressement, mais souvent pour les flatter, ils ajoûtoient à ces immunités des droits nouveaux. Depuis que la couronne impériale fut à peu près fixée dans la maison d'Autriche, les cantons, devenus plus forts, négligeoient davantage cet acte de soumission envers le chef de l'Empire. Ils s'en acquiterent pour la derniere fois sous Maximilien II. En 1607, les villes de Zuric & de S. Gall presserent les confédérés de députer à la diete de l'Empire, pour obtenir de Rodolphe II. cette confirmation usitée. Berne, Soleure & quelques autres cantons, qui n'avoient pas le même intérêt par rapport au commerce dans l'Empire, éluderent la proposition, & en firent renvoyer l'exécution. Les regnes de Rodolphe II. & de Mathias, s'écoulerent ainsi, sans que les cantons fissent aucune démarche. Pour tranquilliser les citoyens de S. Gall, on leur pro-

réserve

réserve de cette obéissance, insérée dans les actes publics avant l'époque de la réformation; & d'un autre côté les catholiques de nos jours, plus éclairés sur l'ambition des anciens pontifes, ne reconnoissant leur autorité que par rapport au dogme, par rapport au culte public & à la police ecclésiastique, cette réserve n'a plus, même pour eux, une force aussi étendue que dans le XVe siecle. Nous pouvons donc établir, comme un principe du droit public helvétique, qu'actuellement l'obligation fédérative, réciproque entre les cantons, précéde tout autre engagement politique.

En expliquant la nature & l'étendue de la ligue entre les treize cantons, nous en avons en même tems fixé les bornes. Dans tout ce qui ne blesse point la liberté des autres membres, que l'association a pour objet de protéger, chaque canton est absolu, & forme un Etat souverain & indépendant, qui se gouverne & se conduit par ses propres principes & ses loix. Chaque jour, pour ainsi dire, les uns ou les autres d'en-

mit la protection de tout le *corps*, lorsque à l'occasion de cette omission, ils seroient recherchés ou troublés dans leur trafic. L'Empire fut déchiré par une guerre opiniâtre sous le regne ambitieux de Ferdinand II & sous celui de son successeur du même nom. Ces longs troubles ont été terminés par le traité d'Osnabruk, de 1648, dans lequel les Etats Suisses confédérés ont été reconnus indépendans de l'Empire.

tre les cantons, exercent cette indépendance par des prohibitions réciproques. Un gouvernement proſcrit les monnoies d'un autre, s'il les trouve de trop bas aloi; il défend à ſon grè l'exportation ou l'importation des denrées ou des marchandiſes, pourvu que le tranſit dans les autres cantons demeure libre, & qu'à cet égard on ne hauſſe point les péages; il fournit des troupes aux puiſſances étrangeres & fait des alliances à ſon choix ſous la réſerve des traités de la confédération Helvétique. Excepté le petit nombre de cas, déterminé expreſſément dans les alliances, & qui intéreſſent directement l'objet méme de la ligue, aucun canton n'eſt aſſujetti aux réſolutions de la pluralité.

L'inégalité dans la force particuliere des cantons, la diverſité des principes par leſquels il ſe gouvernent, le partage des ſentimens ſur la religion, ſont, ſans doute, les grands obſtacles qui empêchent une liaiſon plus forte encore entre tous les membres de la ligue. Les partis, catholique & proteſtant, s'accuſent réciproquement d'avoir relâché le lien ſocial, par des unions particulieres entr'eux & avec des puiſſances étrangeres. Les catholiques, entraînés par le zele pour la religion de leurs peres, ont donné, ſans contredit, les premiers l'exemple de ces précautions ſuſpectes & les ont pouſſées à un point de mettre en danger la liberté commune; mais les ligues particulieres entre les Etats catholiques de la Suiſſe, & particulierement celle de 1586, appellée la *ligue d'or*, ou la *ligue Boromée*, sont-elles, ainsi que l'avancent quelques auteurs du parti contraire, une infraction faite à l'alliance générale entre les cantons? Dans tous ces actes, produits par une forte prévention contre toute innovation dans le dogme & dans le culte, conséquence naturelle de l'opinion sucée avec le lait, de l'infaillibilité de l'église & de son chef, nous ne voyons que la crainte jalouse sur les progrès d'un parti naissant & entreprenant, qui tendoit à se procurer une influence prépondérante sur les sujets communs des anciens cantons. Les cantons évangéliques firent, en 1655, des propositions pour une réunion parfaite entre les cantons: les cantons catholiques, animés par leur prévention invétérée & trompés par une politique étrangere, n'y répondirent que par des déclarations générales, d'autant plus équivoques qu'elles furent suivies d'un renouvellement solemnel de leur union particuliere. Une guerre civile suivit de près, dans laquelle les catholiques eurent l'avantage. Les réformés, intimidés à leur tour, ont cherché à se procurer aussi de leur côté l'appui de quelques puissances de la même religion. Dès-lors les deux partis auroient le même sujet de se reprocher une infraction aux premieres alliances, qui seroit réciproque. Au reste, tant que ces unions particulieres ne sont que défensives, & qu'elles ne tendent point à entreprendre sur la liberté & l'indépendance des États d'une religion différente, tant que l'un

& l'autre parti remplissent, dans les occasions, l'obligation auxiliaire & les autres conditions de l'alliance Helvétique, il est de la justice & de la prudence, de ne juger des intentions que par les faits, & de ne point se livrer à la triste curiosité de supposer des articles secrets, des projets cachés & des trahisons possibles.

Aujourd'hui les Suisses en général, paroissent mieux sentir le danger & l'incertitude des protections étrangeres ; les antipaties de religion s'affoiblissent tous les jours ; les traités de paix ont fixé les prétentions litigieuses ; les arts cultivés & les lumieres acquises, tempérent l'inquiétude à laquelle se livre si aisément une nation indépendante & guerriere. Dans la premiere circonstance menaçante pour la liberté nationale, on verroit, il n'en faut point douter, ce grand intérêt, l'ame des premieres alliances, reprendre toute sa force. Nous en trouvons une preuve non équivoque dans ce qui se passa en 1668, quand le théatre d'une guerre entre deux puissances voisines, se trouva transporté près des frontieres de la Suisse ; les cantons convinrent alors, avec les membres associés de la ligue d'un plan de défense par la réunion de toutes leurs forces.

Ce même plan, dont nous donnerons une petite notice, prouve que les Etats appellés communément *membres associés & alliés de la Suisse*, ne sont pas tous reconnus dans cette qualité par tous les cantons. D'ailleurs les degrés de leur liberté propre varient si fort, les conditions de leurs alliances sont si différentes, qu'il est à peu près impossible de donner de l'état de ces confédérés une définition applicable à tous. En comparant les traités d'alliance des villes de Mulhausen & de S. Gall, avec ceux des derniers cinq cantons, il semble, que toute la différence se réduise à celle du titre de *orth* ou canton, & au droit, accordé aux uns, en vertu de ce titre, de participer à la régence des pays conquis à frais communs. D'autres, tels que l'abbé de S. Gall & les peuples de Toggenbourg, promettent aux cantons leurs protecteurs, obéissance & service. On voit sur-tout par l'exemple des villes de Rottwyl & de Mulhausen, que l'engagement avec les associés est plus foible & plus précaire que celui entre les cantons. La prérogative, attribuée à quelques-uns de ces Etats alliés, par un long usage, d'assister par leurs représentans aux conférences appellées *dietes*, est encore une distinction plus apparente que réelle. C'est un moyen direct pour mettre leurs demandes sous les yeux de leurs protecteurs, c'est le droit de proposer un avis sur les intérêts communs de la Suisse. L'avantage essentiel de cet attribut d'associé & d'allié de la ligue des Suisses, *Zugewandte der Eidgnossenschaft*, pour ces Etats, unis par des traités auxiliaires, avec un nombre plus ou moins grand de cantons, c'est de conserver leurs libertés sous cette protection; c'est de participer, dans leur qualité de Suisses, à l'indépendance de la nation de toute domination étrangere, reconnu dans le traité de pacification générale de l'Europe, en 1648, & aux immunités accordées à tous les Suiſſes, tant en France que dans d'autres pays voiſins.

Nous avons déjà expliqué le motif qui nous empêche de ſuivre l'exemple des auteurs Suiſſes, en conſidérant les ſujets communs comme une portion diſtincte du *corps Helvétique*. Les traités qui concernent l'adminiſtration de ces gouvernemens, n'intéreſſent pas tous les cantons & font un objet particulier, qui n'a rien de commun avec le droit public national. Les dietes, que nous eſtimons helvétiques ou nationales tant que des affaires qui intéreſſent tout le *corps* y ſont traitées, deviennent des conférences particulieres, quand, après la retraite des repréſentans des Etats non intéreſſés, les affaires relatives aux gouvernemens communs y ſont miſes en délibération.

C'eſt faute de guides bien inſtruits que nous n'avons pu mettre plus de préciſion dans cet article. Aucun auteur national ne nous paroit avoir ſaiſi le vrai point de vue du droit public helvétique, & approfondi les intérêts politiques de la nation & tous les rapports des membres de la ligue: on n'a fait encore que des eſquiſſes du ſyſtême ſocial de la confédération Helvétique. Il eſt rare de trouver, même en Suiſſe, des perſonnes qui ayent une idée juſte des divers rapports entre les membres de la ligue Helvétique. On pourroit la comparer à ces grands monumens que les ſeuls efforts des bras, ſans le ſecours de l'art, ont quelquefois élevés dans des ſiecles encore barbares; ils frappent l'œil par la hardieſſe de l'entrepriſe & par leur ruſticité ſublime; leur ſolidité tient plus de l'aſſimilation naturelle des maſſes que de la liaiſon exacte des parties. De même l'union des républiques Suiſſes repoſe davantage ſur le rapport de leurs intérêts & ſur l'heureuſe aſſiette de leur pays, que ſur l'équilibre calculé ou un ſyſtême politique; & peut-être n'en doit-on que mieux augurer de ſa perpétuité.

C'eſt improprement, que l'on donne à cette confédération le titre de *république* & *d'Etat ſouverain.* Le nom d'*Etat* ſuppoſe une adminiſtration fixe, une autorité concentrée, un pouvoir exécutif, des revenus aſſignés pour les frais tutelaires, &c. Aucun de ces caracteres n'eſt applicable au *corps Helvétique.* Les Etats du *corps* Germanique ſont permanens; la diete de Ratisbonne exerce une juriſdiction déterminée. Les dietes des Suiſſes, au contraire, ne ſont jamais que des congrès des délégués de quelques-uns des Etats confédérés ou de tous enſemble. Les ſeuls objets fixes des dietes annuelles, comme nous l'avons déjà obſervé, ne tiennent point à l'intérêt national. Les conditions des traités, quelques conventions de police générale, ne ſont point des conſtitutions, qui puiſſent faire enviſager la maſſe de la ligue comme un ſeul *corps* politique individuel.

La ſeule conſtitution, vraiment nationale,

que nous connoiſſions, c'eſt l'état d'une armée confédérale, reglé en 1668 entre les cantons & quelques aſſociés de la ligue ; encore ne doit il être enviſagé que comme un plan éventuel de défenſe, adopté par divers Etats alliés. Voici la table des divers contingens impoſés à chaque membre de la ligue & aux provinces ſujettes, ſur une ſomme totale de treize mille quatre cents hommes, qui doit être augmentée, ſuivant la même échelle, ſelon les circonſtances & le beſoin. Cette table peut être regardée comme une eſtimation des forces relatives de chaque Etat de la ligue, ou du *corps Helvétique.*

Pour former une armée de 13400 hommes, les cantons fourniront :

I.	Zuric	1400. hommes.
II.	Berne	2000.
III.	Lucerne	1200.
IV.	Uri	400.
V.	Schwitz	600.
VI.	Underwalden	400.
VII.	Zug	400.
VIII.	Glaris	400.
IX.	Bâle	400.
X.	Fribourg	800.
XI.	Soleure	600.
XII.	Schaffouſen	400.
XIII.	Appenzell	600.
	Total	9600.

Les trois alliés, l'abbaye de S. Gall 1000. la ville de S. Gall 200. celle de Bienne 200. ensemble 1400. Chaque Etat fournissant une piece de campagne de six livres ; en tout seize canons.

Les provinces sujettes fourniront :

Lugano	400. hommes.
Locarno	200.
Mendris	100.
Val-Maggio	100.
Les bailliages libres	300.
Sargans	300.
La Tourgovie	600.
Baden	200.
Le Rhinthal	200.
Total	2400.

L'ordre ou le rang entre les treize cantons, tel que le présente cette table, & tel qu'il est constamment observé dans les actes publics & dans les assemblées des députés, a été fixé, plutôt par une espece de coutume, que par des décrets positifs. Zuric avoit déja fait un traité défensif pour trois ans avec les Waldstätt, en 1251. Cette ancienne liaison, & son état déja florissant lors de son accession à leur union perpétuelle, lui valurent un titre de préséance, dont elle a continué de jouir invariablement depuis que le *corps Helvétique* a pris sa consistance. Avant 1481, nous trouvons à la vérité beaucoup de variations, relativement à l'ordre ſuivant lequel les noms des cantons ſont cités dans les actes publics. C'eſt proprement à cette époque que cet ordre a été fixé. Auparavant les cantons populaires cédoient volontiers le pas à toutes les villes ; mais dès l'alliance avec Fribourg & Soleure, les huit anciens cantons conſerverent leur rang. En vertu de ſon rang de premier canton ou de *Vor-Orth*, la ville de Zuric eſt le ſiege de la chancellerie & le bureau de correſpondance pour le *corps Helvétique* en général, de même relativement à toutes les affaires où elle eſt intéreſſée avec pluſieurs autres cantons. Dans celles où Zuric n'a point d'intérêt, c'eſt toujours le plus ancien en rang des cantons intéreſſés, qui propoſe aux autres l'objet, le jour & le lieu des conférences, & fait expédier les actes & recès. Ainſi, par exemple, Lucerne eſt regardé comme le *Vor-Orth*, ou chef-canton parmi les cantons catholiques.

L'occaſion des conférences annuelles, pour controller l'adminiſtration des gouvernemens indivis entre les cantons, a fait adopter le même tems & le même lieu pour aſſembler des dietes générales. Autrefois ce rendez-vous étoit fixé dans la ville de Baden, depuis le traité de pacification de 1712, dans lequel cinq cantons ont renoncé à la co-regence ſur le comté de Baden ; la petite ville de Frauenfeld, où réſide le baillif de la Tourgovie, a ſuccédé à ce privilége, qui n'eſt cependant que de pure convenance. Les divers traités d'alliance fixent en différens lieux, les congrès particuliers entre les uns ou les autres des États confédérés; sur-tout dans le cas où des questions litigieuses doivent être terminées suivant le prescrit de ces traités. Dans d'autres cas, qui demandent des délibérations promptes, les cantons que ces matieres intéressent, conviennent du rendez-vous de leurs représentans. Voy. l'article DIETES.

Dès la premiere origine de la ligue jusqu'à nos jours, les cantons & leurs alliés n'ont jamais usé, dans le style public, d'autre titre que de celui-ci : *Nous les Bourguemestres, Avoyers, Landammans, Bourgeois & Communautés, des villes & pays,* &c. titres simples & modestes, qui honorent la liberté, quand on les compare aux épithetes fastueuses & superlatives de la plupart des souverains. Dans la premiere alliance, les confédérés se nomment *Eidguenossen*, expression qui signifie, *associés par serment*, & qui repond à celle de confédérés. Aussi cette expression n'étoit point distinctive; elle étoit reçue dans les traités d'association & de ligue entre diverses communautés, telle que celle des Grisons en 1424. Le parti Autrichien s'accoutuma bientôt à désigner les confédérés sous ce titre, même dans des actes publics. Leur association fut appellée la *ligue des hautes Allemagnes*, pour la distinguer des diverses autres associations des villes de la

Germanie. Cette dénomination, comme nous le voyons dans les premieres alliances avec la France, duroit encore au seizieme siecle.

Pendant la guerre de Zuric, vers le milieu du quinzieme siecle, le nom de *Suisses* prit faveur, parce que le peuple de Schwitz montroit l'ardeur la plus opiniâtre contre les Autrichiens. Il fut généralement adopté par les nations voisines après les guerres de Bourgogne, de Suabe & du Milanois.

C'est vraisemblablement de cette époque & des Italiens que vient le nom de cantons, adopté par les auteurs étrangers & Suisses. Ce nom rend en françois celui de *Orth*, lieu ou district, qui s'introduisit dans les actes publics vers la fin du quinzieme siecle. On y ajouta l'épithete modeste de louables; *l'œbliche Orthe der Eidguenossenschaft.*

Dans le tems que les Suisses montroient tant d'indifférence pour les titres, un duc de Milan, suivant le goût ridiculement fastueux de sa nation, où l'on traite aujourd'hui d'*illustrissimo* le moindre marchand, prenoit, en 1467, le titre de très-illustre & très-puissant, & donnoit, par compensation, aux cantons celui de magnifiques & puissans. Dans des tems plus cérémonieux, ce compliment est devenu d'étiquette pour les républiques indépendantes. On nous dispensera de grossir cet article, par l'énumération de toutes les formules dont se servent les puissances étrangeres dans leurs adresses au *corps Helvétique*, ou aux Etats qui le compoſent; quoique dans l'opinion de beaucoup de perſonnes ces détails intéreſſent la gloire de la nation.

Quelques unes de ces puiſſances font réſider habituellement des miniſtres de leur part dans la Suiſſe. Le réſident de l'empereur fait ſon ſéjour ordinaire à Bâle; l'ambaſſadeur de France à Soleure; celui d'Eſpagne, & le nonce du pape auprès des cantons catholiques, à Lucerne; le miniſtre de l'Angleterre auprès des cantons évangeliques, à Berne. Les nouveaux miniſtres adreſſent leurs lettres de créance pour tout le *corps* au chef-canton. L'ambaſſadeur de France, qui a le plus d'affaires à traiter avec le *corps Helvétique* en général, eſt complimenté chez lui par des députés de tout le *corps*. Cette cour tient des réſidens particuliers chez les Griſons, chez les Valaiſans & à Geneve.

Le plus grand intérêt politique des Suiſſes, c'eſt la conſervation de la neutralité dans les diviſions entre leurs voiſins, & l'entretien de la paix avec toutes ces puiſſances. La conſervation de ces avantages précieux dépendra toujours de leur concorde & de leur prudence.

Deux autres objets intéreſſent encore; c'eſt le ſervice militaire & le commerce. Il importe à la nation, pour ſa ſureté, que la valeur & le courage ne s'éteignent pas chez les peuples qui la compoſent, & depuis que la ſcience de la tactique, malheureuſement ſi néceſſaire, a été ſi fort perfectionnée, il importe aux Suiſſes d'être inſtruits des nouvelles manœuvres de l'art de la guerre. C'eſt ſous ce point de vue, & ſous celui de liaiſons auxiliaires avec de grandes puiſſances, que les gouvernemens enviſagent le ſervice mercénaire; ſans ces conſidérations, les capitulations, qui reglent les conditions de ce ſervice, ſeroient plus indifférentes à la nation, qu'aux particuliers qui ſe vouent à la vocation des armes. Si le luxe, introduit chez les militaires, ne permet plus à la nation de recueillir tous les avantages qu'elle pourroit ſe promettre d'une école militaire, entretenue aux dépends des puiſſances étrangeres, d'un autre côté ce ſervice, aujourd'hui permanent & ſoumis à des regles fixes, n'expoſera plus les Etats Suiſſes aux mêmes fermentations, à la même corruption, dont quelques époques des quinzieme & ſeizieme ſiecles nous offrent de triſtes exemples.

Comme diverſes parties de la Suiſſe ne produiſent que peu de grains, qu'en général elle manque de diverſes denrées néceſſaires, comme de ſel, de fer, & de tant d'objets de jouiſſance, commodes ou agréables, qui ne ſe fabriquent pas dans le pays, il importe aux Suiſſes de ſe les procurer par le commerce le plus libre poſſible avec les autres nations. Ils ne peuvent obtenir ces articles, qu'en les payant du ſuperflu des productions des manufactures du pays, tout commerce étant un échange également utile aux deux parties; ainſi l'intérêt général des Suiſſes, à cet égard, est mieux assuré par l'intérêt réciproque de leurs voisins, que par les traités les plus solemnels. Les immunités & les priviléges, dont les Suisses jouissent dans quelques Etats voisins, sont donc encore un objet d'intérêt particulier, plutôt que d'intérêt national. Si quelques maisons de négocians Suisses font des profits dans quelques villes de France, à la faveur de la tolérance civile & religieuse, cet encouragement est trop utile à ce royaume même, pour être mis à compte aux Suisses seuls. Aussi Londres, Amsterdam, Cadix, Livourne, les Indes, où les Suisses n'ont d'autres priviléges que la liberté de commerce commune à toutes les nations, nous offrent tout autant d'exemples de succès obtenus dans le commerce par quelques Suisses industrieux. Il est d'ailleurs aussi commun, de voir des étrangers, surtout de la religion réformée, placer leurs fonds dans la Suisse, comme dans un port assuré, que de voir des Suisses rapporter une fortune considérable dans leurs foyers. Si l'importation de ces nouveaux capitaux contribue aux progrès du luxe chez les Suisses, d'un autre côté, l'émulation qu'elles excitent, développe l'industrie & les talens chez ces peuples, & produit une aisance d'autant plus générale, que les constitutions nationales sont moins favorables à l'acumulation des fortunes & aux successessions exclusives dans les héritages.

A A R

A.

AAR, riviere de Suisse, qui a sa source près de celle du Rhin, au mont de la fourche, dans les Alpes, & qui après avoir traversé les lacs de Brientz & de Thun, va se jetter dans le Rhin près de Zurzac. Elle charrie de l'or en grains ou en paillettes.

ADDA, riviere de Suisse & d'Italie, qui a sa source au mont Braulis dans le pays des Grisons, & se jette dans le Pó auprès de Crémone.

AIGLE, bourg & château de Suisse, au canton de Berne, dans le pays de Vaud: c'étoit autrefois une Seigneurie; mais depuis 300 ans c'est la résidence d'un gouverneur Bernois. Quatre mandemens ou départemens composent son district. D'excellens pâturages, de bons vins, & de beaux fruits croissent sur son terrein; mais voisin de montagnes fort hautes, & s'abaissant lui-même en plusieurs vallées, il est quelquefois désolé par le fleau des inondations. C'est près d'Aigle que se rafine en partie le beau sel que l'on tire de Roche.

ALBIS, montagne de Suisse, au canton de

Zuric, dans le bailliage de Knonau. Elle s'étend sur une longueur de cinq lieues, des frontieres du canton de Zug jusques près de la ville de Zuric; elle est couverte de grandes forêts, & a d'excellens pâturages.

ALPES, ce mot que l'on croit Teuton ou Celtique, veut dire en général, *hautes montagnes* ou *montagnes entassées* les unes sur les autres; & dans ce sens il est devenu le nom propre de ces monts contigus & très-hauts, qui, dans une longueur de passé 300 lieues, & une largeur difficile à déterminer, vû ses inégalités, regnent depuis l'embouchure du Var dans la mer Méditerranée, jusques à celle de l'Arsia dans le golphe de Venise avec des sinuosités sans nombres. Ces monts font une courbe qui borde la France au Sud-Est, la Savoye & la Suisse au Sud, & l'Allemagne au Sud-Ouest: l'Italie seule aboutit à la corde de cette courbe; mais c'est l'Italie dans sa plus grande largeur, l'Italie qui s'étend du comté de Nice, à la province d'Istrie. Les *Alpes* forment la chaîne de montagnes la plus longue qui soit en Europe. Considérée dans ses parties diverses, cette chaîne porte des noms différens. On appelle *Alpes maritimes*, celles qui vont de Vada ou Vado dans le comté de Nice, aux sources du Var, ou même à celles du Pô: *Alpes Cottiennes*, celles qui vont des sources du Var à la ville de Suze: *Alpes Grecques*, celles qui vont de Suze au mont S. Bernard: *Alpes Pennines*, celles qui vont du S. Bernard au S. Gothard: *Alpes Rhétiennes ou Grisonnes*, celles qui vont du S. Gothard aux ſources de la Piave dans le Tyrol; & enfin *Alpes Julies, Noriques ou Carniennes*, celles qui vont de la Piave à l'Arſia, vers les ſources de la Save, fleuve d'Hongrie.

La hauteur de ces montagnes eſt telle en quelques endroits, que du centre du pays de Vaud, dans le canton de Berne, à 200 toiſes au-deſſus du niveau de la mer; l'on voit encore leurs cimes dorées par le ſoleil, trois quarts d'heure après ſon coucher. Des obſervations très-juſtes donnent 2334 toiſes à la hauteur du *mont blanc* ou *mont maudit* en Savoye, & 2700 à celle d'une pointe du S. Gothard, au canton d'Uri.

Les différentes hauteurs des *Alpes* y produiſent des vallées profondes, & des chûtes d'eau ſurprenantes. Quelques-unes de ces vallées ſont d'affreux abymes; tandis que d'autres ſont des lieux charmans, où croiſſent les meilleurs pâturages, où muriſſent les meilleurs fruits, où les moiſſons proſperent, & où la vigne même n'eſt pas cultivée ſans ſuccès. Les pâturages des *Alpes* ne ſont pourtant pas reſtreints à ces vallées: la pente moyenne de ces monts en fournit preſque par-tout d'excellens; & ce qui peut auſſi paroître admirable, ce ſont les lacs poiſſonneux que l'on trouve en aſſez grand nombre ſur le haut de ces montagnes.

Au reſte, les ſommets des *Alpes* & la profondeur des abymes, les vents, les nuages & les tonneres qui s'y forment: les neiges, les glaces, les torrens, les caſcades, les lacs, les mines, les volcans, les carrieres, les forêts, les ombres & la lumiere, tout y fait spectacle, tout y annonce la variété & le mouvement de la nature, qui enfante dans les *Alpes*, au milieu de l'agitation & des obstacles, les productions les plus compliquées & les merveilles les plus singulieres. Rien ne prête plus aux réflexions du philosophe que ces lieux solitaires, où il peut méditer sur ce qu'il voit, sans distraction & sans trouble, dans le silence de la nature. Il est vrai que le séjour des ours, des bouquetins, des chamois, n'est point aussi peuplé, aussi riant, aussi découvert que les plaines fertiles qu'arrosent la Seine, le Pô l'Arno & le Tybre; mais les *Alpes* ont un genre de beauté qui leur est propre, & qui attache également : on observe même que les habitans des *Alpes* s'accoutument difficilement au pays plat.

ALTEMBOURG, château de Suisse, dans l'Argow, ancien patrimoine de la maison d'Autriche.

ALTORFF, bourg de Suisse, chef-lieu du canton d'Uri, au-dessous du lac des 4 cantons, où la Russ se jette. *Long.* 26. 10. *lat.* 46. 55.

Ce bourg est en général bien bâti. C'est le siége de la régence & des tribunaux du canton. Mais ce qui donne au bourg d'*Altorff* des droits particuliers à notre attention, c'est qu'il fut, pour ainsi dire, le berceau, sinon de la liberté helvétique, du moins de la confédération. C'est dans *Altorff*, qu'en 1307, le tyran Gesler exposa si extravagamment son bonnet au salut, ou plutôt aux outrages. C'est d'*Altorff* que sortoit Walter Furst, digne compagnon de Wernher de Stauffach, & d'Arnold de Melchthal. Et c'est proche d'*Altorff* qu'en 1315, les cantons d'Uri de Schwitz & d'Underwalden, glorieusement vainqueurs à Morgarten de Léopold d'Autriche & de ses alliés, s'unirent par une alliance perpétuelle, qui a servi de base à l'illustre conféderation. Voyez l'histoire & la confédération helvétique, par M. de Vatteville.

ALTSTETTEN, petite ville du haut Rhinthal en Suisse, aux confins de Zuric & d'Appenzell. Sa jurisdiction & ses revenus tombent par tiers, entre ses propres mains, entre celles de l'abbé de S. Gall, & entre celles de neuf des cantons Suisses, souverains du pays.

AMSTOSS, champ de bataille en Suisse, au canton d'Appenzell, dans la paroisse de Gaiss, aux frontieres du Rhinthal. Les Appenzellois y vainquirent les Autrichiens en 1405, & d'un consentement unanime bâtirent une chapelle sur le lieu même, où une partie d'entr'eux va encore tous les ans, au troisieme Mai, vieux style, entendre une messe & un sermon relatif à cette victoire.

ANDELFINGEN, bourg & bailliage de Suisse, au canton de Zuric, sur la riviere de Thur. Le Val de Flaach, qui en fait partie, est très-fertile en vins & en bons fruits.

ANDERMATT, chef-lieu de la vallée d'Urselle, au mont S. Gothard, en Suisse, dans le canton d'Uri. Il n'est peut-être pas d'habitations en Europe, plus élevées que les trois ou quatre villages de cette vallée d'Urselle, puis qu'elles sont voisines des sources de l'Aar

& de la Rufs. Et il n'en eft peut-être pas non plus de moins favorifées de la nature, vû que dans leurs alentours, ce ne font que rochers à furfaces toujours nuës, ou monts couverts d'une neige éternelle. Le bois à bruler même leur manque, & à plus forte raifon celui de charpente; elles tirent celui-ci de Geftinen, & autres lieux beaucoup plus bas, & elles fuppléent à celui là par le Rofier des Alpes, l'Erica. Des peuples cependant que l'on croit defcendus des anciens Lépontins, fe font logés dans cette vallée fauvage, & foumis à l'évêque de Coire, pour le fpirituel, font leurs propres maitres, pour le temporel; & font caufe commune avec Uri, pour le militaire. Ces peuples fi libres, & fi élevés par leurs demeures, ne font point durs: on trouve, à l'honneur de l'humanité, dans un de leurs villages, nommé l'hôpital, un hofpice toujours ouvert & toujours fécourable aux voyageurs qui paffent le S. Gothard.

ANTONIENBERG, *mont S. Antoine*, c'eft une des plus hautes portions des Alpes Suiffes, dans le Valais.

ANTRUM, mont des Alpes Suiffes, par lequel on peut paffer du Valais dans le Milanois.

APPENZELL, le dernier des XIII cantons Suiffes dans l'ordre de fa réception dans la ligue. Il prend fon nom du bourg d'*Appenzell*, en latin *Abbatis Cella*. *Long*. 27. 6. *lat*. 47. 31.

Ce petit pays montueux eft fitué prefque à l'extrémité feptentrionale, & orientale de la Suisse, entouré par le Rhinthal & les terres de l'abbé de S. Gall. On estime sa longueur de dix lieues communes d'Orient à Occident; sa largeur de six à sept lieues du Midi au Nord. C'est une masse de collines & de montagnes, qui s'élevent en amphithéatre, depuis l'extrémité septentrionale jusques à l'extrémité opposée. Sur les confins du Rhinthal on cultive la vigne. La partie qui succéde & qui comprend aujourd'hui le canton réformé, produit diverses especes de grains & de légumes, & donne des fourrages abondans, d'une bonne qualité. Le canton catholique-romain ne renferme dans sa majeure partie, que des pâturages d'été, & des montagnes de rocs très-élevés. Ces dernieres, détachées de la grande chaîne des Alpes, forment un triple rang, dont les pointes les plus hautes conservent toujours la neige, & embrassent quelques glaciers perpétuels. On trouve dans diverses places du pays, jusques sur des monts très-élevés, des pétrifications, quelques cristaux, minéraux & fossiles &c., des grottes singulieres, plusieurs sources minérales; trois petits lacs, dont le plus grand, l'*Alpsée*, a une lieue d'étendue, dans un bassin de pur roc, d'une profondeur extraordinaire; il est poissonneux & fournit la source de la *Sitter*, qui fait le torrent principal du pays.

Le climat est généralement froid, sujet, comme dans tous les lieux fort élevés, à des variations brusques dans sa température. La fin de l'année y est ordinairement agréable; on jouit alors sur ces hauteurs d'un fort beau tems, pendant que les plaines de la Turgovie & de la Suabe sont couvertes d'épais brouillards. Dans le mois de Janvier ces vapeurs s'élevent; les montagnes en sont envéloppées à leur tour; les neiges s'y accumulent & retardent le retour du printems. La belle saison pour ce pays c'est l'été; on n'y souffre point des excès de la chaleur. Alors la fraicheur de ces petits vallons, la richesse des pâturages, l'excellente qualité du lait, du miel, des légumes & des fruits, la magnificence de plusieurs points de vuë sur un horison immense, des sources salubres y attirent les citoyens de quelques villes de Suisse, par l'espérance de participer à la santé robuste des habitans, en respirant le même air, & en imitant pour quelque tems leur vie paisible & frugale.

Voici l'histoire abrégée de ce petit Etat démocratique. Il est vraisemblable que les défrichemens & la population ne s'étendirent dans ces montagnes qu'après la conquête de l'Europe méridionale par les nations du nord, & sous le régime féodal, qui succéda à la police de ces aristocraties militaires & barbares. Les noms de quelques anciens nobles, conservés dans les chroniques, sont des traces du vasselage dans ces pays. A l'introduction du christianisme, succéda bientôt le zele des fondations. L'abbaie de S. Gall acquit, par des donations, la plupart des rentes fiscales & censiéres dans ses environs. Les abbés avoient cherché à augmenter leurs revenus. L'interêt commun lioit ces montagnards avec les citoyens de S. Gall, qui veilloient avec un œil inquiet sur toutes les entreprises de ce gouvernement monastique. Dans le tems que l'heureux exemple des premiers cantons Suisses avoit déjà reveillé chez leurs voisins le goût de l'indépendance, des receveurs de l'abbaie irritoient l'impatience du peuple d'*Appenzell*, par la rigueur des exactions & des moyens exécutoires, qui sembloient insulter à des hommes déjà fort las de leur servitude. La révolution fut subite en 1400. Quatre paroisses du pays d'*Appenzell* chassent les officiers de l'abbé. Surs de la faveur des cantons, avec lesquels ils étoient en liaison d'amitié & de voisinage, tout le peuple s'engage par serment à maintenir desormais sa liberté au prix de son sang. Ils repoussent d'abord les troupes de l'abbé; puis celles des villes & de la noblesse de Suabe dans divers combats sanglants; forcent le duc Frederic d'Autriche à lever le siege de S. Gall; pénêtrent, sous la conduite d'un comte de Werdenberg, dans la plaine de la Turgovie; ravagent les terres & brûlent les châteaux de leurs ennemis; se soumettent le Rhinthal & quelques pays voisins; passent le Rhin & portent le fer & la flamme jusques dans le Tyrol, pour punir les sujets du duc d'Autriche de quelques menaces insolentes qui leur étoient échappées.

Pour couronner ces premiers succès, que les S. Gallois partageoient avec eux, ils s'emparerent de la petite ville de Wyl & obligérent l'abbé, devenu leur prisonnier, de conſentir à une trêve. Déjà ils ſe vantoient de mettre en liberté toute la Suabe & le Tyrol, lorſqu'ils furent repouſſés avec perte devant Brigemd, dont ils avoient imprudemment entrepris le ſiege au fort de l'hyver, avec un trop petit nombre de troupes. Quelques autres échecs ſucceſſifs leur firent perdre tous leurs avantages plus rapidement encore qu'ils ne les avoient d'abord emportés. Ils apprirent, qu'un petit peuple ſans chef peut défendre avec ſuccès ſes propres foyers; mais qu'il n'eſt pas fait pour entreprendre des conquêtes. Robert, roi des Romains, les fit ſouſcrire à une trêve, en annullant celle qu'ils avoient forcé l'abbé d'accepter.

Outre divers traits d'une bravoure héroïque, que les annales de ce peuple conſervent de cette époque, on en cite d'autres qui prouvent leur naïve ſimplicité. Quand l'évêque de Conſtance les eut mis dans l'interdit, ils décréterent qu'ils ne vouloient point être mis là-dedans. A la priſe d'un château, dans le cours de leurs conquêtes, ils abandonnerent aux flammes des meubles & vaiſſelles de prix, & partagerent avec empreſſement une proviſion de poivre qui tomba ſous leurs mains.

Tranquilles pendant quelques années, ils profiterent en 1411 de la méfiance toujours ſubſiſtante entre les Suiſſes & les Autrichiens, pour ſe lier, par une combourgeoiſie perpétuelle avec ſept cantons leurs plus proches voiſins. Par un traité définitif, réglé par l'entremiſe des cantons, les communautés du pays d'*Appenzell* furent reconnues un peuple libre & indépendant, les censes & rentes de l'abbé conservées, des contributions auparavant indéterminées, fixées, sous la réserve que ces peuples pourroient se racheter de tous les impôts & redevances.

Cette paix déplaisoit aux esprits les plus échauffés. Leur mutinerie leur attira un nouvel interdit de l'évêque. D'abord les troupes du comte de Toggenbourg, qui s'étoit déclaré pour l'abbé, furent entiérement défaites; mais irrité par la tentative des Appenzellois de soulever ses propres sujets, il poussa la guerre & les battit à son tour; ces échecs, comme c'est toujours le caractere du peuple, de ressentir avec excès la bonne & la mauvaise fortune, les découragerent entiérement. Ils n'avoient d'ailleurs aucun appui à espérer des cantons, alliés en partie avec le comte de Toggenbourg & choqués de voir leur médiation méprisée. En payant à l'abbé une amende de deux mille florins, ils obtinrent la ratification du dernier traité.

Ce n'est pas ici le lieu de parler des faits généraux de la nation auxquels les Appenzellois ont eu part. En 1460 ces derniers acheterent des nobles de Hagenwyl le bailliage de Rhinthal, si souvent ravagé dans les guerres précédentes. Trente ans après, ils en furent dépouillés par les cantons, en punition d'une violence exercée contre l'abbé de S. Gall. Sur le refus qu'avoit fait la ville de S. Gall au monastere d'une place pour étendre ses bâtimens, l'abbé avoit commencé la construction d'un couvent à Roſchach ; les bourgeois qui craignoient la concurrence de ce nouvel établiſſement, & la diminution de leur commerce & ſalaires, s'aſſocierent ceux du pays d'*Appenzell* & des ſujets de l'abbé, & raſérent le nouvel édifice. Les exhortations des quatre cantons, Zuric, Lucerne, Schwiz & Glaris, protecteurs de l'abbaye en vertu d'une alliance, avoient rendu ſuſpecte aux S. Gallois & à leurs alliés l'offre d'un arbitrage amiable. Sur ce refus, les cantons les forcerent par les armes à ſe ſoumettre à leur jugement, & les condamnerent à des dédommagemens conſidérables, & aux fraix de la guerre. Envers ceux d'*Appenzell* les quatre cantons ſe relâcherent ſur ce dernier article; mais ils ſe ſaiſirent du Rhinthal. Après la guerre des cantons contre la ligue de Suabe, guerre ſoutenue avec un ſi grand acharnement réciproque, les Appenzellois, en récompenſe des ſecours prêtés à leurs alliés, furent aſſociés au gouvernement de ce petit bailliage, dont nous donnerons ailleurs la deſcription, article SUISSES, leurs ſujets.

Les ſix cantons avoient convertis en 1452 en une alliance perpétuelle, le premier traité d'union & de combourgeoiſie avec le pays d'*Appenzell*; enfin en 1513 il fut adopté par les XII. cantons dans la ligue helvétique dans laquelle il occupe le dernier rang.

A cette époque, le pays étoit diviſé en douze *Rhodes*, dont il faut chercher l'étimologie dans le terme de *Rott*, compagnie, & l'origine dans les anciennes guerres des abbés de S. Gall avec d'autres grands vaſſeaux, qui occaſionnerent cet établiſſement de milice. Encore aujourd'hui les chefs de ces Rhodes portent le nom de capitaines. Alors chaque *Rhode* fourniſſoit un conſeiller, un aſſeſſeur à la *juſtice des jurés*, d'où reſſortiſſoient les cauſes qui emportoient purgation par ſerment, & deux juſticiers pour la *juſtice publique* ou *civile*. Ces tribunaux s'aſſembloient dans le bourg d'*Appenzell*. Tout le corps du peuple s'étoit réuni en 1421. ſous une banniere & une forme de gouvernement commune; confirmée par l'empereur en 1424, avec ceſſion en 1536 de la juſtice criminelle qui relevoit des empereurs. La diſcorde occaſionnée par la diverſité des opinions ſur la réformation, produiſit après une longue fermentation, un changement très-eſſentiel dans la conſtitution de la république.

Par la médiation de ſix cantons, choiſis pour arbitres, ſavoir, Lucerne, Schwiz & Underwalden, pour les catholiques; Zuric, Glaris & Schafouſen, pour les réformés; on arrangea un cantonnement entre les deux partis. Suivant le nouveau plan, tout le pays eſt partagé en deux cantons *diſtingués*, mais non *ſéparés d'intérêt*. Le canton des *Rhodes intérieurs*, & celui des *Rhodes extérieurs;* le premier occupé par les catholiques, le dernier par les réformés. Ces deux portions forment deux petits Etats indépendans; gouvernement, police, finances, &c. tout eſt ſéparé; ſeulement les deux députés n'ont qu'une voix à la diette helvétique, & ils la perdent ſi leurs opinions ſont partagées.

Dans l'un & l'autre canton le pouvoir souverain réside chez le peuple, composé par tous les hommes au-dessus de seize ans. Le *canton intérieur* est aujourd'hui composé de neuf Rhodes. L'assemblée générale est convoquée ordinairement une fois par an, le dernier dimanche d'Avril: l'assemblée se tient alors, aussi bien que dans les cas de convocation extraordinaire, dans le bourg d'*Appenzell*, ou en plein air, ou dans l'église, suivant la circonstance du bon ou du mauvais tems. C'est dans les assemblées annuelles que se fait l'élection des magistrats; du landamman, qui reste deux ans en charge, si le conseil national n'en ordonne autrement; du statthalter, ou lieutenant; du trésorier; du capitaine général du canton; de l'édile; de l'inspecteur des églises, & du porte-banniere.

Ces sept chefs, avec douze ou quatorze adjoints, forment le petit conseil, ou conseil Hebdomadaire, qui à l'exception des féries, s'assemble à *Appenzell* une fois par semaine. Le choix des membres se fait le jour de l'assemblée générale, dans des convocations particulieres des Rhodes, & qui les fournissent dans une proportion reglée. Ce conseil juge des affaires civiles & fiscales ordinaires, & a la police inférieure. Dans les cas pressans il s'associe un certain nombre des membres du grand conseil; alors il peut traiter des affaires étrangeres, donner des instructions aux députés, dicter des bans plus forts, &c.

Le grand conseil, composé de 128 personnes, y compris les chefs & le petit conseil, décide des causes majeures civiles & fiscales, il est juge criminel & reçoit les comptes des finances, il peut publier les mandats de police ou édits publics & les expliquer, suivant les occurrences. Ses assemblées fixes ordinaires se réduisent à deux; l'une huit jours avant l'assemblée générale du peuple, l'autre le 16 d'Octobre. La religion catholique est exclusivement adoptée dans ce canton inférieur, qui pour les causes matrimoniales ressort de l'office épiscopal de Constance.

Le *canton extérieur*, plus étendu, est partagé en deux quartiers séparés par la Sitter: à l'ancienne division en six Rhodes a succédé une autre en dix-neuf paroisses. La forme de l'administration est un peu plus composée dans ce canton, occupé par les réformés; nous nous contenterons d'en tracer ici les traits généraux, d'après le plan fixé à la suite de plusieurs contestations assez vives. L'assemblée générale ordinaire du peuple se tient alternativement à Grognen, dans le quartier derriere la Sitter, ou dans Urnach ou Herisau, quartier devant la Sitter; elle est fixée au dimanche d'Avril, vieux stile. C'est dans cette assemblée ou *landsgemein*, que réside le pouvoir souverain. Deux *landammans*, deux lieutenans ou *statthalters*, deux boursiers, deux capitaines-généraux, & deux porte-banniere, sont les dix chefs de l'Etat; dans chaque office il n'y en a qu'un en charge pour un an, en observant l'ordre alternatif entre les deux quartiers. Le double conseil du pays est composé d'environ quatre-vingt-dix membres ; il ne s'assemble qu'une fois l'an ; la publication des loix de police, l'élection des édiles & autres officiers subalternes, sont de son ressort. Le grand conseil, proprement dit, s'assemble alternativement dans un des quartiers devant & derriere la Sitter ; ses séances ne sont pas toutes fixées, Chaque quartier à son petit conseil distingué. Le pouvoir & l'instruction du grand & des petits conseils sont les mêmes que dans le canton catholique. Les causes matrimoniales & les transgressions contre les mœurs sont jugées dans un consistoire établi dans le pays.

Quant au militaire ; outre les chefs, le banneret, (c'est le *landamman* hors de charge), les deux capitaines & les deux porte-banniere; chaque district a ses capitaines & commandans d'exercice particuliers : la milice est partagée en cinq divisions, qui en cas subit marchent successivement aux rendez-vous, après que les signaux, établis sur les hauteurs, ont donné l'allarme. En comptant tous les hommes au-dessus de 16 ans, âge requis pour avoir droit d'assister à l'assemblée du peuple, le canton catholique peut fournir 3000 hommes, & le canton réformé 10000.

Lors du traité de cantonnement en 1597. on comptoit 2782 hommes portant armes chez les catholiques, 6322 chez les réformés : aujourd'hui, on estime la population du canton intérieur 13100 ames, celle du canton extérieur 38000 ames, en tout environ 51000 ; nombre surprenant dans un petit

pays

pays de soixante lieues quarrées, dont une grande partie est occupée par des glaciers, des rocs inaccessibles, des précipices, des ravins ou des fonds, une autre partie par des pâturages d'été, excellens à la vérité, mais qui ne fournissent point à la nourriture des hommes dans une proportion approchante du produit des terres cultivées. L'industrie des habitans supplée à ces désavantages du sol. Une propriété assurée, l'affranchissement de toute charge onéreuse ou arbitraire, peut-être le sentiment flatteur du droit de participer à la législation, à l'élection de ses chefs, aux délibérations sur les grands intérêts nationaux, développent chez ce peuple frugal & laborieux, tous les ressorts d'un génie actif, qui n'est point enchaîné par des reglemens embarrassans & par des privileges injustes & partiaux. Leurs voisins salarient cette industrie, en leur fournissant en échange les denrées de consommation qui leur manquent. Une exportation & importation toujours ouverte, amenent chez eux l'abondance au prix courant des marchés voisins.

Les deux branches de commerce du canton sont, 1. le bétail avec les cuirs, les beurres, les fromages, &c. cette œconomie seule occupe 11000 personnes; 2. la filature en lin & coton, & la fabrication des toiles. L'art de la filature est poussé au point de perfection, qu'une livre de fil de coton poids de 20 onces, fournit 360 à 400000 tours de devidoir, chaque tour de quatre pieds; le prix de filature du fil le plus fin ne passe pas 15 à 20 liv. argent de France.

On s'accorde à attribuer aux Appenzellois un caractere franc, honnête, un sens droit, un esprit vif, prompt en reparties. Ils marquent un mépris grossier pour les distinctions de rang, & pour tout air de supériorité; c'est assez l'usage général chez eux de tutoyer tout le monde; ils s'en prévalent avec les étrangers qui ne les préviennent pas par un air populaire.

Les hommes sont robustes & bienfaits; ils s'exercent dès leur jeunesse à la lutte, à la course, à lancer de la main des pierres d'un grand poids. Ils jouent d'une espece de luth & du cor des Alpes. C'est ici le vrai berceau de cette musique Alpestre, qui doit avoir la vertu d'exciter chez les Suisses, absens de leur patrie, le mal du pays, espece de mélancolie souvent mortelle. On trouve dans le pays d'*Appenzell* peu de particuliers fort riches & de fort pauvres; l'aisance est assez générale, sur-tout parmi les réformés, plus industrieux que les catholiques.

Ce canton n'a aucune ville fermée, deux ou trois bourgs, un petit nombre de villages réunis: les autres paroisses sont formées par des habitations éparpillées dans les possessions particuliéres. Ces maisons détachées, sont ordinairement vastes, quarrées, élevées solides & propres. La vie des habitans est simple, frugale, leur nourriture consiste principalement en pains, grus, légumes, fruits & laitages.

Cet article est déjà trop long pour entrer dans de plus grands détails topographiques. Nous n'avons cru devoir rapporter de cette petite république que les traits les plus instructifs pour le lecteur étranger. Leur ensemble forme un tableau vrai & intéressant. On peut l'opposer au système hasardé de quelques auteurs politiques, qui, éblouis par l'éclat extérieur & la célébrité des grands Etats, voudroient nous persuader qu'il seroit de l'intérêt du genre humain de n'être subdivisé qu'en un petit nombre de grandes nations, chacune sous un chef & législateur absolu: qu'ils considérent ces petits Etats obscurs, mais riches & peuplés, où les noms de roi & d'empereur sont à peine connus, où l'on ne soupçonne pas seulement qu'il puisse exister des hommes nés avec la prérogative de commander les autres. Nous ne prétendons point faire le panégirique des démocraties, elles ont leurs convulsions comme les empires: les assemblées du peuple sont souvent orageuses; les cours nourrissent des intrigues & des haines ; mais dans ces petites sociétés les guerres étrangeres sont plus rares, & on y est à l'abri des vexations fiscales, qui ne servent guere qu'à nourrir un faste inutile, ou à forger de nouvelles chaînes pour les sujets, ou à exécuter des projets ambitieux aux dépens des Etats voisins.

Les grandes puissances ne doivent leur origine qu'à l'usurpation & à des conquêtes injustes. Naturellement les circonstances physiques devroient décider de l'étendue de chaque corps politique, & la mesure de ses bornes doit déterminer la forme la plus convenable de sa constitution. C'est une vérité applicable aux nations comme aux individus, que les grands & les riches ne sont pas les plus heureux.

ARAU, AARAU, *Araugia*, *Arovia*, ville de l'Argovie, canton de Berne en Suisse. On ne peut pas déterminer l'époque de sa fondation. Dans le dixieme siecle, elle fut, avec un district assez étendu du voisinage, sous la domination des comtes de Rohr. Le nom de ces comtes a été effacé par ceux d'Altenbourg & de Habsbourg, qui leur succédent. Les ducs d'Autriche accorderent de grands privileges à la bourgeoisie d'*Arau*, qui par reconnoissance combattit pour leur cause à Sempach. Cette ville étoit dès 1333 alliée de plusieurs villes considérables de la Suisse.

Lors de la disgrace du duc Fréderic d'Autriche, pendant le concile de Constance, *Arau* se soumit aux Bernois par capitulation. Elle conserva le droit de se gouverner elle-même. Sa régence municipale consiste en neuf conseillers du conseil étroit, dix-huit autres conseillers, & enfin dix-huit membres pour completter le grand conseil des quarante-cinq. Les avoyers ou chefs, sont pris d'entre les neufs du conseil étroit : ils prêtent hommage au nom de la ville à l'Etat de Berne. L'ancien château des comtes de Rohr, auquel étoit attaché le droit d'asyle, a été acheté par la ville. La jurisdiction de la ville est limitée à une enceinte fort resserrée. Les appels en cause civile vont à Berne.

Cette ville, depuis 1528 que la réformation y a été introduite, sert quelquefois de lieu de conférence entre les cantons réformés. La paix, qui termina la guerre civile de 1712, y fut conclue. La ville peut contenir environ 1700 ames. Elle est bien bâtie, arrosée par un ruisseau poissonneux, qui sert en même tems aux divers usages des fabriques: sa situation, dans un pays riant, & fertile, sur le bord d'une riviére navigable & dont le passage est assuré par un pont bien couvert, facilite l'industrie & le commerce. On fabrique, tant à *Arau* que dans ses environs, des étoffes de mi-coton, des cotons, des toiles imprimées, des rubans &c, la bonneterie en laine & fabrique de bas en a été déplacée par de nouveaux acquereurs du fond; la tannerie y fleurit; les ouvrages de coutellerie ont dès long-tems de la réputation; ci-devant cet art occupoit soixante maitres; il étoit presque tombé, mais il se relève. Il règne dans cette petite ville une bonne police, de l'activité & de l'aisance.

ARBERG, proprement AARBERG, petite ville, bâtie sur un isle, entre deux bras de la riviere d'Aar, dans le canton de Berne en Suisse. Elle forme, avec le district d'alentour, un bailliage qui conserve encore le titre de comté. Dans les franchises que Ulric, premier comte, qui se titre *d'Arberg*, accorda à cette ville en 1270, son pere, Ulric, comte de Neuchâtel, est cité comme fondateur *d'Arberg*. Jean, le second des fils de cet Ulric *d'Arberg*, fut le chef de la branche des comtes de Vallangin.

Pierre *d'Arberg*, petit fils d'Ulric, fut un des promoteurs de la guerre de la noblesse contre la ville de Berne; il sauva & pilla les bagages confiés à sa garde, à la fameuse journée de Laupen, en 1339, qui décida cette guerre. Le défaut de conduite mit le comte Pierre dans la nécessité de céder ses terres au comte Rodolfe IV de Nidau; elles furent ensuite rendues par accommodement à Pierre II son fils.

Celui-ci porta le titre de gouverneur de l'Aargovie & de la Tourgovie pour les ducs d'Autriche. Avec lui finit la maison *d'Arberg*. Les chroniques rapportent, qu'il avoit gagné la lépre au siege de Zuric, à un degré qui le força d'abandonner son château. Les Bernois achetérent les divers droits des maisons de Nidau & de Frobourg; ces ventes furent approuvées par les empereurs, en qualité de suzerains. Depuis 1397, la terre *d'Arberg* est gouvernée par un baillif de Berne, qui réside dans la ville; l'ancien château situé sur une élévation hors des murs, ayant été démoli. Il n'y a pas apparence que Pierre II avec sa lépre, fut admis par la noblesse, à combattre à la célèbre bataille de Sempach, & qu'il y périt comme le rapportent quelques auteurs.

ARBON : *Arbor felix*, dans *l'Itiner* d'Antonin. Cette petite ville est située sur le bord méridional du lac de Constance, dans cette partie de la Tourgovie sur laquelle les évêques de Conſtance ont la juriſdiction & les cantons Suiſſes la ſouveraineté : elle jouit de beaux privilèges. Autrefois ville libre, elle ſubit le ban de l'empire, lors de la cataſtrophe de la maiſon impériale de Suabe. Poſſédée enſuite par les nobles de Kemmaten & de Bodmann, elle fut vendue au chapitre de Conſtance en 1282 & 1285. Un conſeil de douze membres mi-parti entre les catholiques & les reformés y adminiſtre la police. La ville a l'exercice de la juſtice civile & criminelle, ſous la préſidence du chatelain ou lieutenant de l'évêque, qui toute-fois n'a point de voix dans les déliberations. Les huit premiers cantons Suiſſes ont dans cette ſeigneurie & dans celle de Biſchofzell la domination territoriale, le droit des armes, celui de mettre garniſons dans les deux places, & ils ſont les arbitres ſouverains dans les différents entre l'évêque & les ſujets.

ARBOURG *ou* AARBOURG, petite bicoque & château en *Aargau*, canton de Berne, ſur la rive droite de l'Aar. Il exiſtoit anciennement des barons de ce nom ; leur terre paſſa aux comtes de Frobourg, qui furent forcés de la céder aux ducs d'Autriche fils de l'empereur Albert I en 1299. Cette maiſon l'engagea en 1327 aux nobles de Kriechen, deſquels l'Etat de Berne le racheta lors de la conquête de l'Aargau en 1415. Le château, élevé ſur un roc, a été fortifié dans le dernier ſiécle. Les caſemattes ſont à l'abri des bombes, & la forteresse eſt pourvue d'un bon puit. On y entretient toujours une petite garnison; le commandant est en même tems baillif d'un district de jurisdiction. La vuë, depuis les fortifications est très étendue sur un paysage riche & pittoresque.

ARDON est une contrée de Suisse, dans le bas Valais. Elle compose le second des six gouvernemens du pays.

ARGAU AARGAU, *Argoviæ Pagus*. L'Argovie est aujourd'hui une petite province du canton de Berne en Suisse, dont elle forme la partie la plus septentrionale. La dénomination *d'Aargau*, s'étendoit autrefois sur un district beaucoup plus étendu entre la Russ & l'Aar. On le partage en haut & bas *Aargau* dont la petite ville d'Arbourg fait à-peu-près le point de séparation. Les deux parties offrent un pays très-fertile; bien arrosé par des ruisseaux poissonneux, qui descendent depuis le canton de Lucerne; par conséquent riche en excellens fourrages; il produit aussi beaucoup de grains & de vins. Le haut *Aargau* a la préference par son sol, le bas *Aargau* compense ce désavantage par des richesses d'industrie, produites principalement par les filatures de coton. Dans les deux parties on trouve dans plusieurs endroits des paysans très-riches; le haut prix des bons terreins y est l'effet & la preuve de cette aisance.

ARLESHEIM, bourg agréable au milieu d'un vallon riant & fertile, dans l'évêché de Bâle, à une lieue & demi de cette ville; séjour des chanoines reguliers du chapitre de ladite ville, composé de nobles. C'est dans leur corps qu'est choisi le prince évêque, à la pluralité des suffrages. Lors de la réformation, le chapitre se réfugia de Bâle à Fribourg en Brisgau; après y avoir essuyé toutes sortes d'adversités, particuliérement pendant la guerre de trente ans, les chanoines obtinrent enfin à la paix de Nimeguen en 1678 la liberté de s'établir à *Arlesheim.*

ARPENTRAS anciennement ville sur le lac Leman, maintenant village appellé *Vidi*, au-dessous de Lausanne.

ARWANGEN, château & village, sur le bord de l'Aar, avec un pont couvert, situé dans le canton de Berne en Suisse. Il existoit autrefois une famille noble *d'Arwangen*; après son extinction la terre passa successivement par les femmes dans quelques familles. En 1432, l'Etat de Berne l'acheta; depuis lors elle est gouvernée par un baillif, qui réside dans le château.

AUBONNE, *Albonna*, que quelques étimologistes dérivent du latin *Aula bona*; nom d'un torrent, d'une petite ville placée sur un terrein élevé près de son lit, & d'une baronnie convertie en bailliage, dans le pays de Vaud, canton de Berne en Suisse. L'acte le plus ancien qui nous indique le nom des propriétaires de cette terre est de l'an 1200. Alors trois fréres Putouz la possédoient: par un partage fait entr'eux, certains droits de jurisdiction restérent en indivis, d'autres droits, de fiefs & domaines furent partagés. Les propriétaires d'une portion prirent le titre de barons, les autres celui de co-seigneurs, & cette séparation a subsisté jusques dans ces derniers tems même dans le château, longtems partagé en deux bâtimens.

Nous avons devant les yeux une note exacte de tous ces barons ; & non-obstant le peu de célébrité du lieu, nous ne craindrions pas de la transcrire, si elle apprenoit quelques détails sur l'esprit, les mœurs, les loix ou les constitutions des diverses époques : mais les actes, sur lesquels est fondée cette liste très-complette, que nous présentent-ils ? une triste chaine de noms, qui s'effacent rapidement les uns les autres ; trois confiscations pour trahisons contre l'Etat ; des subhastations très-fréquentes ; tout cela prouve combien dans un pays même, ou les guerres & les révolutions ont été rares, la mauvaise conduite, l'imprudence, les vices, renversent souvent les fortunes privées. Parmi les barons *d'Aubonne* les plus distingués par leur nom furent les comtes de Gruyeres, qui posséderent cette terre en tout ou en partie depuis 1365 jusqu'en 1553. Le célèbre Jean Bapt. Tavernier, cherchant une retraite agréable, pour y jouir de la fortune que de longs voyages dans la Perse & d'autres pays orientaux, lui avoient procurée, acheta la terre *d'Aubonne* en 1670 ; fixé dans son choix par la vue étendue du château sur le lac de Geneve & ses environs. Il avoit projetté d'aranger sa nouvelle demeure dans le goût de l'architecture orientale ; mais la différence du climat empêcha en partie l'exécution de ſon plan. On a une relation imprimée des premieres courſes de ce célebre voyageur. Un neveu qu'il deſtinoit à ſuivre la même vocation, l'ayant entrainé dans des avances qui le ruinérent, il prit la réſolution de retourner en Perſe, la mort le ſurprit en Moſcovie. Henri marquis Du Queſne, chevalier, capitaine de vaiſſeau au ſervice de la France, fils du fameux amiral Ab. Du Queſne acheta la baronnie *d'Aubonne* dans le décret de Mr. Tavernier en 1685. Il a fait dreſſer dans l'égliſe *d'Aubonne* une épitaphe à la mémoire de ſon pére. Le proteſtantiſme avoit engagé le marquis à ſe refugier en Suiſſe; des procès avec la ville *d'Aubonne* le dégoutérent vraiſemblablement; enfin l'Etat de Berne acheta la baronnie en 1701, en forma un bailliage détaché de celui de Morges. Henri Du Queſne mourut à Geneve.

La co-ſeigneurie *d'Aubonne* eſſuya, dans la ſucceſſion de ſes poſſeſſeurs, moins de cataſtrophes & de révolutions. Divers droits de juriſdiction indivis avec les barons, furent rachetés par l'Etat & réunis au bailliage. La terre de Lavigny & quelques fiefs diſpoſés dans l'étendue de l'ancienne baronnie, ſont aujourd'hui poſſédés par les nobles de Meſtral. Nous ne parlerons pas ici de la nature & des productions du ſol dans ce bailliage; cet objet ſera traité dans l'article général VAUD *pays de Vaud*.

La population de la ville *d'Aubonne* peut aller à 1200 ames; l'économie des fonds &

le commerce des vins du pays font la principale ressource de ses habitans. Sa situation dans l'intérieur des terres & les inconveniens de son abord rendent difficile la concurrence, pour le commerce & l'industrie, avec les villes voisines.

AVENCHE, *Aventicum*, en allemand *Wieflisbourg*, petite ville dans le canton de Berne en Suisse. Sous la domination romaine, *Avenche* fut une colonie très-florissante, à en juger par l'enceinte, dans laquelle on a découvert des fondemens de murs, des inscriptions, des débris d'architecture sculptés en marbre, des mosaïques, des médailles, &c., cette ville ancienne avoit une étendue de passé une lieue; il est très-vraisemblable que dans ces tems éloignés le lac de Morat s'étendoit jusques aux murs *d'Avenche*. L'empereur Vespasien avoit été le principal bienfaiteur de la colonie. Dans une inscription conservée dans l'église *d'Avenche*, elle est titrée *Colonia pia, Flavia, constans, emerita, Aventicum Helvetiorum, fœderata*. On ignore la juste date de sa destruction, qui peut avoir été graduelle dans des tems d'invasions & d'anarchie. Aujourd'hui le sol de l'ancienne ville *Aventicum* est converti en champs cultivés & très-fertiles; à l'exception d'une petite colline, où un château, bâti dans le moyen âge, a occasionné le rétablissement d'un petit bourg. *Avenche* faisoit partie du domaine des évêques de Lausanne; le séjour fréquent qu'ils y faisoient a peut-être fait conjecturer, sans de preuves suffisantes, que ce fut leur premier siege. Depuis 1536 le château d'*Avenche* est la demeure d'un baillif de la part de l'Etat de Berne, qui exerce la jurisdiction sur la ville & le district.

AUFNAY, petite isle de Suisse, dans le lac de Zuric, au-dessous de Rapersweil. On y voit le tombeau de S. Aldaric, fils de Herman, duc de Suabe.

AUGST, ÆUST, nom d'un village à une lieue au-dessus de Bâle, dans l'endroit, où l'Ergelz, petite riviere, se jette dans le Rhin; la partie du village à l'orient est sous la domination Autrichienne; la partie à l'occident sur le territoire de Bâle. Sur la même place existoit anciennement une colonie romaine, sous le nom d'*Augusta Rauracorum*. Suivant une inscription trouvée à Gaëte dans le royaume de Naples, Munatius Planus en fut le fondateur. v. *Rauraques*. Des inscriptions, des pierres gravées, des médailles, qu'on a trouvées plus abondamment dans ce lieu qu'en aucun autre de la Suisse, le rendent mémorable pour les connoisseurs en antiquités.

B

BADEN, en Argovie, comté & bailliage, sujet des cantons, en Suisse. Cette petite province, qui confine avec le canton de Zuric à l'Orient, est bornée par le Rhin, l'Aar & la Russ; elle peut avoir sept lieues en longueur du Midi au Nord, & trois lieues dans sa largeur moyenne. Le sol en est généralement fertile; il produit toutes sortes de grains, des vins & des fruits de très-bonne qualité; les récoltes s'y font plutôt que dans d'autres districts voisins. On trouve dans divers lieux de ce bailliage des marbres, du gyps, du fer, des pierres de grès excellentes, des marnes de différentes qualités, &c. On a douté si les dez de *Baden*, qu'on trouve en terre dans le voisinage des bains, sont un jeu de la nature ou un monument de l'art: il est vraisemblable que l'artifice s'en mêle, pour tromper la curiosité empressée des étrangers, qui les recherchent.

Le comté de *Baden*, possédé par les comtes de Kybourg dès le treizieme siecle, par héritage, ou des ducs de Zæhringen, ou des comtes de Lentzbourg, devint la propriété de Rodolphe I, empereur des Romains, & des ducs d'Autriche ses successeurs. Les Suisses en firent la conquête sur le duc Fréderic en 1415, à l'invitation de l'empereur Sigismond & du concile de Constance. Zuric en obtint la possession en hypotheque pour 4500 florins, & y associa les cantons de Lucerne, Schwitz, Underwalden, Zoug & Glaris, qui avoient aidé à la conquérir. Cette possession leur fut confirmée dans le traité de réconciliation, entre l'empereur & le duc. Les cantons de Berne & d'Uri furent admis à la corégence; le premier en 1426, le dernier en 1445. Les VIII cantons faisoient gouverner le bailliage alternativement, par des baillifs de leur choix, qui se succédoient tous les deux ans. Par le traité de paix, qui a terminé la guerre civile de 1712, les cinq cantons catholiques ont cédé leurs droits aux deux cantons de Zuric & Berne, & Glaris a conservé les siens par sa neutralité; depuis cette époque les baillifs des deux premiers cantons sont en préfecture, chacun pendant sept ans.

Le baillif de *Baden* réside dans un château bâti en 1488, pour cette destination, & situé au-dessous de la ville, à la tête du pont qui traverse la Limmat. Il est juge de seconde instance en matiere civile, seul juge de tous les bans qui excedent les droits des vasseaux; dans ses audiences, il est assisté par l'untervogt ou lieutenant-baillival, & par le sécretaire-baillival, ses conseillers consultans. Ces deux charges ne sont que pour un tems limité, & il faut en être pourvu par le choix des trois Etats souverains; la premiere ne peut tomber que sur un bourgeois de la ville de *Baden*, la seconde alternativement sur un citoyen d'un des trois cantons. L'appel des causes majeures est porté devant la diete annuelle des députés des trois cantons co-régens, & de là, dans les cantons même. La cour des causes capitales est composée de huit châtelains ou untervœgts, & de seize autres assesseurs que le baillif évoque des quatre jurisdictions foraines ; il a seul le droit d'adoucir ou de commuer la peine prononcée. Chaque paroisse a une sorte de justice civile ordinaire.

Le baillif est commandant de la ville, dont les clefs sont sous sa garde depuis 1712. Il a le droit d'assister dans le conseil de la bourgeoisie. Dans les dietes helvétiques, qui se tenoient autrefois réguliérement à *Baden*, il recueilloit les voix & décidoit en cas d'égalité.

Le comté ou gouvernement de *Baden* contient, outre la ville de ce nom, huit jurisdictions intérieures, quatre jurisdictions extérieures ou foraines, comprises dans la souveraineté de *Baden*, mais non dans le bailliage proprement dit, & quelques terres ou fiefs particuliers.

Divers monuments constatent l'antiquité de la ville de *Baden*; la vertu dès long-tems connue des sources minérales, qui se trouvent dans son voisinage, doivent y avoir occasionné un établissement d'habitations fixes dans des tems très-reculés. Sa situation au bord de la Limmat, qui sort du lac de Zuric & se jette dans l'Aar, offroit en tout tems une circonstance favorable à un petit commerce. Cependant l'abord & la position de la ville sont très-incommodes. Elle se rendit

après

après un siege en forme, aux confédérés en 1415. L'ancien château situé sur un roc escarpé fit alors une assez longue résistance. Dans les troubles intérieurs de la Suisse, les bourgeois, protégés par le parti catholique, ajoûtérent aux fortifications de cette espece de citadelle; mais assiégée & prise en 1712 par les évangeliques, elle a été entiérement rasée. Autrefois les députés de tous les cantons s'assembloient à *Baden*; depuis 1712, les trois cantons seuls, qui ont conservé la souveraineté de ce gouvernement, y envoyent leurs députés, après la diete ordinaire de Frauenfeld. Les deux partis des cantons ordonnerent en 1526 à *Baden* une dispute sur les thèses des réformateurs, démarche infructueuse, qui ne servit qu'à aigrir davantage l'esprit de parti par des accusations réciproques. En 1714 le prince Eugene de Savoie, & M. le duc de Villars tinrent leur congrès à *Baden*, pour mettre la derniere main au traité de paix de Rastadt, entre la maison d'Autriche & la France. En 1718, les cantons de Zuric & de Berne conclurent à *Baden* leur traité particulier de pacification avec l'abbé de S. Gall.

Le gouvernement municipal de la ville est confié aux deux conseils des dix & des quarante, & à divers corps de justice & de police. Un advoier, choisi par les quarante & par un comité de soixante bourgeois, est le chef de la magistrature; le conseil des quarante est présidé par son advoier particulier. La ville jouit de divers revenus, qui offrent des bénéfices lucratifs à ses bourgeois, & d'un hôpital bien dôté, fondé par la reine Agnès fille de l'empereur Albert I. Des canonicats, les emplois de recette publique, les petits profits répétés sur le concours des étrangers aux bains, sont à-peu-près les seuls objets de l'ambition & de l'industrie de cette bourgeoisie peu nombreuse.

Les bains de *Baden* sont construits sur les deux bords de la Limmat, & forment un bourg séparé, à un quart-de-lieue au-dessous de la ville. Les sources chaudes, abondantes, dignes par l'efficacité de leur vertu, de la grande célébrité qu'elles ont acquise depuis des tems immémoriaux, fournissent deux grands bassins publics pour l'usage des pauvres; & outre cela près de cent bains privés, sous des voutes propres & commodes, où il y a des petits appartemens qui se louent; ces logemens, au reste, sont généralement mauvais, & répondent aussi peu que les tables d'hôte, à la grande réputation du lieu. Indépendamment des malades, de nombreuses compagnies viennent en été, des villes voisines, dans ces bains, comme à un rendez-vous d'amusement.

Nous parlerons dans des articles séparés de quelques lieux principaux, du gouvernement de *Baden*; tels que la riche abbaie de *Wettinguen*, du bourg de *Zurzach*, renommé à cause de ses foires, de *Kayserstoul*, *Klingnau*, &c. & de leurs districts. Sur ces trois derniers lieux l'évêque de Constance a des droits particuliers, dont les limites sont fixées par des traités, avec les cantons. *Weininguen* est une terre dans la souveraineté de *Baden*, & sur laquelle se trouve la commanderie de Lutgeren, appartenante à l'ordre de S. Jean : cette commanderie & la partie de la terre de Bernau, qui releve de *Baden*, sont en delà de l'Aar, & confinent avec le Frikthal, pays sous la domination de la maison d'Autriche. Le Fahr, couvent de religieuses de l'ordre de S. Benoit, sous la direction de l'abbaie de N. D. des ermites.

La majeure partie des habitans du comté de *Baden* suivent la religion catholique romaine; les réformés n'occupent que quelques villages, & en partagent d'autres avec les premiers. En 1714 les Etats souverains du pays firent bâtir, hors de la ville de *Baden*, une église pour l'usage de leurs députés & des réformés qui usent des bains. Toute la population du comté de *Baden* est estimée au nombre de 24000 ames.

BALE *ou* BASLE, nom d'un canton de la ligue des Suisses, & de sa capitale, située sur les deux bords du Rhin, près des frontiéres de l'Allemagne & de la France.

C'est dans ses environs qu'on place le pays des anciens Rauraques. La tradition fait succéder la ville de *Basilea* ou *Basilia* au *Rauracum*, chef-lieu de ce petit peuple, qui prit part à l'expédition imprudente des Helvétiens dans les Gaules. Les Romains, vainqueurs de ces nations confédérées, établirent une colonie sur le Rhin, qu'ils nomment *Augusta Rauracorum* : on en voit encore quelques traces dans des masures & dans le nom du village *d'Augst*, sur le Rhin, à une lieue au dessus de *Bâle ;* cet endroit a fourni plus d'antiquités & de médailles qu'aucun autre de la Suisse. On attribue la destruction de cette colonie au fameux Attila, roi des Huns, lorsque ce redoutable brigand, furieux de sa défaite près de Chalons en Champagne, fit sa retraite. Une partie des habitans échappée à ces hommes féroces, se joignit à ceux de *Basilée*, pour relever cette derniere ville, ruinée par les mêmes barbares.

La nouvelle ville, appellée dans le moyen âge, *Basula* & *Basil*, par sa situation avantageuse & par la fertilité du sol qui l'environne, devint bientôt très peuplée & aussi florissante, que le comportoient ces siecles d'ignorance & d'oppression. On connoit assez l'époque, où l'autorité des princes fut avilie en France & en Allemagne, sous les usurpations des grands vassaux, entre les mains desquels les bénéfices de l'État étoient devenus des propriétés héréditaires, qui ne conservoient du premier titre qu'une vaine cérémonie d'hommage & quelques conditions de services, toujours mal remplies, & souvent refusées ouvertement. Les évêques acquirent par adresse les mêmes prérogatives ; en opposant à l'ambition farouche de ces nobles, devenus trop independants, les terreurs d'une religion menaçante, & l'appas de l'absolution ; deux ressorts dont l'effet sur les hommes sera toujours proportionné au degré de leur ignorance : ils s'enrichirent de leurs dépouilles, & balancérent bientôt leur pouvoir par la préférence que donnoit le peuple à la domination du clergé, plus paisible, & avec l'aide de l'opinion religieuse mieux respectée. Ainsi les évêques des Rauraques, ayant transferé leur siege à *Bâle*, en devinrent les maitres, sous la protection de l'empereur d'Allemagne leur suzerain.

Presque toutes les villes considérables d'Allemagne & de Suisse durent en majeure partie leur accroissement à la protection & à la tranquillité, que leur procuroit, ou un siege épiscopal, ou quelque fondation d'abbayes & de chapitres. Les richesses de ces maisons attiroient les artisans & l'immunité ecclésiastique, étendue sur les ressortissans, favorisoit un peu l'industrie, troublée par l'anarchie générale & par les guerres privées, qui désolérent long-tems tous les grands États de l'Europe.

Une autre remarque, qui permet une application aussi générale à nos gouvernemens municipaux, est celle-ci : que la petite noblesse du voisinage ayant trouvé dans les villes, où elle se réunissoit, un asyle contre la tyrannie des grand barons, ces gentilshommes remplissoient d'abord toutes les charges de police & les emplois de justice dans ces aristocraties naissantes. Les bourgeois proprement dits, exerçoient les arts méchaniques, & respectoient l'administration de ceux qu'ils reconnoissoient pour les défenseurs de la communauté.

Anciennement le conseil de *Bâle* étoit

composé de quatre chevaliers & de huit gentils-hommes ou citoyens, n'exerçant aucune profession méchanique. En 1210, l'évêque Lutolde permit aux bourgeois de former douze abbaies, dont chacune fourniroit un conseiller ou tribun ; ce qui doubloit le nombre des conseillers. Chaque année, à la S. Jean d'été, (qui est encore de nos jours l'époque du grabaud & du renonvellement de la régence à *Bâle*,) l'évêque nommoit huit électeurs, deux chanoines, deux chevaliers, deux simples gentils-hommes, & deux citoyens des tribus, pour dresser le tableau de la magistrature pour une année. Le bourguemestre & le grand-tribun étoient pris alternativement dans les deux tribus que formoit la noblesse.

Avant ces tems, les princes souverains s'étoient déja fait un principe de politique & une ressource de finance, d'étendre les priviléges des communautés. Le nombre des citoyens s'accrut avec leur aisance, & l'usage des armes les égala bientôt à la noblesse ; tandis que celle-ci diminuoit par les guerres, par la dissipation de ses biens, par l'extinction des familles, toujours inévitable dans les premiers ordres, où diverses causes rendent nécessairement les mariages plus tardifs & moins féconds. Voilà encore une uniformité que nous trouvons dans les revolutions de nos aristocraties.

La bourgeoisie de *Bâle* s'accoûtumoit à l'indépendance, par ses confédérations avec d'autres villes de la haute Allemagne, pendant la confusion des interregnes & les troubles des schismes. Elle défendit son évêque contre un parti de nobles, qui favorisoit les projets ambitieux des empereurs Rodolphe & Albert I. Charles IV leur ceda l'avocatie en 1348, titre qui sembloit les rendre à leur tour les protecteurs de l'évêque leur maître. Dans le courant du quatorzieme siecle, ils étendirent leurs franchises considérablement : un évêque, Jean, pressé par ses créanciers, leur ceda en 1373, le droit de battre monnoye. Ils formerent en 1377 un tribunal, composé de dix nobles & de dix bourgeois, pour veiller à la conservation de la paix publique & de la liberté ; les feudes ou guerres privées furent assujetties à la décision de ce tribunal. La Jurisdiction civile étoit possedée en fief par la prévôté des Bénédictins du fauxbourg S. Alban ; ils en firent cession à la ville en 1388. Ce quartier de la ville au delà du Rhin, nommé le *petit Bâle*, hypothequé aux ducs d'Autriche fut racheté par la ville; il étoit déja entouré de murs & le pont du Rhin qui lioit cette partie à la cité ou grande ville, rendoit la réunion importante. Enfin en 1396, l'évêque vendit aux Bâlois les bailliages de Liestal, de Wallenbourg, & de Homberg.

Fiers de ces progrès, ils essayerent en 1410 de créer un *Ammeister*, dont l'autorité devoit être indépendante ; cette tentative n'eut pas un long succès ; l'évêque profita de l'ouverture du Concile pour obtenir de l'empereur la suppression de cet office. Il est singulier que l'on ne connoiſſe pas exactement l'époque de l'établiſſement des grands conſeils dans quelques-uns des cantons, où ces corps exercent cependant la puiſſance ſouveraine. Cette incertitude fait préſumer, que ces aſſemblées ne furent d'abord qu'une élite de repréſentans, autoriſés à délibérer ſur les intérêts généraux de la communauté; que l'occaſion fréquente d'être convoqués, rendit ces élus plus inſtruits & leur influence dans le gouvernement plus grande; qu'enfin les conſtitutions, déterminées par une ſucceſſion de circonſtauces, fixerent dans ces grands conſeils le pouvoir ſuprême, dont la confiance du peuple leur avoit dès longtems accordé l'autorité.

Pour ne pas charger cet article de faits étrangers, nous ne parlerons point ici du concile aſſemblé à *Bale* en 1431, & continué par quelques évêques depuis 1438, au mépris da la translation que le pape en fit à Ferrare. Les Suiſſes faiſoient alors la guerre aux Zuricois, qui s'étoient liés par reſſentiment avec les princes d'Autriche. Les Bâlois tenoient le parti des cantons. Une ſuſpenſion d'armes dans le même tems rendoit inutiles à la France des troupes mal diſciplinées & mal payées. Pour s'en débarraſſer, Charles VII permit en 1444, au Dauphin, ſon fils, de marcher au ſecours du duc d'Autriche, & de tenter par la force la diſſolution du concile. Seize cens Suiſſes, tirés des deux camps occupés au ſiege de Zuric & de Farnsberg, & deſtinés à renforcer la garniſon de la ville de *Bale* tombérent le 26 Aouſt vers le village de Brattelen, sur l'avant-garde françoise de 8000 chevaux, & la repousserent. Un autre corps fut bientôt après mis en déroute. Aveuglés par ces premiers avantages & accoutumés à se croire invincibles sur leurs terres, cette poignée de Suisses, au mépris des avis reçus de *Bâle*, sur les forces des ennemis, & malgré les instances de leurs chefs, traversent le torrent de la Birs & s'avancent dans la plaine. Mais bientôt envéloppés par les bataillons françois; coupés les uns dans leur retraite, les autres forcés dans le cimetiere de S. Jaques, par le feu de l'artillerie, ils périssent presque tous, après un combat long & opiniâtre; & le petit nombre qui se sauva est noté d'infamie. Les historiens Suisses évaluent la perte des vainqueurs à six mille; sans doute la victoire fut payée chérement, puisque le Dauphin déclara qu'un second triomphe semblable ruineroit son armée, & qu'il ne tira d'autre fruit de cette journée, que celui d'avoir appris à estimer la valeur des Suisses.

C'est aussi principalement sous ce point de vue que cette journée doit être regardée comme fatale à la nation. Louis XI, profita de l'expérience acquise étant Dauphin; il rechercha l'alliance des cantons, fit de leur imprudente valeur un instrument de sa potilique profonde, & accoutuma ces peuples à vendre leurs épées & leur sang. Ainsi le combat de S. Jaques près de *Bâle* fait époque, très-malheureusement dans l'histoire des Suisses.

Les Bâlois irrités contre les nobles, qui

avoient tenu le parti du duc d'Autriche, les bannirent de leur ville. La nobleſſe affoiblie par cette révolution, perdit bientôt ſon crédit & ſes prérogatives. Des l'année 1516, le conſulat ou la charge de bourguemeſtre paſſa au corps des plébeïens excluſivement. La ville ſe lia plus intimément avec les cantons confédérés. Après avoir pris part aux guerres de Charles le téméraire, dernier duc de Bourgogne, & de la ligue des chevaliers de S. Georges en Souabe, elle accéda à la confédération helvétique, & obtint le rang avant les villes de Fribourg & de Soleure. Dès ce moment les évêques, dont l'autorité en matiere civile & politique étoit à-peu-près anéantie, fixérent leur demeure dans le château de Porentru.

Par la réformation, les Bâlois ſe ſouſtrairent encore à l'autorité eccléſiaſtique de leurs anciens maîtres. Cette nouvelle révolution fut précédée de diverſes émeutes. Dans preſque toutes les villes qui ont embraſſé la nouvelle police du culte, le peuple adoptoit la doctrine des réformateurs, avec une chaleur que le ſénat cherchoit inutilement à modérer. Dans *Bâle* la bourgeoiſie armée força les conſeils à abolir la meſſe, & fit brûler les images. Cette victoire acheva de fixer l'eſprit populaire dans le gouvernement. Le nombre des tribus a été augmenté dans la grande ville, de douze à quinze, & celui des deux membres pour le petit conſeil & de ſix pour le grand, que fourniſſoit chaque tribu, a été doublé. Dès lors ces places ſont en majeure partie occupées par des artisans, qui passent à leur tour, au gré du sort, de leurs atteliers, aux divers emplois de magistrature & de police.

Il est difficile qu'un peuple de marchands & d'artistes, qui influe sur la législation, ne profite un peu trop du pouvoir de s'attribuer des priviléges ; qu'il s'éclaire assez-tôt sur leur abus, pour ne pas les laisser dégénérer en taxes indirectes que les citoyens se payeront mutuellement ; qu'il ne les confonde avec la constitution & les intérêts réels de l'Etat ; & qu'après leur avoir voué un respect ou superstitieux ou intéressé, il ne les défende souvent avec un zele injuste & aveugle. La ville de *Bâle* a essuyé, encore dans des tems assez récens, quelques-uns de ces écarts bruyants de la multitude, à laquelle on persuade si aisément, qu'elle trahit son indépendance lorsqu'elle néglige quelque tems de manifester son inquiétude.

Une présomption nationale qui produit l'opinion de ses avantages, & le dédain pour les étrangers qui ne jouissent pas chez eux des mêmes immunités, sont des traits ordinaires de ce civisme qui ne tarde pas à devenir exclusif. Car l'homme, par une erreur d'intérêt trop commune, cherche à écarter les concurrens ; il méconnoît les secours qu'il peut espérer de son prochain, pour ne voir en lui qu'un rival qui partageroit ses droits & ses ressources. Les sociétés, par le même esprit, tendent à se rétrécir. Toutes les villes aristocratiques de la Suisse se sont plus ou moins écartées du principe de leurs fondateurs, de recevoir de nouveaux citoyens ; depuis qu'une longue paix, en éloignant l'idée du besoin de défense a fortifié l'habitude de jouir. Les baptêmes des enfans bourgeois montent annuellement à *Bâle* à 210 environ, & les baptêmes des autres habitans, dans les paroisses de la ville à 140, ce qui donne une population à-peu-près de 13000 ames ; certainement le nombre des habitans doit avoir été du double plus fort, à n'en juger que par l'enceinte de la ville & la solitude actuelle de quelques quartiers.

Il doit résulter de ce changement une diminution d'activité & de richesses. Le nombre des maîtres dans les arts nécessaires étant le même, il faut qu'un renchérissement de leur travail leur procure le menu salaire sur un plus petit nombre de consommateurs. Mais le produit des autres arts doit avoir diminué avec le nombre des ouvriers. On ne peut disconvenir que des fabriques florissantes & diverses branches de commerce lucratives, ne fassent toujours circuler des sommes d'argent considérables dans la ville & dans son territoire ; nous en donnerons plus bas quelques détails. Cependant on observe, qu'à côté des maisons, que ces manufactures ont rendues opulentes, la classe des fortunes moyennes, la plus importante dans une république bien constituée, est trop peu nombreuse à *Bâle*, & que la généralité des artisans, contente du gain le plus nécessaire, le cherche plutôt dans l'usage de ses priviléges que dans l'augmentation de son industrie. Si la ville de *Bâle* ne tire pas un plus grand parti d'une situation heureuse, il en faut chercher la principale cause dans le vuide de sa population actuelle.

Nous croyons ces observations plus propres à donner une idée de l'esprit de la nation & de son gouvernement, que tant de détails minutieux dont on charge communement l'histoire & la géographie de ces petits Etats. Voici maintenant le tableau précis du gouvernement de *Bâle*. Les seuls citoyens de la ville peuvent avoir part aux charges; le pouvoir souverain est attribué aux deux conseils réunis; le petit conseil, composé de 60 membres, tirés à nombre égal des quinze tribus de la grande ville; le grand conseil de 216 membres, tirés de même des 18 tribus de la grande & de la petite ville; deux bourguemestres & deux grand-tribuns; qui sont les quatre chefs, completant le nombre de 280 personnes. Ce conseil souverain décide de tous les grands intérêts politiques & œconomiques de l'Etat; il exerce la législation & la haute police, & dispose des principaux emplois: il s'assemble ordinairement le premier & le troisieme lundi de chaque mois. Les places vacantes dans le petit conseil sont repourvues par le choix du grand conseil, parmi les sixeniers ou membres du grand conseil, de la même tribu; les places du grand conseil, au contraire, par les membres des deux conseils de la tribu sur laquelle tombe la vacance. Dans l'un & l'autre cas, comme dans l'élection à toute autre charge, le choix ne se fixe jamais sur un seul sujet, mais tantôt sur trois, tantôt sur six, suivant que les constitutions le prescrivent, & c'est le sort qui détermine la derniere élection; à l'exception de la charge de bourguemestre, à laqu'elle un grand-tribun succède.

Il est à remarquer, que six des quinze tribus de la grande ville, n'admettent à leurs corps, & par consequent parmi leurs représentans dans les conseils, que des maîtres de leurs professions, deux tribus ont le même privilége pour la moitié seulement de leur contingent; dans toutes les autres, l'accès de la tribu & la concurrence pour les emplois est ouverte aux personnes de toute vocation non classées, aux militaires, aux avocats, aux gens de lettres, &c. en commun avec ceux qui se vouent aux arts fixes sur ces mêmes tribus.

Le petit conseil est partagé en deux divisions, présidées chacune par un bourguemestre & un grand tribun, qui succede au premier, en cas de mort. Chaque division gouverne pendant une année; elles se relevent le jour de la S. Jean d'été; les anciens conseillers n'ont que voix délibérative pendant qu'ils sont hors de charge. Le petit conseil juge les causes criminelles, décide les causes d'appel des bourgeois, pourvoit aux bénéfices de l'église & aux emplois subalternes de police, &c. il s'assemble tous les mercredis & samedis.

Différens tribunaux, tels que le conseil

d'Etat ou des treize, la chambre œconomique, la chambre d'appellation pour le pays, la députation ou direction des églises & colléges, le conseil de commerce, le consistoire ou justice pour les causes matrimoniales, la justice civile ordinaire, &c. tous ces tribunaux décident sur les matieres de leur ressort & compétence, ou préparent celles qui doivent être soumises à la délibération des conseils.

Les constitutions n'admettent pas le pere avec le fils, ou le beau-pere avec le gendre, ou deux fréres, ni dans le petit conseil, ni dans le nombre des membres du grand conseil sur la même tribu. Chaque année le petit conseil est confirmé par le grand conseil, & celui-ci en détail sur les tribus, chacun par les autres membres des conseils qui sont de la même tribu. Après le renouvellement annuel de la régence, la bourgeoisie lui prête de nouveau chaque année le serment d'obeissance, sur les tribus, entre les mains du grand-tribun.

Le canton est divisé en sept bailliages. La préfecture des baillifs dure ordinairement huit ans. Ceux de petit Huninguen & de Riechen, au delà du Rhin, sont pris du petit conseil, qui peuvent séjourner en ville; ceux de Farnsberg & de Waldenbourg sont tirés du même corps, & résident dans des châteaux, de même que ceux de Honbourg & de Münchenstein, qui peuvent être choisis du grand conseil ou du corps de la bourgeoisie. Deux avoyers président à Liestal, l'un choisi dans cette petite ville, l'autre de la ville de *Bâle* ; ils alternent dans leurs fonctions d'année en année. L'élection des baillifs se fait en grand conseil, suivant la forme ordinaire d'un choix préliminaire, fixé ensuite par le sort. Par la constitution de l'Etat, les baillifs sont pendant la durée des charges exclus des conseils ; ils peuvent y rentrer par une nouvelle élection.

Quant à la constitution militaire, la ville avec les fauxbourgs est divisée en six compagnies bourgeoises des six quartiers. La milice du pays forme deux régimens; chacun de neuf compagnies de fusiliers, d'une compagnie de grenadiers & une de dragons. A juger par le nombre des baptêmes qui va à 770 par an, la population du pays ne doit pas aller tout à fait à 24000 ames.

Le clergé, dont le premier pasteur de la cathédrale est le chef, forme un *conventus* en ville & trois chapitres à la campagne. Dans toutes les églises reformées de la Suisse, des ministres assistent avec les juges séculiers aux consistoires, qui sont les tribunaux compétens, tant pour le cas de fornication ou d'adultere, que pour les causes matrimoniales & de divorce. Il peut paroître singulier que le choix des pasteurs se fasse aussi dans cette forme de scrutins & du sort, dictée par la jalousie républicaine sur une distribution égale des bénéfices ; il l'est bien plus que l'élection d'un professeur à l'université y soit assujettie, & que le sort décide de la personne qui enseignera une science,

&

& de la ſcience que tel homme enſeignera.

Ce fut le pape Pie II qui, à la réquiſition du magiſtrat de *Bâle*, y érigea en 1459, la ſeule univerſité de la Suiſſe. Il en nomma l'évêque chancelier. Après la réformation cette univerſité reſta quelque tems dans l'inaction, & fut rétablie ſur un nouveau plan; elle eſt partagée en quatre facultés; elle donne les grades de docteurs & maîtres ès arts; ſa régie & police ſont indépendantes des conſeils. Elle eſt pourvue d'une riche bibliothéque, d'un jardin botanique & d'une collection d'inſtrumens pour la phyſique expérimentale. Si elle n'eſt pas autant fréquentée que quelques autres univerſités, elle peut s'honorer d'un grand nombre d'hommes illuſtres par les ſciences, & dont les noms réfléchiſſent une gloire immortelle ſur leur patrie.

BALE, capitale du canton dont nous venons de parler; elle eſt conſtruite ſur les deux rives du Rhin, qui forme ici un canal large, profond, d'une pente commode pour la navigation. Le petit *Bâle* eſt joint à l'ancienne ville par un pont de ſix cens pieds de longueur. Ces deux quartiers ſont entourés de murs & de foſſés. En déhors de l'enceinte de la grande ville, cinq grands fauxbourgs forment autant de quartiers diſtincts, qu'embraſſe un rempart régulier. La Birſig traverſe la grande ville, & la Birs qui ſe jette au deſſus de *Bâle* dans le Rhin, fournit encore, par un canal, de l'eau pour l'uſage de quelques uſines. La ville abonde en fontaines; quelques-unes même ont leur source dans la ville. À l'exception de quelques maisons dans lesquelles des entrepreneurs heureux de manufactures étalent leur fortune: on ne voit pas dans *Bâle* des bâtimens, dont la somptuosité puisse choquer l'esprit républicain; mais on trouve par-tout cette propreté domestique par laquelle se distingue la classe des commerçans en Allemagne & en Hollande, qui annonce la jouissance la plus sage des richesses & qui fait le privilége le plus naturel de l'aisance. Malgré le voisinage de la France, ses usages n'ont point encore changé le ton simple de la société bourgeoise.

La cathédrale forme un beau monument gothique; on y distingue parmi un grand nombre de monumens le tombeau d'Erasme de Rotterdam; la terrasse qui sert de promenade publique a une vue aussi riche qu'étendue. On y compte six autres églises paroissiales, & sept couvents sécularisés par la réformation. À côté de la cathédrale une galerie couverte, remplie de tombes & chargée d'épitaphes, qu'une piété souvent équivoque y entasse sans choix, forme un tableau aussi peu décent pour les morts par sa mal-propreté, qu'incommode aux vivans par ses exhalaisons. La danse des morts, peinte par Holbein, sur les murs d'un péristile dans l'ancien couvent des Dominicains, fait un objet de curiosité pour les etrangers. On conserve encore sur la maison de ville & dans la bibliothéque publique, des tableaux fort estimés de ce peintre célèbre. La place de S. Pierre, offre une promenade bien aërée; les margraves de Bade ont près de là un palais, qui leur sert de retraite en tems de guerre.

Trois époques funestes sont consignées dans les annales de *Bale*: un tremblement de terre en 1356, qui détruisit un grand nombre de maisons; & deux pestes en 1314 & 1564, dont la premiere fit périr 11000 personnes, & la derniere 7000.

Les principales branches du commerce des Bâlois sont: les fabriques de rubans; on en compte jusqu'à vingt, qui répandent annuellement au-delà de 300000 florins en salaires d'ouvriers: les étoffes de soie; les toiles peintes; la bonneterie; les fabriques de gants, tant à *Bale* qu'à Liestal; les papeteries; les blanchisseries; les teintureries; le commerce des toiles de lin, des drogues, des marchandises de fer; la tannerie fleurit à Sissach, à Waldenbourg & à Languenbrouck.

Bale est entourée, des deux côtés du Rhin, d'un sol fertile, bien cultivé, sous un climat si doux, comparativement aux pays circonvoisins, que les primeurs des fruits & légumes font un commerce jusques dans une distance de vingt lieues. Le gouvernement encourage la culture, en favorisant le partage des communes, en veillant sur la conservation des bois & sur le petit nombre d'objets dont la police peut s'occuper, sans entreprendre ou sur la proprieté ou sur l'industrie privée, toujours prévoyante & plus heureuse que la politique qui spécule. Les bailliages au-delà du Rhin & la plaine entre *Bale*,

Siſſach & Lieſtal, produiſent abondamment des grains, du vin, d'excellens fruits. Delà le pays s'étend au midi dans des montagnes; elles ſont partie du Jura, qui borde la Suiſſe au couchant, depuis le Rhin juſqu'au Rhône. Les vallons dans ce diſtrict ſon abondans en fourrages, en grains & en fruits; les hauteurs où la neige diſparoit par-tout en été, ſont ou cultivées, ou couvertes de forêts & de pâturages. Ces fabriques même, qu'on croit ailleurs, ſi injuſtement, nuiſibles à l'agriculture, l'encouragent ici, en augmentant & la conſommation & les moyens pour les avances de culture. Le commerce du bétail eſt conſidérable dans ce diſtrict. L'uſage de la marne & des prairies artificielles y eſt pratiqué dans quelques endroits avec ſuccès.

Ces montagnes offrent encore une grande variété de pétrifications & d'autres curioſités naturelles, dont on trouve diverſes collections intéreſſantes dans la ville de *Bâle*. Elles fourniſſent auſſi diverſes ſources minérales. Les amateurs des antiquités peuvent ſe ſatisfaire par les découvertes faites à Augſt & à Holée. On trouve les détails de ces matieres dans un recueil intitulé *Merkwürdigkeiten*, &c. ou *choſes mémorables dans la ville & canton de Bâle*, dont Faſi donne une notice très-bonne dans ſa *géographie de la Suiſſe*. Ce recueil a été rédigé par M. Brukner qui a donné récemment une carte exacte du canton.

La notice des ſavans illuſtres & des artiſtes célebres de *Bale* mériteroit un article à part. Nous en renvoyons le tableau à l'article

SUISSE, où nous traiterons l'histoire littéraire de ce pays, avec la précision que le plan de ce dictionnaire nous prescrit; & pour le détail aux articles de leurs noms.

BALE, *Evêché de*, province d'Allemagne, au cercle du haut Rhin. Il appartient en souveraineté à l'évêque de *Bâle*, qui est prince de l'empire: il a pour bornes au septentrion le Sundgaw propre; au couchant la Franche-Comté; au midi & au levant les terres des cantons de *Bâle*, de Berne & de Soleure, & se trouve ainsi entre la France & la Suisse. Il forme une province d'une fort grande étendue; il commence au lac de Bienne, traversant le mont Jura, il va presque jusqu'aux portes de la ville de *Bâle*. On le divise en deux parties: savoir, l'Elsgau, qui est la plus grande; & les Franches-Montagnes. Il n'a que deux villes remarquables, qui sont Porentru, où est la résidence de l'évêque, & Delemont; il fait partie de l'ancien territoire des Rauraques.

Il y a une alliance défensive entre les VII cantons catholiques romains, & l'évêque de *Bâle*, depuis l'an 1579. Elle fut solennellement renouvellée en 1655, 1695 & 1712. Selon la matricule impériale des contributions, dressée en 1521, l'évêque doit fournir par mois romains quinze fantassins & deux cavaliers, ou 84 florins à son choix, outre 30 florins pour l'entretien de la chambre impériale. Dans les dietes de l'empire l'évêque de *Bâle* a rang au-dessus de l'évêque de Liége, & alterne avec Brixen.

BECHBURG, bailliage du canton de Soleure, dans le Buchsgeu, en Suisse. Les deux cantons de Berne & Soleure possédoient anciennement ce bailliage à l'indivis; mais par le partage fait en 1463, il a été cédé au canton de Soleure. Il y avoit des nobles & des barons de ce nom.

BEERENBERG, dans le canton de Zurich. Il y avoit sur cette montagne un monastere de religieux de la troisieme règle de l'ordre de S. François.

BEGGENRIED, village dans le canton d'Underwalden. Les quatre cantons d'Uri, Schweitz, Underwalden & Zug, s'y assemblent de tems en tems, lorsqu'ils ont des affaires à traiter entr'eux.

BEINWEIL, dans le canton de Soleure. Il y avoit ci-devant une abbaie de l'ordre de S. Benoit. Elle a été transferée au XVII siecle à Mariæ-Stein, dans le même canton.

Il y a encore un village de ce nom dans le canton de Berne, au bailliage de Lenzbourg, & un autre dans la partie supérieure des bailliages libres.

BELLEGARDE, bailliage du canton de Fribourg, acquis à titre d'achat, partie en 1525 de Jaques de Corberia, partie en 1553 du comte Michel de Gruyéres.

BELLELAY, monastere considérable de l'ordre des Prémontrés, dans l'évêché de Bâle, bailliage de Delemont, fondé par Sigenandus prévot de Motier-Grandval vers le milieu du XII. siecle. Gerold étoit le premier abbé; il est mort en 1170. Les abbés ont le droit de porter la crosse & la mitre. Ils ont aussi le premier rang entre les Etats de l'évêché ; cette abbaye avoit des traités de bourgeoisie avec Berne, Soleure & Bienne ; le dernier est encore en vigueur. Les fromages qu'on fait dans ses environs sont très-renommés, mais ne se conservent pas.

BELLINZONA, *ou* BELLANZ, est un des trois bailliages que les cantons Suisses, Uri, Schweiz, & Underwalden possedent dans la pente orientale des Alpes, sur les confins du Milanois. Ce vallon qu'arrose le Tessin, peut avoir cinq lieues en longueur, & deux en largeur. La ville de *Bellinzona*, est bâtie près du confluent du Tessin & de la Moesa. Pendant que les ducs de Milan & les Suisses se disputoient la propriété de ce petit pays, la ville fut bien fortifiée, il existe encore des murs ou lignes, qui formoient le passage du vallon & trois châteaux occupés par trois chatelains des cantons. Le baillif est nommé alternativement par les cantons, de deux en deux ans ; il a le titre de commissaire, relatif à ses fonctions en tems de guerre. Les trois bailliages de *Bollenza*, *Riviera*, & *Bellinzona*, dont le dernier est le plus considérable, renferment environ 33000 ames.

Les évêques de Come jouirent anciennement de la propriété de ce petit pays, par une donnation prétendue des rois Lombards, confirmée par Charlemagne & ses successeurs. Les Rusconi s'en emparérent sous Fréderic I. & le vendirent à la ville de Come pour

4000 livres. Dans le désastre de la maison impériale de Luxembourg, les barons de Hohensax se l'appropriérent ; la protection des cantons n'ayant pas suffi pour les y maintenir, ils prirent le parti de vendre à ces derniers leurs droits en 1419. Les ducs de Milan s'opposérent à main armée aux cantons, & leur accordérent, par un traité de paix, pour leurs prétentions sur ces vallons & sur ceux de Livinen, de Domo d'Ossola & autres, 27000 florins & une franchise de péages pour dix ans dans tout le Milanois. Pendant les révolutions fréquentes dans le gouvernement du Milanois, au commencement du XVI siecle, les habitans de *Bellinzona* attachés aux ducs, se révoltérent contre le commandant françois, & pour se mettre à couvert de la punition, ils se rangérent ensuite sous l'obéissance des trois cantons, Louis XII, pour prévenir une invasion dans le duché de Milan, alors dégarni de troupes, leur en céda enfin la propriété ; Maximilien Sforze & le roi François I confirmérent cette cession.

La plus grande richesse de ce petit pays est en fourrages & en bestiaux ; on n'y recolte pas assez de grains pour la consomation des habitans ; mais on est à portée d'en tirer le supplément du Milanois. Il croit près de la ville de *Bellinzona* un vin d'assez bonne qualité.

BELZELINGUE, ville de Suisse, dans le canton d'Uri.

BERNARD, *le grand saint*, montagne de Suisse, entre le Valais & le Val d'Aoste, à la source de la Drance. Il y a sur le sommet de cette montagne, sur le territoire du Valais, un monastere, connu sous le nom de *Montjoux*, fondé au X siecle par S. Bernard de Menthon. C'est une espèce d'hôpital, où l'on exerce de grandes charités envers les voyageurs sans distinction de réligion. Cet hôpital ramasse des aumônes très-considérables dans toute la Suisse & ailleurs, & il les mérite bien par l'usage pieux qu'il fait de ses revenus.

BERNE, ville & république de la ligue des Suisses, & par son rang le deuxieme des XIII cantons. La fondation de *Berne* ne remonte qu'à l'année 1191.

On sait à quel degré d'indépendance s'étoient élevés les grands barons dans tous les Etats de l'Europe; qu'elle fut l'anarchie générale que produisit cet excès abusif de la constitution féodale; combien l'autorité souveraine devint inactive & précaire. Les princes & les ministres, capables de quelques vues pour le rétablissement de l'ordre public, tendoient à élever un nouvel Etat, entre les barons ou la grande noblesse & les serfs, qui formoient la majeure partie du peuple; ils favorisérent les corporations bourgeoises des villes, dont le premier rétablissement étoit dû, en grande partie, à la protection du clergé; ils donnérent aux bourgs des enceintes & aux villes des priviléges. Par cette méthode l'industrie fut excitée; le commerce s'établit & ranima la culture des terres. La petite noblesse, vexée par les barons, unit ses intérêts à ceux des bourgeois; on vit par-tout des gentils-hommes à la tête des conseils municipaux ; bientôt ils aguerrirent les habitans des villes par leur exemple, & emploiérent avec succès les armes contre leurs oppresseurs. Quand la fureur des croisades eut ruiné les seigneurs & les princes même, les villes profitérent de cet épuisement, pour acquérir des terres & de nouvelles libertés, soit à prix d'argent, soit par les armes & par l'exercice d'une indépendance, que les circonstances permirent, ou que la nécessité autorisoit. C'est l'histoire abrégée de toutes ces petites républiques, qui naquirent du sein de la servitude générale.

En suivant ce plan, les ducs de Zeringuen, recteurs & vice-gérens des empereurs dans une grande partie de l'Helvétie, s'appliquerent à créer des villes, pour servir de contrepoids aux grands vassaux, dont ils éprouvoient chaque jour l'ambition indocile, l'esprit oppresseur & la jalousie personnelle. Le duc Berctolde III fonda la ville de Fribourg en Brisgau ; Berctolde IV, celle de Fribourg en Suisse ; & son fils, Berctolde V, la ville de *Berne*, dont le pere avoit déja projetté la fondation. Cette derniere ville étant destinée à devenir un point de ralliement & une retraite pour la petite noblesse, le duc regarda plus à la force naturelle qu'à l'agrément de la situation ou à la commodité des avenues. Il choisit une colline entourée de trois côtés par l'Aar & coupée, à l'ouest, par un ravin profond, qui aboutissoit des deux parts à la riviere. Le sol étoit couvert d'une forêt; à l'extrémité orientale le duc avoit une maison de chasse, appellée *Nydeck*, dans laquelle il tenoit quelquefois ses audiences. La nouvelle ville fut occupée par des familles nobles, avec lesquelles le duc s'étoit vraisemblablement arrangé pour cette fondation, & par des habitans du pays circonvoisin, comme il paroit par l'extinction de quelques villages & hameaux, dont le nom subsiste encore dans des campagnes aux environs de la ville, occupées aujourd'hui par des maisons de plaisance.

Cette colonie foible, isolée, entourée d'ennemis puissans, cette petite ville sans commerce & presque sans territoire, comment put-elle, en moins de trois siecles & demi, acquérir la souveraineté sur un pays considérable? Essayons de tracer l'esquisse de ses progrès; nous donnerons ensuite le tableau de la constitution de son gouvernement, & celui de l'état actuel de la république & des pays qui lui sont soumis.

Quoique nous nous proposions de parler, dans la suite de cet article, de la forme de l'administration publique, ou de la régence de la ville de *Berne*, nous croyons nécessaire de placer ici une observation sur la différente origine des villes, qui reçurent leur consistance dans ces tems d'anarchie générale. La plupart des villes impériales furent, dans leur naissance, des bourgs formés par le concours de quelques artistes & marchands, sous la protection des seigneurs mêmes, & le plus souvent sous celle de quelque fondation ecclésiastique. Les princes par politique, fortifierent ces corps publics, en leur accordant des chartes & des prérogatives, qui portoient à ce but principal, de favoriser l'industrie bourgeoise: l'esprit de corporation devint la base essentielle de la police & de la régie publique de ces villes. Dans la fondation de Fribourg, de *Berne* & des autres villes plus nouvelles, l'objet des fondateurs a manifestement été la réunion d'intérêts des arriere-vassaux, des propriétaires libres & des cultivateurs, pour les mettre à couvert de l'ambition des grands barons, & des brigandages des petits châtelains, & pour attacher leur ordre au chef de l'empire. De semblables colonies, dans un état de guerre continuel, devoient déployer une plus grande activité pour prévenir les desseins de leurs ennemis, & tendre plus à s'agrandir à leurs dépens que des sociétés d'artistes ou de marchands, qui se contentent d'éloigner un danger momentané, & de mettre leurs biens à couvert dans l'enceinte de leurs murs. Ce n'est pas que nous prétendions classer exactement chaque ville suivant ce principe; des circonstances diverses pouvoient produire diverses combinaisons de l'intérêt territorial ou mercantil & artisan: mais ce qui faisoit la base dans un lieu, n'étoit que l'accessoire dans l'autre.

Le duc Berchtolde V, après avoir donné à sa ville naissante une police, des loix & des libertés, qu'il eut soin de faire confirmer par l'empereur Henri VI, mourut sans postérité, en 1218, & laissa les Bernois abandonnés à-peu-près à leur bonne destinée, sous la protection précaire du chef de l'empire.

Engagés d'abord dans une guerre avec les comtes de Kibourg, qui, en qualité de comtes de Thoun & de Berthoud, vouloient les empêcher de s'ouvrir un passage sur leurs terres, en établissant un pont sur l'Aar, ils eurent l'adresse de se fortifier de la protection du comte de Savoie, & de s'en dégager bientôt après, par des services rendus. Ce comte en agrandissant *Berne*, mérita le titre de son second fondateur: il affranchit la ville de son assujettissement volontaire, & se lia avec elle par une alliance.

Rodolphe de Habsbourg, devenu empereur, projettoit de former un patrimoine pour ses enfans dans l'Helvétie. Sous le prétexte de rétablir les Juifs exilés, il se présenta devant la ville avec une armée. Les Bernois fermérent leurs portes, & l'empereur, appellé ailleurs par des plus pressantes affaires leva le blocus. Son fils Albert I, poursuivit le plan de son pere pour l'agrandissement de sa maison, avec une impatience égale à son orgueil. Il employa les sollicitations, l'argent & les menaces, pour faire des villes & des sujets immédiats de l'empire, la propriété particuliere de sa famille. Deux fois il se présenta en armes devant la ville de *Berne*: ses troupes remporterent un avantage, & furent défaites à leur tour. Cette querelle continua avec des alternatives de tréve & de petits exploits à l'avantage des Bernois, jusques en 1308, que les trois premiers cantons se liguerent ensemble, après avoir chassé les tyrans subalternes qu'Albert leur avoit préposés. L'année suivante son neveu, Jean de Suabe, à qui il retenoit son patrimoine, se vengea en l'assassinant près de Windisch.

Nous ne détaillerons pas tous les petits faits des premiers progrès de la république de *Berne*. Son petit territoire ne fut d'abord composé que de quatre paroisses, & ensuite du district qui forme encore aujourd'hui la jurisdiction des quatre bannerets. Les nobles qui s'étoient établis dans la ville, possédoient des fiefs dans ces départemens : les francs-ténanciers, ou propriétaires des fonds ruraux, jouissoient du plein droit de la Cité, en y fixant leur demeure ; tel étoit le fond de la milice de ce petit Etat naissant. Les nobles, auxquels la communauté abandonnoit le soin pénible de l'administration publique, avec toute la confiance due à la sagesse de leurs conseils, à la modération & au désintéressement de leur régie, donnoient les premiers l'exemple du sacrifice de leurs biens & de leur sang. Sous leurs auspices les citoyens s'accoutumoient aux armes par des entreprises presque journalieres, qui servoient toujours à les débarrasser de quelque voisin inquiet, & ne duroient presque jamais assez pour interrompre le travail & la culture. La prise & la démolition des châteaux étoit un jeu pour leur jeunesse guerriere : les Bernois suivoient la politique d'attaquer les petits ennemis en détail, de les désarmer, de les ruiner, ou de les forcer à se soumettre, en demandant le droit de bourgeoisie. Quelquefois des contributions volontaires les mettoient en état de s'arrondir par des achats de jurisdictions: bientôt des petites contrées recherchérent leur protection à titre de combourgeoisie. Contre des ennemis plus redoutables ils s'armoient de leur propre union, de leur fermeté; ils usoient de sages délais; ils se fortifioient par des alliances avec les villes & petits pays qui, dans d'autres parties de l'Helvétie luttoient avec les mêmes succès contre l'oligarchie féodale.

La ville de Soleure entretint une liaison constante avec *Berne*. Fribourg, que des rapports particuliers de fraternité, pour ainsi dire, devoit unir d'intérêt avec elle, ou forcée par des circonstances moins favorables, ou guidée par des principes moins sages & moins conséquens, fut presque toujours sa rivale & souvent son ennemie déclarée. Cette derniere ville prit part à la ligue des comtes de Kybourg, de Gruyeres, d'Arberg, de Nidau & de Neuchâtel, que les progrès des Bernois avoient enfin réveillés. Les ducs d'Autriche fomentoient cette guerre. Les confédérés campérent au nombre de 20 à 30000, devant la petite ville de Laupen que les Bernois avoient acheté avec le territoire voisin, & dont ils avoient fait leur premier bailliage. Rodolphe d'Erlach commandoit la petite armée des Bernois, qui, avec le secours des trois cantons & de quelques autres alliés, ne montoit tout au plus qu'à 5000 hommes: il avoit pris son congé du comte de Nidau pour aller défendre sa patrie. Les ennemis les attendoient avec cette imprudence présomptueuse, qui fit toujours succomber la noblesse dans ses batailles contre les Suisses. Des bras forts, qu'aucune arme défensive n'embarrassoit, firent bientôt avec leurs lourdes halebardes & épées de bataille parmi ces chevaliers cuirassés, un carnage qui décida de la victoire : environ trois mille morts restérent sur la place. Les Fribourgeois risquérent de devenir les victimes de leurs engagemens ; ils essuyérent une défaite sanglante aux portes de leur ville, & furent une fois dans le cas de craindre pour leurs propres foyers. Les vainqueurs ravagérent impunément les pays de leurs ennemis dispersés & abbatus, & frappoient des coups décisifs sur les petits partisans de la ligue détruite, jusqu'à la tréve ménagée en 1343, par Agnès d'Autriche, veuve d'André, roi d'Hongrie. Ni un revers sensible essuyé au Lanbekstalden, dans le Siebenthal, ni la grande mortalité de l'année 1348, ne rebutérent la jeunesse Bernoise. La peste qui s'étoit répandue de quelques ports d'Italie jusqu'en Allemagne, fut, suivant un préjugé de haine barbare commun dans ces tems, attribuée à la malédiction attachée à la nation juive, qui avoit alors la principale part dans le commerce, & cette prévention populaire leur attira la plus cruelle persécution.

Les troupes Bernoises continuoient leurs petites conquêtes avec une hardiesse petulante,

lante, effet de l'habitude des armes, qui déterminoit l'esprit national. Tous ces petits peuples séparés, qui, chaque jour par quelque petit triomphe, étendoient la sphere de leur liberté & en fortifioient la base, s'approchérent & se réunirent enfin par un lien étroit & permanent. Déja Lucerne & Zuric étoient entrées dans une confédération perpétuelle avec les trois premiers cantons; déjà ces alliés, après avoir occupé à main armée les pays de Glaris & de Zug, les avoient pris sous la protection de leur ligue, quand *Berne* y accéda en 1353, & obtint le second rang après Zuric. Nous examinerons dans l'article général sur la Suisse, la nature de cette confédération, qui, pendant cent & trente ans, resta bornée au nombre de huit cantons.

Les villes de *Berne* & de Soleure protégérent en 1367 leur alliée la ville de Bienne, contre l'évêque de Bâle. Nous expliquerons dans les articles Bienne & Münsterthal, l'origine & les conditions des liaisons particuliéres de l'Etat de *Berne* avec ces pays libres, & dépendant de la souveraineté des évêques considérés comme princes temporels.

Un seigneur françois, le sire Enguérand de Coucy fit en 1375, une irruption dans l'Helvétie, avec une armée composée de ces grandes compagnies ou bandes de troupes d'Anglois, de Brabançons & de François, formées pendant les guerres entre les rois d'Angleterre & de France, & qui dans l'intervalle des trêves vivoient sans solde aux dépens des peuples amis & ennemis. Elles s'étoient déja une fois montrées en Alſace & approchées de Bâle. Coucy les introduiſit dans le cœur du pays, pour faire valoir ſes prétentions ſur les domaines de la maiſon d'Autriche, pour le douaire de ſa mere. A leur approche toutes les villes furent fermées, les campagnes abandonnées ; mais les nouveaux *eidgenoſſes* ne tardérent pas à les combattre ; ils les défirent dans le voiſinage de Lucerne : les Bernois les attaquérent enſuite près de Fraubrunnen, les forcérent juſques dans le monaſtere, & en tuérent un grand nombre. Les fuyards diſperſés furent par-tout aſſommés ou pourſuivis par les payſans, & la province en fût bientôt débarraſſée.

Zuric & les cantons voiſins entretenoient une guerre preſque continuelle avec les adhérens des ducs d'Autriche : Elle s'alluma plus vivement en 1375. Pendant que ces alliés élevoient de nouveaux trophées ſur les champs de Sempach & de Naffels, *Berne* & Soleure fatiguoient de leur côté le parti Autrichien, en attaquant les comtes de Kybourg dans leurs places de Thoun & de Berthoud. Fribourg, qui tenoit toujours encore le parti de la nobleſſe ennemie des villes, eut encore du déſavantage dans divers petits combats.

A l'époque qui termina cette guerre, *Berne* ſe voyoit déja un territoire conſidérable. Les maiſons d'Arberg & de Nidau étoient éteintes, & leur héritage avoit paſſé ſous la domination de *Berne*. Les comtes de Kybourg qui penchoient vers leur ruine, avoient été obligés de céder Thoun & Berthoud. Nidau & Buren furent conquis. D'un autre côté, les armes, des conventions, des combourgeoisies, avoient acquis à cette république une portion considérable de ces vallons entre les Alpes, connus sous le nom d'Oberland. Les vassaux & seigneurs châtelains compris dans cette enceinte, étoient ou anéantis, ou soumis & incorporés à la nation.

Il n'est pas étonnant que l'habitude de gouverner l'État ait inspiré un peu trop de confiance à des chefs, qui avoient dirigé les intérêts publics jusques-là avec tant de réputation & de succès, & que d'un autre côté des citoyens accoutumés à combattre pour l'Etat, fiers de leur courage & de leurs services, soient devenus plus ambitieux ou plus sensibles à ce qui pouvoit les blesser dans l'exercice de l'autorité de ses magistrats. Les frais des guerres & les prix des accommodemens ou des achats de terre, rendoient au défaut d'un fisc, indispensables les impositions fortes & fréquentes. Le peuple passa des murmures aux soupçons & aux plaintes : la communauté s'assembla tumultuairement en 1384. Après la déposition des magistrats coupables ou suspects, la réconciliation fut sanctionnée par des lettres d'abolition, & une confirmation de la forme de la régence, que quelques auteurs ont pris mal-à-propos pour l'époque de l'établissement d'une nouvelle constitution. Cette commotion civile n'eut pas plus d'effet sur le gouvernement que quelques autres dissensions momentanées, dont parlent les annales de la république. Le mécontentement étant ainsi satisfait par l'effort qu'il avoit pris, l'ordre & la confiance furent rétablis, & chacun contribua avec émulation aux besoins de l'Etat.

Le concile de Constance, en 1415, fut pour les cantons, une époque importante par l'occasion qu'elle leur fournit d'agrandir leur territoire. Dès que l'empereur Sigismond les eut invités à exécuter le ban contre Fréderic, duc d'Autriche, qui avoit favorisé l'évasion du pontife Jean XXIII déposé par le concile, les Bernois se jetterent sur la partie inférieure de l'Aargau, soumirent par capitulation les quatre villes, Zoffinguen, Aarau, Brougg & Lentzbourg, & se rendirent maîtres de cette petite province, une des plus fertiles de leurs Etats. Ils firent ensuite, en commun avec leurs alliés, la conquête du comté de Baden. Quand Sigismond auroit pu avec bienséance ou par autorité les obliger à la restitution, il étoit sans doute de son intérêt d'affoiblir son ennemi, en engageant aux cantons, comme il le fit, la propriété de leurs conquêtes pour une somme d'argent.

Nous ne rapporterons pas les détails de la guerre avec les Valaisans, en 1417, occasionnée par l'ombrage que donnoit à ce peuple la puissance de la famille de Raren, dont les Bernois embrasserent la cause; ni ceux de la longue & cruelle division des cantons mêmes avec Zuric. Ces faits appartiennent à l'hiſtoire particuliere de ce pays. Cette derniere guerre prit ſon origine des prétentions réciproques de Zuric & de Schwitz ſur la ſucceſſion du dernier comte de Toggenbourg. Zuric chercha imprudemment ſon appui chez les ducs d'Autriche. Les Suiſſes voulurent les obliger à ſoumettre à la déciſion de leurs alliés la validité d'une liaiſon ſi ſuſpecte. Sur leur refus on prit les armes. Les autres cantons, & *Berne* même, malgré ſon alliance avec Zuric de 1423, ſe réunirent pour ſoutenir le parti des Suiſſes, qui devenoit la cauſe de la confédération. La guerre fut pouſſée de la part des derniers avec un acharnement, & ſoutenue de l'autre part avec une opiniâtreté, qui tenoit de la fureur ordinaire des guerres civiles. Depuis 1436 juſqu'en 1446 ces peuples qu'une défenſe courageuſe avoit rendus reſpectables, offrirent à leurs ennemis le ſpectacle d'une haine fraternelle fomentée par l'ambition. La ſurpriſe & le ſac de la ville de Brougg par Thomas de Falkenſtein, fut l'événement le plus ſenſible aux Bernois. Leurs troupes partagerent auſſi la malheureuſe gloire de la défaite des Suiſſes près de Bâle en 1444, par l'avant-garde de l'armée que conduiſoit Louis, Dauphin de France, deſtinée à rompre le concile aſſemblé dans cette ville, & à dégager la ville de Zuric, aſſiégée par les cantons.

L'intervalle du tems, depuis la paix qui termina la guerre de Zuric juſques à la guerre contre Charles, duc de Bourgogne, fut rempli par diverſes expéditions moins importantes, contre Fribourg, contre la nobleſſe de Sundgau & de l'Alſace, qui inquiétoient la ville de Mulhauſen, & contre Sigiſmond duc d'Autriche. Cette querelle fut la ſource de la guerre avec le duc de Bourgogne, ſi mémorable dans l'hiſtoire Suiſſe, dans laquelle la république de *Berne* joua le principal rôle, & courut les plus grands dangers.

Le duc d'Autriche, hors d'état de ſe défendre contre les attaques des cantons, mit ſes terres, à titre d'hypothéques pour une ſomme d'argent, ſous la protection de Charles duc de Bourgogne. Ce prince hautain & colere, par des forces qui balançoient celles du roi de France, & par des exécutions ſanguinaires contre ſes ſujets rebelles, avoit acquis une célébrité terrible, dont ſe nourriſſoit ſon aveugle orgueil. Incapable des ſoins tranquilles du gouvernement, tandis qu'il ſuivoit ſon goût militaire, il livroit l'Alſace à un gouverneur inſolent, nommé *Hagenbach*, qui ne tarda pas d'offenſer les Suiſſes, d'opprimer ſes ſujets & de donner des regrets à leur ancien maître. La réception que fit le duc aux députés de *Berne*, qui lui portérent leurs plaintes, en les obligeant de ſe mettre à genoux, indigna leur nation. Les Alſatiens révoltés ſe ſaiſirent de Hagenbach, & à l'inſtigation des cantons lui firent ſubir le dernier ſupplice. On prévoyoit le reſſentiment qu'inſpireroit cet affront à un prince, qui mettoit dans ſa conduite plus d'emportement encore que d'ambition. Le perfide Louis XI, travailloit avec une joie secrette à mettre son rival aux prises avec une nation aguerrie, & qui se faisoit un plaisir d'humilier les princes qui osoient les mépriser. Il fit jouer son principal ressort dans le conseil de *Berne*, dans lequel la faction françoise l'emporta bientôt sur le parti bourguignon qui cherchoit à éviter la guerre.

Quelques citoyens distingués par leur mérite ou par leurs talens, s'étoient placés à côté des nobles, & commençoient à développer le systême d'établir une plus grande égalité, en mettant des bornes plus étroites à la jurisdiction des vassaux dans leurs terres, & aux distinctions extérieures des familles qui blessent tôt ou tard l'esprit républicain. Cependant la considération pour la noblesse s'étoit soutenue : elle continuoit d'occuper les premieres charges de l'Etat. Depuis le premier de Boubenberg, que le duc de Zeringuen avoit préposé à la fondation de la ville, cette maison avoit joui d'une sorte de prééminence, & malgré quelques disgraces essuyées de la part de leurs concitoyens, elle fut le plus souvent décorée de la dignité consulaire. Mais le crédit d'Adrien de Boubenberg, ancien avoyer, pliant devant la nouvelle faveur de Nicolas de Diesbach ; ce dernier, jeune, riche, populaire & ardent, se livra aux négociations de la cour de France, avec un zele que le caractere du roi put rendre suspect. Elevé au premier rang, il sut écarter son antagoniste des conseils, & parvint à former une ligue nombreuse des villes de l'Helvétie & de l'Alsace : les autres cantons se déclarerent pour le même parti.

Tandis que Charles perdit son tems à assieger inutilement la ville de Nuiss, en Gueldre, les confédérés pénétrérent dans ses Etats. Le siege d'Héricourt fut l'événement le plus mémorable de leurs incursions. Le maréchal de Bourgogne rassemble des troupes pour renforcer la garnison : elles sont entiérement défaites par l'armée supérieure des alliés, & la ville est emportée. Cependant l'avoyer de Diesbach, enlevé par une épidémie, est une des premieres victimes de la guerre qu'il avoit sollicitée.

Les esprits étoient échauffés, & l'influence de la cour de France resta la même. D'abord les cantons se saisirent des terres d'Orbe & de Grandson, patrimoine des seigneurs de Chalons, partisans du duc ; ils tombérent ensuite sur le pays de Vaud, qui appartenoit au comte de Romont, & rançonnerent la ville de Geneve. Charles, brave & glorieux, impatient de venger ces pertes, vint en 1476 avec une armée brillante, assieger le château de Grandson, y entra par une capitulation perfide, & fit pendre la garnison. Dans ces tems, où la discipline des troupes n'étoit guere connue, les armées du duc se distinguoient encore par la profusion & le désordre. Ce prince n'avoit ni les vues d'un conquérant, ni les talens d'un général ; magnifique & présomptueux, il se croyoit invincible. Ses troupes qui décampoient sans défiance, rencontrerent bientôt les Suisses dans un défilé : l'avant-garde repoussée jetta la terreur dans toute l'armée ; leur déroute fut complette & laissa les vainqueurs maîtres d'un immense butin, dont heureusement ils ne connoissoient pas encore le prix.

Charles furieux se retire à Lausanne, ramasse de nouveau des troupes & entreprend le siege de Morat, petite ville située sur les bords charmans d'un lac. Il ne savoit ni conduire un siege, ni se camper avec avantage. Les cantons aidés par René, duc de Lorraine, que le duc de Bourgogne avoit dépouillé de ses pays, attaquent leurs ennemis en ordre de bataille, se saisissent de leur batterie presque sans perte, & taillent en pieces la gendarmerie des bourguignons. Charles est réduit à se sauver seul à la nage sur son cheval. Enfin troublé, désespéré, trahi par les siens, il court dans le cœur de l'hyver, attaquer les Suisses devant Nanci en Loraine, & y trouve sa derniere honte & la mort.

L'heureuse issue d'une guerre si menaçante pour la liberté des Suisses, eut une grande influence sur les mœurs, par le haut degré où fut portée leur gloire militaire. Les pensions des princes voisins introduisirent la corruption dans les conseils & les communautés ; la richesse des dépouilles prises sur l'ennemi excita le goût des superfluités, & apprit à le satisfaire en même tems avec celui des armes : la jeunesse s'accoutumant à des expéditions fréquentes, subites & tumultueuses, devint plus indocile à la voix de ſes conducteurs, & la nation paya pluſieurs fois bien chérement cet oubli de la diſcipline; enfin des troubles, des diſſentions, une dégradation ſenſible dans les mœurs, fut preſque le ſeul fruit de tant de ſang prodigué par ces feroces guerriers dans des querelles étrangéres, & la vénalité de leur bravoure, ſi ſouvent encore trompée, fait une tache éternelle à la mémoire de nos ayeux.

Les Bernois ne tardérent pas à éprouver les effets de cette nouvelle pente des eſprits vers une diſſolution du bon ordre. Ils avoient fait dans cette derniere guerre la conquête des trois bailliages de Morat, de Grandſon, & d'Orbe ou Echalens, qu'ils conſervérent à l'indivis avec les Fribourgeois, avec leſquels ils poſſédoient déja en commun le bailliage de Schwarzenbourg, acheté des comtes de Savoye. La jalouſie des cantons populaires ſur ces agrandiſſemens s'étoit montrée dans l'inſtruction donnée à leurs officiers, à l'occaſion de la derniere guerre, de ne pas laiſſer employer les troupes à des ſieges. Le ſoupçon bien fondé des penſions répandues dans les conſeils des villes, excita de violens murmures. Une troupe de forcenés, au mépris des défenſes & des avis de leurs magiſtrats, ſe mit en marche, pour demander compte aux deux villes de la répartition du butin & des contributions levées ſur les Genevois. Il fallut de l'argent & des grandes promeſſes pour les calmer. Dans la crainte de quelque violence, les villes firent une union plus étroite entr'elles. Cette précaution que les démocraties regardoient comme une contravention à la confédération Helvétique, faillit d'occasionner un schisme entre les cantons. On s'en remit à la décision de Nicolas de Flue, ancien landaman d'Underwalden. Ce magistrat, respectable par sa sagesse & ses vertus, pere d'une famille nombreuse, s'étoit retiré dans un ermitage, pour finir ses jours dans la résignation la plus humble & dans l'abstinence la plus rigoureuse. Il prononça, que l'union particuliere des aristocraties seroit annullée, & les villes de Fribourg & de Soleure reçues dans la confédération des cantons. L'admiration qu'on eut pour la piété austere de ce citoyen illustre, jointe à la reconnoissance de ses compatriotes, lui valut, après la mort, les honneurs dûs aux plus grands héros.

Une sorte de présomption pétulante s'étoit emparée des esprits & imprimoit à la nation un carractere inquiet & vindicatif, qui donnoit de continuelles allarmes à ses voisins. Il s'étoit formé en Suabe une ligue nombreuse de la noblesse, sous le titre de *l'écu de S. Georges.* Des causes très légeres firent éclater en 1499, une guerre fort vive entre cette ligue & les cantons. On se livra sur toute la frontiere des combats fréquents, dans lesquels les Suisses maintinrent une supériorité décidée.

Ce nouvel accroissement de gloire ne fit qu'augmenter la manie des expéditions militaires. Les princes voisins, au fait du secret de gagner les chefs des conseils, firent désormais de la valeur éprouvée des Suisses le principal instrument de leur ambition, dont l'Italie devint le théâtre ordinaire. On vit à la honte de la nation, les solliciteurs des cours étaler l'or & les promesses, les cantons se partager pour des intérêts opposés, changer de parti en faveur du plus offrant, & enfin leurs bandes vénales se rencontrérent sur le champ de bataille. Si les magistrats assemblés prenoient des résolutions vigoureuses contre ces désordres, le crédit des coupables les déroboit au châtiment, & la voix de l'autorité n'étoit qu'une formalité de plus, pour attester un vice enraciné dans le cœur de ces républiques. Certainement cet abus qui déshonora long-tems la nation, fut alors porté à un plus haut degré à *Berne* que dans aucun des autres cantons. Ces campagnes, quelquefois glorieuses, des Suisses en Italie, ces intrigues, dont ils étoient les dupes & dont ils se vengeoient en abandonnant un parti pour un autre, des victoires inutiles, des révolutions rapides, ces journées célébres de Fornoue, de Novare, de Marignan & de la Bicoque, tous ces détails, s'ils ne sont pas entierement étrangers à l'histoire générale de la nation, du moins n'appartiennent-ils point à l'histoire particuliére, dont nous ne traçons ici que les contours & les traits les plus marqués.

Au commencement du XVI siecle les trois derniers cantons furent reçus dans l'alliance générale. Ce siecle offre deux événemens bien importans pour la république de *Berne*, la réformation & la conquête du pays de Vaud.

Zuric avoit donné l'exemple de la réformation. Les esprits étoient trop partagés à *Berne* sur cette question, pour que le sénat osât la décider : il sembloit même que ce corps ne se prêtoit qu'avec répugnance à cette nouveauté, soit par la crainte des troubles qu'elle pouvoit occasionner, soit par le regret des bénéfices que la cléricature offroit aux familles, ou par un mécontentement secret de la liberté avec laquelle les réformateurs attaquoient non-seulement ce qui leur paroissoit des erreurs dans le dogme, ou des abus dans le culte, mais la corruption introduite dans l'Etat par des pensions avilissantes, la séduction des sujets tolerée par des magistrats vendus & dont leurs fils étoient les instrumens, enfin la dissolution de la subordination & des mœurs, causée par l'habitude de la licence chez une milice annuelle incapable d'aucun frein. Haller, l'apôtre de la nouvelle doctrine à *Berne*, n'avoit point cette ardeur intrépide des autres réformateurs; sa modération timide le fit échouer à Soleure : Sans l'appui de Nicolas de Watteville, prévôt du chapitre, auquel son nom & la considération personnelle, donnoit une grande influence, il risquoit de n'avoir pas un meilleur succès à *Berne*. Le sénat encouragé par les invitations des Zuricois, à secouer le joug du pontife romain, sollicité par d'autres cantons de ne pas se détacher des principes de leurs ancêtres, prenoit des résolutions contradictoires. Enfin le parti pour la réformation prit la supériorité dans la bourgeoisie & entraîna le conseil des deux-cents. Une dispute publique fut en 1528 le signal de la révolution. Le peuple qui, au défaut de la conviction, ne tient aux opinions que par la force de l'habitude, suivit facilement l'exemple de ses maîtres. La réformation proposée aux comunautés, fut soumise à la décision des voix : par-tout où la pluralité lui étoit favorable, l'ancien culte fut aboli ; où le parti contraire étoit prépondérant en feignant de conserver l'entiere liberté des consciences, on se réserva de reprendre la délibération quand on le voudroit.

Cette révolution ne laissa pas de causer divers mouvemens. Quelques communautés résistérent par la force : des voisins attachés à l'Eglise de Rome soutinrent ouvertement leur cause. Dans d'autres lieux le paysan, qui s'étoit flatté d'un affranchissement des censes ecclésiastiques, se révolta pour piller les couvents dont le gouvernement avoit saisi les revenus. L'empressement des Zuricois, pour faire triompher leur religion dans des pays où ils n'avoient que la co-régence, excita une guerre civile entre les cantons. Le défaut de prudence & d'ordre, que la circonstance d'une nouvelle police encore mal affermie & d'une fermentation générale des esprits, source de méfiance & de contradictions, peut faire excuser, fit succomber la cause des cantons réformés, par deux défaites qu'essuyerent les Zuricois, & dans la premiere desquelles Zwingle perdit la vie. La réformation fut étouffée dans plusieurs bailliages communs, où elle avoit été introduite: elle fut maintenue dans les cantons qui l'avoient adoptée.

Sans appuyer sur les raisons en faveur de ce changement de doctrine, adopté dans une grande partie de l'Europe, il faut convenir que les suites en ont été fort avantageuses pour les Etats qui ont embrassé la réformation : ils ajoûterent à leur liberté politique l'indépendance d'une domination étrangere, qui, quoique limitée de droit aux affaires purement spirituelles, avoit, dans le fait, cherché à engloutir la puissance temporelle, & excité des troubles infinis chez les nations qu'elle n'avoit pu réussir à opprimer. Nos républiques protestantes se formerent un fisc des revenus saisis sur les ordres religieux qui cesserent d'avoir une destination inutile au bien public : les forces des gouvernemens s'accrurent, & les connoissances utiles firent des progrès plus sensibles. Avant cette époque l'ignorance & la pauvreté du bas clergé étoient si grandes, qu'on avoit de la peine à trouver, parmi ceux d'entr'eux, qui embrasserent la nouvelle doctrine, des sujets capables de lire l'Ecriture-Sainte, & qui eussent le moyen d'acheter l'Evangile & la liturgie.

Pendant que cette grande affaire agitoit l'intérieur des cantons, la république naissante de Geneve luttoit contre les projets des ducs de Savoie, qui cherchoient à étendre des droits qu'ils avoient dans cette ville, pour l'assujettir. Une succession de plusieurs évêques, choisis dans leur maison, fournit à ces derniers des prétextes pour confondre les droits du siege avec les leurs, & pour employer une autorité légitime, afin de couvrir l'usurpation. Delà naquirent des disputes, des persécutions, des révoltes. Depuis la guerre de Bourgogne, Geneve entretenoit des liaisons avec les villes de *Berne* & de Fribourg: elle s'assura leur protection par une combourgeoisie, en 1528. Bientôt le parti des *eidgnoss* ou hugenots, l'emporta sur les mammelus ou savoyards: il se commit des hostilités, on fit des trêves, on donna des surprises suivies d'accommodemens. Le duc cherchoit à rompre l'alliance entre les trois villes : par une prononciation d'arbitrage du comte de Gruyeres elle fut annuellée ; par une autre prononciation des cantons neutres elle fut confirmée, & aucune des deux sentences ne put être exécutée. Enfin on convint d'une trêve entre le duc & la ville de Geneve, sous peine pour le duc, s'il la rompoit, de remettre le pays de Vaud aux deux cantons de *Berne* & de Fribourg, & pour les Genevois, d'être d'échus de la combourgeoisie. La doctrine de la réformation s'étant répandue dans Geneve, y trouva les esprits disposés à embrasser un parti qui les délivroit de la jurisdiction de leur évêque. Fribourg désapprouvoit autant cette révolution que *Berne* la favorisoit: la premiere renonça aussitôt à la combourgeoisie; les Bernois au contraire, profiterent en 1536, de l'irruption des

françois

françois dans le Piémont, pour exiger du duc une satisfaction dans des termes qui devoient procurer un refus. Alors, ouvrant la campagne au cœur de l'hiver, ils soumirent en onze jours de tems, presque sans coup férir, ce beau pays qui s'étend de Morat jusqu'à Geneve. Les Fribourgeois répentans d'avoir imprudemment renoncé au même titre, se hâterent pour avoir part aux dépouilles de la maison de Savoie. Dans la conquête des Bernois étoient compris Lausanne & les domaines de l'évêque, toutes les villes & terres sur le bord septentrional du lac de Geneve, le Chablais & le pays de Gex. Ils abolirent dans tous ces lieux le rite Romain; quand en 1563, Gex & tout ce qui est au-delà du lac rentra sous l'obéissance de la maison de Savoie, la messe fut bientôt rétablie.

Les comtes de Gruyeres refuserent de prêter hommage pour les anciens domaines de leur maison dans le pays de Vaud. On usa de quelque indulgence dans le commencement: mais comme cette maison se trouva surchargée de dettes, les deux Etats de *Berne* & de Fribourg acheterent les créances; & avec une rigueur que la seule politique pouvoit justifier, ils dépouillerent en 1554 le dernier comte Michel, des terres de Gruyeres, de Rougemont & d'Oron, & les partagerent entr'eux. Ce fut le dernier agrandissement de la république de *Berne*; depuis sa paix avec la Savoie les limites de son territoire n'ont plus varié.

L'alliance entre *Berne* & Geneve devint

perpétuelle en 1557, par l'entremiſe des cantons, qui s'intéreſſoient à la conſervation de cette république, & refuſerent cependant de l'aſſocier à leur confédération. Zuric accéda à cette alliance perpétuelle des deux villes, en 1574. Dans le même tems Henri III, roi de France, garantit à *Berne* la propriété du pays de Vaud. Succeſſivement divers cantons accorderent la même aſſurance. Cependant la maiſon de Savoie n'abandonnoit pas le projet de le recouvrer : on s'obſervoit avec inquiétude ; les trêves, les traités même, ne mettoient pas la ville de Geneve à couvert des allarmes d'une hoſtilité ſourde ou d'une guerre ouverte. Des particuliers attachés aux ducs, tramoient dans le pays de Vaud des conſpirations que ces princes déſavouoient, quand elles avoient échoué. Les circonſtances, particuliérement les différends des ducs avec la France, préſervérent Geneve & ſes alliés, mieux que leurs propres forces. Enfin l'eſcalade, tentée en 1602 contre Geneve par des troupes de Savoie, a été le dernier acte d'hoſtilité préméditée : depuis lors cette maiſon ayant trouvé l'occaſion d'agrandir ſes poſſeſſions en Italie, entretient des liaiſons conſtantes de bon voiſinage & d'amitié avec ſes voiſins, les Suiſſes, avec Geneve, & avec la république de *Berne* en particulier.

Pendant le XVI ſiecle & le commencement du XVII, les Suiſſes continuérent dans l'habitude de vendre leur ſang, à qui leur en offroit le plus haut prix : cependant ces troupes mercenaires s'accoûtumerent à une forme de ſervice un peu plus réguliere, mais toujours pour des expéditions momentanées. Dans l'Etat de *Berne* en particulier nous retrouvons toujours encore ces contradictions fréquentes entre les réſolutions du gouvernement & la conduite des citoyens les plus accrédités; & quand il ſe faiſoit des levées avec l'aveu du Souverain, ou il y avoit abus dans l'emploi de ces troupes auxiliaires, ou l'inexécution des promeſſes ſtipulées donnoit occaſion à des plaintes & des ſoupçons contre les chefs.

Les ſuites de la réformation cauſérent auſſi divers troubles. Des imbéciles abuſant de la lecture des livres ſaints, formoient des ſectes, parmi leſquelles celle des anabaptiſtes fut toujours la plus nombreuſe & la plus dangereuſe, par le refus que font ces fanatiques du port d'armes & de l'obéiſſance aux magiſtrats. Le gouvernement & le clergé, trop frappés peut-être des inconvéniens de cette diviſion biſarre des opinions vulgaires, ſévifſoient quelquefois contre la folie & l'erreur de bonne foi, avec toute la rigueur que méritent le crime & l'impoſture.

Il eſt vrai que l'indocilité des payſans, autrefois ſerfs, maintenant remplis d'idées d'indépendance, n'avoit pas beſoin d'être appuyée des préjugés religieux. L'habitude de la vie militaire, l'exemple des cantons populaires, l'opinion ſourdement répandue lors de l'établiſſement de la réformation, que les terres devoient être déchargées de toute redevance, tous ces principes rendoient les villageois plus mécontens des impositions momentanées que l'insuffisance du fisc faisoit exiger dans les besoins de l'Etat. Sans doute les lieutenans du souverain ne se conduisoient pas toujours dans l'exercice de leurs emplois avec la modération & la prudence nécessaires pour ménager un peuple préoccupé. Les murmures avoient éclaté plusieurs fois. En 1653, les paysans des cantons de Lucerne, de *Berne*, de Bâle & de Soleure formérent des associations, & en vinrent enfin à une révolte ouverte. Dès que cet exemple contagieux eut entrainé quelques sujets des bailliages communs, les cantons démocratiques furent les premiers à marcher contre les rebelles. Ces derniers furent bientôt dispersés partout où ils s'étoient attroupés. Un corps de ces paysans ameutés marchoit contre *Berne*, tandis qu'un autre tenoit Aarau bloquée; ils osérent tenir ferme contre les troupes auxiliaires de Zuric & de quelques autres cantons; mais les premieres volées de canon en firent déserter le plus grand nombre; le reste se soumit, en livrant ses chefs au supplice.

En 1655, les cantons eux-mêmes se brouillérent entr'eux, par une suite de cette rivalité malheureuse des deux religions, qui fournissoit journellement des sujets de plaintes & de mécontentemens.

Quelques familles d'art, dans le canton de Schweiz, s'étant réfugiées à Zuric pour embrasser la réformation, demandoient à retirer aussi leurs biens. Sur le refus de les satisfaire leurs nouveaux protecteurs en appellerent au droit, suivant les formes déterminées par les alliances entre les cantons. De nouveaux refus provoquerent des hostilités. Cinq cantons catholiques s'unirent pour la même cause. On cherchoit à se prévenir les uns les autres dans la saisie des bailliages communs. Les troupes Bernoises qui défiloient sans précaution sur Bremgarten, furent défaites par les Lucernois près de Willmerguen, & forcées de se replier en désordre sur Lentzbourg. Cet échec fut bientôt suivi d'un accommodement entre les deux partis, par l'entremise des cantons neutres.

Pendant un demi-siecle la tranquillité parut affermie dans l'intérieur de la Suisse; cependant la défiance subsistoit toujours. On s'observoit plus qu'on ne s'accordoit: chaque parti se fortifioit par des unions particuliéres & des traités avec des puissances étrangeres. Dans les cantons démocratiques, le peuple fier du souvenir des avantages remportés dans les premieres guerres civiles, manifestoit trop de mépris pour les protestans: il comptoit sur l'appui de la France, où la religion catholique étoit devenue triomphante par l'oppression entiere des réformés. Mais dans le tems que cette monarchie se trouvoit engagée dans une guerre très malheureuse, les deux cantons de Zuric & de *Berne* eurent le moment favorable pour menacer à leur tour. Telle fut peut-être la vraie origine de la guerre inteſtine en 1712, dont la querelle entre l'abbé de S. Gall & les Toggenbourgeois fournit le prétexte. Les Bernois eurent d'abord l'avantage dans un vif engagement près de Bremgarten. On étoit occupé des préliminaires de la paix quand les troupes de cinq cantons catholiques rompirent bruſquement la ſuſpenſion d'armes : elles furent entierement défaites dans les mêmes champs de Willmerguen, où leurs ayeux avoient remporté l'avantage. Les vainqueurs irrités par cette ſurpriſe, impoſérent des loix plus dures aux cinq cantons, découragés par des défaites auſſi ſenſibles. Ceux-ci furent obligés à renoncer à la co-régence du comté de Baden & de la partie inférieure des bailliages libres. *Berne* obtint ſur la Thurgovie des droits égaux à ceux dont jouiſſoient les ſept cantons depuis la premiere conquête de cette province.

Ainſi la république de *Berne* vit la paix rétablie au dehors ; dans l'intérieur l'ordre étoit affermi ; des ſujets fidèles & ſoumis, contens de jouir de leur proprieté ſans ambition & ſans troubles, étendoient chaque jour leur induſtrie, que le gouvernement encourageoit. Dans la capitale, l'aiſance des familles patriciennes animoit la circulation des richeſſes & des ſalaires : les mœurs s'adouciſſoient, une parfaite ſécurité appelloit le luxe & le goût des arts. Au milieu d'un calme en apparence ſi ſolide ſe formoit un orage qui pouvoit ébranler les fondemens de l'Etat. Il s'étoit conſervé une tradition vague & comme nous le verrons bientôt, très peu vraisemblable, que dans les premiers tems de la république le pouvoir législatif & suprême avoit été attribué par la loi fondamentale à tout le corps de la bourgeoisie. Quelques insensés, ambitieux ou dupes, firent en 1749, de cette tradition le faux prétexte d'une conspiration atroce contre le gouvernement. Le complot fut éventé; quelques-uns des chefs eurent la tête tranchée.

Quand on suit l'histoire d'une nation quelconque, on voit que de tous les ouvrages des hommes, la constitution d'un Etat est celui qui s'acheve le plus lentement. Les hommes ne font guere des loix par prévoyance; ce sont les inconvéniens qui appellent les règles, les abus & les besoins qui donnent des loix; & les circonstances variées successivement dans tout Etat qui n'a pas encore atteint son dernier période d'accroissement, déterminent nécessairement les formes des élections, les limites des pouvoirs, & les rapports des diverses parties de l'administration. Vouloir ramener les gouvernemens à leur forme originaire, ce seroit la plupart du tems vouloir forcer un homme fait, à revêtir les habits de la premiere enfance. Il est apparent que l'obscurité, dont est enveloppée l'origine du gouvernement de *Berne*, provient moins du défaut de monumens que de la simplicité des tems, qui ne demandoit pas encore des formes si exactement déterminées. Nous voyons que les familles nobles, qui s'étoient fixées dans les villes allemandes, pour se mettre à couvert de la tyrannie des grands barons, remplissoient à-peu-près par-tout les premieres charges, avec un pouvoir proportionné à la confiance des autres citoyens, jusqu'à l'époque ou l'esprit mercantil & artisan convertit les constitutions de la plupart des villes impériales en démocraties, modifiées par une forme tribunicienne. Il seroit bien singulier que *Berne*, par une destinée toute contraire, d'une démocratie bourgeoise, fût devenue une aristocratie patricienne, sans que nous connussions les époques d'une pareille révolution.

Le sol sur lequel le duc de Zéringuen fit bâtir la ville de *Berne*, étoit fief immédiat de l'empire: par sa mort, arrivée en 1218, cette ville, de droit, devint ville impériale. Fréderic II, confirma aussitôt les immunités accordées par le fondateur, & donna aux Bernois cette bulle d'or, qui fait le premier code connu & sanctionné de leurs loix, tant civiles que de police. Il est marqué dans l'exorde de ce code qu'il est dressé sur le modele des loix de la ville de Cologne. On conclut de cette bulle d'or, que la communauté avoit le droit d'elire chaque année l'avoyer, de choisir le curé, de dispenser un citoyen des charges publiques, de juger de la vie & de la mort en certains cas, de décider sur les différends entre les bourgeois & les marchands étrangers en tems de foire, & de faire de nouvelles loix. La communauté exerçoit-elle ces droits dans des assemblées générales? Si un pareil usage avoit fait une partie essentielle de la constitution, manqueroit-on d'exemples suffisans & suivis pour le constater? La question pourroit-elle être douteuse? Quelques-uns des articles sousmentionnés de la bulle d'or n'attribuent pas même clairement à la communauté les droits dont ils parlent. Nous avons déjà observé que *Berne* ne fut point peuplée de marchands & d'artisans, qui eussent ambitionné le pouvoir de se donner à eux-mêmes des priviléges, mais de propriétaires & de cultivateurs, qui cherchoient la protection de leurs domaines & de leurs travaux. La noblesse qui s'y établit, qui s'y maintint pendant trois siecles presque exclusivement dans les premieres charges, pendant que dans d'autres villes la forme de la constitution étoit devenue plus populaire, auroit-elle consenti à se confondre d'abord avec l'assemblée d'un peuple agreste, & à se soumettre à son autorité? Ce terme de communauté est à Venise, à Gênes, & dans toutes les aristocraties, le synonyme de république. On appelle encore le conseil souverain de *Berne*, & des autres villes aristocratiques *les conseils & bourgeois.* Voilà au moins des argumens assez forts pour balancer toutes les raisons, dont pourroit s'appuyer l'opinion contraire.

Toutes les recherches qu'on a faites jusqu'ici, sur les sources des loix de la ville de *Berne* & sur l'origine de sa constitution politique, confirment la forte présomption, qu'elle fut aristocratique dès les premiers tems. Voici l'idée qu'on peut s'en faire d'après les monumens connus. Le château de Nydeck étoit un siege de justice, où le duc jugeoit les causes, qui venoient en appel devant lui. Dans la nouvelle ville, bâtie sur la même place, il établit une justice ordinaire de douze assesseurs, nombre généralement fixé pour ces tribunaux ; ce corps étoit présidé par le *schoultheiss*. Douze autres membres ajoûtés aux premiers, formoient le conseil de police & d'administration, & jugeoient les causes plus importantes : le même chef y présidoit. On appella ce corps de magistrature *scultetus & consules*, avoyer & conseil. Delà le titre de *schoultheiss* demeura affecté à la premiere charge de la République. L'empereur, comme nous le voyons par un acte de 1244, avoit accordé à *Berne* une autorité de procurés de sa part dans la petite Bourgogne. Le territoire qui fut d'abord réuni à la ville étoit partagé en quatre bannieres ou districts ; la ville fut divisée de même en quatre quartiers, distingués par la dénomination des quatre abbaies bourgeoises, des boulangers, des maréchaux, des bouchers, & des tanneurs. Les quatre bannerets, choisis des quatre abbaïes, étoient les chefs, chacun d'un quartier de la ville & d'un district de la campagne. Les quatre bannerets étoient les premiers officiers militaires ; & comme la police de l'Etat devoit nécessairement prendre une empreinte de l'Etat de guerre habituel, dans lequel se trouverent les citoyens, les bannerets eurent une principale part à l'administration publique : la partie œconomique devint enfin leur département, quand le militaire fut reglé sur un autre plan. Les bannerets choisissoient seize bourgeois les plus considérés dans les divers quartiers, qui étoient appellés aux délibérations importantes, & avoient encore au XVII siecle, avec les bannerets, le droit exclusif d'élire les membres du grand conseil des deux cents.

Il est au reste très-apparent, que dans des cas extraordinaires d'impositions, de déclaration de guerre & d'alliances, la communauté étoit consultée, ou du moins qu'on lui faisoit part des projets & des délibérations de ses magistrats. Nous en trouvons des traces non équivoques dans les annales de la république. D'ailleurs dans une société, où les membres ne sont pas encore attachés à l'Etat par de grands intérêts toujours présens, les succès dependant plus du concours unanime que de l'autorité ; les assemblées communes deviennent plus nécessaires, pour lier chaque particulier par l'expression manifeste de la volonté générale. Mais dans les besoins pressans on assembloit de même les communes des campagnes, dans la vue de leur inspirer par cette démarche de confiance, un plus grand zele pour servir la patrie ; & cependant personne n'a encore songé à conclure de cet usage que les communes des campagnes avoient alors quelque part directe au gouvernement de l'Etat. Un grand nombre des citoyens habitoient à la campagne, & devoient préferer de voir les affaires confiées à un corps représentatif. Quelques indications des premiers tems prouvent l'usage de joindre au conseil & seize une commission de bourgeois. Un instrument de 1294, indique déjà les noms de deux cens bourgeois élus par les seize. Un édit de 1314, porte pour rubrique : *avoyer, conseil & deux-cents, savoir faisons.* Des actes de 1337 & 1339, suivent la même formule. C'est donc par une erreur palpable que quelques modernes ont fixé la date de l'établissement du grand conseil dans l'année 1384, en supposant que l'émeute des bourgeois, arrivée à cette époque, occasionna cet établissement. Toutes les circonstances de ce fait prouvent que ce fut un concours de mécontens & non une convocation réguliere. Etoit-il vraisemblable d'ailleurs que la bourgeoisie eut choisi le moment où elle avoit à se plaindre de ses magistrats, où plusieurs conseillers furent déposés, pour renoncer, en faveur d'un corps représentatif, au droit de s'assembler, si elle avoit été en possession légitime de ce droit ?

Il seroit encore bien étonnant que pendant tout le XV & XVI siecle, dans ces crises si fréquentes de ces petits Etats, avec cette licence qu'introduisit l'habitude des courses militaires, dans cette fermentation causée par la diversité des opinions sur la doctrine, & à l'occasion des accusations si répétées, & malheureusement si souvent fondées, de prévarication ou de corruption chez les premiers magistrats, ni la bourgeoisie, ni les communes de la campagne, n'eussent rappellé l'usage des assemblées générales, & qu'au milieu de tant de démocraties le souvenir s'en fut entiérement perdu, si jamais cet usage avoit existé en vertu des premieres constitutions. Nous savons au contraire que les assemblées du grand conseil étoient fort rares dans le dernier siecle. Le sénat ou petit conseil dépêchoit la plupart des affaires absolument. Lors de la guerre de Bourgogne on vit le parti d'un avoyer exiler l'autre dans ses terres, s'assembler dans des maisons particuliéres, & disposer, pour ainsi dire, du sort de l'État. Il n'y a qu'à jetter les yeux sur les détails des loix & formes de la constitution, pour se convaincre, qu'à *Berne*, jusques vers la fin du dernier siecle encore, l'exercice de la puissance exécutrice étoit entre les mains d'un petit nombre de magistrats. Bien loin qu'il paroisse que le pouvoir du conseil ordinaire, celui des bannerets & des seize, ait été anciennement plus précaire ou plus borné; ce n'est que du souvenir de nos peres & de nos ayeux qu'ont été portées les loix, qui fixent si sagement les limites de ces pouvoirs.

Dans les démocraties bourgeoises & diversement modifiées des villes de commerce, la noblesse a été successivement dépossédée de son autorité prépondérante, par les corporations des artisans ou les tribus; à *Berne* elle s'est affoiblie suivant le cours naturel des générations; d'autres noms ont remplacé ceux qui, par défaut d'héritiers, venoient à s'éteindre. Des familles patriciennes ont succédé aux talens, à la fortune & au même esprit de cette ancienne noblesse : le pla● & la forme du gouvernement n'ont point changé.

C'est le conseil des deux-cent, dans lequel tous les autres colleges sont réunis, qui sous le titre d'*avoyer, petit & grand conseil*, ou *d'avoyer, conseil & bourgeois de la ville & république de Berne*, exerce sur tous les sujets de cet Etat, le pouvoir souverain, fait des loix & les revoque, juge de toutes les affaires intérieures évoquées devant lui, donne aux autres tribunaux leurs pouvoirs compétens, forme des alliances, les renouvelle, traite de la paix & de la guerre, & juge de la vie & de la mort Nous avons vu, que ce conseil étoit vers la fin du XIII siecle composé réellement de deux cens personnes. Les bannerets & seize, qui avoient le droit d'en élire les membres, ne suivoient aucune regle fixe, ni pour les époques des nouvelles élections, ni pour le nombre des élus. La faveur avoit étendu le nombre des membres du grand conseil au-delà de trois cens, avant qu'une loi l'eût fixé à deux cens quatre-vingt & dix-neuf. Depuis que ces places sont plus recherchées, on attend qu'il y ait au moins quatre-vingt places vacantes, pour contenter plus de prétendans. Cela fait qu'il se passe huit à dix ans d'une nouvelle élection à l'autre : il faut pour pouvoir y prétendre avoir vingt-neuf ans accomplis. Le petit conseil ou sénat avec les seizeniers sont les électeurs de droit : chacun peut recommander un sujet.

Dans les délibérations en deux-cent, les

sénateurs ont un rang distingué, & sont invités par leurs noms à opiner : les membres du grand conseil opinent ensuite sur une invitation générale de l'avoyer ou président. Chaque membre a le droit de proposer tout ce qu'il croit utile à l'Etat; le président doit soumettre toutes les opinions aux suffrages. Aujourd'hui que le grand conseil prend connoissance de presque toutes les affaires, les assemblées se tiennent ordinairement trois jours par semaine, hors les vacances des moissons & des vendanges.

Le conseil journalier ou sénat s'assemble à peu-près tous les jours. Toutes les affaires qui doivent être portées en deux-cent, sont premierement traitées en sénat. Il dépéche des affaires courantes de police, dispose de la plupart des cures ou charges ecclésiastiques, des places subalternes tant civiles que de police; juge en derniere instance les procès criminels, à l'exception de ceux qui regardent les citoyens de *Berne*, & des droits de justice criminelle réservés à quelques villes & vassaux. L'élection des conseillers se faisoit autrefois par les bannerets & seize; immédiatement avant la réformation le grand conseil se l'attribua, & ce fut un prélude de la réformation, que le conseil ne favorisoit pas assez au gré de la bourgeoisie. Aujourd'hui cette élection se fait d'après un plan fort combiné, qui a pour but d'empêcher les effets de la brigue par un mélange du sort. Ce conseil ou sénat est composé des deux avoyers, des deux questeurs ou tréſoriers, des quatre bannerets ou tribuns, de dix-ſept conſeillers, & enfin des deux conſeillers ſecrets, qui, ſuivant la date de leur élection, ſuccedent aux places vacantes dans le ſénat. L'office de ces derniers eſt de veiller dans les délibérations des conſeils, qu'il ne ſe paſſe rien contre les conſtitutions du gouvernement. S'il y a lieu de ſe plaindre de dénégation de juſtice, ou d'autres abus importans, les membres du grand conſeil peuvent par monitoire faire propoſer l'affaire par le canal d'un conſeiller ſecret. Le titre tant du conſeil ſouverain que du ſénat, eſt: *Magnifiques*, *Hauts*, *& Puiſſans*, *Souverains Seigneurs* : en opinant, les membres des conſeils même donnent à l'aſſemblée celui de *vos Excellences*. Il n'y a rien de diſtinctif dans l'habillement des magiſtrats, qu'un chapeau plat, dont le bord eſt arrondi & bordé en franges pour les membres du deux-cent; celui des ſénateurs a le fond fort rehauſſé : le premier eſt appellé *barette*, le dernier *beruſſe*. L'avoyer qui préſide au grand conſeil, porte ſur ſon habit un ſurplis fort court, fait d'après une très-ancienne mode.

Le grabeau, ou la réélection des magiſtrats, ſe fait chaque année dans la ſemaine ſainte de Pâque. Le jeudi, les ſeize ſont choiſis par le ſort d'entre les baillifs hors de charge; deux ſur chacune des quatre abbayes qui ont droit de banniere, & un ſeizenier ſur chacune des huit autres abbayes. Les ſeize avec le ſénat font la revue du grand

grand conſeil le même jour. S'il y a lieu à une nouvelle élection pour completter le grand conſeil, ce qui ſe décide au deux-cent, l'élection des ſeize ſe fait le mercredi, & la nouvelle élection des deux-cent le vendredi avant Pâque. Le lundi après Pâque toute la magiſtrature ſe rend à la cathédrale, & delà en proceſſion à l'hôtel de ville : après la lecture des loix fondamentales, & preſtation de ſerment, ſe fait l'élection annuelle de l'avoyer & des quatre bannerets. Le même jour après midi ces derniers ſont avec les ſeize la revue du ſénat : & ſur leur rapport le jour ſuivant, les conſeillers ſont confirmés en deux-cent, où ſe fait encore l'élection des tréſoriers. Chaque année le ſénat nouvellement confirmé, demande, par la bouche du tréſorier allemand, une nouvelle patente ou lettre de protection : cette démarche eſt une reconnoiſſance, que le ſénat tient ſon autorité du conſeil des deux-cent. Les charges de baillifs ſe confirment & ſe remplacent le jeudi ſuivant, de la maniere que nous indiquerons. Toutes les autres charges ſubalternes ſont ſucceſſivement confirmées chaque année.

Dès la premiere origine de la ville l'avoyer étoit élu de nouveau annuellement : autrefois on comptoit pluſieurs conſulaires hors de charge. Aujourd'hui deux avoyers créés à vie, ſous la réſerve du pouvoir ſouverain pour les dépoſer, alternent dans la préſidence des conſeils, dans les fonctions de leur dignité, enſuite de l'élection qui ſe fait à chaque Pâque. Le trésorier allemand, ou questeur pour la portion allemande du canton tient le troisieme rang; & il ne peut être confirmé que six ans de suite. Il en est de même du trésorier du pays de Vaud, qui prend le rang avec les bannerets, suivant la date de son élection. Nous avons déjà parlé des charges des quatre bannerets; elles ne peuvent durer que quatre ans, à moins qu'il ne se trouve aucun conseiller de l'abbaye pour y succéder. Ils forment la chambre œconomique ou conseil des finances, & sont présidés par l'un ou l'autre trésorier, suivant le département auquel se rapportent les affaires. Avec les deux conseillers secrets ils forment le conseil secret ou d'Etat, sous la présidence de l'avoyer qui se trouve hors de charge v. BANNERET.

Les principaux colleges de l'administration sont ensuite le conseil de guerre; la chambre des appellations allemandes, qui juge tout appel civil en derniere instance, si l'objet principal ne passe pas la valeur de deux mille livres bernoises, (la livre bernoise fait vingt-deux sols six deniers de France): autrefois un conseil de soixante jugeoit en dernier ressort des appels; maintenant toutes les causes, dont l'objet passe la valeur sus-énoncée, de même que toutes les causes d'injure, peuvent être portées en deux-cent; la chambre des appellations romandes: elle juge en dernier ressort pour le pays de Vaud, soit à l'imitation de la chambre d'appel, établie à Moudon sous les ducs de Savoye, ſoit parce que dans les premiers tems, qui ont ſuivi la conquête, la langue françoiſe, uſitée dans ce pays, étoit trop peu connue à *Berne*, pour trouver un plus grand nombre de juges capables. La direction des bleds, des forêts, de la ferme des ſels, l'intendance de la police, celle des bâtimens, celle des péages & chemins, le conſeil de ſanté, de commerce, tous ces départemens & beaucoup d'autres, forment des commiſſions ſéparées, préſidées par un membre du ſénat, & chargées d'exécuter les ordres ſouverains dans leur reſſort, ou de diſcuter préparatoirement les matieres qui leur ſont propoſées, pour rapporter enſuite leur avis ou projet de réſolution, avec les motifs de chaque opinion. Cette méthode occaſionne beaucoup de lenteur; mais les objets ſont mieux vus & mieux approfondis, & c'eſt par là même la plus ſûre pour un gouvernement républicain, plus attaché aux affaires intérieures de l'Etat, qu'à de grands objets étrangers, qui exigeroient la promptitude dans les délibérations.

Il ſeroit inutile d'entrer dans de plus grands détails ſur l'intérieur de ce gouvernement : nous ne devons tracer que les traits généraux de la conſtitution ariſtocratique du canton le plus conſidérable de la république confédérée des Suiſſes, & marquer les différences eſſentielles de ſon gouvernement avec ceux des autres cantons. Le pays ſoumis à ſa dominination eſt partagé en bailliages ou préfectures, dont la commiſſion dure ſix ans.. Sous cette domination nous comprenons tant les emplois de judicature, que ceux des rentes & domaines, provenant de la confiſcation des monaſteres, à l'époque de la réformation. Les baillifs ſont les juges délégués de la police, les exécuteurs des édits & mandats ſouverains, les œconomes des rentes du fiſc & des greniers publics, les juges d'appel des juſtices inférieures, & les juges de paix ſur tous les objets que les parties s'accordent à porter à leur audience. Dans le pays de Vaud ils ſont aſſiſtés par les cours baillivales, qui ſont la premiere inſtance dans les cauſes féodales, où le baillif eſt partie intéreſſée; ces cours décident auſſi à la pluralité dans les cauſes civiles, qui ſont immédiatement portées devant elles; mais les aſſeſſeurs n'ont que voix délibérative dans les cauſes d'appel; & le baillif prononce la ſentence.

Les bailliages ſe donnoient autrefois par l'élection des ſuffrages; il s'introduiſit de grands abus dans les ſollicitations. Un règlement fait en 1718, ſoumet la diſtribution de ces emplois au ſort. Cette loi en apparence ſi ſinguliere, ſuppoſe que le hazard n'eſt pas plus aveugle que la faveur, & que tous les aſpirans jugés une fois capables d'opiner dans le conſeil ſouverain, doivent l'être auſſi de toutes les commiſſions particulieres. Son but étoit l'égalité dans la diſtribution des emplois lucratifs. Elle a produit un double effet dans la république. D'abord en rendant inutile la brigue, elle a fait tomber la coûtume de ces bruyans festins, de ces collations pesantes, où au milieu d'une profusion sans choix, les acclamations & les disputes nourrissoient l'esprit de parti, & l'ambition commençoit sa carriere en s'avilissant devant l'orgueil en place. Ce changement essentiel dans les mœurs a influé sur l'œconomie & sur le caractère de toute la nation. Un autre luxe succede avec d'autres vices; mais il n'en peut point être de plus méprisable que cet abrutissement attaché aux excès de la table. La même loi, en rendant les membres de ces deux-cent plus indépendans de la protection des premiers magistrats, leur a procuré une influence dans les affaires, & une émulation plus forte pour s'en occuper. Les délibérations du grand conseil embrassent dès lors plus de détails, les séances sont devenues plus fréquentes & plus longues, & l'assemblée s'instruisant mieux, il doit s'y former plus de sujets propres aux divers départemens de l'administration.

Les baillifs rendent compte annuellement à la chambre des bannerets, qui est le conseil des finances. Autrefois cette chambre faisoit aux comptables des gratifications & apréciations arbitraires; ces faveurs souvent partiales & abusives, accordées aux dépens du bien public, ont été arrêtées par un reglement souverain, à la fin du dernier siecle. Ce reglement limite les pouvoirs de la chambre, & astreint les baillifs à mettre la plus grande exactitude dans leurs comptes.

Voici qu'elle est aujourd'hui la police ecclésiastique du canton de *Berne*; la jeunesse qui se voue au S. Ministere est obligée de faire son cours d'études, suivant un plan déterminé dans une des deux académies de *Berne* ou de Lausanne. Après les examens subis, les étudians reçoivent, avec la consécration par l'imposition des mains, la capacité de deservir les cures d'ames. Ces bénéfices se donnent en sénat, à l'exception de ceux de la capitale, qui sont réservés au choix du grand-conseil, & des bénéfices de collature, dépendans de la récommandation particuliere des collateurs. Le clergé du canton allemand est divisé en huit sinodes ou chapitres, qui s'assemblent séparément chaque année, sous la présidence d'un doyen, pour examiner la conduite de chaque pasteur, & délibérer sur les matiéres qui intéressent l'église ou le clergé. Le pays de Vaud est partagé de même en cinq classes ou synodes, dans lesquels sont compris les églises des bailliages communs entre *Berne* & Fribourg, & celles du Boucheberg canton de Soleure, qui ont embrassé la réformation. Les pasteurs assistent aux consistoires des paroisses, où sont raportées tant les fautes contre les bonnes mœurs, que les cas de fornication ou d'adultere, & les causes matrimoniales ou de divorce. Les procès verbaux sont ensuite adressés au consistoire suprême de *Berne*, qui est composé de juges civils & ecclésiastiques.

La milice du canton est exercée réguliérement & passe en revue toutes les années. Elle forme vingt-un régimens d'infanterie, de 2400 hommes, divisés en deux bataillons, chacun de six compagnies. On a détaché nouvellement quatre compagnies de chasseurs. Quatre régimens de dragons, chacun de dix compagnies ou cinq escadrons, forment la cavalerie. Les miliciens sont obligés de se fournir d'armes & d'être habillés en uniformes. L'arsenal de *Berne*, outre les petites armes en provision, a une belle artillerie, pour le service de laquelle sont destinés trois compagnies de cannoniers, & une de bombardiers, de cent hommes chacune. Tous les hommes entre seize & soixante ans sont enrégistrés sur les rôles de milice. Les majors des départemens font les revues. Le conseil de guerre a la surintendance du département général du militaire. En vertu des capitulations avec le roi de France, le roi de Sardaigne, & les Etats Généraux, le canton fournit les recrues de quatre régimens avoués, dont deux sont au service des Etats.

Les recettes des rentes de domaines réservées pour l'Etat, des censes foncieres & dixmes, les lods provenans des ventes de fiefs nobles & ruraux dans le pays de Vaud, la ferme des sels, qui est en régie, les péages & droits accessoires, les rentes des capitaux placés dans les fonds étrangers; voilà les principales branches du revenu public. L'Etat fait peu d'épargnes; les bâtimens publics bien entretenus, des chemins, des ponts de nouvelle construction, la police & les embellissemens de la capitale, les frais de l'arsenal & du département militaire, quelques pensions & gratifications extraordinaires, absorbent à-peu-près ces revenus. On conserve en dépôt dans la capitale un trésor, dont l'opinion publique exagére vraisemblablement la richesse, & qui est destiné à des besoins imprévus de la république.

La ville de *Berne* n'est placée ni dans une situation bien choisie, ni dans un pays fort abondant. A force d'industrie & de dépenses ses environs ont été fertilisés & un peu ornés. Elle est aujourd'hui très-bien bâtie; les rues sont bien percées; un ruisseau qui les traverse, sert à entretenir par-tout la propreté, & offre une ressource à la police exacte, qui a été établie pour les cas malheureux d'incendies. Il y a de la noblesse dans l'architecture de quelques bâtimens publics, de l'élégance dans quelques autres; nous nous dispensons d'en faire une énumeration superficielle. La cathédrale, qui est d'une belle proportion d'architecture gothique, avec un clocher fort élevé, & la terrasse hardie & très-haute qui l'accompagne & sert de promenade publique, méritent une exception; ces ouvrages, étonnans pour le tems où ils ont été construits, ont été exécutés au moyen d'une collecte dans tous les Etats chrétiens, favorisée par les indulgences des papes. Une singularité particuliére à cette ville sont les arcades, qui passent sous toutes les maisons, & bordent les rues des deux côtés: par le défaut de régularité elles défigurent plutôt les façades qu'elles ne les ornent; mais cet établissement est d'une très-grande commodité pour le peuple, que les diverses vocations exposent ailleurs à toutes les injures du tems. Sous ces arcades sont placées les boutiques & comptoirs des marchands en détail de toutes les classes.

Dans les résidences des princes les places publiques doivent annoncer la magnificence: dans les petites républiques elles ne doivent présenter qu'une propreté simple, qui n'assujettisse qu'à un entretien facile. C'est ce qu'on trouve dans les places & promenades publiques de la ville de *Berne*.

Le commerce est assez négligé dans cette capitale: la perspective des emplois de magistrature & la vocation du service militaire offrent des objets plus séduisans à la jeunesse. Le peu de manufactures & d'entreprises de négoce qu'offre cette ville, sont entre les mains de ceux qui n'ont aucune espérance de satisfaire leur ambition dans les charges publiques. Avec cette ressource de leur propre industrie, qui conduit à la propriété la plus indépendante, ces derniers sont peut-être plus près du vrai bonheur de la vie privée. Nous ne déciderons point si l'esprit de négoce est incompatible avec celui d'une aristocratie presque militaire d'origine; mais il est heureux sans doute pour les progrès du commerce même, que ceux qui sont appellés à faire des loix ne s'en occupent pas pour leur propre compte.

Ce peu de goût pour une vocation qui

tend à l'épargne, & le désœuvrement des riches, auxquels la constitution même contribue, en ne les appellant aux affaires que dans un âge où le goût du travail vient rarement, si l'habitude n'en est pas déjà prise, explique le penchant aux plaisirs & à la frivolité, qu'on reproche aux jeunes patriciens de *Berne*. Du souvenir de nos peres les mœurs ont beaucoup changé dans cette ville; à en croire ceux-ci le luxe a fait des progrès rapides. Les ayeux portoient vraisemblablement le même jugement de nos peres; & en remontant de génération en génération, on entendroit toujours les mêmes plaintes. Il ne paroît cependant aucune génération qui ne se flatte d'avoir quelque vice, ou quelque erreur de moins que ceux qui l'ont précédée. Ce seroit la partie la plus importante de l'histoire, que celle qui nous traceroit, avec une liberté fidele, la marche progressive des opinions, des principes ou préjugés en tout genre, qui se sont succédés, des intérêts élevés sur les ruines des précédens, & des abus, nés des remedes même employés contre des abus plus anciens; si cette connoissance nous servoit à prévoir & à éviter de nouvelles erreurs. Le vrai symptôme du période du luxe dangereux pour un Etat quelconque, c'est cet orgueil égoïste, concentré dans son intérêt individuel & isolé, avide des richesses pour les dissiper frivolement, plus ambitieux de la supériorité que de la considération, & qui tend par le mépris des bienséances à l'indépendance des loix. Il faut que la conftitution même de la république la préserve de ce danger, en empêchant que la baze de l'aristocratie ne se rétrécisse trop, & en faisant toujours dépendre les succès de l'ambition & des talens même de la popularité dans le caractere & de l'application désintéressée au service du public.

Si les jeunes citoyens de *Berne*, de leurs voyages faits sans but, ou d'un essai de service militaire, qui n'est suivi d'aucune vocation, ne rapportent souvent que le goût des superfluités, ils se dépouillent aussi de ces préventions nationales si absurdes, si ordinaires à ceux qui ne sont jamais sortis du lieu de leur naissance, & dont leurs peres méritoient le reproche. Aujourd'hui les étrangers trouvent à *Berne* plus d'accueil, des amusemens honnêtes, quelques connoissances sur les arts, & quelque curiosité sur l'état des nations voisines. Ce n'est pas la nature qui est en défaut chez ces républicains; ils montrent généralement plus de talens que de culture.

L'utilité de l'académie est bornée aux études nécessaires à ceux qui se vouent à l'état ecclésiastique. La bibliothéque publique est peu volumineuse, mais assez choisie. Une société œconomique, qui s'occupe de son objet avec plus de zele que d'encouragement de la part du public, est ici le seul établissement qui tende au progrès des arts. Si le préjugé, qui osoit autrefois mettre en doute l'utilité même de la science, ne se montre plus à découvert, des circonstances, que nous avons déja touchées plus haut, détournent encore l'esprit public de nos aristocraties de ce but, auquel toutes les nations de l'Europe tendent avec une émulation si générale. L'éducation trop tôt finie ou abandonnée est peut-être la principale raison de cette indifférence pour la vraie science. On s'apperçoit aujourd'hui des inconvéniens d'une éducation trop domestique & peut-être relâchée ; quand les projets formés pour une éducation plus publique, plus sociale, si convenable sur-tout à de jeunes républicains, seront perfectionnés, on éprouvera les bons effets de l'émulation, & l'estime pour les connoissances solides sera proportionnée aux progrès des lumieres & du goût pour le travail.

Nous finirons cet article par un coup d'œil sur le territoire sujet à la domination de la république. Le district qui entoure la capitale, dans lequel nous comprenons les quatre paroisses extérieures, qui en forment le premier domaine, les jurisdictions des quatre bannerets, les bailliages de Könitz, de Thorberg, Bouchsée, Frienisberg, Laupen, & la jurisdiction dépendante autrefois du chapitre de la cathédrale, avec quelques terres apartenantes à des vassaux particuliers, tout ce district en général n'offre pas un pays naturellement bien abondant ; mais la facilité de fournir à la ville divers objets de consommation, anime dans cette partie du pays la culture & la population. La plus belle portion est le vallon entre *Berne* & Thoun, baigné par l'Aar. Il est peuplé de beaux villages, ou l'aisance regne parmi le paysan. Au pied des montagnes qui le bordent sont placés des châteaux & maisons de campagne, agréables par leurs points de vue, par la richesse des domaines, & l'abondance des sources vives. Le reste de cette province offre un pays montueux. Toutes les hauteurs, & les revers de ces montagnes au nord, sont couverts de forêts de sapins, mêlés avec quelques chênes & hêtres; les terres en plaine, ou tournées au midi, produisent de beaux grains d'épautre & de seigle; l'avoine réussit mieux sur les hauteurs. Le pays est assez abondant en fourrages, dont on tire un bon prix pour l'hyvernage des troupeaux de vâches, après leur descente des Alpes. On élève dans ce district quelques chevaux & du gros bétail, qu'on met en été sur les pâturages des hautes Alpes, jusqu'à l'âge de service. La race des moutons est d'une laine grossiere; le paysan n'en tient que pour fournir à son habillement. La culture des terres se fait généralement avec des boeufs; on en compte communément trois paires pour une charrue : chaque année une paire est reformée, ce qui fait un profit réglé pour la ferme : tandis que sur les attelages de chevaux le cultivateur est toujours en perte. Nous parlerons plus bas de l'œconomie du paysan dans la partie allemande du canton de *Berne*.

Au midi de cette province est située celle des Alpes, ou *l'Oberland*: elle s'étend depuis le lac de Thoun, en diverses branches ou vallons, jusques aux glaciers. Le bailliage de Thoun formoit anciennement, sous le nom de *comté*, une propriété de la maison de Kybourg. Le château & la ville sont dans une des situations les plus heureuses de la Suisse : près d'un bassin charmant, que forme un lac entouré de montagnes en amphitéatre, en dessus desquelles se montrent les pointes des Alpes, toujours couvertes de neige. On fait sur les bords de ce lac dans le bailliage d'Oberhofen, des vins de très-petite qualité. Au dessus de ce vignoble le pays est si élevé, qu'il ne fournit guere que des bois de construction & des pâturages d'été. Le lac de Brientz, séparé du premier par une terre basse, est plus resserré & environné de montagnes plus escarpées.

De l'extrêmité de ce dernier lac le vallon se prolonge, pendant neuf à dix lieues, en s'élevant toujours jusqu'au pied de la Grimsel, qui fait une branche du S. Gothard. Ce pays, appellé pays de Hassle, est sujet aux inondations de l'Aar, qui prend sa source sous les glaciers, & forme, avant de tomber dans les lacs, un torrent très-nuisible aux habitans. Toute cette vallée n'est ni fertile, ni bien peuplée : la seule ressource de ce pays froid & écarté est dans l'œconomie des vacheries ; les habitans bornés à cette industrie, sont pauvres. De bons chemins, pour faciliter l'exploitation de quelques mineraux, & attirer un passage plus fréquent des matieres ou brutes ou fabriquées de l'Italie, seroit le moyen le plus efficace pour vivifier un peu cette contrée. Le pays d'Hasle, en se soumettant à la ville de *Berne* s'étoit réservé le privilége de se choisir pour chef un landammann, qui préteroit serment à la république : une revolte imprudente l'avoit ensuite privé de cette distinction ; elle lui fut rendue, sous la condition que ce chef seroit subordonné à l'inspection du baillif d'Interlachen.

Ce dernier lieu, de même que la petite ville d'Underséen, où réside aussi un baillif, sont situées dans la petite plaine ou terre basse entre les deux lacs, qui, dans une étendue d'environ deux lieues quarrées est couverte de villages, d'habitations & de vergers. Dans ce petit vallon, dont le climat est fort tempéré, les bergers des Alpes voisines se réunissent en hyver avec leurs familles. Interlachen, *Interlacus*, a été un double monastere de chanoines réguliers & de religieuses de la regle de S. Augustin, fondés & enrichis aux dépens de la noblesse des environs. On entre de là, au travers d'une gorge de montagnes très-sauvages, dans deux vallons isolés. A la droite celui de Louterbrounnen se termine au pied des vastes glaciers de la pucelle. Dans ce vallon se trouve le fameux Staubbach, ruisseau très-abondant par les pluies, qui forme une chute perpendiculaire de onze cens pieds. A la gauche le vallon du Grindelwald, très élevé, offre, au milieu des horreurs d'un désert, le tableau d'une colonie Alpestre dans un bassin ouvert ; on y trouve un sol fertile & cultivé, bordé au midi par des abîmes de glaces éternelles. C'eſt dans ces contrées que le chantre immortel des Alpes a pris les originaux de ſes peintures. Dans le bailliage d'Underſéen ſont ſituées deux paroiſſes, placées au nord dans un pays auſſi fort élevé & d'un accès difficile. Les bornes de cet article ne nous permettent pas d'entrer dans le détail des curioſités naturelles de ces contrées: on les trouve dans la deſcription fort étendue des glaciers, par M. Grouner.

Au ſud & ſud-oueſt du lac de Thoun s'étendent les bailliages de Froutiguen & du Siebenthal. Le premier forme un vallon fort large & fertile dans la partie inférieure, reſſerré & ſauvage à proportion que le terrein s'éleve. A l'extrémité méridionale les deux Etats de *Berne* & du Valais ont fait exécuter dans le roc, qui borde les précipices, un chemin de communication, qui conduit aux bains de Leuk, lieu célébre par l'abondance & la vertu médicinale de ſes ſources chaudes. Le vallon de Siebenthal eſt partagé en deux bailliages, Wimmis & Zweyſiemmen. A une demi lieue au-deſſous de Wimmis on a fait une coupure profonde dans un côteau, pour verſer dans le lac de Thoun le torrent de la Kauder. Si ce bel ouvrage a fait ceſſer les inondations, que cauſoit autrefois ce torrent dans la plaine, on aſſure, d'un autre côté, qu'en le détournant, on a fait tarir beaucoup de petites ſources, au détriment de fonds qui en jouiſſoient. Zweyſiemmen confine au ſud-oueſt à la vallée de Geſſenay

ou

ou Rougemont, autrefois ſujette aux comtes de Gruieres. Cette derniere contrée forme encore un bailliage, qui ſe termine au gouvernement ou bailliage d'Aigle, en bordant dans toute ſa longueur le canton de Fribourg.

Les frontieres de l'Oberland, au midi, préſentent une chaine de glaciers & de pointes toujours couvertes de neige. Un vallon fort élevé, de dix à douze lieues en longueur, entre deux rangs des plus hautes Alpes, eſt, ſuivant le rapport des chaſſeurs, occupé par une maſſe non interrompue de ces glaces. Elles débouchent dans quelques endroits entre les montagnes ; entr'autres vis-à-vis de la paroiſſe du Grindelwald, où les curieux peuvent commodément obſerver cette magnificence ſtérile & effrayante de la nature. Au nord de la vallée de Haſsle s'étend une autre chaîne des Alpes, entrecoupée de glaciers, qui forme la frontiere des cantons d'Uri & d'Underwalden.

Il ne croit que très-peu de grains dans l'Oberland ; ce qu'on y recolte c'eſt de l'orge & des fruits d'arbres, ſur-tout des ceriſes, dont on tire par diſtillation une liqueur excellente. Le lin réuſſit ſupérieurement dans ces climats froids, & cette culture prend tous les jours un peu plus de faveur. Les hommes ſont donc obligés d'y vivre avec frugalité : le laitage fait leur principale nourriture. Depuis quelques années ils conſomment plus de pain de froment : les vieillards regardent cet objet comme un luxe qu'ils déplorent. Les fromages, parmi lesquels ceux du Gessenai ont le plus de réputation, les chevaux qu'on éleve dans les bailliages de Froutiguen & du Siebenthal, & le jeune bétail, pour la vente duquel il se tient une foire renommée à Erlenbach, sont les ressources de ce pays, & balancent les importations, chaque jour plus variées & plus onereuses; puisque l'usage du caffé & du sucre s'est introduit jusques dans ces contrées, & y fait un objet de consommation très-considérable.

Depuis le bailliage de Thoun, s'étend le long des frontiéres d'Underwalden & de Lucerne la province d'Emmethal: elle est occupée par des chaines interrompues de monts & de collines, qui s'abaissent graduellement jusques vers l'Aargau. La neige n'est point perpétuelle sur ces monts: leurs sommités les plus élevées sont couvertes de bois ou d'excellens pâturages d'été, qui donnent des fromages gras & du beurre d'une qualité parfaite. Les côteaux bien exposés au soleil sont cultivés jusques à une très-grande élévation: mais c'est le fond des vallons qui présente le tableau d'une culture riche, recherchée même. Indépendamment des productions du sol, l'industrie, par le commerce des toiles & des rubans, attire toujours de nouvelles richesses dans le district, lesquelles entre les mains d'un peuple cultivateur retournent à la terre en avance de culture, & procurent une augmentation de reproductions, dont on voit peu d'exemples ailleurs. On ne voit peut-être nulle autre part cette classe d'hommes, qui fait la base des sociétés politiques, jouir de tant d'aisances, de commodités & d'agrémens réels. Des maisons & des granges de bois, grandes, solides, finies extérieurement avec la même exactitude simple, que dans l'intérieur; dans le détail du ménage une propreté, non point asservissante, comme chez les Hollandois, mais décente & habituelle; dans l'œconomie rurale cet esprit d'ordre si essentiel pour les succès. On trouve des fermes montées sur ce pied, dans les districts qui entourent la capitale, & dans d'autres cantons de la Suisse: mais dans l'Emmethal les exemples en sont plus nombreux, & les modeles, pour ainsi dire, plus parfaits. C'est la preuve parlante des avantages de la réunion des arts d'industrie avec le premier de tous, celui de la culture du sol, & la refutation, par le fait, de ce systême erroné, qui veut assigner des places fixes & des bornes arbitraires à chaque talent. L'Emmethal comprend les bailliages de Signau, Trachselwald, Soumiswald, Brandis & Berthoud. Les premiers appartenoient autrefois à des nobles, le dernier aux comtes de Kybourg. Outre les productions dont nous avons parlé, cette province fournit les meilleurs chevaux & beaucoup de bétail, aux foires de *Berne*, de Langnau & de Langenthal.

Le haut Aargau, situé entre l'Emmethal & le canton de Soleure, renferme les bailliages de Fraubrunnen, Landshout, Wanguen, Bipp & Aarwanguen. C'est un pays ouvert, riche en prairies & en champs. A la place des torrens & des bois de ſapins, qu'offrent les diſtricts que nous venons de décrire, on trouve ici des forêts de chênes & des ruiſſeaux poiſſonneux, dont on tire un grand parti pour l'irrigation. On retrouve ici en divers lieux la même aiſance & la même induſtrie que dans le pays dont nous venons de parler. Le bourg de Langenthal, le plus conſidérable de la contrée, eſt le rendez-vous pour le commerce des toiles, tant de l'Emmethal que de l'Aargau.

Le bailliage d'Aarbourg fait la ſéparation de cette partie d'avec le bas Aargau. Dans cet endroit le territoire de *Berne* n'a qu'une lieue en largeur, d'Aarbourg à Zoffinguen; entre les cantons de Lucerne & de Soleure. Les revenus de l'ancien chapitre de Zoffinguen ſont mis en régie depuis la réformation pour le compte de l'Etat; cette adminiſtration forme un bailliage particulier. C'eſt aux environs de cette ville, & dans les vallons qui ſe ſuivent delà juſqu'à l'extrêmité du comté de Lentzbourg, que l'irrigation eſt pouſſée au plus haut point, & fait la plus grande richeſſe; on y eſtime les meilleures prairies quatre à cinq mille livres de France, l'arpent. Tout le bas Aargau a été conquis ſur la maiſon d'Autriche en 1415. Des quatre villes municipales, Zoffinguen, Aarau, Lentzbourg & Brougg, qui conſerverent leurs privileges par capitulation; les trois premieres fleuriſſent par l'induſtrie de leurs bourgeois, par le commerce des toiles blanches & peintes, des cuirs tannés, de la bonneterie & des rubans: Aarau eſt reputée pour les ouvrages de coutellerie. Dans les trois bailliages de Biberſtein, Caſtelen & Schenkenberg, ſitués en partie dans le Jura, ſur la rive gauche de l'Aar, le ſol eſt pauvre, ferrugineux & montueux: on y cultive quelques vignobles. Les terres un peu bonnes produiſent du bled: mais la rareté des fourrages & la concurrence des vignes ne permettent pas de leur fournir les engrais néceſſaires. Königsfeld étoit une abbaye de religieuſes de l'ordre de Ste. Claire, fondée par Elizabeth, veuve de l'empereur Albert I, ſur la place où ce prince avoit été aſſaſſiné. A la réformation ce monaſtere & ſes domaines furent confiſqués par l'Etat; on en forma un bailliage. Le comté de Lentzbourg, gouverné par un baillif qui reſide dans un château élevé au-deſſus de la ville, embraſſe la moitié du bas Aargau, & la partie la plus riche. Les grains de toute eſpece & les fourrages y ſont plus abondans: on y recolte auſſi quelques vins. Les habitans de toute cette province ſe font une reſſource, pour les beſtiaux, de la culture des navets ou raves blanches, qu'ils ſément dans les champs après la moiſſon; ils cultivent auſſi le colſat, pour en tirer l'huile, tant pour ſuppléer aux autres graiſſes dans le ménage, que pour l'uſage des fabriques. La filature des cotons fait vivre beaucoup de familles pauvres: mais comme cette branche de commerce eſt ſujette à des révolutions, l'interruption des ſalaires cauſe chaque fois une misere sensible; & on observe, que le peuple qui s'en occupe ne se tourne pas volontiers aux travaux de la terre.

Les quatre bailliages ou comtés, d'Aarberg, Erlach ou Cerlier, Nidau & Buren, forment un autre district, qui s'étend depuis l'extrémité inférieure du lac de Neuchâtel jusques au canton de Soleure. C'est généralement un sol assez fertile & bien cultivé: l'œconomie y est à-peu-près la même que dans le haut Aargau; on n'a pas cependant dans ces contrées la même commodité pour l'irrigation; dans quelques endroits on y supplée par des prairies artificielles. L'Aar, par ses débordemens, fait beaucoup de mal entre Aarberg & Buren. Des quatre petits bourgs où résident les baillifs, Nidau est le seul qui s'occupe de quelques objets de commission, & qui cherche à se soutenir en recevant de nouveaux bourgeois. Le vignoble du lac de Bienne, compris en majeure partie dans la préfecture de Nidau, est d'un grand produit, mais le vin d'une qualité médiocre. Ce côteau est au pied du grand Jura, & confine à l'évêché de Bâle. Dans le district de Buren on trouve encore de bons chevaux: mais dans les trois autres, la race commence à ressembler à celle du Jura & de tout le pays de Vaud. On s'occupe depuis long-tems du projet de dessécher un grand marais, situé au-dessous du lac de Morat: ce seroit une vraie conquête que la bonification de ce terrein & de tant d'autres qui lui ressemblent; bien des milliers d'arpens seroient appropriés à la culture, qui aujourd'hui, par la mauvaiſe qualité du pâturage qu'ils fourniſſent, nuiſent plus qu'ils ne profitent pour les troupeaux.

Le pays de Vaud, conquis en majeure partie ſur les ducs de Savoie, forme la province la plus étendue du canton de *Berne.* On renvoye pour les bailliages de Morat, de Grandſon & d'Orbe, dont les républiques de *Berne* & de Fribourg poſſédent en commun la ſouveraineté, aux articles particuliers qui en traiteront. Les juriſdictions des bailliages d'Avenche & de Payerne ſont entremêlées avec des terres ſujettes au canton de Fribourg. Cette portion de pays eſt une des plus riantes & des plus fertiles de la Suiſſe. Le climat aux environs du lac de Morat eſt doux, le ſol fertile : on y cultive la vigne, le tabac, le maïs ; les fruits des arbres y reuſſiſſent tous ; les champs ſont d'un grand produit ; mais on ne peut voir ſans regret ces belles prairies que parcourt la Broye, aſſujetties à la ſervitude du pâturage d'automne. La petite ville d'Avenche n'occupe qu'un petit tertre, dans l'enceinte de *l'Aventicum* des anciens. Payerne, ville plus grande, qui jouit de priviléges particuliers, languit faute d'induſtrie, & ſe dépeuple par la répugnance des citoyens à s'aſſocier de nouveaux bourgeois. L'abbaye de Payerne, de la regle de S. Benoit, eſt depuis la réformation en régie ſous la direction d'un baillif qui y réſide.

Les bailliages de Moudon, d'Oron, & une partie du bailliage de Lauſanne, s'étendent dans le petit Jura, séparé par le Gros de Vaud du grand Jura. Ce district est montueux & beaucoup moins abondant que celui que nous venons de décrire : il produit cependant des grains en assez bonne quantité, à l'exception des quartiers les plus élevés, occupés par des forêts & des métairies de peu de rapport. Le vallon, que traverse la route de Lausanne, offre des prairies & des côteaux bien cultivés. C'est dans ce vallon qu'est située la ville de Moudon. Relevée de ses ruines par le duc de Zeringuen, elle a été sous les ducs de Savoye la capitale du pays de Vaud & le siege du grand baillif. La ville déchut par le changement fait dans le gouvernement de la province; mais par les vues sages de ceux qui en ont l'administration actuelle, l'industrie s'y ranime sensiblement. Le baillif réside dans le château de Lucens, à une lieue de distance de la ville. Oron est une dépouille des comtes de Gruieres; c'est un pays tout-à-fait montueux.

On a depuis Moudon une montagne à traverser pour arriver à Lausanne : à la descente de ce passage le lac de Geneve se découvre entiérement à la vue. Ce superbe bassin d'eau forme par son bord septentrional une courbe d'environ quinze lieues d'étendue. A son extrémité orientale est placé le bailliage ou gouvernement d'Aigle. La majeure partie de ce pays est de la même nature que l'Oberland; des pâturages d'été sur les sommités des montagnes, des villages & prairies dans les vallons, des bois de sapins ſur les côtes ou au pied des Alpes. Le bas de ce diſtrict, baigné par le Rhône depuis les confins du Valais, jouit du climat le plus chaud de tout le canton de *Berne*. Des plantes qui ne réuſſiſſent guere ailleurs en Suiſſe, qu'à force de culture & de précautions, croiſſent ici en pleine terre. Les raiſins des environs d'Aigle & d'Yvorne ſont plus doux que dans les autres vignobles, quoique le vin ne ſe diſtingue pas par la force. C'eſt dans ce gouvernement que ſont ſituées les ſalines de Bévieux, les uniques ſources ſalées de la Suiſſe. Après que les eaux ont été dépouillées de leurs parties les plus groſſieres, en paſſant ſur des fagots d'épines, le ſel eſt précipité par évaporation artificielle dans des chaudiéres. Le produit de ces ſources a beaucoup diminué depuis les ouvrages diſpendieux & inutiles entrepris pour miner la montagne, où l'on eſpéroit de trouver le dépot originaire du ſel en roche. Le petit bourg de Villeneuve, ſitué vers l'embouchure du Rhône dans le lac, eſt entouré de terres baſſes & marécageuſes. Yvorne & Corberie, deux villages ſur la pente d'une montagne, furent en 1584 entiérement enſevelis par un éboulement de terre; le premier a été rebâti dans une autre place.

En continuant de ſuivre le bord du lac nous trouvons le bailliage, autrefois de Chillon, château dont les fondemens ſont jettés dans le lac, & où le baillif réſidoit: aujourd'hui de Vevay, où le ſiege de l'adminiſtration a été transféré. Cette derniere ville, peuplée d'environ trois mille ames, eſt belle, & vivifiée tant par le commerce qui s'y fait, que par les dépenſes de quelques familles riches, qui s'y ſont établies : l'accueil fait aux françois refugiés a ſurtout contribué à rendre ce lieu floriſſant. Il eſt entouré de vignobles, derriére leſquels le pays s'élève, & fournit quelques grains & les fourrages néceſſaires pour ſoutenir la culture de la vigne.

La côte entre Vevay & Lauſanne eſt occupée par les quatre paroiſſes de la Vaud, dont les vins ont une grande réputation en Suiſſe. La tradition attribue la premiere plantation de ces vignes aux religieux de Haute-rive, dans le canton de Fribourg. Ces paroiſſes dépendoient de la juriſdiction particuliére de l'évêque de Lauſanne : elles ſont compriſes ſous le gouvernement du baillif, qui réſide dans cette derniere ville. Nous ne nous arrêterons pas cette fois à la deſcription de la ville de Lauſanne, la premiere ville du canton après la capitale, par ſes droits & immunités diſtinguées, par ſa population, qui monte à ſept mille ames, par l'académie qui y eſt établie, enfin par les agrémens de la ſociété, qui y attirent un grand nombre d'étrangers ; il en ſera parlé plus particuliérement dans ſon article ; nous dirons ſeulement que le pays au deſſus de la ville eſt montueux, de peu de rapport ; le ſol, ainſi que dans la plupart des diſtricts du pays de Vaud, fort & ténace : les métaiers qui habitent cette partie de la contrée, sont pauvres & manquent ou d'industrie ou d'encouragement pour suppléer aux inconvéniens de leur position. Tout le terrein, en dessous de la ville & contre le bailliage de Morges, offre en échange un coup d'œil charmant. La culture des jardins se perfectionne tous les jours dans ces environs, qui sont ornés de jolies maisons de campagne. Les vignes, les prairies, les champs, tout annonce l'abondance; & les beautés de la situation aidant à l'illusion pittoresque, que produisent les divers points de vue sur ces bords charmans, font de toute cette côte un vaste jardin. Les vins des environs de Lausanne ne sont pas au reste de la premiere qualité.

En approchant de Morges on trouve un climat encore plus doux. Cette ville très-jolie est au fond d'un petit golfe; la largeur du lac de Geneve est ici la plus grande: on estime la distance de Morges à Thonon sur terre de Savoie, de trois bonnes lieues. Ce bailliage est fort étendu; il renferme beaucoup de fiefs nobles. En général les districts de l'intérieur du pays sont abondans en grains. Le bailliage d'Aubonne, enclavé à-peu-près dans celui de Morges, en fut démembré vers le commencement de ce siecle. C'est près d'Aubonne que commence le vignoble de la Côte, qui s'étend jusques aux bornes du bailliage de Nyon, sous la jurisdiction de celui de Morges. Les vins de la Côte ont moins de feu que ceux de la Vaud, mais ils ſe gardent mieux : on les conſerve juſqu'à vingt-ans & au-delà, & cette qualité les fait préférer. Les campagnes ſont d'ailleurs plus agréables à la Côte ; le terrein, s'abaiſſant en pente plus douce vers le lac, y offre un mélange de vignobles, de champs & de prés, entrecoupés par des vergers & des plantations de noyers & de chataigners : au lieu qu'à l'orient de Lauſanne, le rivage du lac étant reſſerré, les vignes, plantées ſur une côte rapide, ſont d'un plus grand rapport, mais le pays moins interreſſant à la vue.

Dans le bailliage de Nyon le ſol eſt généralement plus maigre, & d'un beaucoup moindre rapport. Nyon eſt la colonie équeſtre des Romains : la ville eſt bien ſituée ; il s'y fait quelque commerce de commiſſion. Sur ſon port eſt l'entrepôt principal des bois qui s'exportent à Geneve. Ce bailliage confine avec le pays de Gex L'abbaye de Bonmont, autrefois de l'ordre de Citeaux, forme aujourd'hui un bailliage ſéparé. Il s'étend, de même que la partie ſupérieure des bailliages de Nyon & d'Aubonne, dans les joux ou ſommités du grand Jura. Ce diſtrict de la montagne eſt occupé par des forêts & des pâturages d'été pour les troupeaux de vaches ; les pâturages ſont inférieurs à ceux des Alpes tant pour la qualité que pour la quantité des herbes.

Romainmôtier étoit anciennement un monaſtere ou prieuré dépendant de l'abbaye de Clugny. Le chef-lieu, où réſide le baillif, eſt une petite ville dans un fond fort reſſerré.

Sous la jurisdiction de ce bailliage, qui s'étend à l'ouest le long des frontieres de la Franche-Comté, est l'abbaye du lac de Joux. Ce fut d'abord la retraite d'un ermite, puis une abbaye : d'autres établissemens de divers colons s'y formérent ; aujourd'hui ce vallon fort élevé, entre deux chaines de hautes montagnes, est peuplé d'une colonie nombreuse, divisée en trois paroisses. Les défrichemens se sont étendus, au point de faire sentir une cherté de bois dans une contrée qui paroissoit destinée à cette seule production. On trouve chez ce petit peuple isolé de montagnards beaucoup d'industrie, entr'autres un grand nombre d'ouvriers horlogers & lapidaires. Nous parlerons des circonstances singulieres de ce pays dans l'article JURA.

Yverdon est encore la résidence d'un baillif. C'est une très-jolie ville, bien bâtie à l'extrémité occidentale du lac de Neuchâtel. Le district est abondant en grains & fourrages ; une partie du bailliage s'étend aussi dans le Jura jusques aux frontieres de France. On a de fortes raisons pour croire, qu'anciennement les terres basses, entre Yverdon & Orbe, étoient submergées par le lac ; la baisse successive des eaux les rend tous les jours plus susceptibles de culture.

Tout ce pays, tout le canton même, ainsi que la Suisse en général, peut être divisé en trois especes de terres, sujettes à une œconomie toute différente, les hautes montagnes ou joux en pâturages d'été & bois de réserve ;

les monts, côteaux & collines; les plaines & vignobles. Dans la culture des terres arables on suit encore des méthodes diverses. Les champs, qui ne sont point passés à clos, se divisent en trois mas ou pies, dont une est en jachére, une autre en grains de printems ou petites graines, la troisieme en épautre ou froment, semé en automne. Dans des domaines particuliers, où le sol se couvre aisément de gazon, on est dans l'usage de rompre alternativement le tiers ou le quart de la ferme, pour le semer en grain; cette portion repose ensuite pendant plusieurs années, & produit du fourrage. Dans quelques districts, où le fourrage manque, & où il faut suppléer au défaut d'engrais par des labours plus fréquens, l'usage des prairies artificielles, une fois mieux connu, augmentera immanquablement la valeur de beaucoup de terres aujourd'hui négligées. Il faut connoître un pays en détail pour juger sainement du degré de produit où il peut être parvenu, & de celui où il peut atteindre encore. Un étranger, en abordant dans la Suisse, jugera que le pays est couvert de forêts, dont on pourroit sacrifier au moins la moitié aux extirpations, tant pour étendre la culture & les ressources de la population, que pour adoucir le climat: cependant ces bois, qui en imposent à la vue, parce que les hauteurs en général en sont couvertes, soit par une mauvaise régie des forêts soit par abus des bois dans la consommation, suffisent à peine pour tous les besoins de la nation; il y a même des especes de plantes, tels que l'arve, l'érable & le meleze, qui sont extrêmement rares sur les joux, où elles étoient autrefois plus communes, & si le renchérissement annuel de cette denrée ne force pas à une meilleure œconomie, le prix des bois de construction deviendra très-onereux; malgré les marais qui fournissent beaucoup de tourbes de différentes qualités; & ces découvertes de houille ou charbon de terre dont l'usage n'est pas bien accrédité; si en suite cet étranger fait route par le fond des vallons, bien peuplés, bien arrosés, bien cultivés, il sera tenté de se faire une idée exagerée de l'aisance générale & de l'industrie des habitans. Car il n'est pas douteux qu'il reste encore beaucoup de terres à fertiliser; & si c'est, comme beaucoup de personnes l'assûrent, par défaut de bras, qu'elles ne peuvent être mises en valeur, on observe, d'autre part, que si l'on étendoit les propriétés, par l'abolition des pies & des communs, ce seroit le moyen le plus sûr pour encourager l'accroissement de la population. C'est particuliérement le cas du canton de *Berne*. L'utilité de cette reforme a été suffisamment prouvée par divers écrits publiés par la société œconomique de *Berne*, & constatée par des essais: nous osons assûrer que ce seroit un moyen d'augmenter très-considérablement & la population, qui dans cet Etat peut monter en tout à trois cens quarante mille ames, & le produit des terres déjà cultivées, à la fertilité desquelles

les paquiers publics nuisent par la distraction des engrais, & par la dégradation de la race du bétail. Ce dernier inconvénient est surtout sensible au pays de Vaud, où la race des chevaux & des bêtes à corne, est généralement foible, petite, de peu de service.

On estime que le produit des moissons, années communes, dans tout le canton en général, ne suffit pas à la consommation annuelle. On ne parviendra à ce point, si important pour tout Etat placé dans l'intérieur des terres, que par la passation à clos des terres encore asservies au parcours. La propriété la plus entiere est une condition sans laquelle la culture ne peut pas se perfectionner à un haut degré. Outre les différentes especes de grains purs, on fait dans ce pays divers mélanges dans les semailles; le messel ou bled commun est composé de seigle & de froment; le mécle mêlé d'orge & de vesces se seme en automne & en carême; le bled ramé est un mélange de froment & de vesces. Cependant les bons cultivateurs, qui peuvent fumer leurs terres suffisamment, préferent de semer chaque grain tout pur. La culture des pommes de terre, qui devient tous les jours plus générale, fait une grande ressource contre le danger d'une disette. Les chanvres & lins, sont dans quelques districts un produit très-utile. On a essayé avec succès de cultiver la garance. Si les plantations de meuriers blancs n'ont pas réussi jusqu'à présent, ce n'est pas que le climat s'y refuse; mais on n'en a pas fait encore un objet

objet de culture suivie : les variations dans l'air & les orages fréquens rendent la monte des vers plus casuelle ; mais la soye de la Suisse a, comme dans tout pays froid, le mérite d'une plus grande force.

Si les objets de culture & les méthodes varient, ainsi que le climat, dans les divers districts du canton de *Berne*, il n'y a pas moins de disparité dans l'esprit, les mœurs & les usages des habitans. On trouvera difficilement ailleurs dans un tableau aussi rapproché des nuances si tranchantes. Les montagnards de l'Oberland, les paysans des environs de la capitale ou de l'Emmethal, les habitans de l'Aargau & ceux des quatre comtés, sont des nations distinctes, reconnoissables à leur langage, à leur habillement, leur œconomie particuliere. Mais la différence la plus frappante est celle qui se fait remarquer entre les peuples du canton allemand & celui du pays de Vaud, ou pays Romand ; elle mérite que nous nous y arretions un moment.

Cette différence a peut-être son origine dans les premiers tems, où ces pays ont été peuplés, elle s'est conservée, & pour ainsi dire incorporée, dans la nation, par une succession de siecles, pendant lesquels ces pays ont toujours été sous des dominations différentes. Le paysan allemand est grave, froid, plus capable de reflexion que d'imagination : attaché à son état, il s'en tient honoré ; un cultivateur allemand, avec cent mille livres de bien, ne se donneroit pas le ridicule d'épouser une demoiselle, & ne consentira pas que ses enfans se mésallient avec des bourgeois. Il paroit lourd dans ses plaisirs, lent dans ses opérations ; mais sa conduite est systématique, son œconomie roule sur un cercle bien ordonné pour toute l'année. Il a soin de son bétail, & est attentif à conserver une bonne race. Sans ambition, il recherche moins les petits emplois de police, qu'il ne s'y prête; il ne s'expatrie pas volontiers : une nourriture, des habitudes différentes, lui donnent, chez l'étranger, ce regret de la patrie, qui, chez les montagnards sur-tout, devient une maladie souvent mortelle. Les femmes de cette nation sont laborieuses, exactes dans les détails du ménage, entendues dans la culture des jardins, dans la filature & d'autres ouvrages de leur sexe.

Dans le pays de Vaud le peuple est en général plus gai, plus poli, montrant une imagination plus vive, souple dans son caractere, travaillant avec plus d'ardeur que de constance : mais léger, peu prévoyant; ambitieux à sortir de son état, le bourgeois pour acquérir le surnom d'un fief, le villageois pour atteindre au rang des bourgeois par le titre de quelque emploi de justice inférieure, les jeunes filles & les garçons pour se façonner, les uns au service militaire, les autres au service domestique dans l'étranger. Ce dernier abus, que la langue françoise favorise, seroit la source d'une dépopulation trop sensible, si le vuide qu'il occasionne n'étoit réparé par des ouvriers du pays allemand, & par les proteſtans françois, qui ſe réfugient dans les villes du pays de Vaud. Les femmes dans ce dernier pays, qui n'abandonnent pas leurs foyers, ſont ſur-tout peu adroites dans leur œconomie, généralement déſœuvrées, babillardes, négligentes dans les petits ſoins de l'éducation & du ménage, qui ſont de leur département. On n'a qu'à jetter un coup-d'œil ſur les déhors d'une ferme allemande ou françoiſe, pour être frappé de la différence totale entre le bon ordre, la propreté, l'air d'aiſance d'une part, & la négligence, le délabrement & le déſordre de l'autre. Nous ne diſons pas qu'il n'y ait des deux côtés des exceptions à faire; mais ceux qui ont vu un peu de près ces pays ne déſavoueront pas les couleurs avec leſquelles nous venons d'en dépeindre les habitans.

On obſerve toutefois que le goût de la bonne œconomie fait des progrès dans le pays de Vaud. Les exemples d'induſtrie & de frugalité, que donnent des familles françoiſes dans ce pays, les efforts de quelques nobles & citoyens zélés, pour introduire une bonne culture, produiront peut-être une révolution lente dans l'eſprit national. En général l'induſtrie & l'aiſance s'accroiſſent chaque jour dans l'Etat de *Berne*. La paix que le gouvernement s'applique à entretenir avec ſes voiſins, & le privilége ſi rare d'être à couvert des impoſitions arbitraires, doivent rendre cet accroiſſement toujours plus ſenſible. Heureux les petits Etats qui jouiſſent de ces avantages, pendant que les passions des princes bouleversent les grands empires, ou que l'avidité des traitans y écrase les sujets.

BERTHOUD, en allemand *Burgdorf* : comté, ou bailliage du canton de Berne, comprenant six paroisses. Ce comté appartint, au commencement du XII siecle, aux ducs de Zeringuen ; il passa ensuite dans la maison des comtes de Kibourg & des comtes de Habsbourg. Bertold de Kibourg le vendit au canton de Berne en 1384. Le baillif qui a le titre d'avoyer, réside au château qui est au haut de la ville. Cette ville est le chef-lieu de ce bailliage. Elle est assez grande & bien bâtie ; elle a une église bâtie en 1409 avec une tour de 240 pieds de hauteur, une maison de ville où s'assemblent les conseils, une douane ou entrepôt pour les marchandises, & deux hôpitaux : on ne sait rien de positif sur sa fondation, sinon que Bertold V. duc de Zeringuen l'entoura de murailles, & qu'il y fit sa résidence de même qu'une partie de ses successeurs. Les comtes de Kibourg y fonderent au XII siecle un couvent de cordeliers, changé en hôpital au tems de la réforme. La ville essuya un siege de six semaines en 1383 qui fut même infructueux. Elle contracta aussi alliance avec la ville de Soleure en 1337, 1425, & 1427.

La ville jouit de beaux priviléges. Elle a le droit de glaive sous de certaines restrictions ; elle juge sans appel entre les bourgeois, & elle possede des revenus considérables, la jurisdiction basse sur Lotzwyl, Dörigen, Grossweil, Heimisweil & Oesch, le droit de Patronat de Heimisweil. Il y a encore un banneret, un petit conseil de douze personnes, un grand conseil de 32, un consistoire, une justice intérieure, & d'autres charges, la plupart à la nomination de la ville. L'avoyer de Berne préside aux conseils.

Cette ville donne son nom à une des 8 classes dont le clergé du pays allemand de ce canton est composé.

Il y a deux sources minérales, dans ce bailliage, l'une tout près de la ville à Oberbourg, l'autre à une lieue de là, nommée *Lochbad*. Ces bains sont fréquentés par les gens du pays.

BEVIEUX, village dans le gouvernement d'Aigle, au canton de Berne. On y cuit le sel qu'on tire des sources salées du Fondement, sources qui sont à une bonne lieue de *Bevieux*, & qu'on y fait venir par des milliers de tuyaux. Ces sources ne sont pas bien fortes; toutes ensemble de même que le filet d'eau salée, qu'on trouve au Bouillet ne fournissent qu'environ 8000 quintaux par an. Au Sublin, tout près de *Bevieux*, on trouve du soufre vierge & pur, de la plus grande beauté: il est incrusté dans le roc, d'où on pourroit le détacher facilement.

BEZLINGEN, pré du canton d'Uri, qui s'éléve en amphithéatre, & sert de place pour les grandes assemblées, *Landsgemein*, de tout ce canton.

BIBERSTEIN, petit bourg dans le canton de Berne, avec un château qui sert de résidence au baillif qui gouverne le bailliage de ce nom. Jean de Habsbourg vendit cette terre à l'ordre de S. Jean, qui en fit une commenderie. Cet ordre la vendit avec toutes ses appartenances au canton de Berne, en 1535. Ce bailliage renferme d'excellentes mines de fer, de l'albâtre & du marbre. On y fait aussi du vin, mais de peu de valeur.

BICHELSEE, petit lac en Tourgovie, près du couvent de Daenuken. Il est assez riche en poissons.

BIENNE, en allemand *Biel*, lat: dans les actes, *Bienna*, *Biellum*, *Bipennis*; ville & petite république en Suisse. Elle est située à l'extrêmité orientale d'un lac, qui peut avoir trois lieues en longueur & une petite lieue dans sa plus grande largeur. La commodité de deux petites rivières, dont l'une se jette dans le lac près de *Bienne*, & l'autre en sort à un quart de lieue plus loin au midi près de Nidau, & le voisinage d'un passage fréquenté dans le Jura, font présumer que l'origine de cette ville doit être fort ancienne; on n'en connoit pas exactement la date. Le premier établissement fut vraisemblablement un château ou fort sur la même place où est aujourd'hui l'arsenal, l'hôtel de ville & la chancellerie. Des nobles de *Bienne*, dont on ne connoit que l'existence, possédoient apparemment en fief la garde de ce château

& la ferme du péage. Après l'extinction du dernier royaume de Bourgogne, l'empereur Fréderic I. inféoda *Bienne*, & quelques districts voisins dans le Jura, à Ulrich III comte de Neuchâtel. Trois des fils du comte Ulrich IV ayant fait un partage de sa succession, au détriment d'un quatrieme, nommé *Henri*, qui étoit entré dans le chapitre de Bâle, l'évêque, déjà muni, comme il paroit, par des reconnoissances, de divers titres sur l'avoisie de *Bienne* & des environs, força par les armes le comte Bertolde de Neuchâtel à céder à son frére tous ses droits sur *Bienne* & le pays voisin. Henri le chanoine monté sur le siege épiscopal lui fit donation de ce patrimoine; elle fut confirmée par l'empereur Henri IV en 1275; nonobstant les difficultés que présentent encore les documens antérieurs; il est hors de doute, que sous cette derniere date la ville de *Bienne* reconnut la domination de l'évêque, par un consentement positif, sous la réserve de ses priviléges.

Il est facile de comprendre, comment, dans des tems de confusion, chaque municipe, forcé de pourvoir à sa propre conservation, a acquis par usage le droit du port d'armes & celui de se fortifier par des alliances. Vers le commencement du XIV siecle la ville de *Bienne* réunissoit déjà sous sa banniére la milice de plusieurs districts voisins. Vers la même époque elle étoit alliée avec Soleure & Fribourg, & dès 1279 avec Berne. Les alliances devinrent perpétuelles;

avec Berne en 1352; avec Soleure en 1382; avec Fribourg en 1496.

En 1367 l'évêque Jean III, esprit violent, surprit la ville *Bienne*, fit faire main basse sur une partie des habitans & mettre le feu aux maisons, sans qu'on connoisse exactement le sujet de cette exécution barbare. Les troupes de Berne & de Soleure accoururent assez tôt pour dégager les principaux bourgeois, detenus dans le château, qu'elles détruisirent à leur tour par le feu. Depuis lors la milice du Tessenberg a été détachée de la banniere de *Bienne*, & réunie à celle de la Neufville, petite ville, fondée environ cinquante ans auparavant sur le bord septentrional du lac de *Bienne*, & gratifiée par les évêques des mêmes privileges que cette derniere ville.

L'évêque Jean VI, remit en 1468 à la ville de *Bienne*, la justice criminelle; & en 1559 l'évêque Melchior leur hypothéqua la jurisdiction, les droits & restes du siege & du chapitre, tant dans la ville que dans le district de l'Erguel. Mais ce dernier acte fut annullé, à cause de tous les obstacles qui se présentérent dans l'exécution. Il en fut de même d'un projet d'échange entre l'évêque Christofle & l'Etat de Berne, par lequel le premier cédoit à cette république tous ses droits, sur *Bienne* & l'Erguel, & obtenoit de cette derniere la rénonciation au traité de combourgeoisie avec la prévôté de Munsterthal, autre district de l'évêque. La bourgeoisie de *Bienne*, que Berne flattoit du retrait de cette espece de vente, étoit divisée; mais dès que les cantons Suisses eurent déclaré, qu'en passant sous la domination de Berne, *Bienne* seroit privée de l'accès aux diettes, le parti de l'opposition devint le plus fort, & les douze cantons, par une sentence de 1608, annullerent tout ce projet. Fribourg & Soleure ménagerent la même année une pacification entre l'évêque & la ville de *Bienne*: sur le refus de la ville de l'accepter, toutes les difficultés furent terminées en 1610, par une prononciation de huit arbitres choisis dans les cantons. Cet acte & un autre dressé en 1731 à Buren, par la médiation de Berne, sont les fondemens des droits réciproquement fixés entre les deux parties.

Nous omettons toutes les autres mésintelligences moins éclatantes que le choc de ces droits opposés, ou des mécontentemens occasionnés par la constitution intérieure de cette petite république, ont produites en divers tems. La ville de *Bienne*, par des secours proportionnés à ses forces, qu'elle prêta dans différentes guerres à ses alliés, partagea la gloire de ses succès; particuliérement dans la fameuse guerre avec Charles le téméraire, duc de Bourgogne. Comme ces événemens n'ont point influé directement sur le sort de cette ville, nous en croyons le récit étranger à cet article.

La république de *Bienne*, par ses alliances avec les trois cantons, est regardée comme un allié de la république confédérée des Suisses; & jouit, par un usage continué pendant un siecle environ, du droit d'envoyer un député aux diettes générales de la nation. Si chaque nouvel évêque, après son élection, se fait en personne prêter hommage, par la bourgeoisie & la milice annexée à la banniere de la ville, si le maire, qui est l'officier lieutenant de l'évêque, préside dans les conseils, & veille sur la conservation des droits du prince, d'autre part la ville jouit, sans conteste, dans son intérieur & dans son ressort de jurisdiction, des immunités les plus essentielles de l'indépendance, de la justice criminelle, du port d'armes, de la législation, du droit de former des alliances, & de beaucoup d'autres prérogatives d'une nation libre. Le maire, que le prince nomme à son choix, doit, suivant des conventions positives, être ou gentilhomme capable d'avoir entrée au chapitre, ou conseiller de *Bienne*. Il peut convoquer le petit conseil, mais il n'a point de voix dans les délibérations. Autrefois la qualité de cet emploi n'excluoit point le magistrat qui en étoit revêtu, des commissions d'ambassades pour les intérêts de la ville; mais cet usage est tombé en désuétude.

La régence de la ville, après beaucoup de discordes, de médiations & de changemens, est aujourd'hui fixée de la maniere suivante: le petit conseil est de vingt-quatre membres; le grand conseil de quarante. Les deux conseils assemblés, ont le titre de conseils & bourgeois. Autrefois le petit conseil divisé en deux classes, dont l'une servoit à suppléer à l'autre, exerçoit un pouvoir à-peu-près absolu. Encore aujourd'hui il est juge civil en premiere instance, juge criminel & de police, dans tous les cas qui ne sont pas évoqués au tribunal supérieur; il dispose des emplois civils, à l'exception de ceux de bourguemaître & de banneret; il exerce la police ecclésiastique & a le département militaire. On ne peut proposer de le completter que lorsqu'il y a quatre places vacantes, ni différer de le faire dès qu'il se trouve six vacances. C'est les deux conseils qui font les élections.

Le grand conseil est completté par le choix que fait le petit conseil parmi les citoyens éligibles. Il juge, sans appel des causes majeures au civil, des objets d'œconomie publique importans; il donne les instructions aux députés & se fait rendre compte de leur commission; il fait les édits, qui doivent avoir force de loi; l'élection du bourguemaître, des pasteurs & régens, lui est réservée; mais il ne s'assemble point séparément du petit conseil, dont les membres siegent aussi dans le grand conseil. La plupart des élections se font d'une maniere combinée du sort & des suffrages, qu'il seroit trop long de détailler. Une loi expresse défend d'admettre, en même tems & dans le même corps d'un des deux conseils, le pere & le fils, ou deux freres.

Depuis 1542 la charge de bourguemaître est à vie; il préside aux conseils & garde les seaux. Il est cependant, ainsi que tous les magistrats & tous les membres des deux conseils, sujet à être confirmé annuellement. Le banneret, qui tenoit anciennement le premier rang, conserve encore le second; c'étoit d'origine une charge civile & militaire; il garde une clef de la caisse publique & celle de l'arsenal. Son élection se fait par toute la bourgeoisie assemblée dans l'église; elle a le choix entre deux sujets présentés par les conseils. Il reçoit le serment de tous les miliciens assemblés, après avoir prêté le sien en leur présence.

Les différentes chambres, ou commissions, sont établies sur le même pied que dans les autres Etats aristocratiques de la Suisse. Le conseil des anciens est le conseil d'Etat, pour l'œconomie & les finances; il pourvoit aux tutelles des veuves & orphelins, & discute préliminairement les matieres qui doivent être délibérées en grand conseil. Depuis la réformation, que le réformateur Wyttenbach fit adopter à *Bienne*, les causes matrimoniales se jugent absolument par un tribunal composé de six juges séculiers & de deux pasteurs, sous la présidence d'un conseiller. Le clergé de la ville & de son territoire forme un corps séparé, auquel étoient joints, avant 1610 les ministres de l'Erguel; ces derniers font maintenant une classe à part. D'autres départemens encore sont régis par des chambres particulieres.

Quoique la population de la ville & de son territoire ne porte qu'environ à 5500 ames, la milice, par le privilége particulier de la banniere, qui embrasse un plus grand district, forme deux bataillons de neuf cens hommes chacun.

Bienne est située dans un emplacement riant, favorable pour l'industrie, par la facilité de se procurer toute espece de denrées, & par les eaux propres à tout usage. La ville est en partie sur une petite élévation au pied du grand Jura; la plaine au nord-est est riche en beaux vergers & en bons fourrages; derriere la ville & au nord-est s'étend un vignoble, dont le produit est abondant, mais de petite qualité. De l'intérieur du Jura elle tire de beaux bois de construction & toutes les productions ordinaires des Alpes ou pâturages d'été, & du miel d'une qualité exquise. Le torrent de la Scheuss ou Suze sort d'un vallon, qui ouvre la communication avec les terres de l'evêché, par le fameux passage de Pierre pertuis, coupé dans un roc; cette route est devenue très-bonne par le rétablissement des chemins. Les eaux de ce torrent, en débouchant dans la plaine, vers Boujeant ou Boezignen, servent pour des martinets, des tireries de fil de fer, & d'autres usines; on en tire encore parti dans les basses eaux pour l'irrigation. La Thiele, qui sort du lac près de Nidau, offre la commodité du transport par eau jusques dans l'Aar & de celle-ci dans le Rhin. A une très-petite distance de la ville, au pied du Jura, sort une source d'eau vive si abondante, qu'après avoir fourni à toutes les fontaines publiques, le superflu suffit encore pour faire tourner les roues d'un moulin.

BILTEN, village de Suiſſe, au canton de Glaris; ce village étoit autrefois de la paroiſſe de Schemis dans le bailliage de Gaſter.

BINTZ, petite riviere de Suiſſe, au canton de Zuric. Elle a ſa ſource auprès de Muri, & ſon embouchure dans l'Aa, une lieue au-deſſus du confluent de cette derniere riviere & de l'Aar.

BIPP, bailliage du canton de Berne, dans le Buchſgeu, entre Soleure & Olten. On prétend que Pepin, maire du palais, a bâti le château, & lui a donné ſon nom. Du moins il eſt ſûr que cette contrée porte le nom de *comitatus Pippinenſis*, dans les anciennes chartres. Elle appartenoit aux comtes de Vroburg, enſuite aux comtes de Thierſtein, de là elle paſſa aux comtes de Neuchâtel & de Nidau, remiſe aux comtes de Thierſtein, vendue enſuite aux comtes de Kibourg, ceux-ci céderent cette contrée en 1385, à Léopold, duc d'Autriche. Après pluſieurs autres changemens, elle fut vendue aux cantons de Berne & Soleure à différentes repriſes; dans le partage fait en 1463, le bailliage de *Bipp* fut cédé au canton de Berne.

BIRS, riviere qui prend ſa ſource à Pierre pertuis, parcourt la vallée de Motier-Grandval, une grande partie de l'évêché de Bâle, & ſe jette dans le Rhin près de Bâle. Il faut bien diſtinguer cette riviere d'un torrent nommé *Byrſig*, qui traverſe la ville de Bâle & ſe jette dans le Rhin. Ce torrent fait ſouvent des ravages affreux.

BISCHOFS-ZELL, jolie ville de Suisse dans le Turgaw, avec un château où demeure le baillif de l'évêque de Constance, qui a jurisdiction sur les sujets catholiques, & perçoit la moitié des amendes. Les habitans sont indépendans, & ont un conseil souverain. Ils introduisirent la religion protestante en 1529. Théodore, Bibliander, Théodore Zwinger, Jean Jung, Philippe Scherb, & Melchior Goldast étoient de cette ville. Elle est sur le Thur, à cinq lieues, sud, de Constance, trois, nord-ouest, de S. Gal.

BLAISE, *S.* grand & beau village de la principauté de Neuchâtel, vers l'extrémité orientale du lac, & sur un sol fertile en grains, en vins, en fruits, en légumes & en fourrages. C'est le siége ordinaire de la justice de Thiele, (*v.* Thiele,) & celui d'une paroisse, qui par les avantages positifs de sa situation naturelle, & par ceux que pouvoit lui procurer sous le papisme, le voisinage de l'abbaye de Fontaine-andré, doit vraisemblablement être comptée pour l'une des plus anciennes du pays. Cependant ce n'est, semble-t'il, que de nos jours, que *S. Blaise* est devenu vraiment digne d'une certaine attention. Le génie des arts s'étant déployé dans son enceinte comme dans le reste de la contrée, l'amour de l'agriculture s'y étant fait sentir avec force, l'on voit actuellement ses habitans, jadis assés pauvres, jouir pour la plupart d'une aisance louable. Des fabriques de toiles peintes se sont établies parmi eux; des fours à thuiles & à briques s'y ſont conſtruits; d'abondantes carriéres de pierres de taille s'y fouillent avec intelligence & ſuccès, & l'uſage enfin des marnes enrichiſſant leurs terres, ils font aujourd'hui des recoltes, qu'ils ne connoiſſoient pas il y a quarante ans.

BLUMENSTEIN, village du canton de Berne, en Suiſſe, renommé par ſes eaux minérales, très-ſalutaires dans les reláchemens des parties, l'eau de ces ſources étant très-riche en parties martiales, *crocus ferri.*

BOLLENZ, *ou Valle di Bregno*, vallée des plus fertiles, ſituée entre la vallée de Calanca, celle de Livenen, la terre de Riviera & les Alpes des Griſons. La vallée a ſept lieues de longueur, mais elle n'a qu'une demi-lieue tout au plus de largeur. Elle cultive beaucoup de grains : le bétail, le vin, les chataignes & autres fruits y abondent. Ce ſont les femmes qui s'occupent de cette culture : les hommes paſſent pendant l'été en Italie & ailleurs, & y gagnent dequoi vivre chez eux pendant l'hyver. La vallée ſe partage en trois quartiers nommés *Fulie.* Sans entrer dans le détail de tous les maitres auxquels cette vallée a été ſoumiſe, il ſuffira de dire qu'elle appartient maintenant aux cantons d'Uri, Schweitz & Underwalden, auxquels elle ſe rendit de bon gré en 1500. Ces cantons y envoyent à tour de deux en deux ans un baillif, qui réſide à Lotigna. Cette vallée a de grands priviléges; elle etablit différentes charges, & partage en quelque façon le pouvoir & l'autorite du baillif.

Pour

Pour le ſpirituel elle eſt ſous l'archevêché de Milan. Sur le chemin vers Diſentis il y a deux hôpitaux, à deux lieues l'un de l'autre, où on reçoit les voyageurs avec une hoſpitalité ſinguliere. Il y a auſſi deux ſources minérales, l'une près de Lotigna, qui charie du cuivre & du ſoufre; l'autre près de Dongio, qui appartient à la claſſe des acidules.

BONMONT, cy-devant abbaye de l'ordre de Citeaux, maintenant bailliage du canton de Berne, au pied des montagnes qui ſéparent le pays de Gex du canton de Berne. L'abbaye doit avoir été fondée par Amé, comte du Genevois, en 1124 ou 1131, & fut dotée de différents priviléges en 1164 par le pape Alexandre III. Après la conquête du pays de Vaud faite par les Bernois en 1536, ceux-ci en firent un bailliage auquel ils ajoûtérent en 1711 la juriſdiction de quelques villages.

BONN, village du canton de Fribourg, fameux par ſes bains, dont les eaux charient du ſoufre & de l'alun, & qui ſont extrêmement fréquentés. On en a une deſcription par Dugos qui ne vaut pas grand' choſe. Les obſervations de M. Schuller inſerées dans le *Journal Helvétique*, valent beaucoup mieux. Il y a trois ſources; on y trouve toutes les commodités poſſibles pour y faire une cure avec agrément.

BORMIO, comté ſur les confins du Tirol & des Griſons. Il a dix lieues de longueur, mais il n'eſt pas de la même largeur: il eſt environné de tous côtés de hautes Alpes, & n'a qu'une ouverture nommée la *Serra*, par laquelle l'Adda s'écoule. Cette contrée est très-fertile en grains & en bétail. On croit aussi que les montagnes dont elle est environnée produisent différens minéraux, & sur-tout du fer. La contrée est partagée en cinq communautés. Elle faisoit ci-devant partie de la Valteline, dont elle fut séparée sur la fin du XII siecle, & forme depuis ce tems là un comté séparé. Après avoir souvent changé de maîtres & essuyé beaucoup de guerres, ce comté se soumit aux Grisons, qui en firent la conquête, en 1512. Les Grisons y envoyent, depuis ce tems-là, de deux en deux ans un baillif, qui a le nom de *podesta* : il réside dans le bourg de *Bormio* & préside aux conseils de ce comté. Il a le droit d'établir un conseil de dix-huit personnes pour les affaires criminelles, & treize juges pour les affaires civiles. On peut appeller de leur jugement aux sindicateurs que les Grisons y envoyent. Tous les habitans sont de la religion catholique romaine, & sont soumis pour le spirituel, à l'évêque de Come : leur nombre va à 14000.

Bormio, capitale du comté, forme un gros bourg, situé au pied du mont Brallio, entre les rivieres d'Adda & de Fredolfo. Il y a un chapitre composé d'un archiprêtre & de dix chanoines. Les jésuites y sont etablis depuis 1612.

Les bains de *Bormio* sont situés dans la vallée de Premaglia, un des quartiers du comté, à une demi-lieue de *Bormio*. Les eaux sont naturellement chaudes : elles sont sur-tout célébres pour toutes les maladies rhumatiques, les catarrhes, l'apoplexie, &c.

BOSINGEN, petit village de Suisse dans le canton de Fribourg, sur la riviere de Senfen.

BOSSONENS, bailliage du canton de Fribourg, conquis sur la maison de Savoye. Les baillifs résidoient à *Bossonens* jusqu'en 1616. Le canton ayant acquis alors la seigneurie d'Attalens, réunit ces deux seigneuries, & fixa le château d'Attalens pour être la résidence du baillif.

BOUDRY, ville & châtellenie du comté de Neuchâtel, pays fertile. On trouve dans les montagnes de cette châtellenie plusieurs animaux & oiseaux assez rares en Suisse. On prétend aussi qu'il y a des sources salées, mais on n'en tire point parti. Ce ne fut qu'en 1536, que les habitans embrasserent la réformation. Cette châtellenie donne aussi son nom à un des colloques de la souveraineté de Neuchâtel. Le vin rouge de *Boudry* passe pour être un des meilleurs du comté. Près de *Boudry* on trouve une mine de gyps; il y a aussi une fabrique de toiles peintes.

Boudry, servant de siege par son rang, à la seconde châtellenie de la principauté de Neuchâtel, & cependant ville moins oppulente, & moins bien bâtie, que plusieurs d'entre les villages de cette principauté. *Boudry* est encore notable par une espece de servitude très-singuliére pour un pays de franchises tel que le sien. Dès le milieu du XIV siecle, elle a formé un corps de bourgeoisie, qui, par les termes de son institution même, rend tous ses membres, assujettis à la glebe : ils sont attachés à son sol, au point de ne pouvoir l'abandonner ou l'échanger, que de l'exprès consentement du prince. C'est à quelques modifications près, la *Leibeigenschafft* établie dans tant de provinces d'Allemagne & dans tant d'autres pays septentrionaux; & il n'est pas douteux, que ce ne soit en vertu de cette constitution fondamentale, laquelle n'est d'ailleurs balancée dans *Boudry* par aucune immunité bien essentielle, que sa bourgeoisie prétend être dans l'usage, inconnu aux autres corps de sa sorte, de se donner des membres, à l'insçu même du souverain. Il est visible, en effet, que moins affranchis que ceux du reste de l'Etat, les bourgeois de *Boudry* peuvent augmenter en nombre quelconque, sans diminuer en rien par là le profit direct de leur prince; mais comme il est sensible en même tems, que sous la domination d'un souverain tel que le roi de Prusse, le profit direct de la couronne ne sauroit être l'unique objet des vues de son gouvernement; & qu'aux avantages immédiats de ses finances, fut toujours associée la gloire de régner avec lumieres & bonté, l'on a lieu de croire que la ville de *Boudry* sera avec le tems affranchie de son assujettissement actuel & mise dans le rang des autres bourgeoisies, quant à la reception de ses bourgeois.

BOUVERET, bailliage dans le bas Valais, ſur les bords du lac de Geneve. Les ſept dixains du Valais y établiſſent à tour de deux à deux ans, un baillif qui porte le titre de *châtelain*, S. Gingoulph, Port-Valay, &c. ſont du reſſort de ce bailliage.

BRANDIS, bailliage du canton de Berne, dans l'Emmenthal. Cette ſeigneurie avoit anciennement des ſeigneurs de ſon nom, elle paſſa dans les maiſons de Diesbach, de Scharnachthal, de Beſme & de Montmajor. Le canton de Berne l'acheta en 1607 & en fit un bailliage. Le baillif réſide dans le château de *Brandis*.

BRAULIO MONTE, grande montagne des Alpes, la principale de celles que l'on nommoit *Alpes Rhetiques*. Elle eſt dans le pays des Griſons, aux frontieres du Tirol & près de la ville de Bormio. C'eſt dans cette montagne que la riviere d'Adda prend ſa ſource. On croit que c'eſt la montagne que Tacite *Lib.* XVII. nomme *Juga Rhætica*.

BREMGARTEN, il y a pluſieurs endroits de ce nom en Suiſſe, nous ne nous occuperons que d'un ſeul, qui eſt une ville, dans les bailliages libres inférieurs, arroſée de la Ruſs, ſur laquelle il y a un beau pont. La ville paſſe pour être ancienne, elle appartenoit aux comtes de Lentzbourg, aux comtes de Habsbourg & enfin à la maiſon d'Autriche. En 1415 les Suiſſes en firent la conquête ſur cette maiſon, & ils en ſont les maîtres depuis ce tems-là. L'empereur Sigiſmond l'hipothéqua au canton de Zuric, qui admit ſept autres cantons dans le même droit. Elle souffrit beaucoup dans les différentes guerres civiles entre les cantons. En 1712 elle passa sous la domination de Zuric, de Berne & de Glaris, à l'exclusion des cinq autres cantons, & elle y est encore.

Cette ville jouit de grands priviléges. Elle a un petit & grand conseil, deux avoyers & d'autres charges municipales. Toutes ces places sont à la nomination de la ville même Elle a aussi une justice civile, de laquelle il y a appel devant les deux conseils, dès-là devant le sindicat des trois cantons & enfin aux cantons même. Dans les affaires criminelles, ce sont les deux conseils qui jugent. Elle a aussi des droits seigneuriaux sur plusieurs villages voisins. *Long.* 25. 55. *lat.* 47. 20.

Les habitans sont tous de la religion catholique romaine. Le pasteur & les dix chapellains sont établis par le petit conseil.

Cette ville donne aussi son nom à un des chapitres ruraux de l'évêché de Constance; ce chapitre contient six paroisses; il n'a été separé de celui de Zug que depuis 1723.

BRENETS, *les*, village & mairie du comté de Vallengin, dans la principauté de Neuchâtel, situé à une lieue du Locle, sur un terrain d'une pente insensible jusques aux bords de la riviere du Doux, laquelle sépare, dans une portion de son cours, la Franche-Comté de la principauté de Neuchâtel, & forme à une lieue des *Brenets*, une cataracte de 200 pieds de haut, appellée le *saut au Doux*, près de là, on a construit plusieurs moulins à la faveur des écluses & des canaux. Tout le terrain qui entoure ce village, est parsemé de terres labourables & de forêts de sapins, sa surface, est au reste très-inégale. La mairie des *Brenets* assez petite, d'ailleurs, ne contenant qu'autour de 1000 habitans, ne laisse pas de renfermer des gens actifs & industrieux. On en trouve un exemple chez un particulier, qui a fait une table, qui représente en marquetterie, le village des *Brenets*, & plusieurs lieux voisins.

BREVINE, paroisse village & mairie la 9e. en rang du comté de Neuchâtel, sur les frontiéres de la Franche-Comté, contenant autour de 1100 habitants. Elle est renommée par ses deux sources minérales découvertes en 1657. L'une est amére & soufrée, l'autre a des parties de fer & de cuivre. Toutes les deux sont très-fréquentées, même des étrangers. Les habitans s'appliquent aux arts & aux métiers. Il y a un grand nombre d'horlogers en grand & en petit, des serruriers, fabriques de bas, de dentelles &c. Tout près de là est le lac d'Etallieres qui est très-poissonneux : à côté de ce lac on voit des moulins à bled très-habilement composés; ils sont à cent pieds sous terre; l'eau du lac tombe dans des citernes & met les roues en mouvement. Le Chatelot, montagne de cette mairie fournit beaucoup de pétrifications.

BREUNA, riviére de Suisse qui arrose une vallée du même nom, dans le troisiéme bailliage d'Italie.

BRIEG, c'est le sixieme en rang des sept

dizains dans lesquels le Valais est partagé. Ce dizain est très-peuplé, il contient cinq paroisses. Son territoire est riche en excellens pâturages. Il a, comme tous les autres dizains, une justice, *Zehngericht*, composée d'un président & de douze assesseurs. Il a encore un châtelain, un banneret & un capitaine de dizain. Ce dizain & celui de Natters sont étroitement alliés dès l'an 1417 avec les cantons de Lucerne, Uri & Underwalden.

Le chef-lieu du dizain s'appelle *Brieg*. C'est un des plus beaux bourgs du Valais : sa situation est très-riante, & les environs très-fertiles. Les jésuites y ont un beau collége établi en 1662. Il y a aussi un couvent de religieuses de la regle de S. Ursule, établi en 1663.

A une lieue de ce bourg se trouvent les bains de *Brieg*, qui paroissent être connus dès long-tems. Leur situation est riante ; ils sont environnés de vignobles, de vergers, de champs & de prés. Ce sont des eaux naturellement chaudes, & d'une grande utilité pour les rhumatismes & toutes les impuretés & effervescences de la peau, la goûte, &c. Malgré toutes ces vertus, ces bains sont tout-à-fait abandonnés.

BRIENTZ, *Lac de*, dans le bailliage d'Interlacken au canton de Berne ; il a trois lieues de longueur sur une de largeur. La riviére Aar traverse ce lac dans toute sa longueur. Ce lac est très-poissonneux : il y a sur-tout une espèce de poissons très-délicats qui lui est particuliére; on les nomme *brientz-ling*, c'est une espèce de harengs; on les vend dessechés à la fumée. Ce lac communique avec celui de Thoun, moyennant l'Aar, qui sert de canal de communication.

BROIE, riviére de Suisse, prend sa source dans le canton de Fribourg, & va se jetter dans le lac de Neuchâtel.

BROMAGUS, lieu ancien indiqué par l'itinéraire d'Antonin à VI de Minnodunum & VIII de Viviscus. Ce pourroit bien être Promazens, qui est entre Moudon & Vevay. Les distances & la ressemblance du nom appuyent ce sentiment.

BRUGG *ou* BROUG, une des quatre villes municipales de l'Ergovie, canton de Berne, arrosée de l'Aar, sur laquelle il y a un beau pont, duquel probablement cette ville a tiré son nom. On ne sait pas le tems de sa fondation, mais elle exista dans le XI siecle. Elle appartenoit à la maison de Habsbourg; dès-là elle passa dans celle d'Autriche. Léopold, duc d'Autriche, l'hipothéqua à Eberhard, comte de Nellemburg, en 1323, Albert, duc d'Autriche, permit à cette ville en 1333, de conclure un traité pour cinq-ans avec les villes de Zuric, Berne, Soleure, Constance & S. Gall. Les Bernois en firent la conquête sur la maison d'Autriche, l'an 1415, & depuis ce tems-là elle appartient à ce canton. En 1444, elle fut saccagée par Thomas de Falkenstein & presque ruinée. Elle embrassa la réforme en 1529.

Cette ville a son propre magistrat, élu

par elle-même ; un petit conſeil de neuf membres avec le chancelier ; un grand conſeil de douze membres, & un troiſieme de trente : à la tête de ces conſeils ſont deux avoyers, qui préſident à tour d'un an à l'autre. Les appellations des ſentences du petit conſeil ſe portent au grand conſeil, & de là à Berne.

BRUTTELEN, village dans la paroiſſe d'Anet, bailliage de Cerlier, canton de Berne, renommé par ſes eaux minérales, connues depuis 1737.

BUBIKON, commenderie de l'ordre Teutonique, ſituée dans le canton de Zuric, dans le bailliage de Grüninguen. Diethelm, comte de Toggenbourg, la fonda en 1205. L'ordre y établit un directeur qu'il eſt obligé de choiſir entre les bourgeois de Zuric. Cette commenderie poſſede la juriſdiction baſſe ſur Hinweil, Berneck, *Bubikon*, Ringweil, im Grüt, & le patronat des paroiſſes de Wald, *Bubikon* & Hinweil.

BUCH, bailliage du canton de Schaffhauſen, dans le Hegeu, entre Ramſen & Randeck. La baſſe juriſdiction appartenoit au couvent de S. Agnes à Schaffhauſen, lequel la vendit en 1529, à Henri Peyer, & celui-ci, la même année au canton qui le poſſéde actuellement. En 1723 ce canton acheta la haute juriſdiction ſur ce diſtrict. Il y a encore d'autres endroits de ce nom en Suiſſe, que nous paſſons ſous ſilence.

BUCHEGGBERG, bailliage du canton de Soleure. Les habitans ſont de la religion réformée, & le canton de Berne établit les pasteurs pour les trois paroisses Aetigen, Lussligen & Messen. Cette seigneurie appartenant anciennement aux comtes de Buchegg, Jeanne, comtesse de Buchegg, héritiere de cette maison, la remit à son mari Burcard Senn de Munsigen; dès-là elle passa dans la maison de Bechburg, & enfin au canton de Soleure, qui l'acheta en 1391. Le canton de Berne y possede la haute jurisdiction, le droit du glaive, le patronage des églises, & autres droits. Ce conflit de jurisdiction a excité plusieurs difficultés, sur lesquelles il y a eu des traités conclus en 1516 & 1538, sur-tout en 1665.

BUCHS ou BUCHI, paroisse dans le bailliage de Regensperg, canton de Zuric. Ce village est très-remarquable par les découtes, en fait d'antiquités, qu'on y fit en 1759. On y trouva un parc à la mosaïque très-bienfait, des appartemens pour suer, des aqueducs & autres débris très-curieux. La légion XIX y avoit sa station selon des inscriptions qu'on y trouva. Il est difficile à juger quel étoit cet endroit sous les Romains, & nous ne nous occuperons pas de conjectures. Il y avoit autrefois dans ce même endroit une ancienne abbaye de l'ordre de Citeaux.

BUCHSEE, bailliage du canton de Berne. Conrad de *Buchsée* fonda en 1180 un hôpital à *Buchsée* confirmé en 1193 par Celestin IV. Cet hôpital fut changé ensuite en commenderie de l'ordre Teutonique. Elle devint très-considérable par les donnations sans nombre qu'on lui fit. Le canton de Berne la sécularisa en 1527, y établit un baillif qui a soin des revenus de cette maison. Ces revenus sont employés en grande partie à l'entretien de plusieurs pasteurs & à des aumônes considérables, qu'on distribue toutes les semaines.

BUCHSGAW, landgraviat entre le Jura & l'Aar, s'étendoit sur le pays qui forme actuellement les bailliages de Bipp, Falkenstein, Goesgen, Olten & Bechburg. L'histoire de ce landgraviat est encore fort embrouillée. Tout ce qu'on sait de sûr, c'est qu'il appartenoit à la Bourgogne, qu'il parvint ensuite à l'empire, aux comtes de Buchegg, aux comtes de Nidau, aux comtes de Thierstein, & enfin aux cantons de Berne & de Soleure, qui le partagérent entr'eux.

BULACH, ville du canton de Zuric, entre Cloten & Eglisau. Elle appartenoit aux barons de Thengen en 1376. Elle fut vendue à Ottho de Hochberg, & en 1384 à Leopold d'Autriche. Cette ville contracta une bourgeoisie avec Zuric en 1407, & lui fut vendue en 1409. Ceux-ci en firent un bailliage, en conservant cependant les droits de la ville & nommément celui de se choisir un avoyer & un conseil pour la direction de leurs affaires civiles. Elle est de la religion réformée.

BULLE, petite ville du canton de Fribourg, faisant partie du comté de Gruyeres. L'évêque de Lausanne en devint ensuite le possesseur, & c'est de lui que le canton de Fribourg acheta en 1537 la ville & la seigneurie. Cet achat fut confirmé par la cour de Rome en 1615. Actuellement c'est un bailliage du canton de Fribourg. Il y a dans la ville un doyen & quatre curés, & dès 1660, un couvent de Capucins. Il y a un grand pélérinage à la chapelle de N. D. de la Compassion.

BUREN, il y a plusieurs endroits de ce nom en Suisse. Le premier est dans le canton de Berne. C'est une petite ville assez joliment située, & la résidence du baillif ou avoyer du comté de ce nom. La ville, de même que le comté, appartenoient à la maison de Neuchâtel; elle passa ensuite dans celle de Strasberg. Rodolphe de Strasberg l'hypothéqua à la ville de Soleure, en 1345 & 1361. Après plusieurs changemens elle parvint à la maison d'Autriche, qui l'assigna à Engherrand de Coucy, pour ce qu'il avoit à prétendre du chef de sa mere. Berne & Soleure en firent la conquête en 1388. Par le partage fait en 1393, Berne fut mis en possession de la ville & d'une partie du comté. Le bailliage contient sept paroisses.

Il y a dans le canton de Lucerne un bailliage du même nom. Il faisoit ci-devant partie du comté de Willisau. Ce canton l'acheta en 1407 de Marie, comtesse d'Aarberg & de ses enfans Guillaume & Marguerite. Anastasia d'Aarbourg & son mari Hemman de Russegg, vendirent au même canton, en 1455, une autre partie de cette terre.

Le canton de Soleure a aussi dans son bailliage de Dorneck, une paroisse de ce nom. Henri & Oswald, comtes de Thierstein, la vendirent à ce canton en 1502.

Il y a encore deux paroisses de ce nom dans le bailliage de Wyl, territoire de l'abbaye de S. Gall, &c.

BURGLEN, bailliage de la ville de S. Gall, situé dans la Thurgovie. Il y avoit ci-devant des barons de ce nom. La seigneurie passa en 1447, dans la maison de Hohensax, dès là en 1559, dans celle de Breiten Landenberg, & la ville de S. Gall l'acheta en 1579. Elle y établit un baillif ou obervogt. Cette seigneurie est la plus étendue de toutes celles de la Thurgovie; elle comprend onze jurisdictions.

Il y a encore plusieurs autres endroits de ce nom en Suisse, que nous passons sous silence. *Burglen* dans le canton d'Uri, mérite cependant qu'on en fasse mention ici, c'est le lieu de naissance, ou au moins de demeure, du fameux Guillaume Tell.

C

CAPPELL, c'étoit ci-devant un monastere fameux de l'ordre de Citeaux, situé sur l'Albis, dans le bailliage de Knonau, sur les frontieres de Zug. Le dernier abbé Wolfgang ayant embrassé la réforme, remit le monastere en 1527 au canton de Zuric, qui employe les rentes de ce couvent en faveur des pauvres, & à entretenir plusieurs pasteurs des environs. Il y envoye de six en six ans un baillif pour diriger la recette & les dépenses. Ce couvent est devenu fameux par la bataille que les cinq cantons catholiques livrerent aux Zuricois, le 9 Octobre 1531, au grand désavantage des derniers.

CAROTTO, village des Grisons, en Suisse, dans le canton de Chiavenne. Il étoit autrefois un de ceux qui formoient la communauté de Pleurs. Sa situation est dans les montagnes, où se trouvent les mines de cette espece de terre singuliere, dont on fait au tour, des pots, & autres pieces de vaisselle. Cette pierre est verdâtre tirant sur le noir, huileuse, un peu molle & si écailleuse, que quand on la manie, l'écaille s'attache aux doigts. C'est une espece d'ardoise. Il s'en trouve des mines dans ces pays là en différens endroits, dont on a beaucoup de peine à en tirer ces pierres; l'ouverture en est petite, n'ayant pour l'ordinaire que trois pieds de hauteur, de ſorte que les mineurs ſont obligés de ſe couler ſur le ventre près d'un demi-mille avec une chandelle attachée au front. Après avoir coupé la pierre, ils la rapportent en cette même poſture ſur leurs hanches couvertes de couſſins, de peur que les pierres ne ſe caſſent. On leve ces pierres en rond dans les mines, & d'environ un pied & demi de diamétre ſur douze ou quinze pouces d'épaiſſeur. On les porte de là à un moulin à eau, où par le moyen d'une roue qui fait jouer quelques ciſeaux avec une grande viteſſe, d'abord la groſſe croute en eſt ôtée, enſuite elles ſont polies, tant qu'enfin en appliquant le ciſeau ſur diverſes lignes de chacune d'elles, où en enleve un certain nombre de pots, les uns plus grands & les autres moins, ſelon que la circonférence va en diminuant, lorſque l'on approche du centre. C'eſt ainſi que ſe font ces pots; après quoi on les garnit d'anſes & d'autres accompagnemens néceſſaires pour ſervir dans la cuiſine. Cet uſage n'eſt pas nouveau; il a été connu des Romains. Pline, parle de cette pierre, ſous le nom de pierre de Côme. Les Italiens les appellent *Lavezzi*, *Laveggi*, & les Allemands *Lavetzen* ou *Lavetz-Steinen*.

CASTELEN, château & ſeigneurie dans l'Ergovie, canton de *Berne*. Il y avoit anciennement des ſeigneurs de ce nom, qui ſe nommoient auſſi *Schenk de Caſtelen*. Cette terre paſſa ſucceſſivement dans les maiſons de Ruchenſtein, Biber, Vorkirch, de Mullinen, d'Erlach, Taubadel & Riedeſel. En 1732.

1732, l'Etat de Berne l'acheta, la ſépara du bailliage de Schenkenberg, & en fit un bailliage ſéparé.

CASTELS, c'eſt un des ſept *hochgericht*, dont la ligue des dix droitures des Griſons eſt compoſée. Elle touche à la vallée de Montafun, qui appartient à la maiſon d'Autriche. Ce *hochgericht* appartenoit aux ſeigneurs de Vatz, enſuite aux comtes de Toggenbourg, aux comtes de Kirchberg, & enfin à la maiſon d'Autriche: les habitans ſe racheterent de cette maiſon en 1649. Ils ont le droit d'envoyer deux députés aux aſſemblées générales de la ligue des dix droitures & à celles de toute la république des Griſons. Les bains de Fideris & de Jemaz, ſont ce qu'il y a de plus remarquable dans ce diſtrict. Le château de même nom ſervoit de réſidence au baillif du Prettigeu; il fut démoli en 1652.

CAUDE-SAX, les Griſons donnent ce nom au chef de Grule, Ilanz, Lugnez, & Flimbs, parce que ces communes formoient ci-devant la ſeigneurie de Miſax. Ce chef change annuellement, ſelon une alternative introduite entre ces communes; il eſt député aux aſſemblées des ligues, & il a le droit de propoſer de trois en trois ans à tous les députés de la ligue griſe, trois ſujets entre leſquels ils choiſiſſent le chef de toute la ligue ſupérieure. *Cau*, en langue romande veut dire *chef*, peut-être eſt-ce une corruption de *caput*.

CAZ, c'eſt une commune dans la vallée de

Domlefchg. Il y a dans cette commune un couvent de religieufes fondé, à ce qu'on dit au VIII fiecle par l'évêque Pafchalis; Victor fon fucceffeur l'érigea en chapitre de 12 demoifelles nobles, & d'une abbeffe, avec liberté de pouvoir en fortir & fe marier. Adelgott évêque changea en 1156 ce chapitre en couvent de religieufes de l'ordre de S. Auguftin. En 1550 la ligue grife faifit les revenus de ce couvent & les employa en faveur des églifes & des écoles. Ce couvent fut rétabli en partie en 1666, & il eft occupé d'une prieure & de religieufes de l'ordre de S. Dominique fous la regle de S. Auguftin.

CERNETZ, bourg affez confidérable dans l'Engadine baffe, jurifdiction de Val-Tafna; l'églife fur-tout en eft très-belle. Il y a des eaux minérales & du fer avec quelque peu d'argent.

CHAM, paroiffe appartenante à la ville de Zug, au bord du lac du même nom. Elle forme avec quelques autres villages, un bailliage portant le nom de *Cham*. Ce village eft ancien. Louis le germanique le donna à l'abbaye du Fraumünfter à Zuric. La ville de Zug acheta les droits feigneuriaux en 1412 des nobles de Ruti; en 1454 le dixme, & en 1477 le patronat, l'un & l'autre appartenant à l'abbaye fufdite. Le couvent de Frauenthal fe trouve dans ce bailliage.

CHATEL-S. DENIS, bailliage du canton de Fribourg. Ce canton l'acquit en 1574, après avoir obtenu la fouveraineté fur cette feigneurie, à la conquête du pays de Vaud.

Les baillifs résident à *Chatel-S-Denis*, qui forme un grand village avec une paroisse fort étendue.

CHAUX-DE-FONDS, grand & beau village & mairie du comté de Valengin, dans la principauté de Neuchâtel, composée d'onze différens quartiers, dans une étendue d'environ deux lieues. Le climat en est froid, & son sol ne produit guere que de l'avoine & de l'orge. En échange il y a de belles prairies & d'excellens pâturages, où l'on entretient beaucoup de bétail qui s'exporte dans les pays voisins & fournit annuellement une ressource assurée & considérable aux habitans. Mais ce qui rend cette contrée des plus curieuses & des plus intéressantes, c'est qu'on y cultive avec un très-grand succès, les arts méchaniques, & sur-tout l'horlogerie. Seulement est-il à craindre que le luxe qui s'y est introduit avec l'aisance, n'y ralentisse un jour les progrès de l'industrie. On y voit des maisons bien bâties, des meubles précieux, des habits riches & de bon goût.

Entre 2900 habitans on compte au delà de 400 horlogers, près de 600 faiseuses de dentelles, plusieurs marchands, orfèvres & metteurs en œuvres, &c. On fait annuellement dans cette vallée 10 à 15 mille montres d'or & d'argent, sans compter les pendules, les artistes inventent eux-mêmes des instrumens & toutes sortes d'outils, & en font aussi un grand commerce. On y remarque encore quatre moulins très-curieux &

industrieusement construits, les roues sont toutes sous terre, les unes sous les autres, l'une met huit scies à la fois en mouvement.

CHAUX D'ETALIERES, *la*, mairie du comté de Neuchâtel, portant aussi le nom de *mairie de la Brévine*. C'est un pays très-curieux par les singularités de la nature & la grande population. Tout y fourmille d'artistes, d'horlogers, de maréchaux ferrans, serruriers, faiseurs de bas, faiseurs de dentelles, &c. On y trouve de la tourbe d'une bonne qualité. A la Brévine il y a des eaux minérales chariant du fer & du vitriol. Le lac d'*Etalieres* est aussi très-curieux. Au bord de ce lac, il y a trois moulins à bied, faits avec beaucoup d'art ; ils sont à cent pieds sont terre. L'eau du lac tombe successivement dans cinq citernes, & met chaque fois les roues en mouvement; elle se perd ensuite dans les fentes du rocher & forme probablement la riviere dite la *Reuse*.

CHEIRE, bailliage du canton de Fribourg en Suisse, acheté en 1704. Il est sur les bords du lac de Neuchâtel, & n'a rien de remarquable.

CHIAVENNE, en allemand *Cleven*; nom pris peut-être de la situation de ce comté, qui sert de clef pour l'Italie. Ce comté est environné de la ligue Grise, de celle de la Maison-Dieu, de la Valteline, & du Milanois. Ce pays a sept a huit lieues en longueur, & six en largeur. Il est arrosé de la Maira & de la Lira, qui se jettent dans cette partie du lac de Come, qu'on nomme *laghetto di Chiavenna.* La plus grande partie de ce pays eſt très-fertile en fruits, en chataignes, en vin, & en prairies: on y cultive auſſi beaucoup de ſoie. Les habitans font un grand trafic d'ouvrages de poterie de pierre de Lavezzi; cette pierre eſt excellente pour ces ſortes d'ouvrages; elle conſerve très-longtems ſa chaleur. Le paſſage conſidérable de marchandiſes qui ſe fait de l'Italie en Allemagne, rend ce pays floriſſant. Tout le pays eſt catholique, dépendant du dioceſe de l'évêque de Come, ce qui a été confirmé par le traité de 1639. Il eſt partagé en deux juriſdictions, celle de *Chiavenne* & celle de Pleurs; l'une & l'autre ſont ſous la direction d'un baillif que les Griſons y envoyent de deux en deux ans.

La juriſdiction de *Chiavenne* comprend pluſieurs endroits. La capitale porte le nom du pays *Chiavenna.*

Le comté de *Chiavenna* ayant toujours ſubi le même ſort que la *Valteline*, nous renvoyons à cet article, pour ce qui concerne *l'hiſtoire politique.*

CHURWALDEN, *Vallis Corvantiana*, contrée dans le hochgericht de Bellfort, ligue des dix droitures. Elle ſe racheta en 1649 de tous les droits que la maiſon d'Autriche avoit ſur elle. Les quatre paroiſſes dont cette juriſdiction eſt compoſée ſe gouvernent par un ammann, & douze juges. Le pays eſt ſauvage, & n'a que des prairies qui ſont très-belles. Les habitans catholiques ont conſervé juſques à préſent le vieux calendrier Julien. Les affaires consistoriales se jugent devant le juge civil de cette contrée. Il y existoit ci-devant un fameux monastere de l'ordre des prémontrés, *monasterium corvantiense*, fondé par Rodolphe baron de Saz: il fut d'abord gouverné par des prieurs, ensuite par des abbés. La dissipation des abbés causa la ruine du monastere. Il n'en existe que l'église, dans laquelle le service divin des deux religions est célébré. Le curé catholique est toujours un religieux des prémontrés.

CLEES *ou* ESCLEES, *les*, petite ville du canton de Berne, bailliage d'Yverdon, sur la riviere d'Orbe. Il y a un passage considérable en Bourgogne. Le château a été démoli par les Suisses en 1475.

CLOTEN, ce village du canton de Zuric, mérite ici une place par les antiquités qu'on y a découvertes en grand nombre, sans qu'on puisse déviner le nom ancien de cet endroit. En 1601 on y découvrit une colonne de marbre avec une inscription, *Genio pag. tigor.* En 1724 on trouva un pavé à la mosaique, très-beau & très-bien conservé, une partie duquel a été transportée à Zuric. On y trouva encore quantité d'instrumens, des urnes, des médailles, des restes d'un autel, des briques avec la marque d'une patte de chien, des aqueducs, des murailles, &c. La legion XI y a été en station. Ott & Breitinger ont donné des descriptions très-détaillées de toutes ces découvertes.

COBLENTZ, bourg dans le bailliage de

Baden, important par sa situation, étant situé dans l'angle, où l'Aar & le Rhin se réunissent. Dans le moyen âge c'étoit la frontiere du *pagus Thurgaugensis*. Les Romains déja y entretinrent une garde contre les Allemands.

COIRE, un des hochgericht de la ligue grise. Il a son nom de la ville de Coire, en allemand *Chur*, capitale de toute la république des Grisons & sur-tout de la ligue grise. Elle est arrosée du Plefur, petite riviere souvent dangereuse par ses inondations. La ville est partagée en deux sections. La plus petite, & qui est sur la hauteur, comprend la cour épiscopale & les appartenances. La partie basse & la plus grande est habitée par des protestans. Elle n'est pas belle, étant assez mal bâtie. On croit que cette ville est ancienne, & il est vraisemblable qu'Antonin dans son *Itineraire* en fait mention sous le nom de *Curiæ*, qu'il place à cinquante lieues italiennes de Bregenz. Elle eut le même sort que tout le pays en général. La moitié de la ville fut donnée à l'évêché dans le VII siecle ; Otto I confirma cette donation dans le X siecle. La ville fut douée de plusieurs priviléges considérables, entr'autres de celui de battre monnoie, donné par Fréderic III & confirmé en 1558 par Ferdinand I. En 1526 elle embrassa la réforme. Le gouvernement de la ville est démocratique. La bourgeoisie, partagée en cinq tribus s'assemble d'ordre du conseil, dans les affaires importantes, & on décide le fait dans chaque tribu. La pluralité des tribus forme alors la décision. Le grand conseil consiste en soixante & dix personnes, entre lesquelles quatorze ont le titre de *Zunftmeister*. On les élit annuellement. Ce grand conseil établit un petit conseil, qui a le détail des affaires. Le bourguemaître est le chef de la ville; après lui vient l'oberst-zunftmeister, qui assiste au conseil, pour voir que rien ne se passe qui soit contraire aux droits de la bourgeoisie.

Jusqu'en 1710 le bourguemaître régnant étoit le président né de l'assemblée de la ligue; le chancelier étoit le sécretaire, & l'huissier de ville, l'huissier de la ligue. Maintenant les députés de la ligue choisissent entre les quinze conseillers, deux sujets pour être les présidens, & le sort décide de celui qui doit occuper cette dignité. Le sécretaire & le huissier sont choisis entre les bourgeois de la ville, & ce sont les mêmes députés qui les nomment.

On remarque dans ce Hochgericht les eaux minérales d'Araschgen & de Lürli.

Coire, *évêché de*, la résidence de l'évêque est à *Coire* même; il y occupe toute la partie haute, entourée de murailles, de tours & de portes. La cour épiscopale contient la cathédrale, la maison du prévôt du chapitre, celles des chanoines & des officiers de l'évêque, un hospice pour les capucins, la chapelle & le couvent de S. Lucius &c.

L'origine de l'évêché est incertaine. On le croit cependant un des plus anciens, &

l'on commence la ſuite des évêques par Aſimo, qui vivoit en 440; d'autres prétendent que S. Lucius eſt le premier évêque, qui vivoit vers 176. La ligue de la maiſon-Dieu exerce le protectorat ſur cet évêché, & ſouvent elle l'a aſſiſté de toutes ſes forces. L'évêché étoit déjà en alliance en 1405 avec quelques communautés de la dite ligue. En 1471. 1524 & 1544 l'évêque accéda au traité conclu entre les trois ligues. En 1541 l'évêché & la ligue firent un traité qui régla les droits réciproques des deux parties, & ce traité le rend, pour ainſi dire, ſubordonné à la ligue. Auſſi le chapitre fait-il tous ſes efforts de revenir de ce traité, & il a déjà été éludé à pluſieurs repriſes, ce qui a donné lieu à pluſieurs imprimés très-curieux & très-inſtructifs.

L'évêque de *Coire* eſt prince de l'empire, dignité qui doit avoir été accordée en 1170 par Fréderic I à Egino & ſes ſucceſſeurs. Il aſſiſte à la diette de l'empire & a ſon rang entre l'évêque de Lubeck & celui de Fulda. Il paye auſſi des mois romains, &c. mais il n'eſt attaché à aucun cercle, quoiqu'il le fut ci-devant au cercle de Suabe. Il eſt ſuffragant de l'Archevêque de Mayence. Son dioceſe eſt partagé en ſix chapitres, dont trois ſont partie des Griſons; les autres s'étendent ſur une partie de la Suiſſe & du Tirol. Il eſt élu par vingt-quatre chanoines, dont il n'y a que ſix obligés à la réſidence, vu que ce ſont les ſeuls qui dans leur qualité de chanoines, jouiſſent de quelques revenus. Le prévot eſt nommé par la cour de Rome.

Le temporel de cet évêché eſt beaucoup moins étendu à préſent qu'il ne l'étoit autrefois ; ce qu'on doit attribuer à la mauvaiſe œconomie de pluſieurs évêques.

L'évêque poſſede la ſeigneurie de Furſtenburg dans le Tirol, & celle de Furſtenau dans la vallée de Domleſchg. L'une & l'autre ſont gouvernées par des baillifs qui retirent les revenus du prince. Il y a encore le péage de la Lanquart, de beaux domaines & quelques fiefs. On lui paye encore tous les deux ans 573 gouldes & 24 creutzers, en dédomagement des droits qu'il avoit ſur Bormio, Chiavenne & la Valteline. Il avoit encore quelques autres revenus qui ont ceſſé.

COLOMBIER. château, village & mairie de la principauté de Neuchâtel, ſur un ſol qu'embelliſſent à la fois, le lac, la Reuſe, des prairies charmantes, des champs fertiles, des coteaux de vignes, & des allées plantées d'arbres. Le château eſt vaſte, le village bien bâti, & la mairie eſt par ſon rang la 5 de l'Etat. L'enceinte de cette mairie contient environ 770 habitans, & comprend le village de Reuſe, une partie de celui de Bôle, le hameau de Fretereule, pluſieurs maiſons détachées, & entr'autres celle du *Biez*, ſituée ſur une eſpèce de cap, & remarquable par l'élégance de ſon architecture, la diverſité de ſes alentours, les points de vue qui s'y préſentent, & la floriſſante fabrique d'indiennes, qu'un des premiers magiſtrats de Neuchâtel y ſoutient. Autrefois *Colombier* avoit des ſeigneurs de ſon nom, leſquels relevoient en fief des comtes de Neuchâtel, & poſſédoient encore par inféodation d'autres biens diſperſés dans le reſte du pays, dont ils formoient une des plus riches maiſons. Les mâles s'en éteignirent dans le courant du XV ſiecle, & laiſſérent leur ſucceſſion à la famille Franccomtoiſe de *Chauvirey* qui leur étoit alliée par mariage; celle-cy ſe mêlant à ſon tour avec celle de *Watteville*, lui porta *Colombier* avant l'écoulement du même ſiecle; Et vers la fin du XVI Marie de Bourbon princeſſe de Neuchâtel, en fit l'acquiſition pour la ſomme de 60 mille écus d'or. Dès lors *Colombier* n'a plus été ſéparé du domaine du ſouverain : l'on en fit, quant à la juriſdiction, la mairie qui exiſte; & quant aux finances, on l'a ſoumiſe à un bureau de recette, dont les droits paſſent pour les moins mitigés de tous ceux qui ſe perçoivent dans la principauté de Neuchâtel.

CONCHES, en allemand *Goms;* un des ſept dixains de la république du Valais. Il commence près de la montagne de Furea & la ſource du Rhône, & conſiſte dans un vallon élevé, de dix lieues de longueur ſur les deux rives du Rhône. On y trouve des ametyſtes, des cryſtaux & du fer. Le dixain eſt très-peuplé; il a des Alpes fertiles, beaucoup de bétail, & il s'y fait de bons fromages. Il eſt partagé en deux parties. La partie ſupérieure a pour chef-lieu le village nommé

Munster, lequel avec Oberwald, Aernen, &c. a contracté, en 1416, une bourgeoisie avec les cantons de Lucerne, Uri & Underwalden. Dans la partie inférieure on remarque, *Aernen*, village très-bien bâti & avec beaucoup de propreté. C'est ici que se tiennent les différentes assemblées du dizain. Toute la contrée est très-curieuse, par les singularités de la nature.

CONSTANCE, en allemand *Costantz*, en latin *Constantia*, ville du cercle de Suabe, située sur le Rhin, à l'extrêmité occidentale d'un grand lac, nommé *Bodensee*. Elle fut vraisemblablement ou fondée, ou fortifiée par l'empereur Constance I, pour servir de barriere contre les nations germaniques. La translation du siege épiscopal de Windisch, ruiné par les Huns, à *Constance*, fut la premiere cause de l'agrandissement de cette derniere ville. Elle jouit dans la suite de tous les priviléges d'une ville impériale, & fut liée par des alliances avec Strasbourg, Bâle, Zuric, S. Gall, &c. En 1415 s'assembla le concile, qui donna à cette ville une célébrité plus étendue & l'enrichit par le concours des étrangers. Son union avec la noblesse de la Suabe & avec le parti Autrichien, lui attirerent souvent des hostilités de la part des Suisses, dans les guerres entre les deux nations. Par la paix qui termina la campagne très-sanglante de 1499, *Constance* fut dépouillée de la jurisdiction criminelle sur la Turgovie, que Sigismond lui avoit hypothéquée à l'époque du concile. Elle chercha à entrer dans la confédération helvétique ; vers l'année 1510. La proposition imprudente de se faire céder une portion de la Turgovie, & de transférer chez elle le siege de la justice sur cette province, fournit à la jalousie des cantons démocratiques un prétexte pour la refuser. Le mauvais succès de cette démarche décida dans la suite du sort de cette ville. La réformation s'étoit établie dans *Constance*; déjà l'évêque & la plupart des chanoines avoient abandonné la ville, qui s'étoit liée par une combourgeoisie avec Zuric & Berne, pour se soutenir dans leur nouvelle profession de foi. L'issue de la guerre civile de religion en Suisse, fatale aux réformés, rompit cette liaison. Une guerre semblable, aussi désavantageuse au parti protestant en Allemagne, abattit la ligue de Smalcalde, dans laquelle la ville de *Constance* s'étoit engagée. Alors Charles-Quint dicta la fameuse loi de l'*interim*, que l'abattement d'un parti sans chef fit recevoir par la plupart des villes protestantes. Les députés de la ville de *Constance* perdirent le tems à suivre la cour pour obtenir des conditions moins dures ; tandis que l'empereur se préparoit à profiter de sa supériorité pour donner un exemple de chatiment, & augmenter les domaines de sa maison en Allemagne : il fit publier le ban de l'empire contre la ville de *Constance*. Un officier partisan rassembla secrétement quelques troupes espagnoles & italiennes en Suabe, & chercha de s'emparer de la ville par un coup de main ; mais les bourgeois qui se tenoient sur leur garde, repoussérent les assaillans avec perte. Cependant la crainte d'un siege & la tranquillité timide des cantons réformés de la Suisse, découragérent le peuple de *Constance*, & les intrigues de Ferdinand, roi des romains, acheverent de les fixer au parti de la soumission. La propriété de cette ville fut confirmée à la maison d'Autriche par la diette de l'empire, en 1559, malgré les oppositions des Etats du cercle de Suabe. Ainsi s'évanouit pour elle tout espoir d'indépendance. Affoiblie par la retraite d'un grand nombre de ses habitans, & négligée par des maîtres éloignés, *Constance* tomba dans un entier anéantissement. Dans la situation la plus favorable pour le commerce, au milieu d'un pays fertile & agréable, elle n'offre plus que le luxe de quelques chanoines, des couvents bien dotés, une bourgeoisie foible & pauvre, & des rues désertes; tableau de comparaison propre à faire mieux sentir aux Suisses les avantages de leur liberté.

CONSTANCE, *lac de*, *lacus Acronius*, *lacus Bodamicus*, en allemand *Bodensée*. C'est un des plus grands lacs de la Suisse. Il sépare la Suisse de la Suabe, tout comme il séparoit anciennement les Helvétiens de la Rhetie & de la Vindélicie. Il est partagé en trois parties: la partie supérieure est la plus grande & la plus large; c'est elle qu'on nomme proprement *Bodensée;* celle du milieu se nomme aussi *Bodmersée*; la partie inférieure porte le nom d'*Unterſée* ou de *Zellerſée*. Il a juſqu'à ſept milles d'Allemagne de longueur ſur deux milles de largeur. A Mœrſpurg, il doit avoir 300 toiſes de profondeur.

Il eſt très-abondant en poiſſons, dont on fait un grand objet de commerce ; on les tranſporte marinés juſqu'à Vienne. Il ſert auſſi beaucoup pour le commerce, vu qu'il porte des navires fretés de 2400 juſqu'à 3000 quintaux. Les environs en ſont des plus riants & des mieux cultivés. Il eſt entouré de quantité de villes, villages, châteaux, monaſteres, &c. La juriſdiction ſur ce lac appartient en partie à la maiſon d'Autriche, en partie aux cantons, maîtres de la Turgovie, & à l'abbé de S. Gall. Les limites ſont déterminées par un traité conclu en 1685, avec l'empereur Léopold.

CORBIERES, bailliage du canton de Fribourg, cédé en 1534, par Charles duc de Savoie à Jean comte de Gruyeres, & rendu par lui au canton qui en eſt encore en poſſeſſion. Le village de *Corbieres* eſt le chef-lieu du bailliage; il jouit de priviléges conſidérables, & tels qu'aucune partie de tout le canton ne peut ſe flatter d'en avoir de pareils. Amande de Savoie, les accorda à ce village en 1390, & ils furent confirmés depuis par le canton.

CORTAILLOD, village & mairie de la principauté de Neuchâtel, ſituée entre le lac, la chatellenie de Boudry, & la mairie de Bevaix. C'eſt par ſon rang la 11e des juriſdictions de l'Etat; & c'en eſt en même tems l'une des plus resserrées, ne comprenant, dans un circuit de 2 à 3 lieues, que le seul village de son nom, lequel, à la vérité, est grand, bien bâti, & fort peuplé, pouvant contenir environ 540 habitans, mais avec tout ce retrécissement, *Cortaillod* n'est pas indigne d'une attention particuliére : outre ses productions abondantes en grains, en fruits & en légumes, la nature enrichit encore son sol d'un vin rouge fameux en Suisse & même en France; & l'art y plaça la plus considérable des fabriques de toiles peintes, qui soyent au pays de Neuchâtel. L'on observe de plus avec un certain intérêt, mais avec une satisfaction moins complette cependant qu'on ne l'eut fait avant l'établissement de la fabrique, qu'il reste dans *Cortaillod*, quant aux mœurs, des vestiges de bonté & de simplicité, plus sensibles que dans aucun autre lieu du pays : à l'ombre de la foi publique, l'on s'y est long-tems exemté de soins & d'attentions domestiques, dont on se fatigue autrepart : l'usage, par exemple de tenir serrées sous la clef les denrées, les ustencilles de ménage, les outils de labourage &c. n'y étoit gueres connu que par ouï dire; & il n'y a pas 30 ans que de voisin à voisin, & avec une confiance dont la probité seule dictoit ou stipuloit les conditions & les actes, l'on n'y avoit rien de fermé chez soi; le vin & ses vases, les provisions de bouche & les buffets, le bétail & les granges, tout étoit ouvert, tout étoit, soit pour l'emplette, soit pour le le débit, ſoit pour le ſervice ordinaire, à la diſpoſition réciproque du voiſin le plus à portée d'en prendre ſoin.

CORVANTI, Strabon parle de cette nation, il lui donne le témoignage d'être la plus ſauvage & la plus courageuſe peuplade des Rhetiens, ſur les frontieres des Lepontiens. Il y a toute apparence que les habitans du diſtrict de Churwalden occupent maintenant les pays que les Corvantiens habitoient anciennement. *v.* CHURWALDEN.

COSSONEY, jolie petite ville du bailliage de Morges, à deux lieues de cette ville, ſur la grande route entre Morges & Yverdon: c'étoit anciennement une baronnie. Amé de Savoye & Théobald archevéque de Beſançon, s'en diſputerent la proprieté; elle fut adjuguée en 1421 au premier, par Guillaume évéque de Lauſanne qui avoit été choiſi pour arbitre. La ville étoit une des 14 qui envoyoient des députés à l'aſſemblée des Etats du pays de Vaud. Elle ſe rendit aux Suiſſes en 1475: reſtituée à ſes maitres, elle reſta dans cet état juſqu'en 1536, que les Bernois en firent la conquête & la gardérent. Il y avoit anciennement à *Coſſoney* un prieuré de l'ordre de S. Benoit, nommé de *Savigni*. L'on y voit encore aujourd'hui un hôpital fondé par les anciens barons de *Coſſoney*.

COTE, *la*, on nomme ainſi la partie du pays de Vaud, ſituée ſur les bords du lac de Geneve, entre les rivieres d'Aubonne & de la Doulive. Cette contrée eſt très-renommée par le bon vin qu'elle produit & qui en porte le nom.

Cote, *la*, mairie du pays de Neuchâtel, aux confins de celles de Neuchâtel même, de Valengin, de Rochefort & de Colombier, bordant le lac à l'endroit où ce beau bassin présente sa largeur la plus étendue, & faisant un district de hauts & de bas lieux, de 3 à 4 heures de circuit. Elle renferme les villages *d'Auvernier*, de *Peseux*, de *Corcelles* & de *Cormondreche*. Avant la réformation, elle fournissoit à l'entretien d'un prieuré établi dans *Corcelles*, dont les revenus, plus sensément appliqués dès lors, appartiennent actuellement au souverain : & avant cette époque encore, il y avoit dans *Cormondreche* des vassaux appellés les 4 gentils-hommes, dont les fiefs ont de même été très-sagement réunis au domaine du prince. Aujourd'hui cette mairie est la 6e des jurisdictions de l'Etat de Neuchâtel, & elle a son siege ordinaire dans Auvernier. Son sol est celui de tout le pays qui produit le plus de vin, & les plus beaux bois de sapins & de chêne ; les grains & les fourrages y réussissent aussi très-bien ; & soit à raison de la pente générale de son terrain, qui n'admet aucune eau croupissante, soit à raison de son exposition solaire, qui est toute orientale & méridionale ; l'air que l'on y respire passe pour le plus sain de la contrée : les maladies épidémiques y sont en effet très rares, l'on y parvient communément à un âge avancé ; & les rides, traces naturelles de la vielleſſe, ne ſemblent y ſilloner les viſages que fort à la légére. Cependant le pénible travail de la vigne, forme la vocation univerſelle de preſque tous ſes habitans : tous à peu près s'y livrent ſoit pour eux mêmes, ſoit pour autrui : mais il faut dire auſſi, que pour leur bonheur, il exiſte chez eux un concours du moral & du phyſique merveilleuſement bien ſoutenu : ſi l'on s'y fatigue dans la culture de la terre, l'on s'y délaſſe dans la jouiſſance de la liberté. La conſtitution de l'Etat place les habitans de cette mairie, pour la plupart, dans la claſſe des bourgeois de Neuchâtel appellés les *Externes* ; claſſe privilégiée à plus d'un égard, & dont les membres ne payent au prince que des redevances fixes & modiques ; & même le territoire d'Auvernier, au moyen d'une ſomme une fois payée, eſt depuis long-tems affranchi de la dixme. De ces divers avantages s'infére aiſément la proſpérité frappante qui règne dans ce diſtrict. Dans les 4 villages qui le compoſent, l'on voit des maiſons conſtruites & alignées, des places publiques ordonnées & ménagées, des fontaines entretenues & des rues pavées, avec plus de ſoins & de régularité, que dans nombre de villes. L'on ne s'y pique pas, il eſt vrai, de la propreté hollandoiſe ; la gêne en repugneroit trop à la ſimplicité des mœurs helvétiques, & l'uſage d'ailleurs en ſeroit ſuperflu dans un climat paſſagérement nébuleux, & habiteullement au contraire ſoufflé d'un vent ſec. Mais ce que l'on aime à trouver par-tout, & ce que les habitans de la *Côte* ont ſingulierement en partage, c'eſt, quant à la fortune, l'abondance des choſes néceſſaires à la vie, & quant au caractere, la diſpoſition à ſécourir les indigens, ſoit ſous les loix d'une charité qui conſole, ſoit ſous les loix d'une hoſpitalité qui prévient.

COTE AUX FEES, *la*, village fort étendu de la mairie des Verrieres, comté de Neuchâtel. Ce qu'il y a de plus remarquable, c'eſt une grotte de 120 pieds de profondeur ſur 40 de largeur, remplie de ſtalactites de toutes eſpeces. Cette grotte s'appelloit le *temple des fées*. On s'imaginoit qu'il y avoit un temple voué à Mercure, & l'on ne ceſſe pas de débiter ſur cette caverne des contes ridicules. Enviſagée cependant comme une production de la nature, elle mérite l'attention d'un curieux. Il y a auſſi aux environs une mine de fer.

COURGEMONT, mairie de l'évêché de Bâle, dans la ſeigneurie d'Erguel.

COURTLARY, mairie de l'évêché de Bâle, dans la ſeigneurie d'Erguel. *Courtlary*, grand village & bien bâti, en eſt le chef-lieu. C'eſt-là que réſide le baillif ſur toute la ſeigneurie d'Erguel.

CRESCIER, petit village de la Suiſſe, dans la principauté de Neuchâtel. *Voyez* LANDERON.

CREUZLINGEN, abbaye ou chapitre de chanoines reguliers de l'ordre de S. Auguſtin, tout près de la ville de Conſtance, mais ſur le territoire de la Turgovie.

On ne ſait pas avec certitude dans quel tems ce chapitre a été fondé & qui en eſt le fondateur. Il y a apparence que c'étoit originairement un hôpital deſſervi par des moines de l'ordre de S. Auguſtin, & l'on ſuppoſe que S. Conrad évêque de Conſtance a fait bâtir cet hôpital en 950. Cette fondation fut conſidérablement dotée par Ulric comte de Kibourg, & par les comtes de Habsbourg. Elle contracta une bourgeoiſie en 1503 avec Lucerne & Zug. Cette abbaye fut ruinée & ſaccagée à différentes repriſes. Elle poſſede les ſeigneuries de Hirschlatt en Suabe, & Urbain VIII lui incorpora en 1638 à perpétuité le prieuré de Riederen dans le Landgraviat de Furſtenberg. Ci-devant elle avoit droit de ſéance à la diette de l'empire & aux aſſemblées du cercle de Suabe; mais l'abbaye étant ſituée dans la Turgovie, ces cantons régens lui ont ordonné de ne plus les fréquenter, vu que la Suiſſe & toutes ſes parties ont été exemptées de l'empire par le traité de Weſtphalie.

CUDREFIN, petite ville du bailliage d'Avenche, canton de Berne, ſur les bords du lac de Neuchâtel, ce qui rend ſa ſituation extrêmement riante. Elle fut priſe d'aſſaut par les cantons Suiſſes en 1475, qui la remirent aux cantons de Berne & de Fribourg, leſquels la rendirent au duc de Savoye. En 1536 elle ſe rendit ſans réſiſtance aux Bernois qui en ſont les maitres. C'étoit ſous la domination de Savoye une des 14 villes, qui envoyoient des députés aux Etats du pays de Vaud.

CULLY, ville du bailliage de Lausanne, canton de Berne, sur les bords du lac de Geneve, petite, mais très-bien bâtie. Le vin qu'on y cultive passe pour être un des meilleurs de la Vaux. Cette ville paroit être ancienne, au moins a-t-on trouvé une inscription à l'honneur de Bacchus avec l'épithete *libero patri Cocliensi*. Louis de la Palu, évêque de Lausanne, donna, en 1440, aux habitans de cet endroit la permission de l'entourer de murailles & de fossés.

D

DAERSTETTEN, étoit autrefois un prieuré très-considérable & fort ancien, fondé selon les apparences par les barons de Weissenbourg. Grégoire IX le prit en 1233, sous sa protection & lui confirma ses priviléges. Les chanoines de ce prieuré avoient le droit d'élire leur prieur ou prévôt, lorsqu'ils étoient unanimes, mais cela n'étant pas, l'élection appartenoit à l'évêque de Lausanne. Innocent VIII incorpora ce prieuré en 1486 à celui qui étoit à Berne. Il étoit situé dans le bailliage de Wimmis, canton de Berne.

DAVOS, c'est une partie de la ligue des dix Droitures, une solitude fort élevée, mais très-fertile en pâturages. Il y a deux lacs très-poissonneux, des mines de cuivre, de plomb & d'argent. A Sartig il y a des eaux minérales. Il n'y a point de villages; mais des hameaux, & tout le pays est partagé en cinq paroisses attachées à la religion protestante. Près de l'église principale de ce pays, se trouve la maison dans laquelle toute la république des Grisons s'assemble à tour, & la ligue des dix Droitures en particulier, laquelle y a aussi ses archives. Les habitans se nourrissent de leur bétail, du transport des marchandises, qui se fait par leur pays & de plusieurs ouvrages en bois. Ils parlent allemand, mais leur accent est presque le même que celui du haut Valais; aussi est-on persuadé que ce pays a été peuplé par quelques Valaisans, que le baron de Vatz y a transportés en 1250 ou environ. Les habitans devinrent libres dès l'an 1289, moyennant une petite redevance annuelle, & ils obtinrent le droit de se donner eux-mêmes leur chef, ou landamman. Ce pays passa dans les maisons de Toggenbourg, de Montfort & de Misax, & enfin à la maison d'Autriche. En 1649, les habitans se racheterent tout-à-fait de tous les droits que cette auguste maison avoit sur eux. Le pays forme le premier des hochgericht de la ligue des dix Droitures, & il a le droit d'envoyer deux députés à l'assemblée générale. Il a encore plusieurs autres prérogatives sur les autres hochgerichts de sa ligue, fixées par le traité de 1644. Ce hochgericht a un grand conseil de 82 personnes. Celui-ci de concert avec 32 autres nommés, présente au peuple les sujets pour en choisir les landamman, ou les autres charges qu'il a à remplacer. Ce grand conseil choisit lui-même ses membres; il forme aussi un petit conseil de 15 personnes, & il a le droit d'élection de plusieurs charges. On en tric enfin le consistoire. Il décide en dernier ressort des difficultés que les particuliers peuvent avoir entr'eux.

DELEBIO, bourg considérable & la onzieme communauté de la Squadra de Morbegno, dans la Valteline, près du fort de Fuentes. La petite riviere de Lesina sépare cette communauté de celle de Rogolo. On trouve dans son district l'abbaye Aqua-Fredda, & près de *Delebio* une chapelle dédiée à la Sainte-Vierge, sur le champ de bataille où Philippe-Marie duc de Milan, remporta une célebre victoire sur les Vénitiens en 1432 ou 1434. Cette chapelle a été bâtie & rentée en mémoire de cet événement.

DELEMONT *ou* DELSPERG, ville de l'évêché de Bâle, dans le Salzgeu. Sa situation est fort riante, & elle est arrosée par la Sorne. Elle est très-joliment bâtie; on y remarque entr'autres le palais épiscopal & plusieurs couvents. Le chapitre de Motier-Grandval y réside aussi depuis 1530. Il y a dans le voisinage de belles carrieres de pierres blanches, qui approchent du marbre, des eaux minérales au petit Champois, & d'autres curiosités naturelles. Elle donne aussi son nom à un des bailliages de l'évêché, qui comprend quinze paroisses. Les communes de la vallée de *Delemont* ont été reçues, en 1554, à la combourgeoisie de Bâle. Les abbayes de Bellelay, de Luxeuil, & la prévôté de Lœwenbourg sont dans ce bailliage. A Ondervilliers sur la Sorne il y a une grande usine de fer. Tout près de cette usine est une grande caverne, formée par la nature; à côté d'elle sortent des eaux minérales & savonneuses, dont les habitans font grand usage. On les nomme *la fontaine de S. Colombe*. Tout ce pays est aussi très-riche en pétrifications.

DIESSEL, *montagne de*, *ou* TESSENBERG,

c'eſt un vallon ſur une haute montagne, long d'environ deux lieues & demie, ſur deux de large. Il eſt partagé en deux paroiſſes qui ſont attachées à la claſſe de Nidau. Les habitans y parlent françois, & ils ſont de la religion proteſtante. Quant à l'eccléſiaſtique, ils ſont ſoumis uniquement au canton de Berne, le militaire appartient à la Neuveville, le civil au prince évêque de Bâle & au canton de Berne, qui le font diriger par le maire de Bienne, & le baillif de Nidau. Pluſieurs traités fixent les bornes des droits de chacun des deux Etats, & previennent les difficultés qui pourroient naître de la diverſité de ces droits.

DIESSENHOFEN, ville de la Turgovie, arroſée par le Rhin. On croit que Hartman de Kibourg a entouré cet endroit de murailles l'an 1178, & la ville porte encore ſes armes. L'empereur Sigiſmond s'en empara en 1415. Les ſervices qu'elle avoit rendus en differentes occaſions à la maiſon d'Autriche, lui valurent de beaux priviléges. Les Suiſſes la conquirent en 1460, & la garderent depuis ce tems-là en lui conſervant tous ſes priviléges. Les habitans ſont de deux religions, & chacune a ſon culte & ſes droits à la magiſtrature, fixés par pluſieurs traités. La ville jouit de la haute & baſſe juriſdiction; les appellations dans les cauſes civiles ſe portent devant le ſindicat de Frauenfeld, & enſuite devant les neufs cantons. Sa magiſtrature eſt compoſée d'un grand & petit conſeil, dont un tiers de la religion catholique, de deux avoyers, un de chaque religion, outre plusieurs charges. Elle a jurisdiction sur plusieurs villages, & cela sans appel. Le conseil protestant a la collature de ses deux cures, & le catholique celle de son curé.

DISENTIS, un des huit hochgerichts de la partie supérieure de la ligue Grise, arrosée par le Rhin, long d'environ huit lieues, très-montagneux & très-fertile. On y trouve deux sources du Rhin. Ce hochgericht se partage en quatre autres parties. Tous les habitans sont de la religion catholique, & leur langage est le romand. Il y a un grand & un petit conseil : le premier décide des affaires criminelles, le second, de concert avec l'abbé de *Disentis*, a pour ressort les affaires civiles & politiques. Il a aussi son landamman. Il envoye deux députés aux assemblées de sa ligue & à celle de toute la république. L'abbé de *Disentis* avoit plusieurs droits & revenus dans ce pays, mais les habitans les ont achetés en 1737. On remarque dans ce hochgericht le Tavetscher-Thal, qu'on croit être la place où demeuroient ancieñement les Ætuatii. Cette vallée d'ailleurs est riche en crystaux. A Sumwig ou *Summus Vicus*, autre partie de ce hochgericht, on trouve beaucoup de minéraux, du cuivre, de l'argent, & on prétend même que quelques ruisseaux charient de l'or.

DISENTIS, *abbaye de*, située dans le hochgericht de ce nom : on la croit établie dès le VII siecle, & on prétend que S. Sigisbert a été le premier abbé de 614, à 636. Cette abbaye fut richement dotée par plusieurs empereurs, & l'on croit qu'Ulric I de Montfort, abbé, a été fait prince de l'empire en 1048. Il est certain que Maximilien II accorda en 1579 cet honneur à l'abbé Chrétien de Castelberg. L'avoyerie appartenoit aux comtes de Werdenberg; mais le monastere s'en est racheté en 1404. Ce monastere jouit de très-beaux priviléges: il a le droit de battre monnoye, la collature de plusieurs cures, & plusieurs droits dans la magistrature du hochgericht de ce nom; mais il en a perdu plusieurs autres, sur-tout les droitures qu'il avoit sur la vallée d'Urseren. L'abbé est élu par les conventuels mêmes.

DORNEK, bailliage du canton de Soleure, composé de plusieurs seigneuries qu'on a soumises successivement au baillif de ce lieu. Il est assez étendu & très-fertile. Il comprend plusieurs paroisses & le couvent de Mariæ-Stein. Le premier baillif y a été établi en 1486. Le château de ce nom est assez bien fortifié, & il y a un puits très-profond. Son exposition est des plus plaisantes. Cet endroit est fameux par la bataille que les Suisses livrerent aux troupes impériales, commandées par le comte Henri de Furstenberg. Ce général croyant prendre les Suisses au dépourvu, fut surpris par eux le 22 Juillet 1499. Les Suisses, au nombre d'environ 5000 à 6000 hommes, attaquerent cette armée qui étoit de 15000, & remporterent sur elle la victoire la plus complette. Le général comte de Furstenberg y périt lui-même avec 3000 hommes de son armée. On ramassa leurs os, & on éleva un ossuaire où on les deposa. C'est une des dernieres batailles que les Suisses furent obligés de livrer à leurs ennemis, dans leur patrie même. Le systême de l'Europe & la valeur de la nation, lui ont procuré depuis ce tems-là une paix profonde.

DUBENDORF, bailliage intérieur du canton de Zuric. Il comprend quelques jurisdictions. Le canton de Zuric acheta cette terre en 1487 du fameux bourguemaître Waldmann, & en fit un bailliage en 1492, auquel il joignit en 1615, celui de Swamendingen. Il est gouverné par deux obervogts pris du petit conseil de cette république. A Oerliken un des endroits soumis à ce bailliage, se trouve une source très-abondante d'eau minérale, dont on ne fait cependant pas grand usage.

E

EBIKON, petit bailliage du canton de Lucerne, conquis ſur la maiſon d'Autriche, en 1415. Le canton de Lucerne ayant acheté en 1381, la baſſe juriſdiction ſur *Ebikon* & Rothſée, en avoit déjà formé alors un bailliage. Le pays eſt très-fertile en pâturages, en bled & en fruits.

ECHALLENS, en allemand *Iſcherliz*, bailliage appartenant aux cantons de Berne & de Fribourg. Il fut conquis avec Orbe par les Suiſſes en 1475, ſur Louis de Chalons, ſeigneur de Château-Guyon. Les Suiſſes le cederent en 1484, aux deux cantons, qui font gouverner ce bailliage d'Orbe & d'*Echallens* à tour de cinq en cinq ans, & afin qu'aucun des deux cantons ne puiſſe empiéter ſur les droits de l'autre, il a été réglé pour tous les quatre bailliages que ces deux cantons gouvernent en commun, que le baillif Bernois dépend des ordres du canton de Fribourg, & le baillif Fribourgeois de ceux du canton de Berne. Le canton qui a l'alternative établit auſſi les paſteurs, de façon cependant que c'eſt le canton de la même religion qui donne la nomination & préſente les ſujets à l'autre. La population des bailliages d'Orbe & d'*Echallens* réunis, eſt d'environ 40000 ames.

Ce bailliage forme deux gouvernemens ſéparés, réunis sous le même baillif. La ville d'Orbe avoit un seigneur particulier qui y tenoit un baillif. Aussi cette ville & ses dépendances n'ont-elles de commun avec *Echallens* que d'être gouvernées par les mêmes cantons, & par le même baillif. Cette partie comprend la ville d'Orbe, ville très-ancienne, connue des Romains sous le nom *d'Urba* & ou l'on a trouvé beaucoup d'antiquités; elle conserva sa célébrité dans le moyen âge. Du tems de la réformation il y avoit sept églises. Guillaume Farel y introduisit la réforme; Viret bourgeois d'Orbe acheva l'ouvrage par sa douceur. La réforme ne fut cependant généralement reçue qu'en 1551. Le baillif y tient son chatelain, nommé par le souverain d'alternative, qui dépend de lui dans les affaires d'importance. L'appel de la justice d'Orbe va au baillif & de lui au souverain. La ville d'Orbe a son propre magistrat & ses priviléges. Le terroir y est très-fertile, & on y cultive beaucoup de vignes.

Echallens n'est réellement qu'une châtellenie. Ce district appartenoit ci-devant à la maison de Savoye, qui avoit son grand baillif pour tout le pays de Vaud, & ses chatelains dans les différens endroits. A *Echallens* le baillif comme chatelain est président de la justice, composée de 12 assesseurs, en parité de religion. L'appel va devant le souverain. Il y a encore des justices inférieures des vassaux, comme S. Bartelemy & Bretigny à présent réunis. Celle de S. Bartelemi a un droit unique & dont on n'a aucune idée ailleurs ; c'eſt qu'un homme accuſé de vol peut ſe purger de cette accuſation par le ſerment. S'il le fait, on lui paye ſa journée & il n'a aucune action contre ſon accuſateur. L'appel de ces juſtices particulieres va à la juſtice générale à *Echallens* & dès-là ſeulement au ſouverain. Le baillif ne peut juger en dernier reſſort, que ſur les objets qui n'excédent pas la valeur d'un écu de ſix francs. Il juge ſans appel lorſqu'il s'agit des droits de police, des chemins, des pâturages, des communes, des droits de bourgeoiſie &c. Cette chatellenie eſt ſoumiſe au *Coutumier* du pays de Vaud, à l'exception de quatre-vingt deux articles qu'elle s'eſt réſervée. Elle a un conſiſtoire pour les paroiſſes réformées. Pour les catholiques, il y a une chambre conſiſtoriale de quatre aſſeſſeurs des deux religions, ſous la préſidence du baillif qui les nomme; elle décide en premiere inſtance les cas matrimoniaux & d'impureté. L'appel en eſt au ſouverain. Il y a une cour des fiefs pour les cas féodaux. Cette chatellenie conſiſte en un gros bourg de ce nom, & pluſieurs ſeigneuries & villages. Le bourg a été fondé en 1351 par Girard de Montfaucon du conſentement de ſa femme Jaquette de Grandſon. Le fondateur lui accorda les mêmes priviléges qu'avoit alors la ville de Moudon. La religion y eſt mixte, les réformés ſont cependant plus nombreux. L'égliſe *d'Echallens* ſert aux deux religions alternativement. La chatellenie forme la partie la plus étendue

due du bailliage : le terroir eſt fertile en bleds, mais pas aſſez bien cultivé.

EGERI *ou* ÆGERI, une des trois grandes communautés, qui avec la ville de Zoug, forment le canton de Zoug. Elle ſe rendit aux Suiſſes avant la ville & fut reçue dans leur alliance avec les communautés de Minzingen & de Baar. Elle donne à tour l'ammann du canton, qui reſide pendant les deux ans de ſon adminiſtration, dans la ville de Zoug. Elle fournit auſſi neuf conſeillers au commun conſeil, & elle a encore d'autres charges à donner. Il y a dans cette communauté un lac de ce nom, d'une lieue de longueur, aſſez profond & très poiſſonneux. Dans ce territoire eſt auſſi la montagne de Morgarten, ſi fameuſe par la bataille que les cantons, d'Uri, Schweitz & Underwalden livrerent en 1315, à l'armée autrichienne. 1300 Suiſſes y battirent leurs ennemis de beaucoup ſupérieurs en nombre.

EGLISAU, bailliage du canton de Zuric, prenant ſon nom de la petite ville *d'Egliſau*. Il comprend quatre paroiſſes. On y cultive du bled & du vin, & le pays eſt arroſé par le Rhin. La plus grande partie de ce bailliage appartenoit aux comtes de Thengen. Les Zuricois s'en emparérent en 1455, à la requiſition de ceux de Strasbourg, dont quelques bourgeois avoient été maltraités par Jean comte de Thengen. Les Zuricois achetérent tous les droits de ce comte & les vendirent en 1460 aux barons de Gradner, à la charge de les pouvoir rachetet ; ce qui se fit en 1496. Ils en firent alors un bailliage, augmenté en 1651, par quelques villages, & les droits achetés du comte de Sulz, & par quelques démembremens faits du bailliage de Kibourg. La ville *d'Eglisau* a son magistrat, élu par le conseil de la ville sous la présidence du baillif. Cette ville est un très-grand passage pour l'Allemagne. Ce pays est encore remarquable en ce qu'il est plus sujet aux tremblemens de terre qu'aucun autre en Suisse.

EHRLIBACH, bailliage du canton de Zuric. Il appartenoit ci-devant aux comtes de Habsbourg, ensuite à ceux de Toggenbourg, desquels le canton l'acheta en 1400. Il est du nombre des bailliages intérieurs, c'est-à-dire, de ceux qui sont gouvernés par des membres du petit conseil, qui ne sont pas tenus à résidence. Il y avoit ci-devant à *Ehrlibac* une prévôté, dépendante de l'abbaye de Notre-Dame-des ermites, & dont les barons de Ghengen étoient avoyers. Le vin rouge qui croit aux environs *d'Ehrlibach*, passe pour être un des meilleurs du canton. On y remarque aussi une très-belle cascade d'eau, formée par le ruisseau *d'Ehrlibach* : elle a près de 40 pieds de chûte.

EINSIDLEN, Nous ne parlerons ici que de ce qu'on nomme proprement la *Waldstadt Einsidlen.* C'est une étendue de pays de quelques lieues à la ronde, dans le canton de Schweitz, arrosée par plusieurs ruisseaux & très-fertile en pâturages. Ce pays a été de tout tems la pomme de discorde entre le canton de Schweitz & l'abbaye de Notre-Dame-des ermites, & il y a eu quantité de traités conclus à ce sujet. Il appartenoit aux comtes de Rapperschwyl, ensuite à ceux de Habsbourg, & ensuite à ceux de Schweitz. L'abbaye en échange prétend que ce pays a été de tout tems fief immédiat de l'empire, & que plusieurs empereurs en ont fait présent à l'abbaye. Le canton de Schweitz reclame sur ce pays presque tous les droits de souveraineté. On peut voir le détail de toutes ces difficultés dans un écrit publié en 1645 sous le titre de *Libertas Einsidlensis.* Elles ont été finies par le traité conclu en 1645. Nous parlerons plus bas de l'illustre abbaye de Notre-Dame-des ermites.

EINSIDLEN *in der Auw*, couvent de religieuses, à une demi-lieue de l'abbaye de Notre-Dame-des ermites. Il est de l'ordre des bénédictines, & a été fondé au XIII siecle. L'abbaye de Notre-Dame a le droit d'inspection sur ce couvent, & il lui est entierement soumis. Ce couvent a des revenus assez considérables, qu'il doit aux donations des maisons d'Autriche, de Baviere & d'autres.

ELSGAU, *Comitatus Aisangiensis.* C'est la partie de l'évêché de Bâle entre les montagnes & la Larg; elle comprend la ville & le bailliage de Porentruy & vingt paroisses. La jurisdiction ecclésiastique appartient en partie à l'archevêché de Besançon & en partie à l'évêché de Bâle. Il y avoit dans ce bailliage une tour nommée *tour de Jules César*, & on y a trouvé beaucoup de médailles romaines en or, en argent & en cuivre. Le pays est très-fertile & produit beaucoup de bled. A la Creugenat il y a une singularité de la nature des plus curieuses. Dans un vallon qui s'étend jusqu'à la source de la Creugenat, il n'y a point de ruisseau, mais en échange beaucoup de trous dans la terre faits en forme d'entonnoirs, ils varient de tems à autre, les uns se comblent, & il s'en forme de nouveaux. Ces entonnoirs reçoivent toutes les eaux de pluie & de neige. L'eau amassée dans des cavernes à une certaine hauteur, trouve son débouché dans un grand trou nommé la *Creugenat*, à trois quarts de lieue de Porentruy. Ce trou est encore un entonnoir de 60 pieds de diametre sur 25 de profondeur; dans des tems de pluye on y entend distinctement un grand bruit causé par les eaux qui cherchent un passage à travers des fentes des rocs qui environnent cet entonnoir.

EMBRACH, c'étoit anciennement un college de chanoines, dont on ne sait pas la fondation, tant elle est ancienne. Il fut très-considérablement doté par les comtes de Kibourg & par toute la noblesse des environs. Le premier prévôt qu'on a pu trouver c'est Reginhard, qui reçut en 1189 quelques prétendues reliques de la légion thébéenne de la part de Guillaume, évêque de Sion & abbé de S. Maurice. Henri Brennwald fut le dernier, cette fondation ayant été sécularifée en 1525. Les revenus sont maintenant gouvernés par un baillif que le canton de Zuric y envoye de six en six ans, & employés à l'entretien de plusieurs églises & de leurs pasteurs, & sur-tout en faveur des pauvres. Ce baillif a peu ou point de jurisdiction, elle appartient au baillif de Kibourg.

EMMEN, deux rivieres ou plutôt deux torrens très-considérables en Suisse.

La grande *Emmen* sort de l'Entlibuch, canton de Lucerne, entre les montagnes de Rothorn, Schlatten & Nessetstock; mais elle reçoit beaucoup de ruisseaux dans le canton de Berne. Elle parcourt une partie des bailliages de Signau, Trachselwald, Brandis, Berthoud & Landshut, & se jette enfin dans l'Aar à Biberisch dans le canton de Soleure. Cette riviere est très-remarquable, tant par la singularité de sa course, que par ses productions. Elle charie de l'or, sur-tout dès que le Goldbach s'y jette; & on a beaucoup de monnoyes frappées de l'or qu'on a trouvé dans ses eaux. On y trouve aussi des morceaux de marbre & de jaspe de la plus grande beauté, sur-tout l'espece de marbre nommé *verdello* ou *verd autique*. On y trouve aussi le variolites, espece de marbre verd, & des dendrites de la plus grande finesse. Ce torrent fait souvent des ravages affreux.

La petite *Emmen* ou la *Wald-Emmen*, n'arrose que le canton de Lucerne seul, elle sort d'un petit lac sur une montagne du canton d'Underwalden, & reçoit dans celui de Lucerne plusieurs autres ruisseaux, sur-tout la *Weiſs-Emmen* près de Cluſtalden & des ruines du château de Stollberg : elle ſe perd dans la Ruſs. Elle eſt très-poiſſonneuſe, ce que la grande *Emmen* n'eſt pas ; & elle charie pareillement de l'or, duquel, ainſi que de celui qui ſe tire du torrent qui coule à Luthern, le canton de Lucerne fait frapper tous les ans quelques médailles.

EMMENTHAL, province du canton de Berne, ſur les frontieres de celui de Lucerne. Elle prend ſon nom de l'Emmen qui la parcourt. Elle eſt partagée en quatre bailliages, Signau, Trachſelwald, Sumiſwald & Brandis, & s'étend juſqu'aux portes de la ville de Berthoud. Tout ſauvage que paroiſſe cet amas de vallons, il eſt cependant très-bien cultivé. Le bétail, le laitage, les vergers, les chevaux, les toiles qu'on y fabrique, forment des branches de commerce très-conſidérables pour ce pays. Auſſi le payſan y eſt-il généralement dans un état d'aiſance peu commun. On trouve fréquemment des payſans qui ont 40000 livres de bien, & il y en a qui ont juſqu'à 5 à 600000 livres. Mais le luxe, la moleſſe, le libertinage qui s'y introduiſent avec la chicane, paroiſſent préparer la ruine de ce peuple, qui pourroit-être ſi heureux, s'il eut toujours été ſage. On y voit d'un même coup-d'œil les effets de la liberté & ceux du libertinage.

ENGADINE, c'eſt une étendue de pays chez les Griſons, de la ligue de la Maiſon-Dieu, qui s'étend à ſeize lieues le long de l'Inn, *Oenus*, qui paroît lui avoir donné ſon nom; au moins *en co d'Oen*, veut dire, dans le langage du pays, le *chef* ou la *tête de l'Inn.* Cette vallée est très-fertile en pâturages, en bleds, &c., sur-tout la partie inférieure qui est moins exposée aux vents froids & glacés. On y trouve beaucoup de chamois. Les maisons, les chemins, les ponts, les villages sont très-beaux, & on ne s'attend pas d'en trouver de pareils dans une contrée si isolée. Les habitans sont de la religion réformée. Ils parlent tous la langue romande: le dialecte de cette langue differe beaucoup dans la partie supérieure & dans l'inférieure. Les bas *Engadins* nomment la leur le ladin; effectivement elle tient beaucoup du latin, & donne une grande facilité aux habitans à apprendre le latin, l'italien & le françois. Ils sont généralement bien instruits & bons calculateurs. Leur nourriture est très-simple, de la farine, de l'orge, de la viande, des pains extrêmement durs & desséchés au soleil, après avoir été cuits pendant quelques minutes. Ils sont fort industrieux, & se répandent beaucoup dans les pays étrangers, sur-tout en Italie. Ceux de la basse *Engadine* gagnent beaucoup par le charoi du sel du Tyrol.

Il y a apparence que ce pays a été peuplé dès long-tems. La quantité des noms de leurs villages ressemblans à ceux du Latium, le fait soupçonner. En 830, on trouve un Bertold, comte de l'*Engadine*. En 1139, les comtes de Camertingen vendirent leurs droits sur la haute *Engadine* à l'évêque de Coire;

les habitans s'en rachetérent, en 1494. Ceux de la basse *Engadine* en firent autant, en 1659, & achèterent les droits que la maison d'Autriche avoit sur eux.

La réformation y fut introduite en 1524, mais elle ne fut généralement reçue qu'en 1554.

Tout ce pays est partagé en deux parties, la haute & la basse *Engadine*. Chacune d'elle forme un des hochgerichts, & envoye deux députés aux assemblées. Le pont Auta sert de bornes à chaque partie.

La haute *Engadine*, *Engadina sur punt Auta*, est partagée en deux jurisdictions, auxquelles la Fontana Merla sert de bornes; chacune d'elles a sa magistrature. Tout ce hochgericht est sous la présidence d'un landamman, qui demeure à Zug. Les assemblées de ce hochgericht se font à Bevers, ou plutôt au lieu dit *Alles Angies*. Il y a seize députés qui la composent. La famille Planta y a la prérogative, que le landamman ou le statthalter en doit être pris.

La basse *Engadine*, *Engadina sout punt Auta*, se partage pareillement en deux parties: la Valtasna sert de bornes pour les causes civiles; & le mont Foulon, pour les causes criminelles. Chacune de ces parties a sa propre magistrature. Cernetz est le chef-lieu de ce hochgericht; l'église en est très-belle. Il y a des eaux minérales & des mines de fer, mêlées de quelque peu d'argent. A Ftaun, il y a deux sources minérales. Seuol fait le village le plus beau & le plus grand de tout ce pays. Il y a dans ses environs quatorze sources d'eaux minérales de différentes qualités : à Tarasp il y a des eaux salées. La multiplicité extraordinaire des pasteurs, fait que le clergé est dans un état misérable dans ce pays, & que la plupart d'entr'eux sont obligés de cultiver eux-mêmes la terre.

ENGELBERG, vallon de quelques lieues de longueur, environné de tous côtés de montagnes fort hautes, mais fertiles, & ayant pour bornes les cantons de Berne, d'Uri & d'Underwalden. La jurisdiction appartient au monastere.

Le monastere d'*Engelberg*, de l'ordre de S. Benoit, a été fondé & richement doté sur la fin du XI siecle, par Conrad baron de Sellenbüren. Le pape Calixte II le prit sous sa protection immédiate, en 1120, & ses successeurs de même que les empereurs lui accorderent de beaux priviléges.

S. Adelhelme passe pour en avoir été le premier abbé, l'an 1122. Le monastere augmenta de jour en jour en revenus, la noblesse des environs s'empressa de lui faire des donations. Lucius III dans un acte de 1184, compte déjà quarante villages, dans lesquels le monastere avoit le droit de lever les dixmes ou celui de leur donner un curé; dans un autre, de 1236, Grégoire IX détaille 115 possessions qui appartenoient à ce monastere, & elles ont été encore augmentées de beaucoup depuis ce tems-là. Il obtint entr'autres l'exemption de péage dans toutes les terres de la maison d'Autriche & des comtes de Frobourg. Il a l'inspection sur les religieuses de Sarnen qui étoient ci-devant à *Engelberg*.

Cette contrée est très curieuse pour ceux qui étudient l'histoire naturelle. Ils y trouvent des glaces d'une grande étendue à côté de montagnes très-fertiles. Ces glacieres sont extrêmement diversifiées & forment des coups-d'œils uniques. Le pays est très-riche en productions de la nature: on y trouve de beau marbre noir à veines blanches, une terre vitriolique, de l'ardoise impregnée de vitriol, de petits crystaux nommés *diamans Suisses*, & plusieurs autres especes de pierres très-curieuses.

ENTLIBUCH, bailliage du canton de Lucerne: il a six à sept lieues de longueur, sur 4 à 5 de largeur. Il prend son nom du ruisseau nommé *Entlen*. Le baillif qui est changé de deux en deux ans, est du conseil d'Etat & n'est point obligé à résidence. Ce pays étoit rempli de noblesse. Le comte Immer de Strasberg le possédoit en 1340 à titre d'hypothéque des ducs d'Autriche, envers sa femme Marguerite de Wolhausen. Les barons de ce nom s'en étoient emparés dans le XIII siecle, & le vendirent en 1299 à l'empereur Albert I. Ses successeurs l'hypothéquerent à ceux de Grunenberg; il passa ensuite aux comtes d'Arberg, & ensuite à Pierre de Thorberg. Celui-ci étoit un homme très-dur, ce qui engagea les habitans de chercher en 1386 la protection du canton de Lucerne.

L'Autriche le céda aussi à ce canton par les traités conclus en 1389 & 1394, & le canton acheta en 1405 ce qui restoit encore de droits à cette maison sur ce pays. Les habitans ont tâché à différentes reprises de se rendre indépendans : les troubles de 1432, 1477, 1513, 1555, 1631, 1653 & 1713 en font foi ; mais ils ont toujours échoué. Ils sont grands, forts, robustes, & se distinguent par un habillement qui leur est particulier. Le pays est extrêmement fertile en pâturages, ce qui fait que le paysan y est à son aise. Ils vendent annuellement une quantité immense de bétail de toute espece, & de fromages. On y trouve aussi beaucoup de mines de fer, plusieurs sources d'eaux minérales, &c.

ENTREROCHES, cet endroit dans le pays de Vaud, est remarquable en ce qu'en 1640 on a commencé à y percer à travers des rocs, un canal pour joindre le lac de Geneve à celui de Neuchâtel, il a été poussé d'*Entreroches* jusqu'au lac de Neuchâtel. Mais les difficultés qui se sont présentées, ont découragé les entrepreneurs qui ont abandonné la partie du canal jusqu'au lac de Geneve. Cet établissement cependant seroit de la plus grande utilité pour le commerce & mérite toute l'attention d'un souverain, toujours attentif à augmenter le bonheur de ses sujets. On trouva en 1640, une inscription romaine, qui établit la distance de cet endroit jusqu'à *Aventicum*, aujourd'hui Avenche.

ERGUEL, pays assez considérable faisant partie de l'évêché de Bâle. Il a dix lieues de longueur & une dans sa plus grande largeur. Il est entrecoupé de montagnes & de vallées, entre lesquelles celle de S. Imier est la plus considérable. Tout ce pays est très-fertile, sur-tout en pâturages & en toutes sortes de fruits. Il s'y fait un commerce très-considérable en chevaux & en bétail. Le pays est rempli de gibier. L'air est pur & sain, quoique sujet aux brouillards. On y trouve des minéraux, du petroleum, &c. La Suss produit d'excellens poissons, sur-tout de petites truites très-délicates. Les habitans sont d'une belle taille, forts, laborieux, gais, & pleins de probité. Leur nourriture est simple, ils se nourrissent de leur bétail. Ils ont plusieurs manufactures, sur-tout d'horlogerie. Le nombre des habitans va à sept mille. La plupart d'entr'eux parlent un françois corrompu ; trois villages parlent l'allemand. L'évêque de Bâle a la souveraineté sur ce pays ; la ville de Bienne y posséde le droit des armes fixé par les traités de 1610 & de 1731. La religion réformée est la seule qui s'exerce dans ce pays en vertu des traités conclus à ce sujet. Le clergé y forme une classe, & elle jouit de plusieurs droits avec un pouvoir assez étendu. Il y a huit paroisses & un diacre commun. Le pays est gouverné par un baillif que l'évêque établit. Il a sa résidence à Courtlari, & il est tenu de juger d'après les coûtumes & franchises de l'*Erguel*. Les causes criminelles se décident par les maires du bailliage sous la présidence du baillif, le prince n'y a que le droit de faire grace. Ce pays faisoit anciennement partie du royaume de Bourgogne, & s'appelloit alors *Susinge*. Il en fut ensuite démembré. Rodolphe III roi de Bourgogne, en fit présent en 999 à l'évêché de Bâle. A Souvillier il y avoit des eaux minérales qui ont été affoiblies par le tremblement de terre de 1755. Il y a au même endroit une caverne remplie de *lac lunæ*. A S. Imier il y avoit une prévôté avec douze chanoines, réunie maintenant à l'évêché de Bâle. On y trouve aussi des eaux minérales, dont J. R. Neuhaus a donné une description. Il y a dans les montagnes une assez grande variété de pétrifications.

ERLACH, *ou* CERLIER, bailliage du canton de Berne, sur les bords du lac de Bienne. Il est très-fertile, & produit sur-tout beaucoup de vins dont la qualité cependant est assez médiocre. Ce pays appartenoit anciennement aux comtes de Neuchâtel ; il parvint ensuite aux barons de Palm. En 1318 il étoit sous la domination des comtes de Neuchâtel de la maison de Châlons, & en 1339 Rodolphe comte de Nidau le posséda. Berne acquit ce pays en partie par droit de conquête, en partie par droit d'achat. Ce bailliage comprend la ville d'*Erlach* ou *Cerlier* bâtie par les comtes de Neuchâtel ; elle jouit de très-beaux priviléges, entr'autres celui d'élire elle-même son avoyer & son conseil.

ESTAVAYER, en allemand *Stäffis*, bailliage du canton de Fribourg, sur les bords du lac de Neuchâtel. Il comprend outre plusieurs villages la ville d'*Estavayer*, agréablement située. Après avoir été soumise aux rois de Bourgogne, & ensuite à la maison de Zæringuen, elle parvint en 1240 sous la domination de la Savoie. En 1475 elle fut prise d'assaut par les Suisses, & entiérement saccagée. Ils la rendirent cependant à la Savoie, à l'exception du château de Chenaux, que les Fribourgeois garderent, & ce ne fut qu'en 1536, qu'elle se rendit au canton de Fribourg. Déjà en 1483 le canton de Fribourg avoit acquis par achat des droits sur la ville & le pays, & il en acheta en 1634 une autre partie. Il y a trois couvens dans cette ville. Elle a un petit & un grand conseil, dans lesquels le baillif préside : il a le titre d'*avoyer*.

F

FALKENSTEIN, bailliage du canton de Soleure, très-fertile en pâturages. On y prend des faucons & des vautours dont on fait une branche de commerce, comme de différentes autres especes de gibier. Cette terre appartenoit aux barons de ce nom; elle passa ensuite dans les maisons de Thierstein, de Bechburg & de Blauenstein. Le canton de Soleure l'acheta en 1402 & 1420; ayant été partagée en deux parties, dont l'une appartenoit alors à Jean de Blauenstein, & l'autre à Jean de *Falkenstein.* Elle renferme plusieurs endroits remarquables. Le bourg de Balstal prend son nom de celui de la vallée, & c'est la partie la plus fertile & la mieux cultivée du bailliage. Il y a des eaux minérales dont on ne fait plus d'usage. Il y a aussi une très-belle cascade d'eau près de l'église de Balstal. On y voit le vieux & le nouveau château de *Falkenstein*, le premier sert de résidence au baillif. L'écluse est un passage très-étroit au travers du Jura, fameux par ce qui y arriva de cruel en 1632 contre un petit détachement de troupes Bernoises; accident qui auroit presque causé une guerre entre les cantons de Berne & de Soleure. A Mimlisweil, il y a encore des eaux minérales, qui sont négligées.

FARNSPURG, bailliage le plus étendu

du canton de Bâle, fertile en pâturages, en bleds & en vins. Il faisoit la partie la plus considérable du Sissgeu. Les comtes de Thierstein en étoient les maîtres. Cette maison ayant été éteinte en 1418, ce païs passa aux barons de Falkenstein. Thomas de Falkenstein le vendit en 1461 au canton de Bâle, Ce bailliage comprend onze paroisses & plusieurs endroits très-remarquables; la belle cascade de Gressen près de Kilchberg; le Wiesenthal, vallée de la plus grande beauté; fameuse par les exercices que les jeunes gens y faisoient, les garçons s'exerçoient à la joute & à la course, les filles à la danse.

Il y a des antiquités remarquables à Zeglingen, à la montagne dite *der Letten*, à Stingen le Heidenloch, à Wintersingen, à Dietisberg, à Widwald, à Aristorf, & surtout à Augst. Les antiquités de ce dernier lieu sont si considérables, que nous y reviendrons à l'article RAURACORUM AUGUSTA vu que ce que nous en avons dit à l'article AUGST ne nous paroit pas être suffisant. Il y a encore des eaux minérales très-salutaires à Oltingen, Bruglingen, & Eptingen & la source dite *Verene-Wasser* : celle-ci forme des incrustations curieuses. Il y a aussi dans les montagnes de ce bailliage des indices de mines de fer.

FELDBACH, couvent de religieuses, près de Steckboren en Turgovie. Il y avoit déjà une chapelle dès le X siecle. Cuno de *Feldbach* vendit aux religieuses auf der Brugg de Constance, son château & ses appartenances & la chapelle. Elles y bâtirent un couvent en en 1253 ; elles étoient anciennement béguines, ensuite de l'ordre de S. Benoit, & enfin de l'ordre de Citeaux dont elles sont encore. Ce couvent fut doté par plusieurs personnes & sur-tout par les abbés de S. Gall & de Richenau. Il est soumis à l'inspection du monastere de Wettin.

FINES, station des Romains en Suisse, entre Vindonissa & Brigantia. La position de ce lieu indique les limites, que le gouvernement romain avoit établie entre la province des Gaules appellée *Masinna Sequanorum* & la *Rhetie* c'est le village du Pfin en Turgovie; on y trouve encore des ruines.

FISCHINGEN, couvent de religieuses de l'ordre de S. Benoit, en Turgovie. Il passe pour être un des plus anciens de la Suisse. On croit que ce lieu a été habité dès le III siecle par des ermites, & la forêt s'appelle encore *Bruderswald*. On sait qu'en Suisse le nom de *Bruder*, pris dans le sens religieux, veut dire un *ermite*.

Ce qui est plus sûr, c'est que le couvent a été fondé par les comtes de Toggenbourg, & qu'il a été consumé par les flammes en 1138. Ce monastere a le droit de collation sur cinq cures catholiques & trois protestantes. L'étendue de ses domaines & de sa jurisdiction est fort considérable.

La jurisdiction d'Alt-*Fischingen* est un fief de l'évêché de Constance. Le monastere y a tous les droits dont l'évêque de Constance jouit dans ses jurisdictions, *alt-stiftische gerichte*, en vertu du traité de 1509.

La jurisdiction de Tannegg est très-étendue, & le monastere l'acheta en 1693 de l'évêque de Constance.

FLAACH, bailliage du canton de Zuric. La seigneurie appartenoit à la maison d'Autriche, qui la donna au monastere de Rheinau; celui-ci la céda à d'autres familles. Le canton de Zuric l'acheta enfin en 1694, & en fit un bailliage. Il est petit & peu remarquable. On prétend qu'il y a une fontaine qui cause des goitres.

FLIMS, un des hochgerichts de la ligue-grise, fort étendu & curieux à cause de différentes productions de la nature. On y remarque sur-tout le Martinsloch, espéce de méridien naturel. Le soleil ne darde ses rayons à travers de ce trou que pendant deux jours de l'année, au 3 Mars & au jour de S. Michel. La communauté de *Flims* est protestante; elle est arrosée par une infinité de ruisseaux. Il y a une fabrique d'acier; le minerai se prend de la montagne de Gunzen. C'est un fief dépendant du comté de Sargans. Ce district appartenoit aux comtes de Mosax & ensuite à l'évêché de Coire. Les habitans se rachetérent en 1538. La communauté de Hohentrins après avoir eu plusieurs maitres, parvint enfin à Thomas de Schauenstein. Elle se racheta en 1610. Le village de Tamins appartient encore à la maison de Schauenstein. On y remarque un pont de bois curieux bâti par un Grubenmann, paysan d'Appenzell. La seigneurie de Rae-Zunr fait encore partie de ce hochgericht, elle appartient à la maison d'Autriche, qui y envoye un administrateur de ses droits & revenus. Toute la seigneurie est catholique & parle le roman à l'exception de Feldsperg qui est protestant & parle l'allemand. Il y a à Raczuns des eaux acidulaires découvertes depuis peu d'années.

FLUMENTHAL, bailliage du canton de Soleure, ci-devant nommé la seigneurie de Balm. Le canton acheta en 1385 cette terre & y ajouta en 1478 celle de *Flumenthal*, qu'il venoit aussi d'acheter. Le bailliage se divise en deux parties : on y remarque l'église d'Oberdorf, où se font beaucoup de pelerinages ; le village de Bellach qu'on prétend avoir été connu des Romains sous le nom de *Bellæ aquæ* ; les carriéres de Waldek, aux environs desquelles on trouve aussi des antiquités très-curieuses ; à Hubersdorf on trouve méme des restes d'un ancien temple ; les bains d'Attisholz sont très-anciens & très-salutaires.

FONT, bailliage du canton de Fribourg en Suisse, composé de plusieurs villages achetés successivement par le canton. Le baillif réside à Wuissens. Il n'a rien de remarquable qu'une tour ancienne fort haute, la Molleire, du haut de laquelle il y a une vue fort étendue, aussi l'appelloit-on autrefois *Helvetiæ occulus*.

FORUM TIBERII, Ptolémée le place chez les Helvétiens. On croit que c'est la ville de Kayserstuhl. La situation du lieu sur le bord du Rhin, peu loin de la frontiere des Rhæti & des Vindelicii, & la ressemblance du nom qui l'un & l'autre indiquent un *Solium imperatoris*, paroissent favoriser cette opinion. D'autres placent ce *forum* près de Zurzach, & s'appuyent sur les antiquités qu'on y trouve. Le P. Dunot tâchant d'ôter à la ville d'Avenche, la gloire d'être *l'Aventicum Helvetiorum*, & ne pouvant nier que cette ville n'ait été une place romaine, soutient sur de bien foibles fondemens, qu'elle est le *forum Tiberii.*

FOURCHE, *montagne de la*, haute montagne de Suisse, à l'extrêmité orientale du pays de Valais, qu'elle sépare du canton d'Uri ; ou plutôt, c'est une chaine de montagnes fort hautes & fort étendues, ainsi appellées à cause de deux grandes pointes fort élevées en guise de *fourches* qu'on y remarque. C'est dans cette montagne qui fait partie des Alpes lépontiennes, que le Rhone a sa source, dans les glacieres éternelles dont elle est couverte. On confond quelquefois cette montagne, nommée en latin *Bicornis, Furca*, ou *Furcula*, avec celle de S. Gothard : c'est ici le grand chemin pour passer du canton d'Uri dans le Valais.

FRAUBRUNNEN, *Four beatæ Virginis*, étoit ci-devant un monastere de religieuses de l'ordre de Citeaux, fondé en 1246, par les comtes de Kybourg Hartmann le vieux, & par son neveu Hartmann le jeune, qui en conservérent aussi l'avoverie jusqu'en 1264. En 1325 elle passa à Pierre de Thorberg. L'abbé de Frienisperg en avoit la surinspection ecclésiastique. Ce monastere fut très-richement doté par la nobleſſe des environs. En 1527, il fut ſécularifé & le canton de Berne en fit un bailliage. Ce même monaſtere eſt fameux par la bataille que les Bernois livrérent tout auprès en 1375 à l'armée du ſire de Coucy. Les Bernois remportérent la victoire. On a érigé une colonne à l'honneur de cette victoire avec des inſcriptions en latin & en allemand qui exiſtent encore. A Kernenried près de *Fraubrunnen* on découvrit en 1605, un pot rempli de près de 1500 médailles romaines preſque toutes en argent. Il y en avoit avec les têtes de Galba, Tite, Domitien, Adrien & des empereurs juſqu'à Diocletien; il y avoit auſſi des médailles des impératrices Fauſtine, Julia Mammea & d'autres princeſſes de la famille impériale. La plus grande partie de ce tréſor a été tranſportée à la bibliotheque de Berne.

FRAUEN-CAPPELEN, couvent de religieuſes de l'ordre de S. Auguſtin, dans le landgericht Sternenberg, canton de Berne, qui exiſtoit déjà dans l'onzieme ſiecle, & on trouve un grand nombre de donations, faites dans le courant du XIII & du XIV ſiecle. En 1281 on y incorpora les revenus du couvent ou du prieuré de l'ordre de S. Auguſtin, nommé *Munchen-Cappellen.* Le couvent des religieuſes fut incorporé à ſon tour en 1484, au prieuré de Berne.

FRAUENFELD, capitale de la Turgovie, le ſiege du baillif de ce landgraviat, & celui des diettes du corps helvétique depuis 1712. On croit que cette ville eſt ancienne & que les comtes de Kybourg l'ont rétablie; elle parvint aux comtes du Habsbourg, & delà à la maison d'Autriche, sur laquelle elle fut conquise par les Suisses en 1460. Elle jouit de beaux priviléges; le baillif de la Turgovie n'a point d'autorité sur elle; elle a ses propres loix, un grand & un petit conseil, & deux avoyers, qu'elle établit elle-même, en les prenant dans les deux religions. Le grand & le petit conseil sont composés de deux tiers de protestants & un tiers de catholiques. Le petit conseil a un pouvoir étendu, les appels de ses sentences se portent en droiture à la diette. Le grand conseil forme la justice criminelle, non seulement de la ville, mais de presque tout le landgraviat. Il s'assemble alors sous la présidence du landamman de la Turgovie. Une grande partie de cette ville a été consumée en 1771, par une incendie, & elle aura beaucoup de peine à se relever. Elle a la haute & basse justice sur ses habitans & sur plusieurs villages.

FREYBERG, bailliage de l'évêché de Bâle, pays fort élevé, quoique plat, long de cinq lieues sur trois de largeur. Ce pays a été peuplé fort tard. Dans le XIV siecle il ne se trouvoit d'habitans que dans la paroisse de Montfaucon, le reste ne fut peuplé & cultivé que depuis 1384. Immer de Ramstein évêque de Bâle accorda des priviléges à ceux qui cultiveroient ce désert. Des colons de toute espèce de nations s'y rassemblérent; de-là leur langage unique; de-là la diversité des noms des lieux pris de diverses langues; de-là probablement encore le nom d'*Enfer*, que porte un village, vû que le feu qu'on mit aux forêts pour les détruire, devoit faire un spectacle terrible. Maintenant ce pays est très-peuplé. L'évêque y envoye un baillif, il y a aussi de sa part un maire qui préside à la justice inférieure. Le pays est très-fertile en pâturages, en légumes, en jardinage, en grains; le peu de durée de la bonne saison ne leur permet que la culture de l'avoine & de l'orge. Les habitans sont fort industrieux, ils ont un génie inventif, mais rusés, vains & aimans beaucoup à être flattés. La seigneurie de Franquemont fait partie de ce bailliage; elle appartient à la maison de Wurtemberg-Montbéliard, qui la tient en fief de l'évêché de Bâle.

FREYE-AEMTER, on donne ce nom en Suisse à une étendue de pays assez considérable environnée des cantons de Zuric, Berne, Lucerne, Zug & du comté de Baden. On le nommoit anciennement le comté de Rori ou le Waggenthal. Il appartenoit aux comtes de Habsbourg. Les Suisses le conquirent sur la maison d'Autriche en 1415 & le gardérent. Le canton de Lucerne en reclama une bonne partie, comme conquis par lui seul, mais les autres cantons se refuserent à cette demande & condamnerent ce canton en 1426. Le pays fut alors régi par les cantons de Zuric, Lucerne, Schwitz, Underwalden, Zug & Glaris. Uri n'entra dans la co-régence qu'en 1532 & Berne en 1712. D'abord on partagea ce pays en deux bailliages, il fut réuni ensuite sous un seul, & ce ne fut qu'en

1712 qu'on le sépara de nouveau comme nous l'expliquerons ci-dessous. Les habitans sont tous de la religion catholique ; la réformation qui y avoit fait de grands progrès, fut supprimée à la suite de la guerre civile de 1531. On y cultive beaucoup de bleds & des vignes, & c'est le seul objet de travail de ses habitans. Il y a dans ce pays près de 20000 habitans, quoiqu'il n'ait que 7 à 8 lieues de longueur, sur 3 à 4 de largeur.

La guerre civile de 1712 occasionna un nouveau partage. On tira une ligne de Lunhkofen jusqu'à Faarwanguen. Ce qui étoit au nord de cette ligne fut cédé aux cantons de Zuric & de Berne seuls, en réservant les droits du canton de Glaris, & se nomme les *bailliages libres d'en bas*. Ce qui se trouve au midi de la même ligne resta aux sept cantons, mais ils reçurent celui de Berne dans la co-regence. Cette partie se nomme les *bailliages libres d'en haut*. Nous allons parler de chacune de ces deux parties.

Les bailliages libres d'en haut se gouvernent comme nous l'avons dit, par les huit anciens cantons, à cette exception près que Glaris a conservé tous ses droits, tels qu'il les avoit avant que Berne fut reçu dans la co-régence. Les baillifs n'étant établis que pour deux ans, il s'en suit que Glaris en fournit un tous les 14 ans, au lieu que les autres cantons n'en fournissent que tous les 16 ans. Le baillif n'y réside pas, il s'y rend de tems en tems pour administrer la justice ; dans les intervalles le sécretaire baillival, qui résside à Bremgarten en remplit les fonctions. Les causes civiles se portent d'abord en justice inférieure, ensuite par appel au seigneur baillif, à la diette des cantons régens, & enfin aux cantons mêmes. Dans les causes criminelles le landgericht prononce la sentence & le baillif a le droit de faire grace. Ce bailliage est partagé en quatre parties, Mayenberg, Hitzkirch, Muri & Bettweil. La basse justice de plusieurs endroits appartient à différens cantons, monasteres, &c. Les endroits les plus remarquables sont le pont de Sins, fameux en Suisse par le combat qui s'y donna en 1712, après qu'une partie des cantons avoit signé la paix; Mayenberg étoit anciennement une petite ville, elle fut ruinée par les Suisses en 1386. Beinweil lieu de pelerinage à l'honneur de S. Burcard, dont les os y sont déposés; Hitzkirch commenderie de l'ordre Teutonique, une des plus anciennes de l'ordre, enrichie par les donnations des comtes de Habsbourg & de Buchegg, des barons de Schnabelburg &c., l'abbaye de Muri, dont nous ferons un article séparé, le village de Muri, où on a trouvé plusieurs antiquités très-curieuses.

Les bailliages libres d'en bas sont régis par les cantons de Zuric, Berne & Glaris. Le dernier n'a que la 7e partie, en conséquence de quoi dans l'espace de quatorze ans, Zuric fournit trois baillifs, Berne de même, Glaris un seul. La forme du gouvernement est la même comme dans la partie d'en haut. Ils se partagent en neuf parties, Bossweil, Sarmenſtorf, Krummamt, Vilmerguen, Wohlen, Niderweil, Dottiken, Heglingen & Bublikon. Les endroits les plus remarquables ſont Sarmenſtorf, où il ſe fait des pelerinages fort conſidérables, le couvent de religieuſes d'Hermanſchweil de l'ordre de S. Benoit, fondé à Muri dans le X ſiecle, par les comtes d'Habsbourg, & transféré ici dans le XII ſiecle. La prieure jouit dès 1636 du titre d'abbeſſe. Vilmerguen, village fameux par les deux batailles que les Bernois y livrerent aux cantons catholiques en 1656 & en 1712, dans la premiere les Bernois quoique plus forts eurent le deſſous, mais ils furent victorieux à leur tour dans la ſeconde, malgré la ſupériorité de forces des cantons catholiques. Gnadenthal couvent de religieuſes de l'ordre de S. Bernard.

Nous avons déjà parlé de la ville de Bremgarten qui ſe trouve dans ce bailliage, & nous parlerons en ſon tems de celle de Mellinguen.

FEYWEIBEL, il y a autour de la ville de Berne une étendue de pays qu'on nomme *landgericht*, & qui eſt régie par les bannerets de la ville. Chaque banneret a ſous lui une eſpece de ſous-baillif, pris entre les payſans, & qu'on nomme *freyweibel;* il y en a trois dans le landgericht de Seftigen, deux dans celui de Conolfinguen, deux dans celui de Zollikofen, & un dans celui de Sternenberg. Ce qui fait en tout huit. Leur charge eſt à vie: en cas de vacance, le banneret qui a ſous ſa direction le diſtrict dans lequel ce *freyweibel* vient à manquer, propose au petit conseil quelques sujets pour le remplacer, & en recommande un qui est pour l'ordinaire accepté. Il est probable que le gouvernement les a établis anciennement pour veiller sur la noblesse des environs trop puissante alors. Ces *freyweibel* ont l'inspection sur le militaire, sur le criminel, & la publication des ordonnances souveraines, articles que le gouvernement vouloit se réserver. Ils n'ont à la vérité que peu d'autorité légale, car, par exemple, dans les cas criminels ils n'ont que le droit de faire arrêter les criminels & les complices, & ils les envoyent tout de suite à Berne, où l'on continue la procédure. Cependant leur place leur donne une grande influence sur leurs ressortissans, & par là-même cette charge est recherchée.

FRIBOURG *en Suisse*, *ou* FREYBOURG, nom de la ville capitale d'un des treize cantons. Cette ville fut fondée par Berthold IV duc de Zæringuen, en 1179. Berthold III son oncle avoit fait bâtir une ville du même nom dans le Brisgau en Suabe, & Berthold V son fils devint le fondateur de la ville de Berne. Ces princes, établis vicaires de l'empire dans les provinces de l'ancien royaume de Bourgogne, ne soutenoient qu'avec peine, dans une petite portion de cette monarchie éphémere, une autorité toujours disputée par les grands vassaux. Il étoit d'une sage politique de fortifier le parti des communes, pour servir de contrepoids à l'ambition indocile de la noblesse. Les souverains en Europe, voyant leurs droits circonscrits par ces constitutions féodales, qui avoient dégénéré en anarchie & despotisme, privilégioient partout les sociétés municipales, dont l'intérêt alloit au même but, d'affoiblir la puissance divisée des barons & des nobles. Les ducs donnérent aux nouvelles villes des chartres ou bulles, sur le modèle de celle de la ville de Cologne. Elles contenoient les formes, les prérogatives & les limites de l'administration publique, & les premieres loix civiles & de police, & furent confirmées par les empereurs. Nous parlerons des constitutions de la république de *Fribourg* après avoir donné le précis des événemens que nous offre l'histoire de ses progrès.

Après l'extinction de la maison de Zæringuen, par la mort de Berthold V en 1218, les deux villes Berne & *Fribourg* éprouvérent un sort différent. Berne fit un pas important vers l'indépendance, en se conservant sous la protection iṁédiate de l'empire; *Fribourg* tomba sous la domination du comte Ulrich de Kybourg, de la branche de Berthoud; le mari d'Anne de Zæringuen, sœur du dernier duc. Au fond, cette condition ne dérogeoit point à ses immunités, qu'elle tenoit également du chef de l'empire. Dès l'année 1243 elle fit une alliance particuliere avec Berne, suivant un droit que l'usage général légitimoit, que les souverains même autorisoient, & que les barons, souvent trop foibles pour protéger leurs sujets, ou permettoient, ou n'osoient empécher. Cette alliance a été souvent renouvellée dans le cours du XIII siecle & le commencement du XIV, mais l'obligation imposée aux Fribourgeois de servir leur seigneur, interrompit aussi souvent cette union des deux villes; pendant un assez long-tems elles furent plutót rivales qu'associées.

Déjà en 1241, *Fribourg* prit parti contre les Bernois dans une querelle, suscitée à l'occasion d'un pont, que ceux-ci entreprirent de construire sur l'Aar; entreprise que le comte Eberhard de Kybourg traitoit d'infraction territoriale. C'est alors que Berne se mit sous la protection de la maison de Savoye, dont elle fut dégagée peu d'années après. Eberhard, comte de Habsbourg-Lauffenbourg ayant épousé Anne, héritiere de la maison de Kybourg-Berthoud, vendit ses droits sur *Fribourg* à son cousin germain, Rodolphe comte de Habsbourg, qui devint empereur & chef de l'illustre maison d'Autriche. Par cette nouvelle assujettion, les Fribourgeois se trouvérent liés au parti des princes & de la noblesse, contre ces communautés naissantes qui combattoient pour la liberté.

En 1288 les milices bourgeoises de *Fribourg* & de cette banlieue assez considérable, que le fondateur de la ville lui avoit annexée, campérent devant Berne, sous les ordres de l'empereur Rodolphe. Dix ans après ces mêmes troupes reçurent un fort échec près de Berne. Les deux villes se réconcilioient aussi souvent que le service de leurs maitres n'obligeoit pas les Fribourgeois à exercer des hostilités contre leurs voisins. C'est ainsi que vers 1338 ils se virent engagés dans une grande ligue formée contre la ville de Berne. Celle-ci obtint une supériorité décidée par la victoire que ses troupes remportérent près de Laupen, en 1339, avec le secours de ses auxiliaires, particulierement des trois premiers cantons Suisses. L'année suivante Rod. d'Erlach, le général des Bernois, fit une excursion jusqu'aux portes de *Fribourg* pour venger la perte d'un parti de la garnison de Laupen, que les ennemis avoient surpris en fourrageant, & taillé; il ménagea si bien sa retraite, que les Fribourgeois qui le poursuivoient donnérent dans une ambuscade, où ils perdirent sept cents hommes. Une nouvelle tentative qu'il fit sur cette ville n'aboutit qu'à bruler le fauxbourg. Dans la guerre des Suisses contre la parti Autrichien de 1385 jusqu'en 1389 les Fribourgeois ne furent pas plus heureux; leurs troupes furent défaites près de Berne, & leur territoire ravagé.

Ces mauvais succès firent enfin revenir les Fribourgeois d'un esprit de rivalité, qui avoit pris son origine dans des querelles étrangéres, & que l'habitude des hostilités & le ressentiment des pertes réciproques avoit fait dégénerer en une animosité également nuisible aux deux villes, que des rapports plus naturels devoient unir. Elles se lierent en 1403 par un traité de combourgeoisie perpétuelle, & en 1405 les Fribourgeois donnérent à leurs alliés une preuve généreuse de leurs vrais sentimens, à l'occasion d'un incendie dans lequel la moitié de la ville de Berne avoit été consumée, & environ cent personnes avoient péri.

Fribourg se faisoit réconfirmer ses immunités par les empereurs. Sigismond lui accorda en 1414 le droit de battre monnoie, & ce qui paroit assez singulier, ce don du chef de l'empire fut ratifié par le pape Martin V à son passage en Italie, après la clotûre du concile de Constance. Les Fribourgeois n'eurent point l'ambition de profiter de la disgrace qu'essuyoit alors la maison d'Autriche, pour s'affranchir de leur domination. Cette fidélité louable les mettoit souvent dans l'embarras de tenir un milieu entre le parti de leurs seigneurs & celui de leurs alliés. Pendant la premiere guerre civile entre les Suisses, dans le XV siecle, ils fournirent des secours aux cantons contre la ville de Zuric, protégée par les Autrichiens, mais leurs troupes cessérent de marcher contre Louis dauphin de France, qui venoit au secours des ducs. Une conduite si prudente, mais si inconséquente, causa de nouveaux mécontentemens aux alliés, & en même tems des convulsions intérieures mirent *Fribourg* dans de plus grands dangers encore.

L'impulsion alors générale en Europe, & qui tendoit à une révolution progressive par l'émancipation des communes, & l'âbaissement de la noblesse, ne pouvoit manquér de produire une division des esprits, dans les circonstances où se trouvoit la ville de *Fribourg*. L'attachement pour ses anciens maîtres, l'habitude de militer pour leur cause, le ressentiment des dommages ou des offenses reçues par les Bernois ou leurs alliés, formoient les principes & les préventions d'un parti encore dominant. L'exemple des succès des peuples ligués pour la défense de la liberté, le desir si naturel de l'indépendance, encouragé par l'épuisement sensible des forces & du crédit de la maison d'Autriche dans la Suisse, l'intérêt puissant de la paix avec les voisins, tous ces motifs agissoient à la fois sur un autre parti, plus nombreux peut-être, mais moins appuyé par les personnes en place. D'un autre côté la maison de Savoie avoit des vues pour gagner sur cette ville l'autorité que la maison d'Autriche étoit prête à perdre; du moins l'événement nous autorise à leur supposer ces vues. Une cause assez légere mit tous ces différens ressorts en mouvement.

Un avoyer de *Fribourg*, de la famille d'Aflentschen, ayant été déposé, pour avoir favorisé l'évasion d'un prisonnier, duquel on l'accusoit d'avoir tiré une somme d'argent, se refugia auprès de Louis duc de Savoie son suzerain par rapport à divers fiefs. Enhardi par cette protection, il dressa des embuches à ses accusateurs; un de ses émissaires fut pris & écartelé. Le duc Albert d'Autriche députa à Geneve pour calmer le duc de Savoie; celui-ci forma diverses plaintes & rien ne fut terminé. Menacés par ce nouvel antagoniste & sentant la foiblesse de

la

la protection de leur maître, les Fribourgeois s'adresférent inutilement aux cantons Suiſſes & au S. Siege. Enfin, les hoſtilités étant prêtes à commencer, Albert, pour tout ſecours, envoya un officier de confiance pour commander les milices de *Fribourg*. Sous ces auſpices elles détruiſirent les châteaux de quelques vaſſaux des ducs de Savoie. Les Bernois, en qualité d'alliés de cette maiſon, prirent les armes, moins pour ſervir l'ambition des ducs, que pour ſatisfaire leur inimitié contre le parti Autrichien prédominant dans *Fribourg*. On ſe battit dans le pays de Schwartzenbourg, avec un déſavantage réciproque ſans doute, puiſque les hiſtoriens des deux villes en portent un témoignage tout oppoſé. Bientôt le peuple, las de vivre dans l'inquiétude, de combattre & de payer des contributions, excité par les chefs du parti mécontent, força le conſeil de la ville à conclure la paix, malgré la défenſe poſitive du duc d'Autriche, qui n'étoit appuyé d'aucune protection utile. *Fribourg* conſentit de donner ſatisfaction à tous ſes ennemis, même à ſon avoyer exilé.

Après cet accommodement forcé, le magiſtrat voulant continuer l'impot pour faire honneur aux dettes du public, les bourgeois & les communes de la campagne s'y refuſerent de concert, prétextant leur épuiſement; ils en vinrent même aux menaces, de confiſquer les biens des citoyens les plus riches, pour acquiter l'Etat par leurs dépouilles. Albert d'Autriche, réveillé enfin par le

P

bruit de tant de désordres, se rendit à *Fribourg* pour entendre les griefs des communes. Elles reprochoient au conseil l'inobservance des ordres du duc, de ne point admettre aux premieres charges des personnes qui par leurs fiefs relevoient d'un autre suzerain; elles se plaignoient que les vassaux empéchoient à leurs sujets de se faire agréger à la bourgeoisie, & reclamoient en général contre les vexations des seigneurs sur leurs ressortissans. Le duc ne se contenta pas de condamner la conduite des magistrats & des riches, parmi lesquels il avoit les partisans les plus fideles; il reprocha avec humeur au conseil de ne lui avoir fait que les présens d'étiquette. Avant son départ il convoque le conseil, le casse d'autorité, établit un autre avoyer & un nouveau conseil, dans lequel quatre seulement des anciens conseillers sont admis; il fait emprisonner les magistrats & leur fait promettre par serment de se rendre, sur la premiere citation, à Fribourg en Brisgau; arrivés quelque tems après à cette résidence ils sont arrêtés de nouveau & rançonnés.

Cette sévérité d'Albert, loin de satisfaire le peuple de *Fribourg*, ne servit qu'à l'enhardir. Il menaçoit encore de prendre sur les biens des magistrats disgraciés, la somme promise au duc de Savoie pour prix de la paix. Quand le nouveau conseil, avec le corps des deux cents & un comité nombreux de la bourgeoisie sous la présidence de Thuring de Hallwyl, lieutenant du duc d'Autriche, osérent ordonner une nouvelle contribution, les paroisses de la campagne s'y refusérent nettement & avec menaces. Les particuliers les plus riches se retirerent en lieu de sûreté. Un d'entr'eux, qui, sur un saufconduit du conseil, osa reparoître, fut pendu par ordre du lieutenant du duc. Alors les conseils, convaincus que le duc & son plénipotentiaire ne cherchoient qu'à flatter la populace & à humilier la magistrature, fermerent à de Hallwyl l'entrée dans leurs assemblées. Des troupes de paysans s'étant introduites dans la ville & emparées de quelques-unes des portes, la bourgeoisie prit aussi les armes pour défendre ses chefs. Dans cette crise, dont Albert, ou par avarice, ou par incapacité, étoit le promoteur, un légat du pape, le duc Louis de Savoie & la régence de Berne, intervinrent comme médiateurs; ils persuaderent aux citoyens & à la faction opposée de mettre bas les armes. Avec cela la créance du duc Louis n'étoit pas payée; on sollicita inutilement la restitution de quelques prêts, auprès du duc Albert, que sa mauvaise conduite a fait surnommer le *prodigue ;* il fallut recourrir à des emprunts chez les particuliers pour acquiter la dette publique.

Toutes ces vexations & ces troubles se passérent en 1449. L'année suivante le duc d'Autriche, voyant s'évanouir le foible reste d'une autorité, dont il venoit d'abuser avec tant de bassesse, forma le projet extravagant de n'abandonner ses droits sur la ville de *Fribourg*, qu'après avoir essayé de les spolier de nouveau. Dans ce dessein de Hallwyl prend les avances, pour annoncer aux Fribourgeois l'arrivée de leur maître. Pour mieux contenter cette fois la vanité ou la cupidité du prince, on fait des préparatifs pour une réception plus éclatante. Le lieutenant rassemble l'argenterie de la ville; après quelques jours de délai il feint d'aller à la rencontre du duc, suivi d'un cortege des principaux citoyens. Un détachement qu'ils rencontrent l'entoure; alors de Hallwyl se tournant vers les Fribourgeois, le duc, leur dit-il, n'ira plus chez-vous. Par cet acte, que j'ai ordre de vous remettre, il vous déclare entiérement libres & maîtres de votre sort; & pour vous mieux acquiter envers lui, il gardera votre argenterie pour ses émolumens. Avec ces mots il leur tourne le dos, & les laisse dans l'étonnement.

Si la tranquillité avoit pu être rétablie dans *Fribourg*, cette république affranchie auroit trouvé chez des voisins, libres comme elle, des secours suffisans pour maintenir son indépendance; mais la résolution inattendue du duc Albert ne fit qu'accroître la fermentation dans des esprits divisés. Il se trama parmi le peuple de la campagne une conspiration contre la régence, dont celle-ci arrêta les effets par sa fermeté, & en faisant subir, une peine capitale à huit des principaux conjurés. Informés que des émissaires d'Albert avoient trempé dans ce complot, & que ce prince songeoit encore à vendre au duc de Savoie les droits dont-il venoit de faire cession à la ville, se méfiant des vues des Bernois, & entrainés, peut-être par le crédit des partisans secrets de la maison de Savoie, les conseils & la bourgeoisie résolurent de prévenir les projets du prince Louis en se mettant volontairement sous sa sauvegarde. Ils se relâcha en faveur de cette soumission d'une partie des sommes qu'il pouvoit prétendre de la ville. Il paya dans le même tems à l'Etat de Berne une autre somme de quinze mille florins; nous ignorons sous quel titre ce payement fut donné & reçu; si c'étoit seulement pour appaiser la jalousie des Bernois, ce marché ne prouveroit ni leur politique ni leur générosité. Le traité de combourgeoisie entre les deux villes fut maintenu. Les Fribourgeois recouvrérent leur tranquillité intérieure, ils s'accoutumérent à des liaisons plus étroites avec les huit cantons de la ligue Suisse, en fournissant des troupes auxiliaires dans les diverses expéditions contre les princes de la maison d'Autriche.

Une guerre plus périlleuse avec Charles le téméraire, dernier duc de Bourgogne, devint, par ses suites, l'époque de l'entiere liberté de la république de *Fribourg* qui partagea les risques & la gloire des trois victoires remportées par les alliés, sur ce fameux soldat, à Grandson, à Morat & à Nanci, dans les années 1476 & 1477. La duchesse Yolande de Savoie, mére tutrice des jeunes ducs, avoit favorisé les entreprises du duc de Bourgogne; le comte de Romont l'avoit aidé ouvertement. Les projets de la maison de Savoye sur les villes de Berne & de *Fribourg* étoient renversés par les défaites successives & par la mort de Charles le téméraire; les troupes des deux villes avoient saisi les terres du comte de Romont & le pays de Vaud; Geneve étoit menacée par les Suisses, & Louis XI, roi de France, qui triomphoit secretement de la chûte de son rival le plus dangereux, n'étoit pas fâché de voir la duchesse de Savoie, sa sœur, punie d'avoir favorisé les desseins de son plus grand ennemi. Dans cette situation embarrassante la princesse demanda un congrès à *Fribourg*, où elle acheta à prix d'argent, des deux villes, la paix pour ses fils, la sureté pour Geneve & la restitution du pays de Vaud.

Cependant le mécontentement des cantons populaires sur cette pacification renouvelloit les allarmes de Yolande. Pour se rassurer, elle sollicita le renouvellement de l'ancienne alliance de sa maison avec la république de Berne. Celle-ci, par une juste reconnoissance pour la fidélité de ses alliés de *Fribourg*, éprouvée dans une guerre si périlleuse, malgré le prétexte que leurs liens avec les ducs de Savoie pouvoient leur fournir pour garder la neutralité, n'accepta la proposition que sous la condition que *Fribourg* seroit comprise dans l'alliance & déclarée absolument libre de toute obéissance envers la maison de Savoye. Il n'en couta à cette nouvelle république indépendante que le sacrifice de dix mille florins, qu'elle avoit à répéter des ducs.

Les bailliages d'Orbe, de Grandson & de Morat, que les deux Etats de Berne & de *Fribourg* gouvernent à l'indivis, furent le prix de leurs efforts dans la derniere guerre.

Des désordres occasionnés par les suites de cette guerre dans les communes des divers Etats libres de la Suisse, & qui se manifestoient plus particulierement dans quelques cantons démocratiques, engagérent les gouverneurs de Zuric, Berne, Lucerne, *Fribourg* & Soleure, à former, pour leur sureté, une confédération particuliere en 1478. Les cantons démocratiques s'en plaignirent hautement, comme d'une infraction faite aux engagemens de la ligue. Enfin cette discorde fut étouffée sans éclat, par une nouvelle convention entre tous les partis intéressés; dictée par la prononciation d'un arbitre à Stanz dans le canton d'Underwalden, en 1488. Les cinq villes renoncérent à leur alliance particuliere; *Fribourg* & Soleure furent admises au rang des cantons, dans la confédération helvétique.

Nous avons cru devoir nous étendre sur les détails de la révolution qui a fixé la destinée de la république de *Fribourg*; nous serons plus courts sur les événemens postérieurs à cette époque.

Geneve commençoit alors à s'impatienter dans les chaînes que *Fribourg* venoit de rompre, & que les princes cherchoient à resserrer. Elle eut recours à la protection des deux cantons de Berne & de *Fribourg* contre les entreprises de ses évêques & des ducs de Savoye sur ses immunités. Les troubles, les traités, les hostilités que ce conflit entre l'esprit de liberté & une ambition oppressive occasionnérent, appartiennent plutôt à l'histoire de Geneve qu'à celle des deux cantons, qui en vertu de leur traité de combourgeoisie avec Geneve y intervinrent en qualité d'auxiliaires. Ce ne fut qu'après une expérience répetée de l'inquiétude & de la foiblesse des princes de Savoie, que les Bernois osérent former des projets d'agrandissement sur cette belle province qui les séparoit de Geneve. L'enthousiasme de la réformation leur fournit de nouveaux motifs & de nouvelles espérances pour l'exécution de ces projets. Les Fribourgeois suivoient alors des impulsions toutes contraires.

Au premier bruit de la prédication des réformateurs, le gouvernement de Berne avoit écrit à celui de *Fribourg*, pour l'exhorter à ne point s'écarter de la croyance & du culte de leurs ancêtres. Cependant la nouvelle doctrine se répandit dans Berne & fut enfin autorisée par le conseil suprême. Alors *Fribourg* eut occasion de rendre les mémes avis qu'elle avoit reçus. Dans cette derniere ville le magistrat se fit une règle invariable de ne permettre aucun enseignement contraire aux dogmes autorisés par l'église romaine; précaution prudente, sans doute, puisqu'elle prévenoit les agitations qui accompagnent ordinairement toute révolution, mais dangereuse, en ce qu'elle peut également proscrire des erreurs séduisantes & des vérités utiles.

Par un effet de cette prohibition quelques magistrats furent déposés, plusieurs s'expatriérent ; ce vuide fut rempli par des fugitifs des villes où la doctrine évangelique exerçoit la même autorité exclusive. En 1542 les conseils & la bourgeoisie jurérent publiquement une formule de foi catholique ; à leur exemple, les paroisses de la campagne prirent sans opposition le même engagement solemnel.

Fribourg avoit renoncé en 1534 à la combourgeoisie de Geneve, parce que cette ville venoit d'adopter les principes des réformateurs. Mais quand les Bernois, deux ans après, sur le refus du duc de Savoie de faire droit aux griefs des Genevois, se saisirent du pays de Vaud, les Fribourgeois se hâterent de leur côté de s'approprier une portion de cette province. Ils y furent invités sous main par ceux qui dans ces terres craignoient pour leur culte public. Les communautés religieuses sur-tout prévoyant le changement que de nouveaux maitres ne tarderent pas d'établir, avoient inspiré la même frayeur à diverses communes. A Estavayer un zèle brutal avoit porté un particulier à assassiner le ministre sur la chaire. Ces dispositions favorisoient l'intérêt de l'Etat de *Fribourg*, que la politique avoit négligé. Ses domaines s'accrurent des terres de Rue, Romont, Vautrux, Chatel S. Denis, Estavayer & S. Aubin. Quelques différends que le partage de ces conquêtes fit naitre entre les deux républiques, furent terminés par l'intervention des cantons alliés.

Dans cette saisie les terres du comte Gian de Gruyeres avoient été épargnées ; il avoit obtenu même, par la protection de l'Etat de *Fribourg*, une dispense de la prestation d'hommage. L'ainé de ses fils, Michel, en lui succédant, en 1541, demanda la même prérogative. Il trouva son héritage embarrassé de beaucoup de dettes ; des levées de troupes pour la France achevérent de le ruiner. En 1555, les deux villes, Berne & *Fribourg*, achetérent les prétentions de divers créanciers, & par des exécutions juridiques, mais rigoureuses, s'appropriérent des dernieres dépouilles de cette maison ancienne & dans un tems très-puissante.

On rapportera dans l'article SUISSE les faits nationnaux auxquels le canton de *Fribourg* prit quelque part ; il a une portion dans les gouvernemens acquis par les armes réunies des confedérés, depuis la date de son adoption dans la ligue générale. Dans l'article CORPS HELVETIQUE on a indiqué les divers traités d'union particuliére entre les Etats catholiques de la Suisse, & entre ceux-ci & quelques puissances voisines. Si l'Etat de *Fribourg* a toujours adhéré à tous ces engagemens particuliers, d'un autre côté il a observé fidélement cette clause de son traité d'alliance avec les huit anciens cantons, par laquelle ils lui interdisent de prendre un parti dans les dissensions qui pourroient survenir entr'eux. On ne l'a point vu se mêler dans ces troubles, dont un zèle mal entendu pour la religion fournissoit le sujet ou le prétexte.

Fribourg & Berne ayant eu les mêmes princes pour fondateurs, (car on attribue au duc Berthold IV de Zæringuen, le premier projet de faire bâtir la ville de Berne, projet que son fils a exécuté, & celui-ci succédant à son pére, six ans après la fondation de *Fribourg*, est venu à tems pour y mettre la derniere main); leurs premieres loix, leur police intérieure, leurs droitures municipales, furent projettées sur le même plan. Cependant nous remarquons quelques varietés dans ces constitutions, que nous attribuons ou à la diversité de quelques circonstances à l'époque des fondations, ou aux différentes destinées que les deux villes ont éprouvées jusques vers la fin du XV siecle. Le lecteur saisira ces varietés en comparant avec le tableau du gouvernement de Berne celui que nous allons tracer du gouvernement de *Fribourg*.

A *Fribourg* l'autorité souveraine & le pouvoir législatif sont attachés au grand conseil de deux cents membres; les autres conseils, tribunaux ou comités, sont des subdivisions ou dépendances du grand conseil. C'est une aristocratie resserrée, puisque la prérogative d'entrer dans le grand conseil & de parvenir aux premieres charges est attribuée à soixante & onze familles patriciennes, & que les autres citoyens jouissent des immunités du droit de bourgeoisie, sans pouvoir prétendre aux honneurs de la magistrature. Cependant toute la bourgeoisie a droit de suffrage dès la premiere origine de la ville, dans les élections d'un premier chapelain ou curé, d'un chancelier ou sécretaire de la ville, & d'un bourguemaître. Les bourgeois des vingt-sept paroisses de l'ancienne banlieue sont associés au même privilége pour l'élection d'un nouvel avoyer, qui est le chef du gouvernement.

La ville même est divisée en quatre quartiers ou bannieres. Chaque quartier fournit un banneret, quinze sujet pour le conseil des soixante, & vingt-huit autres encore pour le grand conseil. Les vingt-quatre membres du conseil étroit ou petit conseil, ajoutés aux précédens nombres, complettent celui de deux cents. Il faut être né dans une des familles patriciennes prérogées, être adopté par une des treize tribus bourgeoises, & avoir vingt ans complets, pour être éligible pour le grand conseil; l'âge de trente ans donne la capacité d'entrer dans le corps des soixante. Il faut être de ce dernier ordre pour avoir l'entrée dans le petit conseil. Pere & fils, ou deux freres, ne peuvent sieger en même tems dans le corps des bannerets & des vingt-quatre.

Les deux avoyers, qui alternent, d'année en année, dans leurs fonctions, président à ces divers conseils. Le statthalter ou lieutenant est après eux le premier en rang; depuis un siecle cet honneur est attribué au plus âgé des vingt-quatre. Les charges de trésorier, de bourguemaître, de commissaire général, sont ensuite les plus distinguées. Les bannerets ont le rang après les conseillers du petit conſeil; ils préſident au conſeil ſecret ou conſeil d'État, composé de vingt-quatre membres, pris du corps des ſoixante, ſix de chaque banniere.

Le grand conſeil confirme & complette le petit conſeil & les ſoixante; il eſt à ſon tour ſujet au même grabaut qu'exerce le conſeil ſecret. La plupart des élections ſe font par un ſort appellé *aveugle*, *blinde wabl*, & qui mérite cette épithete à la rigueur; les noms des aſpirans ſont cachés dans des boîtes, où les électeurs jettent leurs balottes, ſans ſavoir ſur qui tombent leurs ſuffrages.

Le petit conſeil eſt juge de haute police; il juge encore en dernier reſſort des procès en matiere civile. Il eſt auſſi juge criminel; cependant, quand l'accuſé eſt bourgeois de la capitale ou d'une des paroiſſes de l'ancien diſtrict, la ſentence eſt prononcée en préſence du grand conſeil, auquel eſt réſervé le droit de mitiger la peine ou de faire grace. Deux corps de juſtice civile, l'un pour la ville préſidé par le bourguemaître, l'autre pour le reſſort de l'ancien diſtrict, appellés *chambres de droit civil & de droit rural*; une chambre d'appellations pour les cauſes jugées en inférieure dans les bailliages; une chambre éditale pour les diſcuſſions des débiteurs inſolvables; un conſeil de guerre pour le département militaire, voilà quels ſont, après les divers corps des conſeils, les principaux tribunaux pour l'adminiſtration publique. Nous n'entrerons pas dans de plus grands détails ſur ces commiſſions ſubordonnées.

Cette diſtribution, toujours néceſſaire, eſt à-peu-près la même dans tous les gouvernemens des pays policés; elle ſe retrouve même dans toutes les conſtitutions municipales des villes un peu conſidérables; elle eſt ſur-tout très-ſemblable dans les divers cantons ariſtocratiques de la Suiſſe.

On évalue la population du canton de *Fribourg* à 73000 ames. La force militaire de cette république conſiſte en quatre compagnies bourgeoiſes, & onze régimens de milices.

Le pays, non compris l'ancien diſtrict, eſt diviſé en dix-neuf bailliages. La commiſſion des baillifs dure cinq ans; ils ſont choiſis par le ſort aveugle, de la maniere ci-deſſus indiquée. Les baillifs d'Illens, de Plaſayon & de Bellegarde, habitent dans la ville de *Fribourg;* les autres réſident dans des châteaux. La partie orientale du canton eſt plutôt un pays de pâturages, que de grande culture. Cette obſervation regarde ſur-tout les bailliages de Corbins & de Gruyeres. Le reſte du canton eſt un pays aſſez riche en fruits & grains de toute eſpece, & en fourrages. Il comprend, outre le diſtrict de la ville & les trois bailliages ci-deſſus nommés, les bailliages ſuivans: Farvagnié ou Pont, Montagny, Surpierre, Romont, Vuippens, Vaurus, Bulle, Rue, Attalens, Chatel S. Denis, Font ou Vuiſſens, Cheires, Eſtavayer & S. Aubin. Dans ces derniers bailliages on trouve quelques vignes, dont le produit ne fait pas un objet conſidérable.

Il y a de l'aiſance & de l'induſtrie chez le peuple de ce canton ; ils ſont bons cultivateurs & ſe bornent à-peu-près à cet objet. Le commerce du bétail & les fromages ſont le principal article d'exportation. Eſtavayer près du lac de Neuchâtel, Romont, Bulle & Gruyeres, ſont les quatre villes les plus conſidérables du canton. Cet Etat, comme celui de Berne, eſt diviſé en deux portions, dont la plus grande fait uſage d'un patois françois ou romand, pendant que dans l'autre on parle un allemand corrompu. La capitale, placée au centre, ſe reſſent de cette diverſité, dont l'origine ne peut être que très-ancienne : on y parle dans des quartiers oppoſés un langage différent, & quelquefois des habitans d'une ville qui n'eſt pas grande, ne s'entendent pas ſans truchement. Les citoyens de *Fribourg* ont conſervé les uſages, la ſimplicité & l'œconomie frugale du vieux tems ; & même l'habitude du ſervice de France n'a pas encore changé bien ſenſiblement les mœurs ; peut-être, parce que les perſonnes qui font une fortune dans cette carriere, ſe fixent à-peu-près en France, & évitent par-là à leur patrie le dangereux exemple du luxe. On loueroit d'avantage ces citoyens de cet attachement aux habitudes de leurs peres, s'il ne venoit pas vraiſemblablement des mêmes cauſes qui les ont empêchés de faire des progrès ſenſibles dans les ſciences & dans les arts.

La religion catholique romaine eſt, non-ſeulement dominante, mais ſeule tolérée dans les Etats de la république de *Fribourg*. Nous avons observé plus haut avec quel soin le magistrat de *Fribourg*, au tems de la réformation, fermoit l'accès aux apôtres de la nouvelle doctrine. L'exclusion sévere dont ce gouvernement fit une loi contre tous ceux qui adheroient à des dogmes proscrits par la cour de Rome, partoit au reste d'un principe adopté également dans toutes les aristocraties de la Suisse, de l'une & l'autre communion; cette loi étoit devenue nécessaire pour prévenir les troubles intérieurs de ces petits Etats. Les citoyens rejettés par la communion dominante dans leur patrie, avoient du moins une retraite sûre dans des lieux voisins, où leur parti religieux dominoit à son tour; cette compensation autorisée par les traités particuliers entre quelques Etats romains ou protestans de la Suisse, conservoit l'ordre & le calme, en fixant des limites aux domaines des deux églises. Il semble, que par une suite de leur constant attachement à l'ancien culte, les Fribourgeois ayent voulu dédommager l'église des pertes qu'elle faisoit par la suppression des monasteres dans les cantons voisins. Dans aucun Etat catholique, peut-être, à proportion de son étendue, les fondations religieuses n'ont été plus fréquentes, depuis le XVI siecle, que dans les terres de la république de *Fribourg*. Depuis que l'évéque de Lausanne a été dépossédé de son siege par les Bernois, ses successeurs, avec le consentement du gouvernement

nement de *Fribourg*, font leur résidence ordinaire dans cette ville.

FRIENISPERG, bailliage du canton de Berne, enclavé dans le landgericht de Zollikofen. C'étoit anciennement un monastere de l'ordre de Citeaux, connu sous le nom de *Mons-Auroræ*, & fondé vers 1131 par les nobles de Seedorf, les comtes de Falkenstein & Guido évêque de Lausanne, enrichi ensuite très-considérablement par les comtes de Thierstein, de Kibourg & de Neuchâtel, & la noblesse des environs. Il fut sécularisé à la réformation, & on employe les revenus à des fondations pieuses, à des aumônes, &c.

FRUTIGEN, bailliage du canton de Berne. Les habitans nourrissent beaucoup de bétail. On y voit par-tout les plus belles prairies, mais peu de bled. En hyver ils travaillent en laines. Le pays est très-curieux & mérite l'attention de ceux qui étudient l'histoire naturelle. On y trouve des eaux minérales à Mullinen, à *Frutigen*, à Adelboden & au Sakgraben, des mines de cuivre assez riches, des mines de plomb, de l'alun, &c.

Ce pays avoit ses propres barons; il passa ensuite dans les mains des barons de la Tour & Chatillon, delà dans celles des barons de Weissenbourg, de Brandis, & enfin de nouveau dans celles de la Tour & Chatillon. Antoine baron de la Tour & Chatillon le vendit en 1400 au canton de Berne, qui en fit un bailliage, avec titre de châtellenie. Les sujets payerent eux-mêmes le prix d'achat & furent en échange gratifiés de très-beaux priviléges. En 1513 on ajouta à cette châtellenie la ſeigneurie de Krattigen. Le baillif réſide à Tellenbourg. Les endroits les plus remarquables ſont, le village de *Frutigen* un des plus beaux de toute la Suiſſe, connu déjà dans le X ſiecle; Mullinen qui étoit anciennement une petite ville, le château de Scharnachthal, le Gemmi dont nous parlerons dans un autre article particulier, & le Gaſterthal, vallon très-curieux, ſéparé pour ainſi dire du reſte du monde; la Cander ne laiſſe qu'un petit ſentier très-étroit, qui mene dans ce beau pays très-fertile & aſſez étendu, ayant près de quatre lieues de longueur. La baronnie de Spiez fait partie de ce bailliage.

G

GALL, *Saint*, riche abbaye de bénédictins, située en Suisse. L'abbé de *S. Gall* jouit des honneurs de la mitre & du titre de *prince d'empire*; par l'effet de ses liaisons particulieres avec quelques cantons Suisses, il est reconnu allié du corps Helvétique, & son député siege dans les diettes générales. Tout ce qui peut être rapporté en faveur des premieres fondations monastiques, est applicable à celle qui fait le sujet de cet article. Saint-Gallus, venu, selon la tradition, des isles Britaniques, accompagné de S. Columban, fut un des premiers apôtres de l'évangile dans la haute Allemagne. Ces courageux missionnaires, chez des usurpateurs barbares, chez des peuples abrutis par de longues désolations & par l'esclavage, firent succéder à des superstitions absurdes, souvent attroces, des dogmes de bienfaisance & d'humilité, les craintes & les consolations d'une vie à venir. Après la mort de Saint-Gall quelques-uns de ses disciples s'établirent dans le lieu où il avoit fixé son ermitage. Les cellules se multiplierent; le travail, aidé d'une dévotion bienfaisante, procuroit à ces solitaires les objets de leurs premiers besoins. Vers l'an 720, environ quatre-vingt ans après la mort de Gallus, un comte Waldram obtint de Pepin, qui fut peu après roi des François, la permission de donner à cet établissement la forme reguliere & solide d'un monastere, sous la regle de S. Benoit. Andomare en fut le premier abbé.

L'exemple des vertus austeres, valoit à ces premiers cénobites une considération, dont ils se servoient quelque-fois pour arrêter les passions injustes & pour tempérer les mœurs sauvages des princes & des grands. Leurs retraites privilégiées servirent d'azile à des cultivateurs dépouillés, à des serfs déiespérés. On vit autour de ces fondations les défrichemens s'étendre, les solitudes se peupler, des bourgs se former ou des cités se relever de leurs cendres. Il n'est pas douteux, que la ville de *S. Gall*, dont nous parlerons dans l'article suivant, doit sa premiere existence à l'abbaye du même nom, & qu'une partie du district circonvoisin lui doit, ou sa premiere population ou du moins les premiers progrès de sa culture.

Bientôt dans cette solitude, où quelques anachorêtes avoient vécu de la pêche & des aumônes, des peres bénédictins jouirent de l'abondance. Les donations, les legs, se succédoient de près dans ces tems d'injustice & de remords, où une doctrine plus menaçante qu'instructive, excitoit chez les mourans des frayeurs tardives & les calmoit par des remissions vénales. Une œconomie suivie fournissoit aux monasteres les moyens d'acheter à bon prix les dépouilles des maisons nobles, que les guerres féodales ou des croisades imprudentes avoient ruinées. L'abbé de

S. Gall étoit déjà possesseur de rentes très-considérables & d'un territoire assez étendu, lorsqu'en 1204, il obtint le titre de *prince du saint empire* & peu après les décorations & la dignité épiscopale.

Les richesses avoient excité l'ambition chez ces hommes voués à l'humilité & aux méditations paisibles. Les évêques convoitoient les revenus des abbayes; on employoit les armes temporelles pour s'attaquer & pour se défendre. Entraînés par les mœurs du siecle, ces princes ecclésiastiques armoient leurs vassaux & faisoient la guerre avec la même cruauté qu'on reproche à la noblesse de ces tems d'anarchie. Les abbés de *S. Gall* eurent souvent de ces querelles sanglantes avec les évêques de Constance, les abbés de la Reichenau, les landgraves de la Tourgovie, &c.

Si dans les premiers tems de leur institution, ces sociétés consacrées au culte divin avoient sur-tout mérité le respect des peuples, par la protection des serfs opprimés, ils n'eurent dans la suite aucun scrupule d'exercer tous les droits établis par les coutumes féodales sur les sujets qu'ils avoient acquis. L'insolente avidité de leurs employés porta vers le commencement du XV siecle, les Apenzellois à la revolte. Après une guerre fort vive & des succès variés, ces peuples obtinrent leur entiere indépendance. *voyez* APENZELL.

La Bourgeoisie de *S. Gall*, d'un autre côté, s'étoit aussi soustraite à l'autorité des abbés; ils eurent en elle une rivale inquiete.

Par une alliance avec les quatre cantons, Zuric, Lucerne, Schweitz & Glaris, en 1451, l'abbaye s'assura des protecteurs; & par l'acquisition du pays de Toggenbourg, qu'elle acheta en 1468, des héritiers du dernier comte, pour 14500 florins du Rhin, elle se dédommagea de la perte du pays d'Apenzell. Le premier avantage qu'elle retira de cette acquisition, fut la supression d'une abbaye dédiée à S. Jean, dont les revenus furent réunis à celle de *S. Gall.*

Vers la fin du XV siecle, l'abbé Ulrich donna occasion à une vive querelle avec la ville de *S. Gall.* Il demandoit du terrain pour agrandir le monastere, & vouloit établir une porte dans l'enceinte qui sépare l'abbaye d'avec la cité. Les bourgeois refusérent sa demande & s'opposérent à son projet. Piqué de ces contradictions il se détermine de transporter le monastere à Roschach, sur le bord du lac de Constance. A peine le bâtiment fut-il élevé hors des fondemens, que les Saint-Gallois, avec l'aide des peuples d'Apenzell & des propres sujets de l'abbaye, allerent le démolir; ils craignoient également l'agrandissement de ces religieux dans le voisinage, & la perte des profits & salaires par leur éloignement. Les cantons, appellés par leur allié protégé, soumirent à main armée ces peuples irrités, & les condamnerent à des fraix & dédommagemens considérables; le projet d'un nouveau monastere fut supprimé.

Il étoit aisé de prévoir que la doctrine des

réformateurs trouveroit des dispositions favorables dans des esprits accoutumés à luter contre le pouvoir des ecclésiastiques, devenus leurs maîtres ou les rivaux de leurs immunités. La bourgeoisie de *S. Gall*, une grande partie des peuples d'Apenzell & des sujets immédiats de l'abbaye, embrasserent cette doctrine. Le culte protestant se fit dans l'enceinte même du monastere, & l'abbé se retira en Suabe. Mais l'issue de la guerre de religion, favorable au parti catholique, rétablit ses affaires, & quoique parmi ses sujets même un grand nombre demeurât attaché au culte réformé, ses droits & sa souveraineté furent maintenus.

Les liaisons qu'il prit dès lors avec les Etats catholiques de la Suisse, & son association aux traités particuliers de ces Etats avec la France, non-seulement le rassurerent sur ses possessions, mais elles ouvrirent à ses députés l'accès aux diettes des cantons. Il jouit de tous les avantages d'un membre associé à la ligue Helvétique, & s'oblige à fournir mille hommes pour l'armée confédérée, en cas d'une attaque de la part d'un ennemi étranger. *v.* Corps Helvetique.

Déjà vers le milieu du XV siecle, la riche succession des comtes de Toggenbourg avoit fourni le prétexte de la premiere guerre civile, la plus sanglante & la plus opiniâtre entre les Suisses. Le choc des titres de l'abbé avec les immunités des peuples, & la méfiance nourrie par la diversité des cultes, ne cessoient de produire des griefs & des discordes dans ce petit pays. Ces querelles brouillerent de nouveau les cantons en 1712; on eut recours aux armes; les cantons de Zuric & de Berne, deux fois victorieux, dicterent les conditions de la paix. L'abbé refugié en Suabe, se refusoit opiniâtrement à l'accomodement qui a été accepté par son successeur en 1718. Les difficultés qui restoient encore n'ont pu être terminées qu'en 1758, par la médiation des deux cantons sus-mentionnés.

On compte à l'abbé ou prince de *S. Gall* 91800 sujets dans les anciens domaines du chapitre, dans quelques terres situées en Tourgovie, où le port d'armes lui appartient, & dans le Toggenbourg. Ses droits sont moins étendus dans ces deux derniers districts. Par une clause ajoûtée en 1590, au traité d'alliance ou de combourgeoisie perpétuelle avec quatre cantons, l'abbé a donné à ses protecteurs le droit d'établir, en leur nom, un controlleur ou commandant, sous le titre de *capitaine du pays*, qui a le rang de conseiller intime, avec le droit d'assister aux audiences, & de percevoir la moitié des bamps pour le compte des cantons. Les cantons pourvoient de deux en deux ans à tour de rôle à cet office; celui qui le remplit, réside à Wyl; cependant sa commission ne s'étend ni sur cette petite ville, ni sur le Toggenbourg. C'est un juge de paix, qui doit veiller sur les immunités reservées aux peuples, dont les cantons sont en vertu du traité les garants & les arbitres. Au reste l'abbé fait exercer la justice & la police par des baillifs ou juges séculiers, subordonnés à diverses chambres, dans lesquelles des religieux siegent & ont la principale influence.

Le pays est pour la plus grande partie, montueux & généralement plus abondant en pâturages qu'en grains. Des entrepreneurs de fabriques & des commerçans de *S. Gall*, de Bischofzell & de Hérisau, par la filature des cotons & du lin, font circuler des sommes considérables dans les terres de l'abbaye.

Il faut tenir compte à quelques monasteres de nous avoir conservé quelques restes de la littérature ancienne. Seuls dépositaires de l'art d'écrire pendant plusieurs siecles, ces cénobites, plutôt par dévotion ou par oisiveté, que dans le but de s'instruire, s'amusoient à copier & à peindre des évangiles, des missels, des croniques, quelquefois d'anciens auteurs, dont ils ne savoient pas apprecier le mérite. On compte aujourd'hui autour de mille manuscrits dans la bibliotheque du monastere de *S. Gall*, la plupart sur du parchemin. Ce trésor littéraire fut sauvé lors de la révolution de 1712, les livres imprimés de cette bibliotheque assez nombreuse, furent en grande partie dispersés. Un abbé Ratgut avoit commencé déja vers la fin du IX siecle, à former ce dépot. Il a été utile aux peres du concile de Constance. Les religieux eux-mêmes y firent si peu d'attention, que ces manuscrits demeurerent longtems entassés dans la poussiere d'une tour. C'est de ce cahos qu'on tira, vers l'année 1413, les manuſcrits de Petronius, de Silius Italicus & de Valerius Flaccus. Poggii *Epiſt.*

GALL, *Saint*, ville & petite république indépendante, ſituée dans la Suiſſe & aſſociée au corps Helvétique. La fondation du monaſtere de *S. Gall* occaſionna l'établiſſement d'un bourg dans ce lieu ; après l'invaſion des Huns ou Hongrois dans le X ſiecle, les habitans diſperſés s'étant raſſemblés, ſe munirent contre de nouvelles attaques par l'enceinte d'un mur. Dabord ſujette des abbés, cette ville, une des plus anciennes de la Suiſſe, obtint ſucceſſivement diverſes immunités de ſes maîtres & des empereurs. Frederic II. la reconnut ville immédiate de l'empire, & Rodolfe I. rendit ce droit innalienable. Pendant cette révolution lente, qui éleva les communes dans tout le reſſort de l'empire, la bourgeoiſie de *S. Gall*, par des alliances avec diverſes villes de la Suabe & de l'Helvétie, étendoit & fortifioit ſes priviléges ; elle profitoit des circonſtances pour ſe racheter de quelques aſſujettiſſemens. La même guerre contre l'abbé, qui affranchit les peuples d'Apenzell, rendit auſſi la ville de *S. Gall* preſqu'indépendante. Dans la ſuite elle obtint, par l'entremiſe de quelques cantons & pour prix d'argent, ſon entiere liberation de toutes les prétentions de l'abbaye.

Quand cette petite république vit le prince abbé de *S. Gall* rechercher l'appui des cantons, elle s'empreſſa, de ſon côté, à ſe lier, par un traité pareil de combourgeoiſie, avec les cantons de Zuric, Berne, Lucerne, Schweitz, Zoug & Glaris. Cette levée de bouclier inconsidérée, pour détruire le nouvel établissement des religieux de *S. Gall* à Rosarchach, dont il à été fait mention dans l'article précédent, lui couta la perte de quelques jurisdictions & domaines, que les cantons confisquerent, & vendirent les unes à l'abbé, les autres au seigneur de Sax.

Lors de la réformation, embrassée par la bourgeoisie de *S. Gall*, celle-ci pouvoit espérer non-seulement de voir le monastere sécularisé, mais de profiter de ses dépouilles. La défaite des Suisses réformés fit évanouir ces espérances; mais la ville conserva le nouveau culte, que l'intérêt politique lui rendoit encore plus cher. Elle devint le théâtre du fanatisme des anabaptistes. Chaque idiot s'appliquant à la lecture de l'Ecriture sainte, & se trompant, à l'hazard, sur le sens ou littéral ou mystique des livres sacrés, y puisoit quelque opinion extravagante; on vit, dans les campagnes, des fanatiques excuser leurs débauches par le principe que les saints ne peuvent pécher; on en vit d'autres affecter non-seulement une simplicité, mais une négligence, une mal-propreté puérile, & solliciter les châtimens destinés à l'enfance, sur l'idée qu'il faut ressembler aux enfans pour hériter du royaume des cieux; enfin, on vit un frére inspiré décoller de sang froid, son frére, qui se présentoit au coup en bénissant Dieu. La sévérité des punitions n'auroit peut-être pas suffi sitôt pour arrêter l'épidémie de ces folies scandaleuses, si le mépris & l'épuisement même des imaginations égarées n'avoient concouru à la faire cesser.

Le différend qu'eut la bourgeoisie avec l'abbaye, en 1566, au sujet d'un mur & d'une porte de séparation, se termina par un arrangement entier de toutes les prétentions réciproques. Il s'éleva un tumulte en 1697, à l'occasion d'une procession des catholiques, & du refus que firent les prêtres, de baisser les croix & les enseignes en passant par la ville. On prit les armes, on fit des barricades; mais le calme fut rétabli par l'entremise des alliés. En 1712, l'abbé obligé de fuir devant les troupes des cantons protestans, mit le monastere sous la sauvegarde des bourgeois, qui l'ouvrirent aux vainqueurs par capitulation.

Le gouvernement à *S. Gall*, est une aristocratie & démocratie mixte. La bourgeoisie est partagée en six corporations ou tribus, outre celle des familles nobles. Chacune des six tribus se choisit trois présidens ou tribuns, qui alternent dans leurs fonctions. Douze de ces tribuns siegent dans le sénat ou conseil étroit, avec les trois bourguemaîtres, dont la charge alterne aussi d'une année à l'autre, & avec neuf conseillers, choisis indistinctement parmi tous les citoyens. A ces vingt-quatre sont ajoutés onze de chaque tribu bourgeoise, pour former le grand conseil des nonante. La bourgeoisie en corps fait l'élection du bourguemaître. Les tribuns sont choisis par les corporations. Le sénat élit ses membres des conseils, &c. Nous ne fatiguerons pas le lecteur par de plus grands détails sur la régence, sur l'administration de la justice & de la police. Pour la défense de la ville la bourgeoisie est partagée en neuf compagnies de milice, une de canoniers & deux de grénadiers, dont l'une doit servir à cheval.

S. Gall n'a pour tout territoire, qu'une banlieue très-resserrée. Elle est, à proportion de son étendue, très-bien peuplée. On compte dans la ville & les fauxbourgs huit mille trois cents ames. On y trouve cet ordre simple, cette œconomie & propreté que donne l'habitude du commerce, & qui se maintient plus aisément dans une sphere bornée, où l'attention des magistrats est en même tems moins distraite par la multiplicité des objets, & mieux éclairée par des citoyens, qui jouissent du plaisir de leur liberté dans le droit de surveiller la regence. Les dépenses publiques sont prises sur le produit de quelques droits d'entrée & de sortie, & sur une contribution annuelle, réglée par le grand conseil, & à laquelle les citoyens absens restent également assujettis.

Tout le petit territoire relevant de la ville, est occupé par des jardins, des vergers, ou des prairies destinées au blanchiment des toiles. Cette fabrication & le commerce qui en est la suite font l'unique richesse & le principal ressort de la république. Cette branche d'industrie y existe depuis le XII siecle. Deux événemens ayant fait tomber le commerce & l'industrie dans la ville de Constance, mieux située, & beaucoup plus peuplée autrefois que *S. Gall*, cette derniere ville a profité des pertes de ſa rivale. Le concile aſſemblé à Conſtance au commencement du XV ſiecle, par l'affluence prodigieuſe des étrangers, par le rencheriſſement des vivres & par les mouvemens guerriers qui ſuivirent ſes réſolutions, fit émigrer pluſieurs familles citoyennes; l'abolition du culte réformé en 1548, quand Ferdinand, roi des romains, par ménaces & par addreſſe, eut ſubjugué Conſtance, occaſionna un réfuge plus conſidérable encore. Le gouvernement de *S. Gall*, de ſon côté, a favoriſé cette fabrication, en faiſant les frais pour l'établiſſement des divers bâtimens & des aqueducs pour la préparation des toiles. De fortes maiſons de familles S. Galloiſes ſe ſont établies à Lyon, à Marſeille, à Gênes, à Cadix, en Hollande & en Angleterre. C'eſt peut-être un bien, que ces familles, après s'être enrichies, ne ſoient pas tentées de rapporter dans leur patrie l'exemple contagieux des dépenſes & du luxe.

La ville de *S. Gall* tire facilement toutes les denrées des contrées voiſines de la Suiſſe & de la Suabe. Cependant par un inconvénient, de ſon ſite, on n'y peut aborder que par des routes mal entretenues; il ſeroit également avantageux pour les ſujets de l'abbaye, que pour cet objet elle voulut ſe prêter aux vues & intérêts de la ville.

L'eſprit de commerce ne fait pas négliger les ſciences à *S. Gall*. De tout tems cette ville a compté des hommes inſtruits & éclairés parmi ſes citoyens. Un des plus célebres eſt le bourguemaître Vadian ou de Wadt. Il jouit d'une grande conſidération du tems de la réformation ; il en fut le principal promoteur dans ſa patrie. Sa bibliotheque, léguée à la ville, a ſervi de baſe pour l'établiſſement d'une bibliotheque publique. On y conſerve treize volumes *in-fol.* écrits de ſa main, qui contiennent ſa correſpondance avec les réformateurs & divers documens ſur l'hiſtoire de ſon tems.

La ville de *S. Gall*, en vertu de ſa combourgeoiſie avec ſix cantons, jouit du titre d'aſſocié du corps Helvétique. Depuis 1666, un député de ſa part eſt admis aux diettes générales des Suiſſes. Elle participe à divers traités des cantons, particulierement des cantons évangeliques, avec des puiſſances étrangeres, & aux priviléges que ces traités procurent à la nation chez ſes voiſins. Comme ville marchande elle profite particulierement des immunités accordées aux Suiſſes par la France.

GANODURUM, Ptolémée eſt le ſeul qui parle de cette ville de l'Helvétie ; il n'en marque pas exactement la poſition. Auſſi les ſentimens des ſavans en different beaucoup. Les uns la placent à Conſtance, ce qui eſt une erreur manifeſte, vu que cette contrée étoit de la Rhetie. D'autres la placent à Burg ſur la rive du Rhin, vis-à-vis de Stein ; d'autres à Buchs, près d'Eſchenz ; & d'autres à Ober-Culm. On a trouvé des antiquités dans tous ces différents endroits. Enfin, quelques ſavans croyent que *Ganodurum* n'eſt qu'une corruption de *Solodurum*.

GASTER, anciennement *Castra rhætica*, seigneurie de Windegg, bailliage gouverné conjointement par les cantons de Schwitz & de Glaris. Ce pays est très-fertile en pâturages & en vergers. Il comprend le lac de Wallenstatt. Après avoir changé très-souvent de maîtres, ce pays parvint à la maison d'Habsbourg. La maison d'Autriche l'hypothéqua en 1438 aux cantons de Schwitz & de Glaris. Le baillif alterne de deux en deux ans entre ces deux cantons. Les appels se portent devant le sindicat de ces cantons, & delà aux cantons mêmes.

Le baillif ne réside pas dans le pays, il y vient de tems en tems, pour y remplir ses fonctions. Le pays jouit de beaux priviléges, il forme une assemblée générale ou landsgemeind tous les deux ans; il établit plusieurs offices, & sur-tout le landgericht pour les causes civiles, & le landrath pour les affaires générales du pays. Dans les causes criminelles les deux cantons sont eux-mêmes les juges, & en cas de diversité d'opinions, c'est le baillif régnant, qui décide. A Quarten, Unter-terzen, Quinten & Murg, le criminel appartient au bailliage de Sargans. Tout le pays est de la religion catholique romaine, & le baillif le doit être aussi. L'ecclésiastique appartient en partie à l'évêché de Coire & en partie à celui de Constance. Différens traités conclus entre les deux cantons fixent les droits de chacun d'eux. Dans ce bailliage se trouve l'abbaye de Schænnis de l'ordre de S. Augustin, fondée dans le IX siecle par Hum-

fried,

fried, comte d'Iſtrie & de Churwalden, l'avoyerie en appartient aux cantons de Schwitz & de Glaris. Cette abbaye eſt compoſée d'une abbeſſe qui a le titre de *princeſſe du S. empire*, de ſix chanoineſſes & d'une qui a l'expectative. Toutes ſont obligées à prouver ſeize degrés de nobleſſe. L'abbeſſe ſeule ne peut plus quitter le monaſtere, ni ſe marier. Elle a le droit de bourgeoiſie à Zuric. Ses revenus s'étendent non-ſeulement dans le pays de *Gaſter*, mais encore dans les cantons de Zuric, de Berne, de Lucerne & dans les bailliages libres inférieurs.

A ce bailliage ſont réunis deux diſtricts différens :

1. Le bailliage de Weſen, *Portus Rivanus*. Weſen étoit anciennement une ville, mais en vengeance de la trahiſon commiſe en 1386 contre la garniſon Suiſſe, elle fut raſée en 1388. Ce n'eſt plus actuellement qu'un bourg aſſez chétif; il eſt d'ailleurs très-expoſé aux inondations, & eſt mal-ſain, ce qui fait que malgré qu'il ſoit l'entrepôt de toutes les marchandiſes qui paſſent en Italie ou qui en viennent, il ne peut cependant pas ſe relever. Il y a un couvent de religieuſes de l'ordre de S. Dominique, fondé au XIII ſiecle par Rodolphe de Habsbourg landgrave d'Alſace, & par ſa femme née comteſſe de Kibourg.

2. Le bailliage de Gams. Ce pays ſe racheta de ſes maîtres, mais il préféra en 1497 de ſe ſoumettre volontairement aux cantons de Schwitz & de Glaris, en conſervant ſes pri-

viléges, & quantité de droitures. Il eſt fertile en pâturages. On trouve à Gæmpelen une bonne ſource d'eau ſoufrée.

Gains & Weſen n'ont d'autre liaiſon avec le bailliage de *Gaſter* que d'être gouvernés par le même baillif.

GEMMI, haute montagne de Suiſſe, faiſant partie de la grande chaîne qui ſépare le canton de Berne du Valais. La *Gemmi* ſe diſtingue particuliérement à cauſe du paſſage qu'on y a pratiqué pour aller aux bains de Leuck. Le chemin eſt ſuperbe & l'on peut aller en caroſſe juſqu'au bout de la petite vallée de Kandelſchteig, qui eſt cependant fort élevée ; mais trouvant là une nouvelle montagne très-eſcarpée, & le pays devenant ſingulierement ſauvage, ce beau chemin n'a pu être continué plus avant ; il eſt néanmoins très-praticable aux gens de pied, aux mulets, &c. Les paſſagers prennent à l'ordinaire au village de Kandelſchteig, des porteurs qui les menent ou les portent juſqu'aux bains. Ce trajet eſt de cinq lieues ; on trouve à moitié chemin un hoſpice ; & à quelque diſtance de là un lac extrêmement profond, d'une demi-lieue à-peu-près de longueur ſur un quart en largeur ; il eſt gélé neuf à dix mois de l'année ; pendant ce tems là on paſſe deſſus ſans s'en appercevoir, mais on n'oſe plus s'y hazarder quand la neige eſt fondue & laiſſe voir la glaſſe. Tout ce pays n'offre que pierres & rochers amoncelés les uns ſur les autres ; c'eſt une image parfaite d'un bouleverſement extraordinaire qu'auroit produit un violent tremblement de terre. Arrivé au point le plus élevé du passage, au lieu qu'on appelle la *Touben*, l'aspect y est des plus singuliers. A droite est un très-grand glacier en pente douce & parfaitement uni, qui s'étend jusqu'au Weissehorn, (Corne-blanche): à gauche sont deux pointes en forme de pain de sucre, d'une hauteur prodigieuse, toujours couvertes de neige, & d'une ressemblance parfaite; ce qui pourroit bien être la cause du nom de *Gemmi*, comme qui diroit *jumeaux* donné à cette montagne; au moins cette étymologie me paroit-elle avoir plus de vraisemblance que celle qu'a conjecturée M. Grouner, dans sa *description des glaciers de Suisse*, où il dit que le nom de *Gemmi* est dérivé de *gemitus*, parce qu'on ne peut passer cette montagne sans gémir à la vue du péril auquel on est sans cesse exposé.

En face, on découvre de l'autre côté du Valais; les montagnes énormes qui le séparent de l'Italie; enfin, l'on voit à ses pieds, mais à une profondeur immense, le village de Leuck; on y pourroit jetter une pierre, il faut cependant deux grandes heures pour y arriver, & à peine apperçoit-on quelques bouts du chemin, qui est en zigzag taillé dans le roc, tellement qu'on y est presque toujours à couvert. C'est un ouvrage de ce siecle depuis 1736 à 1741, & qu'on peut dire admirable; mais quelque beau qu'il soit il est peu de voyageurs à qui ce trajet ne paroisse effrayant.

On trouve continuellement sur cette montagne des indices de minéraux, en particulier des pyrites sulfureuses & des marcassites. Il y a près de quelques cabanes que l'on rencontre avant que d'arriver à l'hospice, dans une pyrite vitriolique, une mine d'argent qui paroit mériter l'exploitation, & une infinité de pierres tendres calcaires qui renferment des cochlites & des térébratulites, indices évidents du séjour des eaux de la mer dans ces lieux si élevés.

En 1755, les troupes Bernoises passérent cette montagne par ce chemin alors couvert de neige, pour aller mettre fin aux troubles de la vallée de Livenen. Il n'y a que des soldats Suisses qui eussent pu pénétrer dans ce pays-là dans cette saison.

GENEVE, ville & république, située sur les confins de la Savoie, de la France & de la Suisse. Le passage du Rhône au-dessous du lac Leman, & le voisinage de cette petite mer poissonneuse, doivent avoir occasionné dans des tems fort anciens l'établissement de quelques chaumieres de pastres & de pêcheurs dans cette isle & sur cette colline qu'occupe aujourd'hui la ville de *Geneve*, appellée *Geneva* par les Romains, & *Gebenna* dans le moyen âge. Elle appartenoit aux Allobroges, quand cette nation passa sous le joug des Romains: on la fortifia pour servir de barriere contre les nations Germaniques, qui ménaçoient sans cesse les Gaules & l'Italie. Jules César en fit sa place d'armes, pendant que les Helvétiens faisoient les préparatifs d'une invasion, & leur opposa un mur qui s'étendoit des bords du Rhône jusques au Jura. La défaite totale de ces peuples assujettit à l'empire romain leur pays, qui comprenoit la majeure partie de la Suisse moderne. *Geneve* fut mieux fortifiée & s'accrut sous les successeurs de César. Une colonie romaine établie sur le bord septentrional du lac, augmenta sa sureté. Sa police se perfectionna; & tandis que les défrichemens s'étendoient de plus en plus autour d'elle, l'avantage & l'agrément de sa situation la rendoient toujours plus florissante.

De nouvelles invasions des peuples du nord, facilitées par l'affoiblissement intérieur de l'empire, arrêterent bientôt les progrès de la population & de l'industrie; dans les provinces qui n'avoient pas souffert des catastrophes, dont la capitale étoit sans cesse le sanglant théâtre. Mais enfin la chûte violente & presqu'entiere de cet empire immense, & la dissolution de ses parties, furent accompagnées du bouleversement des pays qui lui avoient été soumis. Les barbares usurperent la souveraineté sur les provinces épuisées & consternées. *Geneve* & les pays circonvoisins furent le partage des Bourguignons, dont les Etats devinrent la proie des Francs. Des rois féroces ou imbéciles ne surent point donner une constitution à leur empire. Les usages militaires qui leur servoient de loix, produisirent bientôt l'anarchie; chaque officier s'appropria les droits de sa charge, & se rendit indépendant; le soin de la police intérieure fut plutôt abandonné que concédé au peuple des villes.

Au milieu de ces révolutions, ou dans le ſilence de l'abattement qui en rempliſſoit les intervalles, le chriſtianiſme ſe fit entendre; les barbares furent frappés du bruit de ſes miracles. On préſume que *Geneve* eut un évêque dès le V ſiecle; il relevoit du ſiege d'Arles, enſuite de celui de Vienne.

Après une longue ſucceſſion de princes, indignes d'être connus de la poſtérité, Charlemagne parut, & quoique conquerant, il fut le légiſlateur & le bienfaiteur des peuples. Il augmenta les immunités de la bourgeoiſie de *Geneve*, & affranchit ſes foires. Dans le démembrement de ſes vaſtes Etats, ſous ſes ſucceſſeurs, *Geneve* fut compriſe ſucceſſivement dans le royaume d'Arles & dans le nouveau royaume de Bourgogne. Après l'extinction de cette monarchie éphémere, les provinces dont elle avoit été compoſée, furent réunies avec l'empire germanique. Mais l'autorité des empereurs, précaire en Allemagne, étoit devenue à-peu-près nulle dans les provinces de la frontiere. Les grands vaſſaux s'étoient rendus indépendans; la néceſſité avoit appris aux villes à ſe défendre en s'uniſſant, & à ſe gouverner elles-mêmes; & les chefs de l'empire, trop foibles pour maintenir leur propre autorité, protégeoient les confédérations des communes, & augmentoient leurs libertés, pour oppoſer un contrepoids à la puiſſance abuſive des barons.

Au milieu de cette confuſion, que des révolutions fréquentes, une fermentation universelle & une ignorance profonde, prolongerent pendant plusieurs siecles, le clergé, réuni sous un chef, qu'une dévotion peu éclairée fit craindre & respecter, étoit adroitement parvenu à joindre une grande portion de jurisdiction temporelle à la jurisdiction spirituelle déjà trop impérieuse. Ainsi les évêques de *Geneve* avoient acquis les titres de princes & de souverains sur la ville & sur un territoire considérable dans ses environs.

D'un autre côté, les comtes de Genevois, simples officiers des empereurs dans leur institution, quoique devenus vassaux de l'évêque, aspiroient à l'exercice exclusif de la justice dans la ville & dans tout le pays de son ressort. Les bulles des empereurs & des papes servoient plus à entretenir ces contestations qu'à les décider. Le peuple, pressé alternativement par ces deux forces, profitoit de leur choc, pour affermir ou étendre ses coutumes ou ses priviléges; il craignoit moins l'abus de l'autorité pastorale, & obtenoit plus du besoin qu'avoit celle-ci de la faveur populaire.

Cependant une troisieme puissance s'étoit formée dans leur voisinage, & menaçoit la liberté des citoyens. Les comtes de Savoie, devenus puissans par la réunion successive de plusieurs fiefs, s'approprierent, avec la possession du Genevois, toutes les prétentions des anciens comtes, & ambitionnoient la souveraineté dans une ville frontiere & florissante. Avant d'exposer les suites de ce projet, nous jetterons un coup d'œil ſur la forme ſous laquelle l'adminiſtration publique ſe trouvoit établie dans la ville de *Geneve* vers le commencement du XI ſiecle.

L'évêque, dans ſa qualité de prince temporel, pouvoit faire des alliances pour ſon intérêt particulier. Les bourgeois & habitans ſe reconnoiſſoient ſes ſujets. Il avoit droit d'impoſer des logemens & des corvées dans le territoire de la ville, de battre monnoie, de faire punir les voleurs; les péages, le cours du Rhône, la gabelle ſur les vins, les marchés & leur police, les lods des ventes des maiſons, les pâturages publics, la confiſcation des biens des criminels, lui appartenoient. Outre le conſeil épiſcopal, qui décidoit dans les affaires qui intéreſſoient la religion ou la police eccléſiaſtique, l'évêque avoit deux tribunaux pour le civil; la cour du vidomne, & l'official. Le vidomne, aidé par trois ou quatre aſſeſſeurs, jugeoit en premiere inſtance les cauſes civiles. Cette cour ſiegeoit dans un château bâti ſur l'iſle du Rhône. On appelloit de ſes jugemens à l'official, & dans les cas les plus graves, l'appel alloit juſques à l'archevêque de Vienne. L'évêque pouvoit, en certains cas, faire grace ou adoucir la ſentence. On pourroit conclure de quelques faits, qu'un criminel convaincu ne pouvoit être abſous qu'avec le conſentement du peuple.

Les aſſemblées des communes étoient devenues d'un uſage aſſez général, ſans autre titre, que la néceſſité de ſuppléer, par la volonté de la généralité, au défaut de la puissance tutélaire, démembrée ou anéantie dans presque tous les Etats. Dans quelques pays ou villes, l'habitude & une suite de circonstances, étendirent l'autorité & l'influence de ces assemblées sur-tous les objets d'intérêt public; elles parvinrent à exercer le droit de la législation & la souveraineté. Dans d'autres lieux, des circonstances contraires les firent borner à des objets de simple police. Déjà antérieurement à l'époque dont nous traitons ici, le conseil général existoit dans *Geneve*; il étoit composé de tous les chefs de famille, citoyens ou habitans, (car cette distinction n'étoit pas alors aussi clairement marquée que dans les tems postérieurs) : il pouvoit être convoqué, ou par l'évêque, ou par les sindics. Dans les premiers tems de l'église de *Geneve*, le peuple, de concert avec le clergé, choisissoit ses pasteurs ou évêques ; il établissoit ses sindics & le trésorier; il régloit lui-même les impôts, formoit des alliances, & sans son consentement les évêques ne pouvoient décider d'aucune affaire importante pour la communauté; au contraire ces princes, à leur entrée dans la ville, prêtoient serment entre les mains des sindics, de garder & de protéger les franchises de la cité.

Les bourgeois avoient nécessairement la garde de la ville; les clefs des portes étoient déposées chez les sindics. Depuis le coucher jusqu'au lever du soleil, tout exercice de jurisdiction de la part des officiers de l'évêque étoit suspendu. Ces officiers étoient obligés de remettre dans les vingt-quatre heures aux sindics tout malfaiteur par eux arrêté, & ces derniers, assistés par un nombre indéterminé de conseillers de leur choix, étoient juges criminels sans appel. Ils remettoient à leur tour le coupable au vidomne pour l'exécution de la sentence. Dans les cas de peines légeres, elle s'exécutoit dans la ville; mais pour les peines capitales le criminel étoit livré au chatelain de Gaillard, officier du comte de Genevois. Dans les désordres nocturnes, les sindics pouvoient faire emprisonner : ils concourroient avec l'évêque dans la police sur le prix des denrées : ils gardoient les munitions, les archives ; donnoient à l'évêque sa part dans les revenus de la communauté, & pourvoyoient aux dépenses & charges publiques, particulierement à l'entretien des fortifications.

De droit c'étoit sans doute l'empereur, qui, à cette époque, étoit le souverain de *Geneve*; mais, dans le fait, les immunités obtenues par le peuple, la jurisdiction acquise par l'évêque, rendoient l'un & l'autre jouissans de diverses prérogatives communément liées avec l'idée de la souveraineté. Nous avons beaucoup d'exemples, encore de nos jours, dans l'Allemagne & dans la Suisse même, de ces associations mixtes & si bisarres en apparence, d'usages monarchiques avec des formes républicaines, de droit d'indépendance avec des titres d'assujettissement. Pendant la longue durée de l'anarchie féodale, tous les droits imaginables étoient devenus pour ainsi dire des effets commerçables & transmissibles. Les évêques, les barons, les communes, en acqueroient ou en saisissoient quelques uns, avec d'autant plus de facilité, que dans ces tems de confusion & d'attente, chez des hommes encore si peu éclairés, le seul besoin faisoit naître successivement les regles & les loix; ainsi les constitutions de ces gouvernements municipaux, & les limites des divers droits n'étoient ni uniformes ni constantes. Au lieu donc de nous arrêter à une question inutile peut-être, & si difficile à résoudre, voyons comment les Genevois, après avoir luté, pendant près de deux siecles, contre les desseins des princes de Savoie, obtinrent leur entiere liberté par une révolution, dont le culte religieux & le gouvernement civil furent également l'objet.

Les comtes de Maurienne, vassaux des derniers rois de Bourgogne, après avoir étendu leur domination sur quelques provinces voisines, en avoient obtenu l'investiture de l'empereur Henri V avec le titre de comtes de Savoie. Amé V porta le premier ses vues sur *Geneve*; il força l'évêque de lui céder le vidommat, aidé dans ce premier pas, par les citoyens jaloux de la puissance de leur pasteur. Amé VI se fit donner la commission de vicaire du S. empire. Des concessions impériales exemptoient la ville du ressort de cet office; mais ces divers titres de jurisdiction donnoient au comte le prétexte de sieger quelquefois dans la ville, avec l'agrément de l'évêque ou des citoyens. Quant Amé VIII eut acheté le comté de Genevois, une accumulation si rapide de titres & prétentions ouvrit les yeux au peuple & à l'évêque; ils commencerent à résister avec plus de concert & de fermeté aux tentatives que firent les princes pour amener les citoyens à une soumission volontaire ou habituelle. La mémoire de l'évêque Jean de Pierre-Seize est encore respectée, pour les soins qu'il prit de rendre inutiles les intrigues d'Amé auprès de l'empereur & du S. siege. C'est cet Amé VIII qui, après avoir été décoré par l'empereur Sigismond du titre de duc, fut élû pape au concile de Bâle, sous le nom de *Felix* V & qui, reduit ensuite au titre d'administrateur des évêchés de Lausanne & de *Geneve*, alla terminer les projets inquiets d'une ambition capricieuse dans la chartreuse de Ripailles, au sein d'une vie molle & obscure.

La vue du péril qui l'environnoit rendit le peuple de *Geneve* plus attentif à fixer les constitutions de la communauté, dans lesquelles, différentes circonstances momentanées pouvoient introduire des variations, dont l'exemple devenoit trop dangereux. Ademar Fabri, évêque en 1385, avoit fait rédiger les coutumes, franchises & libertés du peuple; il les avoit confirmées & jurées. Felix V avoit donné, en 1441, sa sanction à ce code, encore assez informe, d'institutions politiques & de loix civiles & criminelles. Un corps peu nombreux de magistrats pouvoit céder aux promesses ou aux menaces des princes. Dans cette crainte, le conseil général fixa, en 1457 le nombre des conseillers qui devoient gérer les intérêts publics sous la présidence des sindics. On créa un conseil de vingt-cinq & un autre de cinquante. Ce dernier corps subit quelques variations, tant rélativement au nombre des membres qui le composerent, que dans les limites de ses pouvoirs.

Les ducs de Savoie successeurs d'Amé VIII n'abandonnerent point ses vues sur *Geneve*. Ils parvinrent à faire tomber la dignité épiscopale sur des cadets de leur maison. Des enfans, des bâtards même, en furent revêtus pour la forme; car sous ces pasteurs pupilles ou imbécilles, le conseil du duc dirigeoit l'exercice de toute jurisdiction. Il avoit des créatures dans le corps même des magistrats de la ville; le chapitre & le conseil de l'évêché étoient à peu-près à sa dévotion. Les plus riches habitans, par les domaines qu'ils possédoient riere la Savoie, étoient intéressés à ménager ses bonnes graces. Telle étoit la situation épineuse des Genevois au tems du duc Charles III vers le commencement du XVI siecle. Ce prince fier, impétueux, de concert avec l'évêque Jean de Savoie, bâtard d'un précédent évêque de *Geneve*, exerçoit le despotisme avant de l'avoir établi. Ils faisoient lâchement enlever les citoyens qui osoient résister à leur volonté tyrannique, & sur des imputations sans preuves légales, les livroient aux tourmens & au supplice.

Souvent l'orgueil impatient des oppresseurs a fait le désespoir & le salut des peuples. Un citoyen de *Geneve*, nommé *Berthelier*, avoit acquis le droit de bourgeoisie à Fribourg en Suisse, pour y trouver, au besoin, des protecteurs. Il insinua aux chefs de cette république qu'une alliance avec *Geneve* leur procureroit quelques avantages, & qu'il étoit de leur intérêt d'empêcher que cette derniere ville, en tombant dans la servitude, n'augmentât la puissance d'un voisin ambitieux. Le sindic Besançon Hugues appuya ce projet auprès de ses concitoyens; le traité fut conclu; il releva le courage du peuple. Il se forma un parti d'*eidgnoss*, du nom de *guerre des Suisses;* ce parti qu'une erreur de langage, ou le nom du sindic Hugues, fit dans la suite appeller *huguenottes*, devint supérieur aux *mammelus* ou partisans des princes.

Le duc Charles, irrité par une démarche qui tendoit à lui arracher sa proie, entre dans *Geneve* avec un corps de troupes par une brêche faite au mur de la ville, & force le peuple consterné à renoncer à la nouvelle alliance. Il obtient, par des sollicitations auprès des cantons Suisses, que Fribourg se désisteroit du traité, & promit de ne point lézer les libertés de la ville de *Geneve*. Cependant il se livra plus que jamais à l'emportement de son caractere. Berthelier fut immolé à sa vengeance. A son imitation on vit l'évêque Jean & son successeur, Pierre de la Beaume, entrer dans le conseil général, entourés d'une garde nombreuse, déposer des magistrats & dicter des loix. Par une inconséquence, heureuse pour *Geneve*, ces maîtres injustes n'y fixerent point leur séjour; après des actes momentanés de violence, ils quittoient la ville & donnoient le tems à la haine d'effacer les impressions de la terreur. D'ailleurs la crainte des Suisses arrêtoit souvent les oppresseurs. Une valeur tant de fois éprouvée & toujours victorieuse, avoit rendu cette nation redoutable à tous ses voisins. *Geneve* demeura quelque tems encore dans cette agitation sourde & violente, que causoit le desir impatient de la liberté, irrité par de puissans obstacles. Les manes des Pecolat, des Berthelier, des autres victimes du despotisme, demandoient ou des vengeurs, ou du moins des imitateurs plus heureux de leur courage. Le nombre des fugitifs s'augmentant tous les jours, leurs cris réveillerent le zele des Suisses, que le duc avoit eu l'art d'assoupir. Berne & Fribourg formerent un nouveau traité de combourgeoisie avec *Geneve*; & le duc, n'ayant pu le prévenir, après de vaines menaces, abandonna la partie.

Les conditions de cette alliance étoient inégales, ainsi que les besoins & les forces des parties contractantes. Les deux cantons se réservoient de pouvoir juger des cas, où *Geneve* demanderoit leurs secours, & lorsqu'il seroit accordé, elle devoit en supporter les frais; en échange cette ville s'obligeoit à secourir ses alliés à ses propres dépens & sur la premiere réquisition. C'est à-peu-près sous les mêmes réserves que les anciens cantons de la ligue helvétique, après avoir rendu leur confédération solide & respectable, par leur valeur & par leurs succès, avoient accordé la protection de leur alliance à de nouveaux associés. Le traité entre les trois villes fixe l'époque de la vraie existence de la républi-que de *Geneve* ; son entier affranchissement de l'autorité ménaçante des évêques & des ducs en fut une suite.

Les principaux des *mammelus*, les espions de la cour, s'étant évadés, on jugea leur conduite passée ; ils furent condamnés à de fortes amendes, & bannis à perpétuité. Ces exilés se liguerent avec des gentils-hommes savoyards, & sous le nom de la *confrairie de la cuillere*, ils se vengerent par un brigandage, dont le secours onéreux de ses alliés ne garantissoit *Geneve* que pour le moment. Ce fut le premier commencement des longues hostilités entre la république & la Savoie. L'évêque, brouillé à son tour avec le duc, fut réduit à demander le droit de bourgeoisie dans *Geneve*, pour jouir de la protection de la nouvelle alliance, qu'il confirma.

Tous ces événemens produisirent divers changemens dans le gouvernement intérieur de *Geneve*. Pierre de la Beaume remit aux sindics & conseil le droit de juger des causes civiles, en exceptant les ecclésiastiques. Le conseil général abolit le tribunal de vidommat, & le remplaça par celui d'un lieutenant & de quatre auditeurs, qui subsiste encore aujourd'hui, & dont l'élection se fait annuelle-

annuellement dans l'aſſemblée générale des citoyens. Le grand conſeil des deux-cents a auſſi été inſtitué à cette époque ; il paroit que l'imitation des formes reçues dans les deux villes alliées, fut le principal motif de cet établiſſement, & du changement fait au conſeil des cinquante, établi en 1457, qui fut augmenté de dix nouveaux membres.

Sur de nouvelles hoſtilités des *mammelus* exilés & de leurs partiſans, les deux cantons chatierent les vaſſaux du duc, conjurés contre *Geneve*. Charles eut encore recours aux négociations auprès des Suiſſes, pour faire diſſoudre l'alliance entre les trois villes. Les deux cantons paroiſſoient ébranlés ; mais dans *Geneve* on défendit ſous peine de vie à tout citoyen de propoſer la renonciation au traité. On convint d'une ſuſpenſion d'armes à S. Julien, & le duc, ſous l'hypothéque de ſes terres aux environs du lac de *Geneve*, promit d'accepter le prononcé, que feroit les députés de dix cantons neutres ſur ſes prétentions. Par la ſentence de ces derniers le vidommat fut adjugé au duc ; l'alliance dont il ſe trouvoit ſi fort bleſſé fut corroborée, & Charles fut condamné à vingt-un mille écus pour les frais de la guerre. L'inexécution de ce dernier article, rendit, comme nous le verrons, tout cet acte infructueux.

L'évêque, par des variations continuelles, devenoit toujours plus mépriſable au peuple & à la cour. Ses démarches, preſque toutes trop foibles ou fauſſes, ne firent que hâter la révolution qui anéantit pour toujours dans *Geneve* cette autorité eccléſiaſtique dont-il avoit tenté de ſe ſervir pour recouvrir la juriſdiction civile. On pouvoit prévoir que la doctrine des réformateurs ſeroit bien reçue d'un peuple échauffé du premier enthouſiaſme de la liberté, qu'elle invitoit à repouſſer en même tems le joug eccléſiaſtique & politique.

L'impétueux Farel, un jeune françois nommé *Froment*, & deux cordeliers, Bouſquet & Lambert, répandirent les premiers germes de la nouvelle doctrine. Quelques violences du clergé, des menaces imprudentes de l'évêque, & enfin ſa retraite précipitée, ne firent que fortifier le parti des réformateurs. Des deux villes alliées, l'une exhortoit fortement les Genevois de ne point ſe ſéparer de la communion de l'égliſe de Rome, l'autre les preſſoit d'affermir leur liberté en ſe ſouſtrayant à la domination eccléſiaſtique. Après quelques tems de diſputes & de confuſion, le grand conſeil termina les conteſtations, en adoptant, en 1534, la doctrine & les formes du culte propoſé par les réformateurs. Fribourg, mécontente de cette réſolution, renonça à l'alliance.

Les eſprits échauffés par la diverſité d'opinions ſur de grands intérêts, ne ſe calment pas tout-à-coup & ſe réuniſſent encore plus difficilement. Pendant les criſes publiques l'autorité demeure ſuſpendue, l'ordre & la ſubordination ſe perdent, les mœurs même ſe relachent. La ſévérité des principes qui conduiſoient les réformateurs, heurta les abus & le libertinage. Beaucoup de partiſans de l'ancien régime, réduits d'abord au ſilence, profiterent des murmures pour décrier l'autorité des miniſtres, & pour calomnier leur zele opiniâtre en l'accuſant d'ambition. Ils parvinrent à les faire congédier. Mais bientôt de nouveaux déſordres les firent regretter des honnêtes gens & rappeller par la pluralité. Enfin le célebre Calvin, appellé dans cette égliſe encore mal affermie, par l'aſcendant de ſon génie, ſoumit un peuple impatient au frein de la police eccléſiaſtique, & contribua par-là à fixer la conſtitution même de la république en accoutumant les eſprits à l'ordre public. Il mérita l'admiration de ſes contemporains par de grands talens, un ſavoir peu commun, & un travail infatigable. On reproche à ſa mémoire la peine capitale exécutée ſur Michel Servet, médecin Eſpagnol, qui avoit écrit contre le dogme de la divinité de Jéſus-Chriſt. Si Calvin fut égaré par une paſſion perſonnelle, c'eſt ſans doute une grande tache à ſa gloire. Pour le reſte, la ſévérité outrée de ce jugement doit être plutôt reprochée à ſon ſiecle. Les catholiques même provoquoient les proteſtans à l'intolérance, par l'accuſation d'avoir introduit dans l'égliſe chrétienne la confuſion des dogmes & des cultes. A meſure qu'on s'écarte des opinions anciennes, on ſe plait à décréditer la mémoire des perſonnes qui les ont établies ou ſoutenues; de cette partialité nos neveux, à leur tour, vengeront nos prédécesseurs à nos dépens.

Dès l'époque de la réformation, *Geneve* acquit de la célébrité dans l'Europe; elle fut regardée comme le centre & l'azile de la religion réformée par les François & les Italiens qui embrasserent ses dogmes. Le refuge des protestans persécutés donna de l'accroissement à sa population; les arts & le commerce la rendirent toujours plus florissante. Nous avons cherché à donner une idée exacte des circonstances qui ont fait de *Geneve* un petit Etat indépendant; nous passerons plus rapidement sur les événemens postérieurs à cette date. Il s'en présente de deux especes; des guerres au déhors, des troubles dans le sein de la république.

Les Bernois, & à leur exemple les Fribourgeois & les Valaisans, profiterent de l'invasion des François dans le Piemont, pour enlever au duc de Savoie les provinces qui entourent le lac de *Geneve*. Cette saisie, qui se fit en 1536, en vertu du traité de S. Julien, procura à *Geneve* un relâche des hostilités plus incommodes que décisives, qui l'avoient précédée; elle n'eut pour sa part des dépouilles de son ennemi, que quelques terres autour de ses murs, & qui, avec quelque peu de changemens forment tout son territoire encore de nos jours. Emanuel Philibert, fils & successeur de Charles III duc de Savoie, fit sa paix avec la France, en 1559. Six ans après le Chablais & le pays de Gex lui furent rendus par un traité particulier avec le canton de Berne. Ainsi *Geneve* se trouva de nouveau enveloppée par les possessions de la maison de Savoie.

Le souvenir des dangers évités, & le sentiment de leur foiblesse faisoient également craindre aux Genevois tous leurs voisins, alliés ou ennemis. Après avoir obtenu la liberté, ils s'étoient flattés de quelque agrandissement de terroire. Ils se plaignoient que leurs alliés profitoient seuls des dépouilles de leur commun ennemi. Blessés de ces murmures, les Bernois avoient manifesté à leur tour, la prétention de succéder à divers droits de l'évêque. Des principes aussi opposés avoient réfroidi l'amitié entre les deux États; mais avec la restitution d'une partie des conquêtes, les motifs de cette mésintelligence tomberent. Le traité de combourgeoisie avoit été renouvellé entre les deux villes en 1558. Le canton de Soleure y accéda en 1579. Les deux cantons s'unirent alors à la France dans l'engagement de protéger la ville de *Geneve*. En 1584, Zuric, Berne & *Geneve* formerent une alliance perpétuelle; c'est par ce dernier traité seul que *Geneve* est aujourd'hui liée avec les Suisses. Les tentatives faites en 1570 pour l'associer à la confédération générale de cette nation, avoient été traversées par l'Espagne, la Savoie, & tout le parti catholique.

Le duc Emanuel Philibert, reconcilié avec la France, avoit repris les desseins de son pere sur *Geneve*. Aux hostilités ouvertes avoient succédé des projets de surprise & de trahison, qui tenoient les Genevois dans des allarmes continuelles. Une trêve ou paix provisionelle conclue en 1570, leur procura quelque repos. Le duc Charles-Emmanuel de Savoie, plus ambitieux que son pere, profita des troubles de la France, pour envahir le marquisat de Saluces en 1588. Aussi-tôt Sancy, ambassadeur de France, vint solliciter les Bernois & les Genevois de rompre la paix avec un voisin inquiet, leur ennemi commun. Au défaut de l'argent, Sancy gagna les deux républiques par l'appas des conquêtes. *Geneve* soutint cette nouvelle guerre avec plus d'efforts encore que les précédentes. Elle avoit à sa solde des troupes commandées par des officiers expérimentés; ils furent victorieux dans plusieurs petits combats. Cependant au bout de neuf ans tout l'avantage des villes alliées se bornoit aux dévastations des provinces de la Savoie, devenues le théatre de la guerre. La paix de Vervins, entre Henri IV & le duc Charles, fit cesser les hostilités. Le roi vouloit que *Geneve* fut comprise dans le traité comme alliée du corps Helvétique; Charles ne voulut point reconnoître cette qualité. Il cherchoit même à éluder ses engagemens. Les armes victorieuses d'Henri le forcérent à signer une nouvelle paix à Lyon, en 1600. Par ce traité la France échangea le marquisat de Saluces contre la Bresse, le Bugey & le pays de Gex. Malgré les espérances données à *Geneve*, son territoire ne fut point augmenté; seulement par ce traité d'échange la France devint son voisin au nord, comme la Savoie au midi; & la présomption, que deux puiſſances jalouſes s'accorderoient plus difficilement pour l'opprimer, préſentoit une nouvelle garantie de ſa liberté.

Charles avoit toujours les yeux fixés ſur ſa proie. Dans le ſilence apparent de la paix il prépara le projet d'une ſurpriſe. La nuit du ſolſtice d'hyver 1602, ſes troupes s'approcherent des remparts de *Geneve*; déjà quelques ſoldats avoient eſcaladés un baſtion & pénétré dans la ville, quand un heureux hazard les fit découvrir; les citoyens réveillés arrivérent à tems pour repouſſer l'ennemi. Cette perfidie inutile ralluma la guerre; mais la crainte de devenir odieux à tous ſes voiſins, diſpoſa le duc à conclure enfin, ſous la médiation de quelques cantons Suiſſes, une paix ſolide avec la république; le traité fut ſigné à S. Julien le 21 Juillet 1603. Après une guerre longue, ruineuſe pour les ſujets de la Savoie, très-onéreuſe pour *Geneve*, les bornes des deux Etats reſterent fixées ſur le même point qu'en 1570. Le duc s'aſſujettit à la condition de ne point raſſembler des troupes plus près qu'à la diſtance de quatre lieues de *Geneve*; il conſentit que cette république fut cenſée compriſe dans le traité de Vervins de 1598.

Soit que l'eſpoir d'une récompenſe, fondé ſur les anciens projets de la cour de Turin, ait excité quelquefois des hommes vils à méditer des entrepriſes criminelles; ſoit qu'une défiance habituelle & bien excuſable ait multiplié les ſoupçons & groſſi les dangers, le gouvernement de *Geneve* fut ſouvent encore occupé à découvrir ou à punir des complots.

A cette époque, où les périls du dehors cesserent pour *Geneve*, commence l'histoire de ses agitations intérieures. Ces mouvemens fréquens peuvent être regardés comme un effet, en partie de la situation, & en partie de la constitution même de la république. Dans un Etat populaire, renfermé, à-peu-près, dans l'enceinte d'une ville, tous les faits de la gestion publique se passent sous les yeux des citoyens; ils sont flattés de l'idée que ce titre leur donne une vocation pour surveiller l'administration publique. Les frais du gouvernement exigeant des impositions au défaut d'autres ressources, l'intérêt se joint aux autres motifs d'une vigilance jalouse sur l'emploi des deniers publics. A *Geneve* le pouvoir législatif & l'élection des premiers magistrats sont réservés à l'assemblée générale de la bourgeoisie; la force exécutrice réside dans les corps des conseils. Pour peu qu'on connoisse la source ordinaire & la force des préjugés chez les hommes, on ne doit pas être surpris que sous une semblable forme de gouvernement, il se trouve quelquefois, dans le nombre des magistrats, des personnes impatientes de voir leur autorité génée & sujette à des contradictions fréquentes, & parmi la multitude, des esprits fiers & inquiets, toujours prêts à craindre pour les droits du peuple, quand l'occasion lui manque de les exercer; les uns & les autres peuvent être séduits, ou par une idée exagerée de la subordination, on par un zele indiscret pour la liberté.

Aussi long-tems que la liberté publique avoit été menacée, les magistrats, moins jaloux d'une autorité dont l'exercice n'étoit que pénible, n'avoient pas été accusés d'avoir l'ambition de l'étendre; le seul besoin d'une confiance réciproque l'avoit entretenue. Les citoyens rendoient justice à la prudence & au zèle de leurs chefs. Dès que la paix avec la Savoie donna le loisir d'examiner l'administration intérieure, on remarqua que les conseils avoient pris diverses résolutions dont l'objet passoit leur compétence, sans les proposer à l'assemblée générale. Les conseils supposoient que la reconnoissance du peuple faisoit un titre, & son silence une prescription en leur faveur. Tels furent les premiers motifs du choc entre les corps des conseils & de la bourgeoisie. Nous n'indiquerons que les dissensions qui ont troublé la paix intérieure de l'Etat.

Il s'étoit élevé des murmures dans le courant du XVII siecle; les conseils crurent devoir les réprimer en jugeant quelquefois avec rigueur ceux qui les excitoient. Cette sévérité ne servit qu'à rendre les mécontens plus nombreux & plus unis; peut-être aussi, que les succès de leur industrie & les progrès de l'aisance donnoient à un plus grand nombre d'entre les bourgeois, la hardiesse & les vues nécessaires, pour lier un parti. En 1707 les mécontens demanderent une nouvelle regle pour limiter la prépondérance de quelques familles dans les conseils, la publication d'une collection complette des édits, & l'usage de la balotte dans le conſeil général pour rendre les ſuffrages plus libres. Ils firent adopter les deux premiers points ; & ce qui leur importoit le plus, ils rétablirent un ancien uſage, long-tems oublié, d'aſſembler tous les cinq ans la bourgeoiſie, pour lui donner la facilité de déliberer ſur les intérêts de la république. Les aſſemblées générales, pour décider de ces demandes, furent aſſez orageuſes. Le parti mécontent du peuple s'abandonnoit aux murmures. Les conſeils craignoient de plus grands déſordres, ſur-tout des aſſemblées périodiques. Ils ſe ſervirent de l'occaſion que leur offroit quelques troupes répandues dans les provinces voiſines de *Geneve* pour demander un ſecours de trois cents hommes au canton de Berne & de cent hommes au canton de Zuric. Pendant le ſéjour de ces troupes, les chefs, qui avoient conduit la bourgeoiſie, furent accuſés, ſur des paroles indiſcrettes ou ſéditieuſes, & quelques uns condamnés à des peines capitales. Le peuple intimidé vit ces exécutions ſanglantes, & en 1712, il révoqua en conſeil général l'édit qui ordonnoit les aſſemblées périodiques.

Vers l'année 1730 un particulier fit une critique des travaux pour fortifier la ville, commencés déjà vers 1660. Son mémoire réveilla des murmures ſur la dépenſe exceſſive de ce plan, & ſur les impots qu'il rendoit indiſpenſables, & que les conſeils avoient continués de leur autorité, fondés ſur un édit du conſeil général de 1570, qui leur en avoit donné le pouvoir ſans en fixer le terme. Des intérêts particuliers ſervirent encore à échauffer le peuple, par l'abus que faiſoient de la facilité de la preſſe ceux qui ſe croyoient lézés par quelque ſentence. Plus le gouvernement ſéviſſoit contre ces écrits, plus ils s'accréditoient dans l'eſprit des mécontens. Les conſeils crurent calmer la bourgeoiſie en portant, en 1734, au conſeil général, la queſtion des impôts. Cette aſſemblée les confirma pour dix ans.

Cependant les préventions & l'eſprit de parti s'accroiſſoient chaque jour. On s'accuſoit réciproquement de hauteur & d'ambition, de ſédition & d'inſolence. Des diſcours imprudens interprêtés comme des menaces, des rapports trop legérement adoptés, fortifioient la méfiance & la haine. Les meſures que prenoit un parti pour ſa ſûreté, étoient enviſagées par l'autre comme un projet d'oppreſſion. Des citoyens découvrent que les canons d'un baſtion, voiſin des quartiers habités par le peuple, ſont encloués, & qu'il s'eſt fait ſecrettement des tranſports d'armes & de munitions. Ces démarches, qui tenoient à un plan de défenſe en cas d'émeute, paroiſſoient à leurs yeux des indices ſûrs d'une conſpiration contre la liberté. On s'en plaint au gouvernement; on demande que le fait ſoit approfondi. Les citoyens ſe font remettre la garde des portes. Bientôt, s'impatientant de la lenteur des recherches, ils exigent la dépoſition de ſix magiſtrats ſuſpectés; ils entourent en foule la maiſon de ville, & arrachent au grand conſeil cette dépoſition, qui eſt confirmée peu après dans le conſeil général.

La tranquillité paroiſſoit rétablie; mais le ſouvenir de cette derniere violence faite au grand conſeil, & des exécutions ſanglantes de l'année 1707, entretenoient de part & d'autre un reſſentiment mal aſſoupi, & chaque petit incident aidoit à le réveiller. Un eſpace de quatre ans ne put point effacer ces impreſſions profondes de la crainte & de l'indignation. Des intrigues, ou vraies ou apparentes, & une agitation ſourde, annonçoient un nouvel éclat. Enfin les avis d'une émeute prochaine déciderent un jour les magiſtrats à ordonner l'ouverture de l'arſenal pour diſtribuer des armes à leurs partiſans, dans la vue de mettre l'hôtel de ville & les quartiers ſupérieurs à couvert de toute inſulte. Les compagnies bourgeoiſes prirent en même tems les armes. Des poſtes des deux partis ſe touchoient. Dans ce moment de criſe un mot imprudent pouvoit devenir le ſignal du maſſacre. On en vint effectivement aux mains vers le haut de la rue du Perron; un ſindic occupé à prévenir le meurtre, fut bleſſé, il y eut quelques morts de part & d'autre. La voix des premiers magiſtrats ſe fit enfin entendre. On quitta les armes; mais les bourgeois reſterent maîtres des portes & des poſtes intérieurs; leurs antagoniſtes les plus irrités ou les plus craintifs abandonnerent avec leurs familles, une ville où leurs ennemis pouvoient donner la loi.

Geneve étoit plongée dans la consternation. Elle ne pouvoit espérer le calme que par l'entremise de ses alliés. Des députés de Zuric & de Berne y arriverent ; ils trouverent peu de confiance chez un peuple ombrageux & prévenu, qui leur supposoit un trop grand attachement aux principes aristocratiques. Cependant les deux partis également inquiets sur leur situation, paroissoient se rapprocher ; la bourgeoisie pressoit la conclusion de la pacification, pour la ratifier en conseil général, avant l'intervention d'une médiation étrangere, sollicitée par le parti le plus foible. Elle fut offerte par la France de concert avec les deux cantons, & acceptée. Les plénipotentiaires du roi & des deux Etats négocierent & dresserent un reglement qui devoit fixer les pouvoirs des conseils, & les droits réservés à l'assemblée générale, en prenant pour fondement les anciennes constitutions. De tous les articles de cette pacification le rappel des magistrats, déposés en 1734, trouva la plus forte opposition chez la bourgeoisie. Le reglement fut approuvé par les deux conseils, & accepté dans le conseil général du 8e Mai 1738. Il est statué par le dernier article qu'il aura force de loi, & ne sera susceptible d'aucun changement sans le consentement du conseil général légitimement convoqué par les autres conseils.

L'usage d'assembler les compagnies bourgeoises, devenu plus fréquent pendant les derniers troubles, & celui de les faire représenter par des députés, au nombre de trente-quatre, autorisé par la nécessité des négociations, avoient donné plus d'union au parti populaire, & une plus grande autorité à ses conducteurs. Cet usage, dont l'abus étoit si facile & si dangereux, & qui auroit entretenu dans le sein de la république une démocratie toujours active, fut aboli par le nouveau réglement. Bientôt le besoin de la société fit instituer des cercles, dans lesquels les citoyens alloient se délasser de leur travail. Les discussions politiques devinrent plus habituelles encore, & la correspondance, facile entre ces cercles, fit adopter des principes d'intérêt commun.

D'abord la honte de se faire reprocher la premiere infraction de la paix publique, avoit imposé silence aux esprits les plus violens. Le voisinage des troupes espagnoles, qui occupoient la Savoie, avoit détourné ensuite l'attention inquiete du peuple sur un sujet de crainte plus pressant. Une succession de vingt-années, stériles en événemens, paroissoit avoir fait oublier la méfiance & les murmures, quand une sentence flétrissante contre quelques ouvrages indiscrets d'un citoyen célebre dans la république des lettres, excita le mécontentement de la bourgeoisie. On s'étoit flatté que le réglement de 1738 avoit fixé la constitution de maniere à ôter tout pretexte à de nouvelles controverses; on n'avoit pas prévu qu'il put fournir même des armes pour une guerre moins violente, mais aussi opiniâtre. Au reste, la pente que l'accroiſſement des richeſſes donne infailliblement aux mœurs, ſervoit d'aliment aux anciennes préventions. Sous un gouvernement populaire l'égalité des droits rend l'inégalité des moyens plus ſuſpecte, & l'intérêt de la concorde, différent du ſeul beſoin de la ſubordination, demande abſolument le ſacrifice de l'orgueil & de l'envie, effets ordinaires de la diſproportion des fortunes.

La lacération publique de *l'Emile* de J. J. Rouſſeau, & le décret de priſe de corps contre l'auteur, occaſionnerent une premiere repréſentation; la réponſe du ſénat en attira une ſeconde. A meſure que ces repliques ſe ſuccédoient, elles devenoient plus vives, & le nombre des repréſentans s'accroiſſoit toujours. Ils demandoient que leurs obſervations, qui avoient pour objet une explication des loix, fuſſent portées en conſeil général; les conſeils jugeoient qu'il n'y avoit pas lieu d'admettre leur demande, parce que la loi ne leur paroiſſoit ni équivoque, ni bleſſée par le fait. Alors la queſtion devint plus importante pour la conſtitution même de l'Etat. La loi veut qu'aucune matiere ne puiſſe être ſoumiſe à la déciſion du conſeil général, ſans avoir été examinée & approuvée par les conſeils inférieurs. Si cette loi donne à ces derniers un pouvoir négatif illimité, ils auront non-ſeulement le droit d'empêcher la promulgation de toute loi nouvelle, qui n'aura pas leur agrément, mais ils deviennent encore dans le fait les ſeuls interprêtes des loix établies, en jugeant de la validité des repréſentations. D'un autre côté, ſi un nombre de citoyens peut faire paſſer une propoſition, contre l'avis des conſeils, la république ſera ſouvent agitée par des factions, & la conſtitution de l'Etat ſera expoſée à de fréquens changemens.

Des principes ou des craintes ſi oppoſées partagérent les eſprits. Les noms de *négatifs* & de *repréſentans* devinrent des noms de partis. Il ſembloit qu'on eſpéroit de laſſer la perſévérance des antagoniſtes par la réïtération des inſtances & des refus. On publioit des mémoires; on faiſoit des livres. Ces écrits prouvoient mieux les progrès des lumieres que ceux du patriotiſme; ils bleſſoient l'amour propre, & ne perſuadoient point. Les repréſentans chercherent dans les droits de la bourgeoiſie, un moyen pour vaincre la réſiſtance des conſeils. Le plus grand nombre des citoyens ſe réunit en 1765, pour rejetter tous les candidats propoſés pour les charges des ſindics; il n'y eut point d'élections.

Nouveau ſujet important de controverſe. La conſtitution exige une nouvelle élection chaque année; elle détermine que les ſindics ne pourront-être pris que dans le corps du conſeil; mais elle donne au conſeil général le droit de rejetter le tout ou la partie des ſujets préſentés par les conſeils. Alors les magiſtrats enviſageant le refus du peuple d'élire des ſindics dans le corps du ſénat, comme le renverſement d'une loi eſſentielle de l'Etat, reclamérent la garantie des trois puiſſances

puiſſances alliées. Elles envoyerent des plénipotentiaires pour concilier les interprétations oppoſées. La bourgeoiſie fut autoriſée à ſe faire repréſenter par vingt-quatre commiſſaires tirés des différens cercles. Pendant que l'on s'occupoit à déliberer ſur les mémoires produits, les conſeils obtinrent des médiateurs une déclaration, qui légitimoit leur conduite. Les bourgeois repréſentans ſe trouverent offenſés d'un jugement qui leur parut au moins prématuré. Lorſque le projet de la médiation fut préſenté en conſeil général, le 15 Décembre 1766, le peuple le rejetta avec une grande pluralité de voix.

Les plénipotentiaires furent rappellés de *Geneve* par leurs conſtituans. La cour de France, vivement choquée de l'opiniâtreté des citoyens repréſentans, fit approcher quelques troupes, pour former un cordon ſur la frontiere; elle fit interdire le commerce en France aux Genevois du parti populaire; la communication avec la Suiſſe même, dont la liberté, en tout tems, étoit réſervée dans les anciens traités, fut aſſujettie à la gêne des paſſeports. Après avoir déclaré que les magiſtrats de *Geneve* étoient ſous la protection particuliere des puiſſances garantes, les plénipotentiaires, raſſemblés à Soleure, y firent un prononcé ſur les objets les plus eſſentiels des diviſions entre les conſeils & la bourgeoiſie. Cette déciſion, approuvée par les trois puiſſances, n'eut pas ſon plein effet. Les citoyens, irrités par l'appareil ménaçant qui les environnoit, n'en devinrent que plus unis & plus obſtinés dans leurs principes; ils en imposoient à leur tour au ſénat par la fierté de leurs murmures. Cependant le danger de l'anarchie, ou d'une révolution, amena un accommodement, qui ſatisfit les vœux du peuple, parce qu'en étendant ſon droit d'élection, il rendoit les magiſtrats plus dépendans de ſa faveur, & parce qu'il eut le mérite d'avoir été conclu ſans intervention d'une médiation étrangere. Le projet de conciliation fut corroboré en conſeil général le 11 Mars 1768. Comme nous tracerons l'eſquiſſe de la forme actuelle du gouvernement, il ſeroit ſuperflu de détailler ici les changemens faits dans la conſtitution à cette époque.

Après ce dernier triomphe des citoyens, l'Etat fut exposé à une nouvelle criſe, par le mécontentement d'une partie du peuple. A *Geneve*, comme dans toutes les villes où les arts fleuriſſent, l'eſpoir d'un ſalaire attire beaucoup d'étrangers, qui, ſous la protection du gouvernement, à titre d'habitans, s'occupent de divers travaux utiles. Les enfans de ces habitans ſont appellés *nâtifs*. Souvent ces nâtifs & leurs deſcendans ne connoiſſent plus une autre patrie; cependant divers priviléges en faveur des citoyens, les bornent dans leur induſtrie, & les gênent dans les achats & les ventes. L'exemple des repréſentans, & le grand mot de la liberté, qui rétentiſſoit autour d'eux, leur donna une plus grande envie d'obtenir, ou la facilité d'acquerir les droits de la bourgeoiſie, ou, du moins, un adouciſſement de leurs entraves. Pendant la division entre les magistrats & les citoyens, chaque parti avoit flatté l'attente des nâtifs, pour les empêcher de s'attacher au parti contraire. Quand ces derniers s'apperçurent, que dans l'édit de conciliation leurs intérêts avoient été peu considérés, ils s'abandonnerent aux murmures avec moins de ménagement. Ils trouvoient injuste qu'ils fussent toujours étrangers dans une ville, où une longue tolérance paroissoit leur donner un titre d'adoption. Il leur paroissoit dur de voir quelquefois des hommes, qui leur étoient inférieurs par la fortune, par les talens & par la conduite, s'énorgueillir à côté d'eux des prérogatives de leur état de citoyens. Sans guides & sans appui (car les habitans aisés ou adroits obtiennent facilement l'entrée dans la bourgeoisie) imitateurs imprudens de quelques traits pardonnés à des bourgeois, & supposant que ces derniers devoient s'intéresser à leur cause par une conséquence de leurs propres principes ; plusieurs nâtifs se permirent de braver l'autorité des magistrats, avec un ton de mutinerie, qui fournit un prétexte pour les humilier. Ils se firent soupçonner de projets téméraires. Pour les prévenir, les citoyens coururent aux armes, le 15 Février 1770. Quelques habitans périrent dans le premier tumulte. Ceux qui étoient les plus coupables de désobéissance, ou qu'on supposoit les chefs du parti, furent exilés, ou se retirerent d'eux-mêmes de *Geneve*.

Plusieurs de ces fugitifs essayérent de s'établir à Verſoix, petit village du pays de Gex, ſitué ſur les bords du lac, à une lieue de *Geneve*. Dès l'année 1767, dans le premier mécontentement du miniſtere de la France ſur la conduite des repréſentans, on avoit formé le projet d'entourer ce village d'un mur, d'y établir un port, des manufactures & un entrepôt des marchandiſes de tranſit de la France dans la Suiſſe. Cet établiſſement, dont l'Etat de Berne parut autant allarmé que *Geneve* même, vient d'être abandonné; ſoit à cauſe des obſtacles naturels, ſoit par la faute des entrepreneurs, ſoit par le défaut des avances néceſſaires. Pour faire réuſſir une pareille colonie, à côté d'une ville floriſſante, il auroit fallu balancer les avantages d'une conſtitution républicaine, par la liberté du culte & par de grandes immunités en faveur de l'induſtrie; il y a apparence que la conſtitution de la monarchie s'oppoſoit à ce plan.

Cette narration abrégée des troubles de *Geneve* pourroit preſque ſuffire, pour donner une idée du gouvernement de cette république. Sa forme eſt démocratique, en ce que le pouvoir ſouverain réſide dans l'aſſemblée générale des citoyens & bourgeois. La premiere de ces dénominations déſigne ceux dont l'ayeul a déjà joui du droit de la bourgeoiſie, & qui, étant nés à *Geneve*, ſont éligibles pour tous les emplois publics; les fils de citoyens, nés hors de leur patrie, ne peuvent, ſelon la loi, entrer dans le ſénat ni dans les charges affectées à ce corps; ils ſont appellés *ſimples bourgeois*, & jouiſſent, hors de l'exception indiquée, de tous les droits des citoyens.

C'est à ce conseil général de la bourgeoisie que sont réservés par la constitution actuelle, le droit de faire des loix, de fixer les impots, de ratifier les traités de paix & d'alliance, les déclarations de la guerre, les aliénations ou acquisitions de domaines pour l'Etat. Cependant, pour mettre les loix à couvert des changemens fréquens, qui pourroient être adoptés imprudemment par une assemblée populaire, la constitution attribue fort sagement aux conseils l'examen préliminaire des représentations, que les citoyens ont la liberté de leur adresser, & le conseil général ne peut être légitimement assemblé, à l'extrâ, que de l'avis des autres conseils.

Le pouvoir exécutif & l'administration publique sont confiés à trois colleges ou conseils; le conseil des vingt-cinq, appellé *sénat* ou le *petit conseil;* celui des soixante, & enfin celui des deux cents, appellé le *grand conseil*, auquel les deux autres colleges se trouvent réunis.

Le sénat exerce la haute police, & délibére en premier chef sur toutes les affaires politiques, œconomiques, & sur les causes criminelles. Chaque place vacante dans le sénat est immédiatement remplacée par le choix des deux cents; à l'exception du cas dont il est parlé à l'article SINDICS. Les sénateurs ne peuvent être pris que dans le corps des deux cents.

Le conseil des soixante, dans lequel les

vingt-cinq ſénateurs ſont compris, n'eſt aſſemblé que dans des cas importans, pour donner plus de poids aux délibérations du ſénat. Le conſeil des deux-cents, porté d'abord à deux cents vingt-cinq membres, & par le réglement de 1738, à deux cents cinquante, décide en dernier reſſort ſur les objets de police & ſur les cauſes civiles majeures; il peut faire grace aux criminels, ou diminuer les peines capitales prononcées par le ſénat. Le ſénat a le droit de completter annuellement les places vacantes dans le corps des ſoixante. Quand cinquante places ſe trouvent vacantes dans le grand conſeil, la bourgeoiſie, par le dernier édit de 1769, a la nomination de vingt-cinq ſujets, & le ſénat a le choix des autres.

Par un attribut reſervé au conſeil général, la bourgeoiſie pourvoit aux emplois ſuivans, les plus importans de l'Etat.

Les quatre ſindics, qui préſident à tous les conſeils, ne reſtent en charge que pendant une année. Ils ne ſont éligibles de nouveau qu'après un terme de trois ans. Leur rang eſt déterminé par celui de leur ancienneté dans le ſénat. Le premier ſindic préſide dans tous les conſeils; à ſon abſence le ſecond ſindic ſuccéde à ſes fonctions. Celui-ci eſt ſindic de la garde, ou commandant de la ville. Le troiſieme préſide aux bureaux & conſeils de finance; & le dernier à d'autres tribunaux de juſtice & de police. Chaque année les deux conſeils propoſent au conſeil général huit ſénateurs pour les quatre places de ſindics. La bourgeoiſie peut les rejetter tous ou en partie ; en votant, par la pluralité, pour une nouvelle élection. Suivant le dernier édit de 1769, quand tous les conſeillers éligibles ont été rejettés, on préſente au conſeil général le tableau complet de tout le ſénat. Pour dédommager la bourgeoiſie de l'obligation d'élire quatre ſindics ſur ce tableau, l'édit ſuſmentionné lui réſerve, dans ce cas, le grabeau du ſénat. Pour cette opération le deux cent ajoûte, au tableau des ſénateurs, quatre nouveaux candidats ; alors les quatre ſujets d'entre les ſénateurs ou candidats propoſés, qui ont le plus de ſuffrages négatifs, ſont exclus du ſénat. Les citoyens viennent de conſtater ce droit par un exemple, en Janvier 1773. Tous les membres du ſénat ayant dabord été rejettés pour les places de ſindics, l'élection n'a eu lieu que ſur le tableau complet. Le grabeau a ſuivi ; mais les quatre nouveaux candidats ont eu l'excluſion.

Le lieutenant a le rang après les ſindics en charge ; il eſt choiſi annuellement d'entre les anciens ſindics. Il préſide à la chambre de juſtice, compoſée de ſix auditeurs, dont deux ſont renouvellés chaque année & pris dans le conſeil des deux cents. Ils aſſiſtent auſſi le lieutenant dans l'inſtruction des procédures criminelles.

Le tréſorier eſt pris dans le corps du ſénat, il reſte en charge pendant trois années, & il peut être confirmé au bout de ce terme.

L'office important de procureur-général,

a été institué en 1534. Depuis 1568 le conseil général s'en est réservé l'élection. Le sujet est choisi parmi les membres du deux cent. Sa commission est fixée à trois ans ; mais elle peut être prolongée par une réélection. L'objet de son office est de tenir la partie publique ou fiscale dans les procédures criminelles, & les cas d'amende ou de bamp; de veiller sur l'intérêt public, sur les droits du peuple, sur la constitution, sur l'observation des loix, & d'être le protecteur des pupilles, & le controlleur des tutelles.

Nous n'entrerons pas dans des détails ultérieurs, ni par rapport aux divers offices civils & militaires, auxquels les conseils ont le droit de pourvoir, ni sur les diverses commissions inférieures de police & de justice. Cette subdivision du pouvoir exécutif, cette échelle de l'administration, est à-peu-près la même dans tous les Etats policés, avec cette seule différence, que les fonctions qui, dans les formes monarchiques, sont confiées à des individus, dans les républiques sont volontiers attachées à des colleges, composés de plusieurs membres. Un établissement important pour *Geneve* est celui de la chambre des bleds. Il date de l'année 1628. L'Etat fit alors une avance de 6000 coupes de bled ; le reste du fond a été formé par des emprunts pour un intérêt modéré. Cette commission est obligée d'avoir toujours soixante-dix mille coupes de bled en provision dans ses greniers, & cinquante mille francs en caisse ;

le gouvernement lui fournit chaque année une somme de 75000 livres de France. Elle a le privilege de fournir les boulangers : obligée de conserver le pain à un prix, dont les variations ne soient pas trop subites & trop onéreuses pour le peuple, il faut qu'elle fasse des profits pour balancer les pertes. Un semblable établissement tendroit au monopole dans un gouvernement absolu, & qui détruiroit tout commerce des grains dans un Etat plus étendu ; il n'est pas sujet à ces abus au centre d'un peuple libre & rassemblé dans les murs d'une ville ; il est nécessaire dans un petit Etat isolé, dont le territoire est très-borné, & qui est entouré de grands Etats, chez lesquels l'exportation des denrées est toujours précaire.

Depuis la réformation, la police ecclésiastique & la censure des mœurs sont attribuées à la compagnie des pasteurs, jointe à un certain nombre d'assesseurs laïques tirés des conseils. Le sénat est juge des causes matrimoniales.

Non content de se mettre à l'abri d'une surprise, le gouvernement de *Geneve* a fait exécuter un plan de fortification assez étendu pour soutenir un siege. Les citoyens ont paru quelquefois mécontens des grands frais dont cette entreprise les chargeoit ; quelques-uns ont même cru voir du danger pour leur liberté dans la nécessité d'une nombreuse garnison, pour la défense des ouvrages extérieurs en cas d'attaque, & dans l'apas que le titre de place forte pouvoit présenter à l'ambition d'un voisin puissant. Par le réglement de 1738, la garnison ordinaire est fixée à sept cents vingt hommes, divisés en douze compagnies. On évalue à près de cinq mille le nombre des bourgeois, habitans & sujets, dans la ville & dans son territoire, capable de porter les armes.

La fondation de l'académie de *Geneve* est en plus grande partie l'ouvrage du célebre Calvin. Cet homme, dont le zèle & le génie eurent tant d'influence sur la législation de la république, portoit vraisemblablement ses vues sur les progrès du protestantisme dans la France même; il se proposoit de fixer dans *Geneve* le foyer dans lequel ce parti puiseroit des lumieres & forgeroit des armes pour défendre sa doctrine. Les noms de plusieurs savans distingués ont depuis illustré cet établissement; la réputation des professeurs a attiré, dans divers tems, à *Geneve* un grand nombre d'étrangers, & parmi ce nombre des élèves d'une naissance distinguée. Une bibliotheque publique fournit une ressource sure & riche pour étudier; aussi les connoissances utiles & agréables sont-elles de nos jours, aussi communes dans *Geneve*, que dans les villes les plus célebres de l'Europe. Un autre établissement plus moderne, & plus directement utile encore à un peuple composé en grande partie d'artisans, c'est une école publique de dessein, dans laquelle environ soixante écoliers à la fois s'instruisent des règles des belles proportions & des principes du bon goût.

Un petit peuple qui ne trouve dans son propre territoire que la moindre partie de sa subsistance, ne peut se conserver, qu'en attirant chez lui, par des manufactures & par le commerce, les richesses nécessaires pour suppléer à ses besoins. Déjà du tems des évêques, la draperie faisoit à *Geneve* un objet important de main d'œuvre & de commerce. Depuis la réformation, l'imprimerie & le commerce des livres sont devenus de nouveaux objets d'industrie pour *Geneve*. L'orfevrerie & la bijouterie y sont depuis long-tems florissantes. La seule marque des cuirs travaillés produisoit, il y a trente ans, à l'Etat, trois mille livres annuellement. Nous ne citerons point diverses branches moins lucratives, ou dont les succès ont été passagers. L'objet de main d'œuvre le plus considérable, encore aujourd'hui, c'est l'horlogerie; on comptoit, dans ce seul art, huit cents maîtres avant les derniers troubles; on estime qu'il occupe le tiers des habitans de *Geneve*.

Dans les anciens tems, où l'imperfection des arts, la disette des monnoyes, & le brigandage des vassaux, resserroient le commerce, où les postes & les lettres de change n'étant pas connues, les échanges & les marchés se faisoient dans les foires publiques, pour lesquelles toutes les villes s'empressoient d'obtenir des priviléges des empereurs; dans ces tems les foires de *Geneve* étoient le rendez-vous des marchands d'une partie de la France, de l'Italie & de la Suisse. Un évêque irrité contre le peuple de *Geneve*, remit ce droit à Louis XI, roi de France, qui le transféra à la ville de Lyon. Aujourd'hui, que ces grands marchés nationaux sont fixés dans un petit nombre de places, où les détailleurs vont former leur assortiment, les foires annuelles ne sont plus à *Geneve*, comme dans la plupart des autres lieux, que des marchés de bestiaux, & des suspensions des immunités bourgeoises en faveur des colporteurs. Outre la vente des marchandises fabriquées dans *Geneve*, sa situation procure à ses citoyens des profits sur les commissions du commerce, & quelquefois même sur les entrâves que les gouvernemens voisins mettent sur les entrées & sorties dans leurs Etats. Les particuliers riches spéculent sur des objets inconnus à tous nos ancêtres ; sur les emprunts des puissances étrangeres & sur les révolutions dans le crédit des effets publics qui représentent ces emprunts.

Sans cette activité industrieuse du peuple, qui augmente la circulation des especes, la république ne trouveroit point les revenus suffisans pour balancer ses dépenses. On peut évaluer ses revenus annuels à 500000 livres de France. Le produit des fermes, des domaines de l'Etat, des dixmes, censes & lods, ne monte qu'environ à la moitié de cette somme. Une taxe personnelle & réelle, qu'un chacun peut fixer dans de certaines limites, rend environ 100000 livres. Tout le reste est le produit des taxes indirectes sur l'industrie des gabelles, des droits d'autrui, des hâles, de vente, de péage, &c. Après déduction des dépenses ordinaires de l'Etat, il ne reste qu'une épargne annuelle d'environ 80000 livres pour les cas fortuits & imprévus. Les pensions attachées à tous les offices publics montent plus haut que le quart de toutes les dépenses; l'entretien seul de la garnison absorbe chaque année une somme de 130000 livres; nous avons indiqué la somme que le gouvernement livre annuellement à la chambre des bleds: l'entretien des bâtimens publics & des fortifications, divers frais de police & quelques dépenses extraordinaires, sont le reste des charges annuelles.

Dans cette énumération des revenus & des charges publiques, nous n'avons point fait mention des fonds assignés à l'hôpital; ses revenus montent à passé 100000 livres, & ne suffisent pas aux subsides dont il est chargé. On comprendra aisément, que sous un gouvernement démocratique, où le mécontentement du peuple est craint davantage, un pareil établissement ne sera jamais négligé.

La situation de *Geneve* est non-seulement favorable au commerce & à l'affluence des denrées de toute espece; mais elle présente, avec ses environs, un tableau des plus agréables à la vue. Les bornes même de son petit territoire, qui s'étend sur les deux bords du lac & sur la rive droite du Rhône, ont contribué à le faire mieux orner, en concentrant dans un petit espace les efforts de la culture & les dépenses de décoration. Des citoyens que le négoce avoit enrichis dans les pays étrangers, ſont revenus avec empreſſement dans leur patrie, & ont orné ſon ſol de belles maiſons de campagne, de jardins & de plantations, dont le charmant coup-d'œil contraſte avec la culture languiſſante & l'épuiſement viſible des terres voiſines de la Savoie.

Sans doute la politique jalouſe des grandes puiſſances, eſt aujourd'hui plus que jamais la ſeule ſauve-garde des petites républiques. D'ailleurs *Geneve* peut ſe flatter de perpétuer ſon état floriſſant, auſſi long-tems que ſa liberté & ſa paix intérieure ſeront garanties par une conſtitution fixe, & qu'une adminiſtration moderée, mais reſpectée, la préſervera des effets de deux pentes oppoſées; de celle qui entraîne les riches vers l'ambition de dominer, & de celle qui invite le peuple à l'indocilité & à la licence.

GENEVE, *lac de*, *v.* LEMAN, *lac.*

GENEVOIS, *le*, petit Etat entre la France, la Savoie & la Suiſſe; il eſt extrêmement fertile, beau & peuplé. Geneve en eſt la capitale. *Voyez ci devant* GENEVE.

GERSAW, petite république en Suiſſe, & l'une des plus petites en Europe. Toute ſa population peut aller à mille ames au plus, & ſes aſſemblées générales auxquelles tout homme ayant atteint la ſeizieme année a le droit d'aſſiſter, ne paſſe pas le nombre de 300 hommes. Elle conſiſte dans un ſeul petit bourg avec quelques maiſons écartées, & eſt ſituée aux pieds du Rigi ſur les bords du lac de Lucerne. Toute l'étendue du pays qui consiste en prés & en Alpes ou montagnes, a deux lieues de longueur sur une de largeur. Le gouvernement de cette république assez inconnue est démocratique. Le chef se nomme *landamman*; il y a encore plusieurs autres offices: un conseil, une justice, qu'on augmente dans quelques cas déterminés & laquelle on nomme alors justice doublée, & une cour criminelle. Déja en 1315, *Gersaw* conclut une alliance avec les cantons d'Uri, Schwitz & Underwalden, confirmée en 1359. En 1431, le nombre des hommes que *Gersaw* devoit fournir à ses alliés en tems de guerre fut fixé à cent. C'est la seule liaison que *Gersaw* a avec le corps helvétique. Ce pays appartenoit à la maison d'Autriche qui l'hypothéqua à la famille de Moos de Lucerne. Les habitans se racheterent en 1390. L'empereur Sigismond confirma en 1433 leurs priviléges. *Gersaw* séparoit anciennement la Turgovie de l'Ergovie, & appartenoit à la premiere de ces provinces.

GESSENAY, en allemand *Saanen*, bailliage du canton de Berne, en Suisse dans les montagnes; il a dix lieues de longueur & peu de largeur. Le pays est fertile en pâturages, on y fait une quantité prodigieuse de fromages qui va de pair avec celui de Gruyeres, & se vend dans l'étranger sous le même nom; il se transporte dans l'Archipel, à Constantinople, en Egypte & par-tout ailleurs.

Ce bailliage faisoit anciennement partie du comté de Gruyeres, & jouissoit de tout tems de grands priviléges: en 1403 ce pays conclut un traité de combourgeoisie avec la ville de Berne, qui fut confirmé à plusieurs reprises. Les comtes de Gruyeres lui accorderent aussi de tems en tems des priviléges considérables. Dans la banqueroute de Michel comte de Gruyeres, ce bailliage échut en partage au canton de Berne, en 1555. Jean Haller introduisit en 1556 la réforme dans la partie allemande; Pierre Viret, dans la partie françoise.

Ce bailliage, comme nous venons de l'indiquer, se divise en deux parties qui différent tout à fait l'une de l'autre, par le langage, les loix, les priviléges, les mœurs, le caractere & la maniere.

La partie allemande est celle qui jouit des plus beaux priviléges; elle est exempte de presque toute espece de redevance, au lieu que la partie romande est sujette aux lods & à d'autres charges. La partie allemande est aussi plus curieuse par rapport à sa situation & aux productions de la nature. Nous allons parler de l'une & de l'autre.

La partie allemande est partagée en quatre paroisses: Saanen, Afflentschen, Lauinen & Gsteig.

Au Gsteig il y a la montagne dite le *Sanetsch*, sur laquelle on passe pour aller à Sion, en Valais. Cette montagne est très-curieuse. Dans la paroisse de Lauinen il y a le *Geltenberg* & plusieurs autres glaciers fort remarquables. On y trouve des terres marneuses, des cristaux, des aigles, des chamois, des marmottes, & presque toutes ces mon-

tagnes

tagnes sont de pierres calcaires. Voyez *Histoire des glaciers*, par M. Gruner. *Recueil de traités sur l'Histoire naturelle*, par M. Bertrand.

La partie romande est composée de quatre paroisses, Rougemont, château d'Oex, Rossinieres, Etivaz.

Rougemont avoit anciennement un prieuré de l'ordre de Cluny, fondé par Guillaume comte de Gruyeres; on y cultivoit les sciences; il y eut là une des premieres imprimeries de la Suisse. Maintenant le baillif du pays y réside.

Château d'Oex est le chef-lieu de cette partie, comme Saanen l'est de la partie allemande; cette châtellenie servoit quelquefois d'apanage aux branches cadettes de la maison de Gruyeres. Riere la paroisse d'Etivaz, il y a des eaux soufrées dont on se sert avec succès.

GILGENBERG, bailliage du canton de Soleure, de peu d'étendue. Cette terre appartint à la maison de Ramstein. Le canton l'acheta en 1527. Le château est remarquable par son étonnante solidité & l'épaisseur extraordinaire de ses murs. A Nuigen on trouve du gyps d'une très-bonne espece. A Meltingen il y a une source d'eaux minérales, dont on fait usage pour fortifier & échauffer des parties engourdies.

GLARIS *ou* GLARUS, canton Suisse, le huitieme dans l'ordre de la Ligue. Ce petit pays, qui peut avoir environ huit lieues dans sa longueur, du nord au midi, présente à son entrée l'ouverture d'un beau vallon, aboutissant aux rives de la Limmat, qui sort du lac de Wallenstat, & se jette dans le lac de Zuric. Ce vallon en s'élevant & se retrécissant, est prolongé vers le midi & partagé en deux branches, qui se terminent enfin dans les hautes Alpes, au pied des glaciers couverts d'une neige éternelle. Deux torrens, la Lint & la Sernft, parcourent & ravagent souvent les deux vallées, se réunissent ensuite & se jettent dans la Limmat. Les Alpes qui bordent le pays de *Glaris* à l'est, au sud & à l'ouest, marquent en même tems les confins de ce petit Etat, du côté des ligues grises & des cantons d'Uri & de Schwitz.

Dans la partie inférieure du vallon, les arbres fruitiers réussissent très-bien. Il faut compter pour fort peu de chose les productions en orges & autres grains. La principale ressource des habitans est dans le produit des prairies & des pâturages, ou des troupeaux. Ces pâturages dans les hautes Alpes, sont d'une qualité supérieure; les fromages de *Glaris* ont, par la même raison, une grande réputation. Des plantes médicinales, rares même dans les autres parties de la Suisse & abondantes dans celle-ci, les Glaronois composent leur thé de Suisse, leur choix d'herbes vulnéraires, dont ils font un objet de commerce, assez étendu. Quant au *schabzieger*, espece de fromage composé d'herbes & du céré du lait, le principal ingrédient, qui donne sur-tout le parfum à cette composition, est le *trifolium odora-*

tum, ou *maliotum odoratum violaceæ*, qu'on cultive dans les jardins, & qui, par conséquent, n'eſt pas une production particuliere à ce pays. Les Alpes de *Glaris* offrent un vaſte champ, non-ſeulement pour la botanique, mais pour l'hiſtoire naturelle en général; une prodigieuſe variété de plantes peu communes, divers métaux & minéraux, des cryſtaux, des ſources minérales, des pétrifications & des grandes feuilles d'ardoiſe qui font un objet d'exportation. Cependant la principale richeſſe de ces montagnes conſiſte dans les excellens pâturages qu'elles fourniſſent pendant quatre ou cinq mois de l'année. On eſtime que dix mille pieces de gros bétail, & quatre mille moutons peuvent être nourris pendant la ſaiſon de l'été ſur les Alpes dépendantes de ce canton. A tout prendre, ces productions diverſes des Alpes, ne compenſent pas les inconvéniens réſultans des circonſtances phyſiques d'un pays froid & montueux; la grande étendue de terrain occupée par des rochers, des précipices, des forêts inacceſſibles, des bruieres ſtériles & des glaces perpétuelles, perdue pour la jouiſſance de l'homme, pour la culture & la population; les inondations fréquentes cauſées par des fontes de neiges ſubites, ou par les pluies toujours plus abondantes dans les montagnes, & dont les flots ſont auſſi-tôt raſſemblés dans des vallons reſſerrés entre des monts d'une élévation exceſſive, & le plus ſouvent coupés preſque verticalement; les évalanches ou ébqulemens de terres & de rochers; les variations brusques dans la température de l'air, & les grêles que le voisinage des glaciers rend plus fréquentes.

Les documens historiques du pays de *Glaris* ne remontent pas au delà de l'époque, où ses habitans étoient sujets de l'abbaye des religieuses de Sekinguen en Suabe, & ils le furent dans le droit le plus étendu d'une servitude personnelle & réelle; un petit nombre de familles excepté, qui, jouissant d'une condition libre, étoient regardées comme la noblesse du pays. La justice civile étoit administrée, par des juges nommés par l'abbesse; son chatelain y présidoit; elle avoit ses officiers pour l'œconomie & la recette. Le peuple ou la communauté avoit ses assemblées, ses chefs, sa bourse publique, & le privilége, que les emplois dépendans de la seigneurie ne pouvoient être remplis que par des citoyens du pays. Le plus souvent dans ces tems de vassalité le sort des sujets étoit moins dur sous le gouvernement ecclésiastique; ils obtenoient plus aisément des immunités.

Les offices dépendans de l'abbesse de Sekinguen étant devenus des especes de fiefs, les comtes de Habsbourg & les princes d'Autriche, les empereurs Rodolphe I & Albert I, les acquirent successivement, les réunirent avec la garde-noble & avec la jurisdiction criminelle, qui ne devoit relever que de l'empire directement. Toutes ces aliénations contraires même aux droitures du pays, tenoient au grand projet de former dans l'Helvétie un patrimoine à un des ducs, fils d'Albert. L'exemple & les succès des premiers cantons Suisses, ligués pour défendre leurs priviléges contre cette usurpation ambitieuse, ne servit qu'à rendre les ducs plus attentifs à affermir leur autorité sur les nouveaux sujets, qui n'avoient pas la force de leur résister séparement. Le peuple de *Glaris* eut la mortification de voir ses usages, ses immunités & les formes de sa police intérieure successivement changées ou abolies. Ses maîtres jugeant de ces dispositions en oppresseurs, mettoient en tems de guerre des troupes en quartier dans le pays, pour en imposer aux habitans. Bientôt les conféderés, triomphans de leurs agresseurs, furent en état de briser les fers de leurs voisins. Le peuple de Schwitz entra en 1351, à main armée dans le pays de *Glaris*, y rétablit l'ancienne forme de l'administration publique & les droits du peuple, & se fit de ces voisins affranchis des alliés reconnoissans & utiles. Cette premiere alliance des Glaronois avec les cantons renfermoit des conditions inégales, ils ne pouvoient ni s'allier, ni entrer en guerre, sans l'aveu des confédérés. Par les services rendus à la ligue, ils mériterent qu'en 1450 cette inégalité fut enlevée ; pour en effacer même la trace & pour donner à la prérogative nouvelle une force retroactive, le second traité fut mis sous la date du premier.

Le peuple de *Glaris* commençoit à jouir

de sa liberté sous la protection de ses alliés, lorsqu'en 1388 la noblesse du parti Autrichien, alors en guerre avec les cantons, fit une irruption dans le pays, avec des forces qui devoient paroître suffisantes pour l'opprimer sans retour. Les ennemis après avoir avec l'aide des habitans de Wesen, surpris cette petite ville située à l'extrémité inférieure du lac de Wallenstat, & massacré la garnison, forcerent les ligues qui défendoient l'entrée du pays, & se répandirent comme un torrent dans tout le vallon, pour en faire le pillage. Cependant 350 hommes de *Glaris*, & une trentaine de leurs voisins de Schwitz, soutinrent dans un poste avantageux, plusieurs attaques réitérées; après un combat de cinq heures, ils mirent les assaillans en déroute & en firent un grand carnage dans la poursuite. L'anniversaire de cette victoire se célébre encore aujourd'hui le 8 du mois d'Avril; il paroit assez dur qu'au bout de quatre siecles on oblige des députés de Wesen d'être présens à cette solemnité, pour entendre répéter le reproche public de la trahison, dont leurs ancêtres s'étoient rendus coupables.

Depuis cette époque le canton de *Glaris* s'est racheté des diverses sujettions & redevances envers l'abbaye de Sekingen. *Glaris* est le dernier en rang des huit anciens cantons Suisses, qui pendant environ cent trente ans formoient seuls le corps helvétique. La part qu'il eut aux expéditions militaires, & aux conquêtes de ses confédérés, lui a valu le même droit dans la régence des petits gouvernemens sujets ou des bailliages communs. *v. l'article* Suisse. Avec cela cette république a d'autres sujets pour son propre compte; elle posséde seule le comté de Werdenberg, & en commun avec le canton de Schwitz, le petit pays d'Uznach & Gaster; tous ces bailliages sont situés à l'orient & au midi du Toggenbourg.

Dès l'année 1523 la religion réformée s'introduisit dans le pays de *Glaris*. La guerre de religion entre les cantons Suisses en 1531, dont l'issue fut fatale au parti des réformés, empêcha, peut-être, que la réformation ne devint générale dans ce pays. On fixa par divers traités subséquens, les droits des deux églises & l'ordre de chaque culte. Les deux partis ne se séparerent & ne se cantonnerent pas comme dans le pays d'Apenzell; mais la part de chaque parti dans le gouvernement, & les offices publics a été déterminé.

Ce gouvernement est démocratique ou populaire. Tout citoyen d'une des quinze communes ou divisions du pays, ayant atteint l'age de 16 ans, a droit d'assister à l'assemblée du peuple, qui hors les cas extraordinaires ne se tient qu'une fois l'année au mois de Mai, dans le chef-lieu de *Glaris*, sur une place ouverte. C'est à cette convocation générale, appellée *landsgemeind*, qu'est reservé tout acte de souveraineté; de sanctionner les loix nouvelles, d'imposer des contributions, de faire des alliances, de traiter de la guerre ou de la paix. L'exercice du pouvoir exécutif, de la jurisdiction civile & criminelle, de l'œconomie publique & de la police, est confié au landrath ou conseil du pays. Ce corps est composé de quarante-huit conseillers de la religion réformée & de quinze conseillers catholiques, choisis les uns & les autres dans les différentes divisions du pays, dans une proportion déterminée par la loi. Les chefs de ce conseil sont le landamman, le statthalter ou lieutenant, & le trésorier. Ces charges alternent, suivant un tableau fixe, entre les deux religions; le landamman nommé par les réformés est en charge pendant trois années consécutives; ensuite les catholiques en nomment un pour deux ans. Le parti qui n'a point de landamman en charge, pourvoit pendant ce tems à l'office de lieutenant. Les réformés jouissent exclusivement du gouvernement du comté de Werdemberg, & les catholiques de celui du Galter & d'Uznach; la religion dominante chez ces sujets communs a décidé de cet arrangement. Les réformés d'une part & les catholiques de l'autre, ont leurs assemblées particulieres ou landsgemeind, pour l'élection de leurs magistrats; celles-ci se tiennent huit jours avant l'assemblée générale de tout le peuple.

On évalue toute la population de ce petit Etat à 15000 ames. Aujourd'hui les catholiques ne font plus qu'environ la huitieme partie; on estimoit leur nombre vers l'année 1623, au tiers environ de la population générale; alors des épidémies avoient réduit à 3000 les hommes capables de porter les armes. Depuis le commencement du XVIII siecle les réformés se sont accrus de 2900 hommes à 3800, & le nombre des catholiques a diminué.

Il faut attribuer cet accroissement des réformés aux succès de leur industrie. Outre l'exportation des productions naturelles du pays, des bestiaux, des chevaux, du beurre & des fromages, des cuirs & de quelques articles indiqués plus haut, on a introduit dans le pays la filature du coton, la fabrication de quelques petites étoffes, draps & rubans. En échange les habitans sont obligés de tirer des autres parties de la Suisse ou de l'Italie, de l'Alsace & de la Suabe, les grains, les vins, le sel & la plupart des objets de commodité ou de luxe, en prenant ce dernier mot dans un sens relatif plutôt qu'absolu. *Glaris* entretient des compagnies dans divers services étrangers; ces liaisons qui ne sont profitables qu'aux officiers qui commandent ces troupes, seroient trop onéreuses à un petit Etat, sans la facilité de tirer des recrues des bailliages communs entre les cantons.

Si le pays de *Glaris* a fourni des hommes qui se sont distingués dans les armes, on n'exigera pas qu'il produise des noms également illustres dans la république des lettres. Il suffit d'observer que l'esprit de la réformation y a introduit la liberté de s'instruire, le goût de quelques connoissances; & qu'on a formé à *Glaris* une petite collection de livres pour l'usage public. La nature n'a refusé aucun talent aux habitans des Alpes, mais faute de moyens pour les cultiver dans leur patrie, il faut souvent qu'ils cherchent dans l'étranger l'occasion de les développer. Dans un article historique nous ne devons point passer sous silence la mémoire d'un des principaux historiens de la Suisse. Egide Tschoudi, issu d'une des plus anciennes familles nobles de *Glaris*, qui subsiste encore aujourd'hui, & qui jouit du privilége de joindre le nom de la patrie à son nom propre; vécut au tems de la réformation, sans se détacher de la doctrine de ses peres. Il remplit les premieres charges du gouvernement, & profita de l'accès que ses emplois ou la considération personnelle lui donnoient dans diverses archives, pour rassembler une collection précieuse d'actes publics, liés par des extraits des relations manuscrites des divers faits. Son travail par la simplicité du plan, la fidélité de l'exposition, peut servir de modele à ceux qui s'occupent de mieux développer les parties encore incomplettes de l'histoire.

GOESGEN, bailliage du canton de Soleure, très-fertile en grains, en vins & en fruits. Cette terre passa des barons de *Goesgen* à la maison de Falkenstein. Thomas de Falkenstein ayant saccagé la ville de Brougg en 1440, il fut sévérement reprimé par les cantons de Berne & de Soleure. En 1458, il vendit à ce dernier canton sa terre de *Goesgen* & plusieurs autres districts. Les bains de Lostorf qui se trouvent dans ce bailliage sont fameux à cause de leurs vertus apéritives & dissolvantes. On les connoissoit déjà en 1411. Epiponus en a donné une description en 1608. On y remarque aussi les restes du château des anciens comtes de Froburg.

GORGIER, baronie de la principauté de Neuchâtel en Suisse, située sur une des pentes du mont Jura, vers le lac, & renfermant cinq villages avec un château isolé. Cette pente du Jura comprend dans son revers les rochers du *creu-du-van*, remarquables par leur hauteur, leur forme sémi-circulaire, & la bonté des bois & des simples qui croissent dans leur centre; & ces cinq villages forment une paroisse protestante, laquelle est patrone de sa propre église, maîtresse de la portion des dixmes affectée à cette église, & honorée en particulier depuis quelques siecles d'un droit de bourgeoisie avec l'Etat de Berne, qu'elle reconnoit au moyen de la redevance annuelle d'un certain nombre de marcs d'argent. La haute, moyenne & basse jurisdiction, ainsi que les autres droits & revenus seigneuriaux de cette baronie, appartiennent à son château, dont le possesseur actuel est vassal lige du prince, & dont la premiere institution féodale remonte à l'an 1225. L'an 1259 Pierre de Savoie, conquerant du pays de Vaud, & vainqueur des comtes de Cerlier, de Nidau, de Neuchâtel & d'Arberg, de la personne desquels même il se rendit maître, ne relacha celui de Neuchâtel qu'au prix de la suzeraineté de la seigneurie de *Gorgier*; suzeraineté que la Savoie garda jusqu'à l'an 1344,

& sous laquelle on introduisit dans le lieu, quant aux droits utiles du Seigneur, la coutume d'Estavayer qui y subsiste encore. Des cadets & ensuite des bâtards de l'ancienne maison de Neuchâtel, ont successivement joui de cette baronie, jusqu'à l'an 1749. A cette date la race de ces derniers ayant pris fin, le roi de Prusse, souverain de la contrée, & non moins connu de l'Europe pour rémunérateur particulier de ceux qui le servent, que pour bienfaiteur universel de ceux qui lui obéissent, remit *Gorgier* en fief à l'un de ses conseillers du nom d'*Andrié*, & fit la grace à la famille de celui-ci d'étendre cette inféodation à chaque ainé d'entre ses mâles.

GOTHARD, montagne du canton d'Uri, l'une des plus hautes des Alpes, non pas de sa propre base, mais étant le centre d'une masse de monts entassés, pour ainsi dire, les uns sur les autres, sa cime est un des points le plus haut de l'Europe. Mr. Mikeli la trouvée être de 2750 toises de France, au-dessus de la Méditerranée. C'est aussi dans ses environs, que se trouvent les vallées les plus élevées; on est très-étonné par exemple, lorsqu'après avoir monté pendant 5 à 6 heures le long de la Reuss, qui n'est là qu'un torrent impétueux, s'échappant avec un bruit horrible à travers des rochers escarpés, où l'œil n'apperçoit pas la moindre verdure; l'on est étonné, dis-je, de trouver à une hauteur très-considérable, une vallée charmante, arrosée d'une belle riviere, remplie d'habitations éparses, outre deux beaux villages. Urseren & l'Hôpital. La surprise est d'autant plus grande à la vue de cette vallée, qu'on y entre par un passage souterrain d'environ 50 à 60 toises, pratiqué dans l'intérieur du roc. Rien n'est plus frappant que le contraste de cette plaine riante avec l'horreur des lieux qui la précedent, dont on ne sait comment on va sortir. Un quart-d'heure avant d'y arriver, l'on passe le fameux pont, appellé le *pont du diable*, à cause de sa construction si extraordinaire qu'elle paroît au dessus des forces humaines. C'est une seule arche fort large jettée d'une montagne à l'autre, & qui laisse le torrent à une profondeur immense. Ce chemin, quoique pénible, est cependant un des meilleurs passages des Alpes, & aussi l'un des plus fréquentés. Dans l'endroit le plus élevé, on trouve un couvent de capucins, qui exercent l'hospitalité envers tous les étrangers quelconques. Pour fournir à cette dépense, ils font chaque année une quête tant en Suisse que dans le Milanez.

Les environs du couvent sont marécageux, il y a même plusieurs lacs dont l'étendue est petite, mais la profondeur très-grande; celui de Lucendro qui est le plus remarquable, peut avoir une lieue de longueur; ils sont gelés pendant 9 à 10 mois de l'année, & l'on n'a jamais pu y entretenir aucun poisson.

Les sommets du *S. Gothard* de droite & de gauche, sont perpétuellement couvers de neige ou plutôt d'un massif de glace fort épais, dont ils sont, pour ainsi dire, coëffés comme d'une calotte, & c'est en quoi ces glaciers different des autres de la Suisse & de la Savoie: ceux-ci étant pour l'ordinaire des amas de glaces qui comblent les vallées, tel que celui du Rhône, par exemple, qui est un des plus considérables. Il sépare le mont Grimsel de la Fourche, qui est une dépendance du *S. Gothard.*

C'est dans cette même masse de montagnes que le Tessin prend aussi sa source; celles du Rhin & de l'Aar n'en sont pas éloignées non plus.

Le *S. Gothard* & ses environs sont très-riches en crystaux, même de différentes couleurs; on en trouve souvent d'une grosseur considérable & qui renferment des corps étrangers; le haut de la montagne est formé d'un grès, mêlé de quartz & d'une pierre calcaire bleuâtre, dont les couches sont souvent perpendiculaires ou un peu inclinées au midi.

GOTTSTATT, bailliage du canton de Berne en Suisse. Rodolphe comte de Nidau, y fonda en 1247, une abbaye de l'ordre de Citaux, qui s'enrichit par plusieurs donations de la noblesse des environs. Elle acquit aussi le droit de bourgeoisie à Soleure. Il y eut de même un monastere de religieuses. L'une & l'autre de ces maisons étoient sous la protection des abbés de Reichenau, & ensuite sous celle des abbés de Bellelay. Toutes les deux furent sécularisées en 1528, & forment maintenant un bailliage. Le baillif n'a qu'une très-petite jurisdiction, environnée du bailliage de Nidau.

GRANDSON, bailliage entre le lac de

Neuchâtel & le Jura, appartenant aux deux cantons de Berne & de Fribourg en Suisse. Les premiers seigneurs étoient les sires de *Grandson*, maison illustre qui a donné des évêques à Geneve, à Bâle & à Lausanne. Cette baronie passa dans la maison de Chalons. Louis de Chalons, seigneur de *Grandson* & de château Guyon, s'étant déclaré en faveur de Charles le hardi, dans la guerre que celui-ci fit aux Suisses; les cantons Suisses s'emparerent de cette seigneurie, & la cederent ensuite à ceux de Berne & de Fribourg. Ces deux cantons la font gouverner alternativement de cinq en cinq ans, avec les mêmes précautions que nous avons détaillées à l'article ECHALLENS. Les habitans sont tous de la religion réformée. Elle y a été introduite par Farel & Claude de Glautinis, & causa quelques troubles; aussi ne fut-elle généralement reçue qu'en 1566. Ce fut alors que Bonvillards y acceda. La ville de *Grandson* paroit être assez ancienne, elle est agréablement située. Cette ville est renommée depuis la guerre de Charles le hardi contre les Suisses. Elle fut prise par le duc en 1476, il exerça des cruautés inouies contre la garnison. Les Suisses s'en vengerent dans la bataille qu'ils lui livrerent & dans laquelle il perdit tout son camp, ses équipages, son artillerie. Cette bataille fut livrée le 3e Mars 1476. Elle fut suivie de celle de Morat, qui fut beaucoup plus funeste encore à ce prince imprudent & ambitieux. *v.* MORAT.

Outre la ville, le bailliage comprend encore plusieurs paroisses. La Chartreuse de la Lance est dans ce bailliage, fondée en 1320 par Otho de *Grandson*, & sécularisée au tems de la réforme. On a trouvé aussi à Ivonans, qui est de l'autre côté du lac, un pavé à la mosaïque, reste des anciens Romains.

Le territoire est fertile en grains & en vins. Les habitans sont généralement aisés.

La chaîne du Jura, qui fait partie de ce bailliage, depuis Giez jusqu'à Provence, est en amphithéatre, peuplée & cultivée çà & là jusques au sommet que l'on découvre. Un des points le plus élevé est à la montagne de Thevenon, qui est de 438 toises au-dessus du lac de Neuchâtel, de 464 au-dessus de celui de Geneve, de 652 au-dessus de la Méditerranée. Toute la côté de ce bailliage, le long du lac depuis *Grandson* à Concise, est riante, champêtre, garnie de villages, & ornée de campagnes agréables.

GRANIOLA, en allemand *Grengiols.* Il est assez remarquable que cette petite partie du dizain de Conches en Valais, porte le nom de *comté.* On ajoute rarement à ce titre le nom de *Grengiols ;* on dit simplement le *comté.* Elle ne contient que sept villages. A Selbigen il y a une usine de fer, faite avec beaucoup d'art. On prétend qu'il y a eu des anciens comtes de *Grengiols*, & que les habitans ont acheté leur indépendance. Ils vivent à présent selon les loix & coutumes du Valais ; ils ont leur propre juge pour le civil, & pour le criminel ils se soumettent à la justice établie à Aernen. De Lax à *Grengiols* il il y a un pont très-remarquable par la hardiesse de sa construction. Proche de ce pont est le village de Mullibach, lieu de naissance du fameux Matthieu Schiner, évêque de Lyon, & cardinal. On trouve dans ces environs des mines de fer, des pyrites & des grenats.

GREIFFENSEE, bailliage du canton de Zuric en Suisse, très-fertile en pâturages, en grains & en fruits, lesquels sont même un objet de commerce. Malgré tous ces avantages, ce pays languit, ses habitans s'appliquant avec excès aux fabriques & négligeant les vraies richesses de leur pays. Cette seigneurie appartenoit anciennement aux comtes de Rapperschweil; elle passa ensuite entre les mains des seigneurs de Hohen-Landenberg, & de là dans celles des comtes de Toggenbourg. Fréderic, comte de Toggenbourg, la vendit aux Zuricois en 1402. Dès lors on en fit un bailliage. Il y a plusieurs choses remarquables. D'abord un lac de 6000 pas en longueur sur 2000 de largeur, il est très-poissonneux, sur-tout en carpes & en brochets. Au bord de ce lac se trouve la petite ville de *Greiffensée*, avec son château remarquable par la catastrophe qu'y essuya la garnison Zuricoise en 1444, de la part des Suisses, qui la passerent au fil de l'épée, d'une maniere tout-à-fait inexcusable. Ulter est remarquable aussi par son ancienneté. Les comtes de Rapperschweil y fonderent déjà une église en 1099. Il y eut même des barons de ce nom; cette terre passa ensuite dans la maiſon des barons de Bonſtetten. Actuellement elle appartient aux Zuricois. Maur eſt encore un ancien village, connu dès le IX ſiecle. Balduin IV roi de Jéruſalem, fonda en 1184 un couvent de religieuſes de l'ordre de S. Lazare, au lieu dit *im Gfenn.*

GRIESSENBERG, ſeigneurie dans la Turgovie en Suiſſe, érigée maintenant en bailliage du canton de Lucerne, qui en fit l'acquiſition en 1759. Elle appartenoit ci-devant à des nobles de ſon nom, enſuite aux barons de Buſſnang, & enſuite à d'autres familles.

GRIMSEL, montagne de Suiſſe aux confins du haut Valais & du département de Goms, qu'elle ſépare du canton de Berne. Elle eſt très-haute, & l'on ne peut y monter que par des ſentiers eſcarpés. On trouve ſur cette montagne une ſi riche mine de cryſtal, que l'on en tire des pieces de quelques quintaux. Voyez à ce ſujet le *trente-quatrieme volume des tranſactions philoſophiques.*

M. Haller n'a pas oublié la montagne de *Grimſel*, ni ſa curieuſe mine, dans ſa charmante deſcription des Alpes. " Ces lieux, „ dit-il, où le ſoleil ne jette jamais ſes doux „ regards, ſont ornés d'une parure que le „ tems ne fletrit jamais, & que les hyvers ne „ ſauroient ravir; tantôt le limon humide „ forme des voûtes du plus brillant cryſtal, „ & tantôt des grottes naturelles qui ne ſont „ pas moins ſurprenantes; un roc de diamans où ſe jouent mille couleurs, éclate „ à travers l'air ténébreux, & l'éclaire de ſes „ rayons. Diſparoiſſez foibles productions

„ de l'Italie, ici le diamant porte des fleurs; „ il croît & formera bientôt un rocher so- „ lide. "

On appelle *fleur de cryſtal*, une ſélénité fort commune dans les carrieres du lieu. M. Haller ajoute avoir vu la plus grande piece de cryſtal qu'on ait jamais découverte ſur cette montagne; elle peſoit 695 livres. Du tems d'Auguſte, on trouva un bloc de cryſtal du poids de 50 livres, qui fut conſacré aux dieux comme une merveille.

Au pied de cette montagne il y a un hôpital fondé ou plutôt rétabli en 1557. Il eſt deſſervi par les habitans de l'Oberhaſlée. Les voyageurs y ſont très-bien accueillis ſans diſtinction de religion; les frais ſont fournis par une quête volontaire, qui ſe leve dans toute la Suiſſe. L'hôpitalier s'y trouve depuis le mois de Mars juſqu'au mois de Novembre, que les chemins ſont impraticables à cauſe des neiges. En partant, il laiſſe quelques vivres & du bois en faveur des voyageurs qui pourroient encore arriver.

GRISONS, *v.* Ligue-Grise.

GRUB, SCHLOEWIS & TENNA, le premier des huit hochgericht de la ligue-Griſe. Il comprend trois juſtices: celle de *Grub* renferme la ville de Ilantz, capitale de la ligue-Griſe, la place d'aſſemblée du hochgericht *Grub*, & de trois en trois ans celle de l'aſſemblée générale des Griſons. Elle eſt très-renommée dans l'hiſtoire des Griſons, à cauſe des batailles qui y ont été livrées, des *ſtrafgerichts*, ou cours de juſtice extraordinaires dans des tems orageux & à cause de la dispute de religion qui y a eu lieu. La religion réformée y régne de même que dans la plus grande partie de ce hochgericht. Vallendas se distingue en ce que les habitans se servent de la langue allemande, au lieu que le reste du hochgericht parle la langue romande. On y trouve aussi des eaux minérales bitumineuses. Au Castrisberg, il y a des sources d'eau grasse & huileuse. Nous n'entrerons pas dans le détail des droitures de chaque partie de ce hochgericht.

GRUNINGEN, bailliage du canton de Zuric en Suisse, d'une étendue fort considérable, vu qu'il comprend treize grandes paroisses. Il a cinq lieues de longueur sur trois de largeur. Il y avoit ci-devant 38 châteaux appartenans à la noblesse, dont il n'en existe plus que trois. Cette seigneurie appartenoit aux comtes de Rapperschweil; l'abbaye de S. Gall en fit l'acquisition & la donna en fief aux barons de Regensperg. Enfin, après plusieurs autres variations, elle fut vendue en 1408 au canton de Zuric. Elle est très-fertile en pâturages, en fruits & en grains. Il y a de remarquable dans ce bailliage, la petite ville de *Gruningen*, la commanderie de Bubikon, fondée en 1205, par Diethelm comte de Toggenbourg, & enrichie par une quantité de donnations de la noblesse des environs; en 1341, elle fut attachée à l'ordre Teutonique, qui la fait diriger par un bourgeois de Zuric. La seigneurie de Kempten, dont les appellations se portent directement au sénat de Zuric, la ſeigneurie de Greifenſée, celle de Wetzicon dont le vieux château ſubſiſte encore tout entier, n'ayant jamais été aſſiégé ni pris; le couvent de Rüti faiſant un bailliage du canton, il en ſera parlé en ſon lieu. Dans la paroiſſe de Hinweil ſe trouve le Geizenbad dont les eaux ſont impregnées d'alun & de ſoufre; on en fait grand uſage pour purifier le ſang, & contre les obſtructions.

GRUYERES, *comté de*, c'étoit anciennement un comté conſidérable en Suiſſe; il s'étendoit depuis les frontieres du Valais à la ſource de la Sane, juſqu'à deux lieues de Fribourg. Il y avoit des comtes de ce nom, célebres dans l'hiſtoire de la Suiſſe, & qui poſſédoient une quantité d'autres terres indépendamment de leur comté. Le premier qu'on connoiſſe avec certitude, eſt Guillaume qui fonda en 1080 le prieuré de Rougemont. Ces comtes étant toujours en guerre avec leurs voiſins les Bernois, les Fribourgeois & les Valaiſans, ils tomberent peu-à-peu en décadence. Le ſervice de France acheva de les ruiner. Michel comte de *Gruyeres*, avoit 5000 Gruyeriens à ce ſervice; il ne fut pas payé, ſes dettes s'accumulerent & la diſcuſſion de ſes biens fut arrêtée par les députés des cantons en 1553. Les cantons de Berne & de Fribourg acheterent ſes terres & les partagerent entr'eux. Le comte Michel mourut dans un château de Bourgogne, le 29 Mai 1570. Sa femme s'appelloit *Madelaine de Mioland*. N'ayant point de poſtérité, ſa famille fut éteinte. Michel comte de *Gruyeres*, paroît avoir été un ſeigneur doué de qualités éminentes & cherchant à s'acquérir de la gloire. En 1552 & 1553, il fit frapper des monnoies en or & en argent avec ses armes & son nom. Sur ces monnoies & dans un acte de 1551, il se donne le titre de prince & comte de *Gruyeres*.

GRUYERES, bailliage du canton de Fribourg en Suisse, démembrement du comté de ce nom. La ville étoit le chef-lieu du comté, elle paroit assez ancienne; il est fort singulier qu'elle n'a eu d'eau vive que depuis 1755, il n'y avoit auparavant que des puits. Elle donne aussi son nom à un doyenné de l'évêché de Lausanne. A Broi il y avoit un prieuré de Bénédictins très-ancien, sécularisé ensuite en faveur des branches cadettes de la maison de *Gruyeres*. Dans le même bailliage se trouve encore le couvent de la Part-Dieu, de l'ordre des Chartreux, fondé en 1307 par Guillemette de Grandson, veuve de Pierre III de *Gruyeres*.

On connoit les fameux fromages de *Gruyeres*; c'est dans ce bailliage que se font les meilleurs. Ce pays est très-riche en pâturages; malgré cela il se dépeuple considérablement.

GUSCHA, république dans les Grisons, la plus petite qui existe. Elle est composée de douze maisons, & située sur une montagne rapide près du S. Louissteig. Les habitans vont à l'église de Meyenfeld, dans la ligue des dix-droitures, mais pour tout le reste ils ne dépendent ni des Grisons, ni de l'empire.

H

HABSBOURG, quoique notre plan n'embrasse pas des châteaux séparés, nous croyons cependant devoir faire une exception en faveur du château de *Habsbourg*, qui subsiste encore en bonne partie dans le bailliage de Kœnigsfelden, canton de Berne, en Suisse. C'est de ce château, qu'est sortie cette illustre maison de *Habsbourg*, souche de la maison d'Autriche, maison si renommée par sa grandeur & par la part qu'elle a pris à tous les événemens de l'Europe; maison qui a donné quantité d'empereurs à l'Allemagne, des rois & des reines à plusieurs royaumes, & qui nous présente actuellement un modèle des souverains, une grande princesse illustre par son courage & son humanité; un prince affable, compatissant, instruit & cherchant à l'être, un prince auquel les fatigues ne coûtent rien dès qu'il s'agit du bien-être des peuples dont il fait le bonheur.

Revenons à ce château si respectable. Il est très-avantageusement situé avec de fortes murailles. La tour qui subsiste, a 75 degrés de hauteur. Il a été bâti au commencement du XI siecle par Werner, évêque de Strasbourg. On ne trouve cependant le nom des comtes de *Habsbourg* que vers le commencement du XII siecle. Le canton de Berne entretient dans ce château un concierge qui donne le ſignal, lorſqu'il voit quelque incendie dans les environs.

HABSBOURG, bailliage du canton de Lucerne en Suiſſe, avec titre de comté. Il tire ſon nom d'un château ſitué ſur la Ramenflüe & dont on ne voit plus que les débris; on le nomme communément *Neu-Habsbourg*. On ne ſait pas la date de la fondation, il en eſt fait mention dans un acte de 1244. Lucerne s'en empara en 1352, & le démolit preſqu'entierement. La juriſdiction & le reſte du bailliage furent vendus en 1406 par la maiſon de Hunenberg au même canton. Il y a pluſieurs choſes remarquables dans ce bailliage, des eaux minérales nommées *Meggenbad*, pluſieurs campagnes très-belles, Udlingenſchweil, village fameux par les troubles que le curé de cette paroiſſe, excita en 1725 & ſuiv. entre la cour de Rome & le canton de Lucerne.

HALDENSTEIN, baronie près de Coire aux Griſons, libre & indépendante, n'appartenant à aucune des trois ligues: le ſeigneur du lieu a omnimode juriſdiction, le droit du glaive, les dixmes, le patronat & le droit de faire grace &c. Toute la baronie eſt de la religion proteſtante dès 1616. Elle avoit anciennement des barons de ſon nom. En 1568 les trois ligues lui accorderent leur protection. Thomas de Shauenſtein dit de Ehrenfels obtint en 1612, de l'empereur le droit de battre monnoye en or & en argent; actuellement c'eſt une branche de la famille de Salis à qui cette baronie appartient.

HASSLI, si jamais un pays mérite l'attention d'un philosophe, c'est certainement celui-ci, tant il se distingue des autres par les singularités de la nature, le langage, les mœurs, &c. Aussi les habitans prétendent-ils être une colonie de Suedois, & ils appuyent ce sentiment par une tradition constante & par la ressemblance des langues. Ce pays est situé dans le canton de Berne, en Suisse, sur les frontieres d'Underwaldon. Les habitans furent soumis successivement aux ducs de Zæringuen, aux comtes de Kibourg, à la maison d'Autriche, au comte Otho de Strasberg, à Jean baron de Weissenbourg. Enfin, en 1333, peu contens de ce nouveau maître, ils se soumirent aux Bernois, qui leur accorderent de grands priviléges. Le landamman se prend entre les habitans même, il est établi par le conseil souverain de Berne pour six ans, & il jouit de toute l'autorité d'un baillif, excepté qu'il est sujet à l'inspection du baillif d'Interlaken, qui s'informe annuellement deux fois de la conduite du landamman, & en reçoit les comptes. Cette vallée est enfermée entre des montagnes d'une hauteur considérable, le Grimsel, Wetterhorn, Schrekhorn, Jungfrauhorn, Brünig, plusieurs glaciers ; ce qui n'empêche pas qu'il n'y ait une quantité des plus riches pâturages. Elle est extrêmement exposée à des torrens qui la ravagent souvent, ce qui est surtout arrivé en 1762 & en 1764. On y trouve des ardoises remplies de cornes d'Ammon, une terre bolaire très-fine, utile aux peintres, des mines de cryſtal très-riches : on en a trouvé une piece du poids de 695 livres. On y trouve auſſi des fleurs & des ſpaths colorés. La fontaine d'Engſteln eſt remarquable par ſon flux périodique. On y voit des caſcades d'eau d'une grande beauté, des mines de fer aſſez riches, mais ſulfureuſes. Voyez *Uſages des montagnes*, par M. Bertrand, & l'*Hiſtoire des glaciers*, de M. Gruner.

Les habitans ſont nombreux, robuſtes, bien faits & guerriers. Leur nourriture eſt le laitage ; la viande & le pain ne ſont que pour les gens aiſés. Ils ſe font leurs habits du produit de leurs brebis. Ils exportent des fromages, des chevaux, des brebis & des cochons. Ils importent preſque tout le reſte & ſur-tout ils conſument beaucoup de ſel pour le bétail & les fromages. On y cultive encore du froment, de l'orge, du chanvre, des fruits, &c. Moins de luxe & plus d'induſtrie rendroient ce peuple iſolé, pour ainſi dire, par ſa ſituation, très-heureux.

HAUTERIVE, abbaye de l'ordre de Citaux dans le canton de Fribourg, en Suiſſe, fondée en 1137, par Guillaume comte de Glane, iſſu de la maiſon des anciens comtes de Vienne en Dauphiné. Il mourut à *Hauterive*, en 1142. *Hauterive* reconnoît entre ſes principaux bienfaiteurs, Jean comte de Bourgogne & ſeigneur de Salins. Aimé fils de Thomas comte de Savoie, Amedée comte de Geneve, les comtes de Neuchâtel, les comtes de Gruyeres.

L'abbaye de *Hauterive* a immédiatement

ſous ſa direction, tant pour le ſpirituel que pour le temporel, la Maigrauge & la Fille-Dieu, deux abbayes de religieuſes du même ordre dans le canton de Fribourg; elle exerçoit les mêmes droits ſur le couvent de Cappel, dans le canton de Zuric.

L'avoyerie ſur cette abbaye appartenoit aux comtes d'Arberg, elle appartient aujourd'hui à l'Etat de Fribourg, par le libre choix que le monaſtere en a fait après avoir acquis le droit de ſon avocatie d'Agnes, veuve de Nicolas d'Englisberg, née comteſſe de Gruyeres. Le monaſtere a acquis des priviléges très-conſidérables de Berctold de Zæringuen, fondateur de la ville de Fribourg, des empereurs, des comtes de Kibourg, de la maiſon de Savoie, comme barons de Vaud, du canton de Fribourg, &c., & pour le ſpirituel des papes & des évêques de Lauſanne. Il y a encore cinq égliſes paroiſſiales dépendantes de cette abbaye; trois autres ne le ſont plus.

HEGI, bailliage du canton de Zuric en Suiſſe. Après l'extinction des barons de *Hegi*, cette terre paſſa dans la maiſon de Hohen-Landenberg, & de là dans la maiſon de Hallwyl. En 1587, elle fut vendue à la ville de Winterthur, mais le canton de Zuric exerça ſon droit pour la retirer à lui. Il y poſſédoit déjà la baſſe juriſdiction. Depuis lors elle a été convertie en bailliage.

HEINZENBERG, TUSIS, TSCHAFFIEN & TSCHAPPINA, un des hochgericht de la ligue Griſe. Ce diſtrict eſt compoſé 1. du *Heinzenberg*, *Montagnia*, en langue du pays;

c'eſt la plus belle & la plus fertile montagne de l'Etat des Griſons, pleine de champs, de prés, de petits lacs & de petites forêts, agréablement entremêlés. Ces environs appartenoient ſucceſſivement aux barons de Vaz, aux comtes de Werdenberg, aux barons Brunnen de Ræzuns, &c. George comte de Werdenberg, les vendit à l'évêché de Coire, les habitans s'en racheterent en 1709. On remarque dans ces contrées le lac de Paſchol, qui fait un certain bruit à l'approche d'un orage: 2. de la juriſdiction de *Tuſis;* elle renferme un joli bourg de ce nom, dans lequel il y a un entrepôt des marchandiſes qui paſſent de l'Allemagne & de la Suiſſe en Italie. Les habitans ſont de la religion proteſtante & parlent l'allemand. Les comtes de Werdenberg vendirent ce pays en 1475 à l'évêché de Coire; les habitans s'en racheterent en 1709. La commune de Caz ou de Cæzis eſt catholique & parle la langue romande. Nous avons parlé à l'article CAZ du monaſtere qu'il y a. 3. De la juriſdiction de *Tſchaffien*, *Stuſſavia* les habitans ſont proteſtans & parlent l'allemand. George comte de Werdenberg, les vendit en 1493 à la maiſon de Trivulce; mais ils s'en racheterent dans le courant du XVII ſiecle. 4. De la juriſdiction de *Tſchappina*, *Cepina*, vendue en 1475 à l'évêché de Coire par les comtes de Werdenberg. Les habitans s'en racheterent en 1709, ils ſont proteſtans & parlent l'allemand.

HELVETIE, c'eſt le nom que les anciens auteurs donnoient à cette partie de la Suiſſe qui est renfermée entre les Alpes & le Jura. Tous ces auteurs s'accordent à faire descendre les Helvétiens des Gaulois; César désigne l'*Helvétie* comme faisant partie des Gaules. Avant de s'être fixés en deça du Rhin, les Helvétiens, suivant le témoignage de Tacite, avoient occupé la partie de la Suabe entre le Meyn & la Forêt-Noire. Les historiens de Rome n'ont pu nous transmettre que des traditions vagues sur l'histoire de ces peuples nomades. On ne peut fixer que sur des probabilités l'époque de l'établissement des Helvétiens dans l'intérieur de la Suisse. Nous savons, par des passages de Tite-Live, de Pline, de Florus, que les Tigurins & d'autres troupes d'Helvétiens, se sont associés aux Cimbres pour faire des irruptions dans les pays méridionaux. Il est vraisemblable, qu'à l'occasion de ces expéditions, plus ou moins infructueuses, ces peuples s'arrêterent dans le voisinage des Alpes, pour être mieux à portée de recommencer leurs incursions dans les Gaules ou dans l'Italie. Nous pourrions aussi conclure de ces indices, que les Helvétiens, quoique descendans des Celtes ou Gaulois, tenoient plus des mœurs & du caractere des Germains leurs voisins & leurs associés de brigandage.

Nous avons si peu de lumieres sur ces événemens, & l'histoire des émigrations de ces peuples semi-barbares est au fond si peu intéressante, que nous n'arrêterons pas l'attention du lecteur sur les diverses conjectures, faites ou à faire, sur l'établissement des premiers colons dans l'*Helvétie*. Nous avouerons cependant, que l'opinion de quelques auteurs, qui attribuent directement aux Gaulois la premiere population au moins de la partie méridionale de l'*Helvétie*, nous paroît très-vraisemblable; cette conjecture explique la premiere origine de la diversité du langage qui subsiste encore entre cette partie & le reste de la Suisse. D'autres colons, venus du côté de la Suabe, se seront successivement étendus dans la partie septentrionale. Il est naturel de croire, que les bords rians du lac Léman & du lac Acronien, aujourd'hui de Constance, & ces vallées fertiles entre le Rhin & le Rhône, ont été habitées avant les montagnes de la Rhétie & celles des Allobroges. César comptoit dans l'*Helvétie* douze villes & quatre cents villages; des établissemens aussi nombreux, dans une aussi petite étendue de pays, n'auront pas été formés d'un seul tems par une peuplade d'étrangers, accoutumés à se déplacer souvent, & dédaignant la culture des terres. De nouvelles troupes d'Helvétiens s'étant mêlées à ces premiers colons, auront réveillé chez ces derniers le goût d'émigration, d'autant plus aisément que l'accroissement de la population surchargeoit un pays encore foiblement cultivé.

C'est de César lui-même que nous tenons le récit de cette malheureuse expédition. Il nous rend un compte fort circonstancié de ce qui se rapporte à la marche & au combat, & qui intéresse sa gloire; sa rélation est superficielle pour tout le reste. Orgétorix, homme riche & accrédité parmi les Helvétiens, proposa une invasion dans les Gaules pour se faire donner le commandement. Ses desseins ambitieux furent découverts. Il prévint par une mort volontaire le ressentiment de ses compatriotes; mais les esprits conserverent l'impulsion qu'il leur avoit donnée; l'entreprise fut également résolue. Après des préparatifs qu'il eut été difficile de tenir secrets, les Helvétiens brûlerent leurs habitations, & toute la nation se mit en marche. César avoit eu le tems de fortifier Geneve, & de fermer par un mur le passage entre le Jura & le Rhône. Les Helvétiens franchirent les monts; mais le général Romain, opposant au nombre la science militaire & la ruse, après avoir harselé les ennemis pendant une longue marche, saisit le moment pour les combattre avec avantage & les défit entiérement. Les vaincus se soumirent. César leur imposa la loi de retourner dans leurs demeures & de relever leurs cités incendiées par leurs propres mains. Une des quatre divisions des Helvétiens ayant cherché à s'échapper, César les atteignit, & les fit prisonniers de guerre.

Dans cette relation César nous apprend que la nation des Helvétiens étoit subdivisée en quatre *pagus* ou cantons; il n'en indique que deux en passant, celui des Tigurins & & celui des Urbigenes. Il produit un denombrement de ces peuples émigrans trouvé dans leur camp, attention assez rare même chez les nations policées; ce dénombrement étoit écrit en caracteres grecs, circonstance bien singuliere encore; enfin il nous apprend que, suivant ce dénombrement, les Helvétiens formoient un corps de 263000 ames, & leurs alliés 104000, & que de toute cette multitude à peine le tiers retourna dans ses premiers foyers. Au reste, il n'indique pas une seule des douze villes de ces Helvétiens, il ne nous dit rien de leurs mœurs & de leurs usages, qu'il seroit intéressant de connoître.

Si, comme on peut le présumer, Orbe, *Urba*, fut le chef-lieu de ces Urbigenes, que César fit esclave suivant la rigueur du droit de la guerre, la supression de cette division devoit donner aux Gaulois voisins du district d'Orbe un champ plus libre pour s'étendre dans la partie méridionale du pays, & pour y fixer l'usage de leur langue. César établit une colonie militaire, *colonia equestris*, dans l'endroit où est aujourd'hui située la ville de Nion, près du lac de Geneve; ses successeurs en établirent d'autres dans l'intérieur du pays & sur la frontiere que forme le Rhin.

Nous ne savons guere d'avantage sur le sort des Helvétiens sous les Romains. Les inscriptions, dont on s'occupoit si sérieusement dans le dernier siecle, nous instruisent sur des détails peu importans pour la postérité. Ciceron, dans son *plaidoyer* pour Balbus, donne aux Helvétiens le titre d'*alliés*; il est fort difficile de décider, lesquelles des provinces alliées ou sujettes étoient moins foulées, moins malheureuses, sous le gouvernement

nement arbitraire des proconſuls. Nous ne connoiſſons preſque des anciens Helvétiens que leurs déſaſtres. Ces peuples s'étant opposés au paſſage de Cécina, général de Vitellius, qui alloit détrôner l'empereur Galba, ils furent entierement défaits ſur la montagne de Boëzen, entre Sekingen & Brougg.

Voici les noms des villes les plus anciennes de l'*Helvétie* & des établiſſemens connus par des inſcriptions, par les itinéraires, ou par des paſſages d'anciens auteurs, pour avoir exiſtés ſous l'empire romain. Dans la partie ſeptentrionale ; *Auguſta Rauracorum*, aujourd'hui le village d'Augſt ſur le Rhin, à une lieue au-deſſus de Bâle: les ruines de cette colonie dédiée à Auguſte ont fourni autant de découvertes en inſcriptions & médailles, que tout le reſte de l'*Helvétie; Forum Tiberii*, Kayſer-ſtuhl ; *Confluentia*, Coblence ; ces deux endroits ſont de même ſitués ſur le Rhin ; *Vitodurum*, Winterthour ; *Tigurum* ou *Turicum*, Zuric ; *Arbor Felix*, Arbon ; *Tugium*, Zoug ; *Vindoniſſa*, le village de Windiſch ; *Tobinium*, Zofinguen ; *Salodurum*, Soleure, &c. Dans la partie méridionale ; *Aventicum*, Avanche, ville floriſſante ſous le regne de Veſpaſien ſon bienfaiteur ; *Ebrodunum*, dans le voiſinage d'Yverdon ; *Minnodunum*, Moudon ; *Vibiſcus*, Vevey ; *Lauſonium*, Vidi, à l'oueſt de Lauſanne ; *Urba*, Orbe ; & la colonie équeſtre dont nous avons parlé. Les documens, les monumens antiques, qui nous ont conſervé la nomenclature des lieux, nous donnent peu de lumieres ſur l'adminiſtration publique, ſur la police, ſur les cultes & uſages particuliers, & il ne nous apprennent rien des progrès de la culture & de la condition du peuple; il faut ſe contenter de l'idée qu'on peut ſe former de tous ces objets, d'après les indices incomplets de l'état des provinces Romaines en général.

Le nom d'*Helvétie* ceſſa ſous les Romains par la réunion d'une de ſes parties avec la province des Séquanois, & de l'autre avec la Rhétie ſupérieure.

Des tems plus obſcurs, plus malheureux encore, ſuccéderent à cette premiere époque. Ces hordes inépuiſables, qui du nord & de l'orient ſe pouſſoient vers l'occident & le midi, long-tems avant de s'établir ſur les débris de l'empire romain, en franchirent ſouvent la barriere, pour dévaſter les provinces. Les peuples mal protégés prenoient le parti de ſe faire un azyle contre ces incurſions paſſageres, dans des enceintes aſſez vaſtes pour renfermer les habitans de la campagne, les proviſions & les troupeaux. Il reſte des traces de ces enclos ou camps dans des lieux où nous n'avons aucune indice de l'exiſtence d'une cité; des admirateurs de l'antiquité ont peut-être ſouvent mal calculé la force des anciennes villes, d'après le contour de ces circonvallations. Cet état d'allarmes fréquentes influa ſur la police & ſur la culture, rendit la propriété plus indifférente, réduiſit l'eſpérance de la jouiſſance à des recoltes momentanées, & fit de nouveau préférer le parcours, ſujet à moins de travaux & de déprédations, à une agriculture hazardeuſe, & que le dépeuplement des provinces rendoit chaque jour plus difficile.

Dans une partie des Gaules les Francs & les Bourguignons s'introduiſirent, ou par le conſentement forcé des Romains, trop foibles pour leur réſiſter, ou par une ſoumiſſion volontaire des ſujets, que leurs premiers maîtres laiſſoient ſans défenſe, & qui s'eſtimoient heureux de faire avec ces étrangers belliqueux une capitulation qui les intéreſſât à leur défenſe. Dans d'autres lieux, les vainqueurs dédaignant la culture des terres déſolées, dont ils venoient de s'emparer par cette uſurpation appellée quelquefois *droit de conquête*, les rendoient à leurs malheureux colons ſous des conditions onéreuſes. Au reſte la ſervitude perſonnelle, ſi contraire aux droits impreſcriptibles de l'humanité, étoit aſſez généralement introduite long-tems avant cette époque; elle avoit lieu chez les anciens Germains, elle étoit connue des Romains & des Gaulois; elle fut dans la ſuite étendue ſous le ſyſtême féodal. Après des déſolations ſi ſouvent éprouvées, c'étoit du moins un bien que de retrouver la paix; & dans le fond, ces nouveaux maîtres, qui ne connoiſſoient ni l'ambition effrénée, ni le luxe, ni tant de vices & de beſoins de fantaiſie des Romains, pouvoient être moins à charge aux peuples vaincus.

Le général Aëtius, le dernier défenſeur de l'empire romain dans les Gaules, après avoir vaincu les Bourguignons, leur permit de s'établir dans les provinces qui conservent encore le nom de ces peuples; ils s'approprierent toute la partie méridionale & occidentale de l'*Helvétie* entre la Reuss, le mont Jura & le lac de Geneve. Ce district conserva long-tems le nom de *petite Bourgogne*, ou de *Bourgogne tansjurane*. Les Allemands, battus par les empereurs Constance, Chlore & Gratian, obtinrent du dernier quelques terres abandonnées en deça du Rhin : leur nombre s'étant accru par de nouvelles bandes, ils se fixérent dans le pays situé entre la Reuss & le Rhin. Il est vraisemblable qu'à cette époque ces colons étrangers se fixerent dans plusieurs vallées des Suisses; des mots, des usages, des traditions conservées jusqu'à nos jours, font présumer que les habitans de quelques-unes de ces vallées en particulier descendent des Frisons, des Suedois, de diverses nations du nord. Les Bourguignons avoient formé un royaume, qui ne subsista pas tout-à-fait un siecle. Leur premier roi perdit la vie dans une bataille contre les Huns, qui ravagerent la partie septentrionale de l'*Helvétie*, & détruisirent les villes d'Auguste & de Vindonisse. Clovis, premier roi des Francs, soumit les Allemands après la victoire de Tolbiac. Ses successeurs s'emparerent du royaume de Bourgogne. Par cette nouvelle révolution, toute l'ancienne *Helvétie* fut réunie sous la monarchie françoise, & partagea pendant quelque tems le sort commun à tout le reste des Gaules.

L'hiſtoire des rois des Francs ne tient pas aſſez à notre ſujet pour nous en occuper dans cet article. Nous ne ferons qu'indiquer les changemens arrivés dans la conſtitution de cette monarchie ſous les rois des deux premieres races. D'abord les chefs des Francs & des Bourguignons, contens de commander à leurs peuples, ne s'attribuoient dans les provinces où ils venoient de s'introduire, que l'autorité attachée aux charges qu'ils exerçoient. Les villes conſerverent leurs conſtitutions municipales. On diſtinguoit les propriétés des anciens incoles de celles des nouveaux; on appelloit ces dernieres les ſorts des Bourguignons, *ſortes Burgundicæ*, les terres ſaliques des Francs, *terræ ſalicæ*. Les nouveaux maîtres s'honoroient des titres de patriciens & de lieutenans des empereurs. Il y avoit des juges particuliers dans les diſtricts; les comtes préſidoient à ces corps, & avoient un reſſort marqué; les gouverneurs des provinces s'appelloient *ducs*, leur office embraſſoit le militaire & le civil. Les loix des Bourguignons & des Francs différoient de celles des Romains; plus l'autorité de ces derniers s'éclipſoit, & plus le contraſte de ces différentes loix devenoit défavorable aux nations ſubjuguées.

Tous ces peuples venus de la Germanie, formoient d'abord des eſpeces de républiques militaires, ſous des chefs qui prirent le titre de rois. On ſait que les intérêts nationaux ſe traitoient & ſe décidoient dans les aſſemblées générales ou champs de Mars. Les charges civiles & militaires étoient des commiſſions données par la nation ; les terres diſtribuées étoient cenſées une propriété nationale, dont l'uſufruit étoit accordé à terme ou à vie, à titre de bénéfice. La couronne même dépendoit du choix de la nation, & ne ſe conſervoit dans la même famille que par une faveur habituelle, mais libre. Fixés dans leurs nouveaux Etats, les rois & les grands cherchèrent à rendre leur autorité permanente. Ces princes partagerent trop ſouvent la monarchie entre leurs héritiers, qui ſe dépouillerent les uns les autres, & par leurs diviſions, par leurs crimes, donnerent aux grands l'exemple de l'ambition & le prétexte de la révolte ; ils finirent par devenir également mépriſables par leur indolence & par leur cruauté. Les maires du palais, en détrônant leurs maîtres, furent obligés de confirmer les uſurpations des grands pour ſe maintenir dans celle de la couronne. Charlemagne, le ſecond roi de la nouvelle race chez les Francs, forma un empire étendu ſur les Gaules, ſur la Germanie, & une partie de l'Italie. Il fut héros & légiſlateur ; il s'occupa de la religion, de la police, & même des lettres. Il eut l'imprudence de partager encore ſon empire. De ces partages répétés náquirent encore les mêmes querelles, qui hâterent de même la chûte de cette ſeconde dinaſtie.

Ainſi ſe forma ce ſyſtême féodal, trop admiré par quelques auteurs, & qui n'étoit au fond qu'un arrangement forcé, une uſurpation ſanctionnée par la loi, une confédération entre cent mille grands & petits despotes, dans laquelle l'intérêt & la liberté du peuple, l'union & la solidité de l'Etat étoient sacrifiés à une subordination apparente & très-précaire. Alors tout devint fief. Les grands vassaux, les ducs, les comtes, les grands barons, dépendans de la couronne par le seul hommage, qui ne fut bientôt qu'une formalité, & par le service militaire limité dans un court espace de tems, avoient des arriere-vassaux relevant d'eux sous les mêmes conditions. L'autorité tutélaire de l'Etat fut affoiblie par tous ces démembremens; la force publique ne consistant plus que dans le concours libre de toutes ces forces détachées, que l'intérêt commun de l'usurpation & de l'indépendance tenoit aisément dans l'inaction, elle se trouva presque anéantie. Tant de tyrans subalternes opprimoient impunément un peuple de serfs désarmés. Les offices publics, l'industrie même furent affermés, les redevances, les titres de commise, les prétextes de bamps furent multipliés; à des droits onéreux on en ajoûta de plus ridicules.

Dans ces siecles, des fortes censes, des corvées & de la main-morte, les terres, les bestiaux & les hommes étoient également accablés de charges & de servitudes. Bientôt, chaque seigneur s'étant formé un petit Etat isolé, il ne fut plus libre de fuir l'oppression & la misere; la desertion de la glebe étoit un crime.

Tel fut l'état de l'Europe entiere dès le VIII siecle. Les grandes guerres entre les rois

& les nations devenoient plus rares, par la difficulté de raſſembler & de retenir ſous les étendards cette nobleſſe indépendante; mais les querelles particulieres entre les vaſſaux même étoient d'autant plus fréquentes, plus opiniâtres & plus cruelles. Au défaut d'une puiſſance protectrice, chacun cherchoit à s'aſſurer une défenſe contre la violence & la ſurpriſe. On voyoit plus de cinq mille tours fortes ou châteaux dans l'étendue de la Suiſſe; tous les lieux un peu élevés en paroiſſoient hériſſés, on en trouve les maſures dans toutes les gorges du Jura & des Alpes, au milieu des tannieres des loups & des vautours; ces maſſes élevées ſans plan, ces habitations ſolides, mais ſans commodités ou agrémens, ces priſons dont les maîtres étoient les premiers géoliers, conſtruites par les mains des ſerfs accablés, ſont d'effrayans monumens de la barbarie de ces tems. La vie inquiette, iſolée des grands, l'oppreſſion entiere du peuple, perpétua l'ignorance & les mœurs farouches; à l'état ſauvage on n'ajoutoit des fruits de la ſociété que l'art de ſe nuire. Tout commerce même entre des provinces voiſines fut à-peu-près anéanti; un grand nombre de ces petits châtelains étoient des brigands avoués & impunis. Ainſi les barbares étrangers ſont devenus les fondateurs de la nobleſſe; les premiers incoles de nos pays ſont reſtés ſerfs, attachés à la glebe; le nom de cultivateur, de villageois, *villanus*, villain, a dégénéré en terme de mépris. Mais auſſi cette nobleſſe reçut un nouveau luſtre dans les tems de la chevalerie qui ont ſuivi ces premiers ſiecles obſcurs & malheureux; cette nouvelle folie produiſit du moins quelques vertus, quelques ſentimens d'honneur & de loyauté, un principe de politeſſe & de ſociabilité; le privilége du port d'armes valut aux nobles une gloire excluſive de valeur; un grand nombre d'entr'eux devinrent les défenſeurs de l'innocence, pluſieurs même dans l'enceinte de l'*Helvétie* ſe ſont armés pour la liberté, & ont combattu pour la cauſe du peuple contre la tyrannie des grands vaſſaux.

La religion chrétienne, par ſon influence ſur les opinions & ſur les mœurs, agit encore ſur cette conſtitution féodale, & prépara de loin aux peuples abattus un moyen de ſe relever.

Une tradition fondée ſur des légendes & des martyrologes, titres toujours ſuſpects, fixe l'introduction du chriſtianiſme dans l'*Helvétie* vers la fin du IV ſiecle, à l'époque où la légion Thébéenne doit avoir été décimée par ordre de Maximien, pour s'être refuſée au ſacrifice des dieux des Romains. S. Maurice le chef de cette légion, eſt révéré dans le Valais; d'autres, échappés au glaive, ſe répandirent dans l'*Helvétie*, où long-tems après on conſacra des chapelles à leurs reliques. On fit à croire au peuple, que ces ſaints, après leur décollation, porterent leurs têtes ſous les bras juſques aux lieux de leur ſépulture. D'autres apôtres, venus de divers pays, doivent avoir prêché l'évangile dans ce pays, & eurent des églises élevées à leur mémoire. On prétend que dès le V siecle les églises de Bâle, de Geneve & du Valais eurent des évêques. Le christianisme fut donc connu dans ces contrées avant l'établissement des Francs & des Bourguignons, qui n'ont pas tardé de l'embrasser. Sans doute que le récit de tant de miracles, le contraste même que formoit avec leurs propres mœurs cette austere piété, cet humble sacrifice de soi-même, cet esprit de paix & de charité des premiers religieux, enfin ces menaces des vengeances de Dieu d'un côté, & les moyens d'expiation offerts de l'autre, firent plus d'impression sur des esprits ignorans & sauvages, que la morale sublime & persuasive du christianisme. Aussi vit-on les fondations pieuses se multiplier, tandis que la servitude civile s'étendoit. Mais le premier bien que produisirent les monasteres, ce fut d'offrir à l'industrie asservie un azyle, de former des défrichemens, de rassembler autour de leurs retraites quelques colons fugitifs, & de donner aux oppresseurs du peuple l'exemple de ces encouragemens utiles même pour les maîtres. Les villes de l'*Helvétie* doivent, pour la plupart, leur origine ou leur renaissance à des fondations d'églises & d'abbayes. Les artisans se rassemblerent, les bourgeoisies s'accrurent autour des sieges des évêques. Nous devons aux moines la premiere culture de plusieurs cantons, situés dans des montagnes peu accessibles, & où dans la suite la population est devenue florissante; tandis que les barons & leurs vassaux, du haut de leurs rochers, opprimoient encore de malheureux serfs, dispersés dans des hameaux écartés. Il est vrai que dans la suite le clergé, enrichi par les donations, ambitieux à proportion de ses richesses, ne se fit aucun scrupule d'exercer souvent une domination tout aussi sévere.

Après avoir été réunie encore sous quelques-uns des successeurs de Charlemagne, l'ancienne *Helvétie* se trouva de nouveau partagée, par la séparation de la Germanie de l'empire des François. Tout ce qui est au nord de la Reuss fit une portion du duché d'Allemannie. D'un autre côté, l'anarchie qui régnoit en France sous les derniers rois de la seconde race, & l'exemple d'un duc Boson qui usurpa le royaume d'Arles, encouragerent Rodolphe, fils d'un Conrad, comte de Paris, de se faire reconnoître roi de la Bourgogne transjurane & de la Franché-Comté. Il prit la couronne à S. Maurice en Valais, l'an 888, & résida à Payerne.

Son fils Rodolphe II, eut avec Bourkard, duc d'Allemannie une guerre, qu'il termina en épousant Berthe fille du duc. Cette reine Berthe est fameuse dans l'histoire de la Suisse au moyen âge. On conserve son testament dans les archives de Berne; c'est peut-être l'acte original le plus ancien. Elle fit de riches donations aux couvents. Quand on veut prouver l'antiquité d'un château, on fait honneur de sa construction à cette princesse, ainsi qu'on attribue à Jules César les tours ou les ponts dont on ne connoît pas la date. *Le tems de la reine Berthe* a passé en proverbe. Son mari, ambitieux d'étendre son royaume, fit quelques conquêtes en Italie, & les céda au comte de Provence contre une partie du royaume d'Arles. Il mourut dans la fleur de son âge.

Son fils Conrad, par sa valeur, préserva ses Etats d'une nouvelle irruption des Huns. Il eut pour successeur Rodolphe III son fils; prince trop foible pour contenir des vassaux devenus trop puissans. Ce dernier roi de Bourgogne ne se soutint que par la protection de l'empereur Henri II son neveu, qu'il institua son héritier.

Observons, que quoique les limites du royaume de Bourgogne, dans la premiere époque aussi bien que dans la seconde, ayent souvent varié, elles ont constamment embrassé une portion de pays dans laquelle la langue tudesque étoit en usage. Cela nous paroît prouver qu'il ne faut pas attribuer à ces nouvelles nations la différence des deux langues usitées encore en Suisse, mais qu'il faut en reculer l'origine jusques aux tems de la premiere population de ce pays, par des colonies gauloises d'une part, & des peuplades de Cimbres & de Germains de l'autre. En effet, les Francs & les Bourguignons étoient en trop petit nombre, & leur langue trop pauvre, pour la substituer à celle des anciens habitans. Le rapport entre l'ancienne langue établie dans la partie septentrionale de l'ancienne *Helvétie* & celle des peuples Allemands qui subjuguerent ce district de pays, facilita un prompt mélange de ces divers idiomes; le même effet dut arriver dans une partie des pays occupés par les Bourguignons & les Francs; ces deux peuples usant d'un idiome qui avoit beaucoup de confinité avec ceux des colonies d'une origine germanique; au lieu que dans toute l'étendue des provinces occupées anciennement par des colons gaulois, la langue romance, mélange du celte & du latin, se conserva, & que les conquérans ne purent y apporter que quelques altérations légeres.

L'empereur Henri II étant mort avant Rodolphe III, dernier roi de Bourgogne, d'autres prétendans se disputerent la succession de ce prince foible pendant sa vie même. Une victoire de l'empereur Conrad sur Ernest, duc de Suabe, assura au premier ce riche héritage. Il fallut le recueillir les armes à la main, vers l'année 1032. Des vassaux puissans éludoient l'hommage; des compétiteurs, tels que les comtes de Champagne, cherchoient à le démembrer. Les empereurs de la maison de Suabe établirent des recteurs dans leurs Etats de Bourgogne; mais ce gouvernement, aussi bien que le duché d'Allemannie, furent des sujets continuels de disputes. La grande querelle des empereurs avec les papes favorisoit le désordre & les troubles. Par un traité de paix conclu vers l'an 1081, la partie septentrionale de l'*Helvétie* fut détachée du duché de Suabe, & le nom d'Allemannie fut oublié.

Dès le XI siecle les empereurs d'Allemagne, pressés par leurs ennemis & par le besoin d'argent, accordoient ou vendoient des priviléges aux villes & à quelques petits peuples ; celui de ne relever que de l'empire directement, servoit également la politique des princes, en attachant les communes à leur parti, & l'intérét des peuples, en les garantissant des prétentions des grands vassaux. Les troubles si fréquens dans l'empire occasionnérent les premieres confédérations entre les villes, & quelquefois la petite noblesse joignoit ses forces à celles des communes pour résister à l'orgueil tyrannique des grands vassaux. Dailleurs la noblesse en général avoit perdu de son autorité & de ses forces ; l'accroissement de la puissance ecclésiastique & des corps religieux, & l'épuisement occasionné, tant par les querelles fréquentes entre les grands & les petits vassaux, que par le fanatisme ruineux des croisades, avoient entraîné la ruine & l'extinction d'un grand nombre de familles nobles. Des rivalités perpétuelles les empêchoient de s'unir contre les entreprises du clergé & le parti naissant du tiers Etat ; tandis que les communes sentoient tous les jours mieux leurs forces & s'accoutumoient au maniement des armes. Les vicaires ou gouverneurs de la part des empereurs, irrités contre la fierté indocile des grands, cherchoient un appui de leur autorité dans la reconnoissance des peuples ; ils entouroient de murs les bourgs ouverts, ils fondoient des villes. Les citadins, autrefois protégés par des abbés & des chanoines, s'affranchissoient chaque jour de quelque sujettion envers les religieux. Les arriere-vassaux des comtes, les petits châtelains, les francs tenanciers, les hommes les plus industrieux, s'établirent dans ces villes devenues libres sous la protection immédiate de l'empire. Presque tous les conseils municipaux étoient composés de gentilshommes dans le XII siecle. Cette noblesse citoyenne défendoit les artisans, servoit de sauvegarde au commerce renaissant, & vengeoit souvent les brigandages commis par d'autres nobles.

Ainsi se préparoit la révolution qui a changé entiérement la face de l'ancienne *Helvétie*, après treize siecles d'oppression & de servitude plus ou moins accablante. Nous avons fait dans l'article SUISSE le tableau de ce pays à cette époque, où dans le mêlange confus de petits despotes mal affermis & de petits publics à peine émancipés, nous trouverons les premieres traces de ces ligues, qui ont conduit les Suisses à l'indépendance, les premiers germes de ce courage & de cette constance, qui les ont fait triompher des projets formés par des empereurs même pour les subjuguer.

L'*Helvétie* sous les Romains, ayant été successivement réunie à diverses provinces des Gaules, a été constamment partagée depuis l'invasion des Bourguignons & des Allemands. Long-tems déja avant l'extinction du dernier royaume de Bourgogne, le nom d'*Helvétie* étoit oublié. Après les ducs de

Zæringuen, dont la maison s'éteignit au commencement du XII siecle, les noms des provinces d'*Allemannie* & de *petite Bourgogne* furent de même oubliés. On appelloit les *hautes Allemagnes* la partie orientale de la Suisse. Vers la fin seulement du XV siecle, l'usage s'affermit d'appliquer à tous les confédérés de la ligue le nom propre au peuple d'un petit canton. Les premiers auteurs qui écrivirent en latin sur l'histoire de ce pays, firent revivre le nom d'*Helvétie* : comme on appelle *Gallia*, la France ; *Belgice*, les Pays-Bas. Ce nom fut adopté dans les actes ; les publicistes le consacrerent en quelque maniere. On appelle aujourd'hui en françois *corps Helvétique*, la masse réunie des treize cantons & de leurs alliés ; & les géographes modernes appliquent le nom de *Suisse* à tout le territoire occupé par ces petites républiques.

Nous trouvons dans César les limites anciennes de l'*Helvétie* ; il la borne d'un côté par le Rhin qui la séparoit de la Germanie, de l'autre par le mont Jura qui la séparoit des Séquaniens, & d'un autre côté par le lac Léman & par le Rhône, qui la séparoient de l'Italie. Comme elle étoit au-delà du Rhin, elle appartenoit à la Gaule, ce qui fait que Tacite appelle les Helvétiens, *nation Gauloise ;* Jules-César met l'*Helvétie* dans la Gaule Celtique ; mais Auguste pour rendre les provinces à-peu-près égales, unit l'*Helvétie* à la Belgique. Voilà donc Pline & Ptolémée qui ont vécu après ce changement amplement justifiés,

justifiés, pour avoir mis les Helvétiens dans la Belgique ; ils devoient suivre la nouvelle disposition d'Auguste.

Toute l'*Helvétie* étoit divisée en quatre cantons qui, quoique compris sous le nom général d'Helvétiens, avoient cependant chacun un nom distingué, & un territoire séparé ; on appelloit ces cantons *Pagus Urbigenus*, *Pagus Ambronicus*, *Pagus Tigurinus*, & *Pagus Tugenus*.

Les Urbigenes étoient les plus voisins de l'Italie ; ils tiroient leur nom de la ville *Urba*, Orbe, ville ancienne, mais dont la splendeur ne fut pas de durée ; car *Aventicum*, Avenche, lui enleva de bonne heure la gloire d'être non-seulement la capitale du canton, mais même de toute l'*Helvétie*. Avenche dut son élévation aux Romains, qui, entr'autres faveurs, y établirent une colonie.

On comptoit alors plusieurs autres villes dans ce canton, savoir *Colonia Equestris*, ou *Noviodunum*, aujourd'hui Nyon ; *Lausanna*, à présent Lausanne ; outre *Minodum*, présentement Milden, & par les François Moudon ; & *Obrodunum*, ou *Castrum Ebrodunense*, qui est Yverdon.

Les Ambrons n'avoient, selon Cluvier, que deux villes, *Salodurum* & *Vindonissa* ; on ne peut douter que Soleure ne soit la même ville que *Salodurum*. A l'égard de *Vindonissa*, dont Tacite lui-même fait mention, les géographes se persuadent que l'on trouve aujourd'hui des vestiges de cette ville dans le village de Windisch au canton de

Berne; & si les noms ont assez de rapport, la position ne convient pas mal, aussi bien qu'à celle que lui donnent la table de Peutinger & l'Itinéraire.

Le *Pagus Tigurinus* tiroit son nom de la ville de *Tigurum*, aujourd'hui Zuric; il n'y a cependant aucun ancien écrivain qui fasse mention de la ville; mais apparemment qu'elle fut du nombre de celles que les Helvétiens brûlerent, lorsqu'ils formerent le dessein que César empêcha, de s'aller établir dans les Gaules.

Strabon est le seul des anciens auteurs qui fasse mention du *Pagus Tugenus*; il est toutefois vraisemblable, qu'il tiroit son nom de la ville de *Tugum*, à présent encore capitale d'un canton. Je m'exprime ainsi, parce que le nom me paroît le même que celui de Zug; car dans plusieurs noms de villes, qui chez les Romains commençoient par la lettre T, les Germains changeoient cette lettre en Z. De *Taberna*, ils firent Zabern; de *Tolbiacum*, Zulpich; & ainsi de *Tugum*, ils ont fait Zug, suivant toute apparence.

Nous avons dit ci-dessus, qu'Auguste rangea les Helvétiens sous la Belgique, & ils étoient encore censés de cette partie des Gaules, du tems de Pline & de Ptolémée. Après Constantin, ils se trouverent avec les Rauraques & les Séquaniens dans la province nommée *Maxima Sequanorum*; peu-à-peu leur nom d'Helvétiens se perdit, & fit place à celui des Séquaniens; mais les Allemands, nation différente des Germains, quoique demeurant dans la Germanie, se jetterent dans l'*Helvétie*, dont il fallut leur céder une partie; les Burgundiens ou Bourguignons envahirent l'autre, de maniere que l'*Helvétie* se trouvant partagée entre ces deux peuples, prit le nom d'Allemagne & de Bourgogne.

Sous les empereurs François, la partie Allemande de l'*Helvétie* fut gouvernée par le duc d'Allemagne & de Suabe; l'autre obéissoit à des comtes. Cette forme de gouvernement subsista très-long-tems, jusqu'à ce qu'enfin, après 13 cents ans de sujettion, ce pays recouvra son ancienne liberté, & s'associa divers Etats voisins, qui n'étoient point de l'ancienne *Helvétie*, mais qui sont du corps helvétique de nos jours, lequel corps a pris le nom de *Suisse*. C'est sous ce mot, que nous avons parlé de la Suisse moderne, heureux pays, où les solides richesses qui consistent dans la culture des terres, sont recueillies par des mains libres & victorieuses.

HERBLINGEN & REYET, bailliage du canton de Schaffhousen en Suisse; le canton y acquit peu-à-peu différens droits & revenus, & en fit un bailliage dès 1524. Les droits de regale & de souveraineté ne lui furent cédés par la maison d'Autriche qu'en 1723. Il n'y a d'ailleurs rien de remarquable.

HERISAU, bourg considérable du canton d'Appenzell, *Ausser-Roden*, en Suisse, dont il est la place d'assemblée. Le commerce, les fabriques & les arts y fleurissent. Les toiles & les mousselines s'y fabriquent d'une finesse peu commune. On prétend que ce bourg a été connu des Romains, & qu'il a été le premier à embrasser le christianisme. Anciennement toute la commune d'*Hérisau* appartenoit à l'abbaye de S. Gall. Elle s'en racheta par les traités conclus en 1421, 1461, & 1465.

HERMITAGE, il y en a deux en Suisse qui méritent ici une place par leur singularité. L'un est près de Fribourg, à une lieue de cette ville. Au milieu des rocs qui environnent ces environs, un hermite s'établit une demeure sur la fin du siecle passé. Jean du Pré de Gruyeres, son successeur, étendit cet *hermitage*: par un travail assidu de 25 ans, il parvint à tailler dans le roc un petit couvent, une église avec une tour, une sacristie, un refectoire, une cuisine, une grande salle, deux cabinets à côté, deux escaliers & une grande cave, dans laquelle il y a une très-belle source d'eau vive. L'église a 63 pieds de longueur, 36 de largeur & 22 de hauteur. La tour a 70 pieds de hauteur sur 6 d'épaisseur. Il est presqu'incroyable que deux seules personnes (car il n'avoit qu'un aide) ayent pu parvenir à finir un ouvrage aussi immense dans un roc très-dur. Cet homme laborieux se noya par accident en 1708.

Il y a un autre *hermitage* près de Soleure, bâti pareillement dans un roc très-dur, par un hermite nommé *Arsenius*, il y a 90 ans environ. L'église n'est pas achevée; il paroît par ce qui en existe qu'elle auroit été très-belle. Quoique cet *hermitage* n'approche pas de celui de Fribourg, il eſt cependant aſſez curieux pour mériter d'être vu.

HERMITES, *Notre-Dame des*, en allemand *Einſidlen.* C'eſt la Lorette des Suiſſes, tout auſſi célebre, riche & fréquentée par les pélerins, à proportion de l'étendue du pays. Les bâtimens ſont d'une grande beauté, les richeſſes de la ſacriſtie ſont conſidérables; il y a des *ex-voto* très-précieux & en grand nombre. On remarque ſur-tout un ſaint ciboire de 160 onces d'or, muni de 1174 perles, 303 diamans, 38 ſaphirs, 154 émeraudes, 857 rubis, 44 grenats, 26 jacintes, 19 amethiſtes & pluſieurs autres pierres précieuſes. La chapelle de Notre-Dame eſt un objet de vénération & un lieu de pélérinages, de toute la Suiſſe catholique & de pluſieurs pays voiſins. L'emplacement de ce monaſtere étoit anciennement une forêt épaiſſe. S. Meinrad s'y retira, à ce qu'on dit, l'an 838. L'abbeſſe Hildegarde de Zuric, lui fit bâtir une cellule & une chapelle. Il y paſſa ſa vie juſqu'en 863 qu'il fut aſſaſſiné. S. Benno rétablit en 906 cette cellule & la chapelle, qui avoient été abandonnées depuis la mort de S. Meinrad. Il poſa les premiers fondemens de l'abbaye par la donation de ſes biens, qu'il y attacha, & par les donations qu'il obtint de pluſieurs autres perſonnes. S. Eberhard, duc de Franconie, paſſe pour avoir été le premier abbé. Il fit élever une égliſe autour de la chapelle, & introduiſit l'ordre de S. Benoit. On dit que l'an 948, lorſque Conrad évêque de Conſtance voulut conſacrer cette chapelle, une voix se fit entendre qui le lui défendit, en disant qu'elle avoit été consacrée par Dieu même. S. Eberhard & ses successeurs obtinrent des papes & des empereurs des priviléges considérables, & tous les grands seigneurs s'empresserent à l'envi à enrichir cette abbaye. Aussi est-elle parvenue à être la plus riche de la Suisse, & ses domaines & ses droits sont d'une vaste étendue. L'abbé Grégoire fut élevé l'an 997 par Othon I, à la dignité de prince du saint-empire, privilége qui a été confirmé par Rodolphe I, à l'abbé Ulrich de Wyniden, l'an 1274.

L'avoyerie sur cette abbaye appartenoit aux comtes de Rapperschweil, ensuite aux ducs d'Autriche, & enfin au canton de Schwitz qui l'exerce encore.

L'abbaye a un grand nombre de cures des deux religions à donner, entr'autres cinq dans le canton de Zuric. Elle occupe la deuxieme place dans la congrégation des bénédictins en Suisse, & elle a l'inspection sur les religieuses de Seedorf, Fahr & Einsidlen.

Elle étend ses possessions & ses droitures sur une quantité d'endroits, & sur-tout dans le canton de Zuric, où elle a des revenus très-considérables. Aussi a-t-elle un receveur établi pour les diriger, qui doit être pris du nombre des citoyens de Zuric.

Christoph Hartmann nous a donné en 1612 une très-bonne histoire de cette abbaye, enrichie de plusieurs actes & chartres.

HOEFE, *ou Dinckhoefe zu Pfæffiken*,

&c., district de pays sur la côte méridionale du lac de Zuric. Il appartenoit anciennement aux comtes de Rapperschwyl & après eux aux comtes de Habsbourg-Laufenbourg. Les ducs d'Autriche l'acheterent en 1358: le canton de Zuric acquit le militaire & la jurisdiction en 1391; mais dans la guerre des Suisses contre ce canton, celui-ci fut obligé de le céder à celui de Schwitz, qui en est encore en possession & qui le fait gouverner par son trésorier, landseckelmeister. En 1712 ce canton restitua le village de Hurden. Ce district est très-fertile en grains, en vin & en fruits. Il y a aussi une belle carriere dont on se sert pour bâtir des maisons, même à Zuric. Il y a aussi des moulins à scie, des martinets. L'isle d'Ufnau qui fait partie de ce district, appartient à l'abbaye de Notre-Dame-des-Hermites depuis le X siecle.

HOENGG, bailliage du canton de Zuric en Suisse. Cette seigneurie appartenoit à la maison de Seon; elle fut vendue ensuite à l'abbaye de Wettinguen, & en 1384 au canton de Zuric. Le chapitre des chanoines de Zuric y exerçoit la basse jurisdiction, & la céda en 1525 au canton. On ne cultive presque que du vin dans ce bailliage, qui est gouverné par deux membres du petit conseil, qui ne sont pas obligés à résidence.

HOLE-GASS, c'est-à-dire le *chemin creux*, lieu de Suisse dans le canton de Schwitz, près du bourg de Kusnacht; c'est dans cet endroit mémorable pour la nation Suisse, que Guillaume Tell tua d'un coup de flèche le gouverneur, que l'empereur Albert d'Autriche avoit dans le pays, & qui, par sa tyrannie, donna lieu à la naissance de la république; en mémoire de cet événement, on a bâti dans ce lieu une chapelle où on lit cette inscription :

Brutus erat nobis, uro Guillelmus in arvo,
Assertor patriæ, vindex, ultorque tyrannum.

HOMBOURG, bailliage du canton de Bâle. Cette seigneurie avoit anciennement des comtes de son nom. En 1304 elle passa dans la maison des comtes de Toggenbourg. Fréderic, comte de Toggenbourg, & Ita de *Hombourg* sa femme la vendirent en 1305 à l'évêché de Bâle. Un des évêques l'hypothéqua en 1375 à Léopold duc d'Autriche. Ayant été rachetée, elle fut vendue en 1400 au canton de Bâle qui en fit un bailliage. Le territoire est très-fertile sur-tout en pâturages. Il n'y a au reste rien de remarquable dans ce bailliage que le château un peu fortifié, & la grande route par le bas Hauenstein. Cette route est très-commode & des mieux faite, aussi est-elle extrêmement fréquentée ; elle mene par Lucerne en Italie.

HORGEN, bailliage du canton de Zuric en Suisse, d'une grande étendue & dont les différentes parties ont été acquises peu-à-peu. A *Horgen* même il y avoit anciennement une maison de religieuses de l'ordre de Citeaux, transférée en 1245 dans le canton de Lucerne. Il y a encore un beau port, une douane spacieuse & un bureau de péages. Entre Kilchberg & Ruschlikon il y a des sources d'eau ſoufrée très-fréquentées anciennement, & maintenant abandonnées par l'effet du caprice. A Schoren il y a une belle fabrique de porcelaine & de fayence, établie en 1763; & qui ont eu les plus grands ſuccès. Près de Ruſchlikon il y a encore le Nidelbad; ſes eaux ſont ſoufrées & ſalutaires. Il y a encore dans l'étendue de ce bailliage des forêts très-bien entretenues, des tourbieres, les premieres qu'on ait découvertes dans le canton, de la houille, des tuileries, &c.

HUNENBERG, bailliage du canton de Zug en Suiſſe. Il avoit ci-devant des ſeigneurs de ce nom, très-connus dans l'hiſtoire. En 1417 les ſujets ſe racheterent. En 1419 ils firent un traité avec la ville de Zug, qui les reçut combourgeois & confirma leurs priviléges. En échange ils reconnurent la ville pour leur ſouverain, & la ville leur donne de deux en deux ans un baillif, élu par les ſujets.

HUNINGUE, bailliage du canton de Bâle en Suiſſe, nommé *klein Huningen*, pour le diſtinguer de la fortereſſe dite *groſs Huningen*. Le canton en acquit une partie en 1385, & l'autre en 1640. Il eſt fertile & on y cultive du tabac. La pêche des ſaumons eſt abondante & lucrative pour les habitans. Ce poiſſon eſt très-délicat, ſur-tout lorſqu'il eſt jeune encore.

I

ILANTZ, ville des Grisons, capitale de la quatrieme communauté de la ligue-Grise; elle a à son tour les assemblées des trois ligues du pays. Elle est sur le Rhin, à sept lieues, sud-ouest, de Coire.

ILLENS, bailliage du canton de Fribourg en Suisse. Cette seigneurie appartenoit ci-devant aux barons de la Tour, ensuite aux comtes d'Aarberg, dès-là à la maison d'Englisperg. Le canton s'en empara dans le tems de la guerre de Bourgogne & en fit un bailliage. Le baillif réside en ville.

INN, *Oen*, chez les Grisons; une des plus grandes rivieres de la Suisse. Cette riviere reçoit ses premieres eaux de la montagne de Lungni, dans la ligue de la Maison-Dieu. Elle s'appelle alors *aque di Pila*, & ce n'est qu'après avoir formé le lac de Lungni, qu'elle prend près de Majola le nom d'*Inn*. Près de Sils elle s'étend encore en lac, nommé *lac de Siglio*. Ce lac est assez grand & nourrit d'excellentes truites; il a aussi cela de remarquable, qu'il indique une pluye prochaine par des nuages qui couvrent une partie de ses eaux. L'*Inn* retrecie derechef en riviere, s'étend de nouveau, & forme successivement quatre lacs, le *Fiume del lago*, le *lago di Sylvapiana*, le *lago di S. Mauritio* & le *lago di Celerina*. Ce n'est qu'alors qu'elle reste toujours dans l'état de riviere, & elle parcourt l'Engadine, le Tirol, la Baviere & se jette près de Passau dans la Donau. Les eaux de l'*Inn* sont bien plus considérables dans cette jonction que celles de la Donau.

INTERLAKEN, bailliage fort étendu du canton de Berne, & un des plus remarquables par les glaciers qu'il renferme, & par mille autres productions de la nature. Il y avoit ci-devant une abbaye de chanoines réguliers de l'ordre de S. Augustin. Cette abbaye très-considérable par l'étendue immense de ses possessions, fut fondée en 1130 par Selger, baron d'Oberhofen. Elle fut extrêmement enrichie par les donations qu'elle reçut des comtes de Kibourg, de Buchegg, & de la noblesse des environs, & elle parvint à avoir le droit de patronage sur une vingtaine d'églises, & la jurisdiction sur une douzaine de villages, outre une immensité de revenus en dixmes, en censes, en domaines, &c. Les empereurs & les papes concoururent à l'envi à accorder des priviléges considérables à cette fondation, le droit d'élire son avoyer, son prévôt, &c. Les maisons de Zæringuen, Wædenschwyl de Strasberg, & autres exercerent successivement cette avoyerie. Peu-à-peu la ville de Berne s'en empara. Cette abbaye fut sécularisée en 1528, malgré la résistance des habitans des environs & du canton d'Underwalden. Le monastere servit long-tems de résidence au baillif jusqu'à ce qu'on a jugé à propos de lui bâtir un château ; les revenus sont appliqués la plus grande partie à l'entretien des églises, des écoles, des ministres & à des charités considérables. A côté de ce monastere il y avoit un couvent de religieuses du même ordre de S. Augustin, sous l'inspection des chanoines d'*Interlaken*. En 1484 il fut aboli par ordre du pape, & ses revenus assignés au chapitre de S. Vincent à Berne.

Outre ces deux monasteres il y a encore la fameuse caverne de S. Beat, le lac de Brienz si poissonneux; le Kienholz fameux par l'alliance qui y fut conclue en 1352, en vertu de laquelle Berne fut reçue dans la confédération helvétique. Ce même endroit étoit aussi destiné pour dé ider par arbitrage les difficultés qui pourroient s'élever entres les confédérés. Cette place si illustre dans notre histoire, a été ensuite ruinée par des chutes de neiges & par des inondations; la vallée de Lauterbrunnen très-renommée par la beauté des glaciers, par les mines de fer qui s'y trouvent établies, par la belle cataracte nommée *Staubbach*, & par plusieurs productions du regne minéral, tels qu'une marne noire si fine qu'on s'en peut servir en place d'encre de la Chine, des terres bolaires très-fines, &c. La vallée de Grindelwald n'est pas moins curieuse par les glaciers qu'elle renferme & qu'on approche de fort près, entre lesquels on remarque le Wetterhorn; le Schrekhorn, la Scheidegg, le Mettenberg & sur-tout le Grindelwald Gletscher. On y trouve aussi des marbres d'une grande beauté, de l'ardoise, &c. Malgré toutes ces masses énormes de glaces éternelles, ce pays est cependant fertile en pâturages.

JOUX, c'eſt tout à la fois le nom d'une chaîne de montagnes, d'une vallée & d'un lac du pays de Vaud, dans le canton de Berne en Suiſſe.

Le *mont Joux*, *mons Jovius* ou *mons Jovis*, eſt une portion du mont Jura. Le mont Jura eſt une longue chaîne de montagnes, qui s'étend depuis le Rhin près de Bâle, juſqu'au Rhône, à quatre lieues au-deſſous de Geneve. Cette chaîne eſt tantôt plus, tantôt moins élevée; elle a auſſi plus ou moins de largeur: enfin elle prend dans cette étendue différens noms particuliers. Le long du Rhône, c'eſt le grand *Credo*; c'eſt le mont S. Claude, entre la Franche-Comté & le Bugey; c'eſt le mont *Joux* ou le mont de *Joux* vers les ſources du Dain & du Doux en Franche-Comté; c'eſt auſſi les monts de *Joux* dans le bailliage de Romainmotier du canton de Berne, frontiere du comté de Bourgogne; c'eſt Pierre-Pertuis, *Petra pertuſa*, dans l'évêché de Bâle. La montagne en effet y a été percée par les Romains; on y voit encore une inſcription qui en fait foi. C'eſt par-là qu'on entre dans le Munſterthal, ou la vallée de Moutier-Grand-val. Tirant plus loin du côté de Bâle & de Soleure, le mont Jura eſt appellé *Boutzberg*; je ne m'arrête qu'aux dénominations les plus générales. Autrefois toute cette chaîne diviſoit le royaume de Bourgogne en deux parties, en Bourgogne cisjurane & en Bourgogne transjurane: aujourd'hui elle ſépare la Suiſſe de la Franche-Comté & du Bugey.

Dans cette partie du mont Jura du comté de Bourgogne, qui porte aussi le nom de *mont Joux*, est une petite ville avec un château à une lieue de Pontarlier. Sept lieues plus loin vers le midi, il y a encore un village du même nom de *Joux*, avec une abbaye & un lac.

Le *mont Joux*, dans le bailliage de Romainmotier, a de même donné le nom à un lac & à une vallée. Là le mont Jura s'élargit considérablement dans le pays de Vaud ; il forme trois vallées qui se communiquent par des gorges : celle de *Joux* est la plus grande & la plus élevée ; d'où on passe à celle de Vauillon, & de là à celle de Valorbes, qui est la plus basse. La partie la plus basse de la vallée de *Joux* est occupée par un lac de deux lieues de longueur, sur demi-lieue dans sa plus grande largeur. Ses eaux sont limpides & légéres : son élévation au-dessus du lac d'Yverdon, mesurée avec le barometre, est de 204 toises. La dent de Vauillon, montagne qui domine, a 358 toises de hauteur au-dessus du même lac.

Toute la vallée a plus de quatre lieues de longueur, & environ deux de largeur. Le lac a vers son extrêmité un étranglement comme un canal, où l'on a placé un long pont de bois : le lac s'élargit de nouveau ; ce qui forme un autre bassin qu'on nomme le *petit lac*. De l'extrémité du pont s'éleve une montagne qui forme une nouvelle vallée du côté de la Franche-Comté ; cette vallée s'appelle le *Lieu*, d'un village de ce nom. Là est un troisieme lac qui n'est qu'un grand étang, qu'on appelle *lacter*, peut-être de *lacus tertius;* cet étang paroît communiquer par des souterrains au lac de *Joux.* Une riviere entre dans celui-ci, qui est le plus grand des trois lacs; c'est l'Orbe qui vient du lac des Rousses; grand nombre de ruisseaux y tombent aussi de toutes parts. L'Abbaye est un gros village qui est presqu'au milieu de la vallée: c'étoit autrefois une dépendance du prieuré de Romainmotier. A une portée de canon de ce lieu là, on voit sortir du pied d'un rocher une petite riviere qui coule avec rapidité, & va se jetter dans le lac; elle a dix pieds de largeur sur deux pieds de profondeur. Malgré cette quantité d'eau qui entre sans cesse dans le lac, aucune n'en sort extérieurement; mais on voit des bouches au fond de l'eau en divers endroits, où l'eau s'engouffre & se perd: les paysans appellent ces trous *entonnoirs*, & ils sont attentifs qu'ils ne se bouchent pas. Il paroît qu'une partie de cette eau coule par dessous diverses montagnes du côté de l'Iles, dans le bailliage de Morges: le principal des entonnoirs est à l'extrêmité du petit lac, à une demi lieue du pont. Dans cet endroit on a construit des moulins, que l'eau dans sa chûte, avant que de se perdre dans les fentes des rochers, fait tourner: les moulins sont bâtis au-dessous du niveau du lac dans un grand creux qu'il y a dans le rocher.

Quoiqu'il n'y ait aucun fruit dans cette vallée, elle est très-agréable & très-riante en été. Il y croit de l'orge & de l'avoine; les pâturages y ſont fort bons; le lac eſt abondant en poiſſons, ſur-tout en excellens brochets; le pays eſt très-peuplé. Ce pays, aſſez chaud durant trois mois d'été, offre au botaniſte curieux une grande variété de belles plantes. Dans un marais qui eſt au haut du lac on trouve une ſource légerement martiale. Sur l'herbe de ces marais on voit en Juillet une quantité d'araignées faucheurs, qui jettent de longs fils ſur l'herbe, on peut les dévider aiſément & ſuivre ainſi la route de l'inſecte. Il y a trois grandes paroiſſes dans ce pays, compoſées chacune d'un village principal & de pluſieurs hameaux, l'Abbaye, le Chenit & le Lieu.

Saint Romain & ſaint Lupicin ou ſaint Loup, deux freres, dont Grégoire de Tours a écrit la vie, ſe retirerent au bord d'un ruiſſeau appellé le *Noſon;* ils y vécurent comme hermites. S. Loup abandonna le Noſon pour aller au-deſſus de la Sarra ſur un rocher, près duquel coule une ſource ſoufrée, qui fait de bons bains. Dans le lieu où étoit reſté l'aîné des freres, on bâtit un hoſpice, puis un couvent ſous le nom de *Romani monaſterium*, d'où l'on a fait *Romainmotier*, qui eſt aujourd'hui une petite ville avec un bailliage le mieux renté du pays de Vaud. Le prieur de Romainmotier fit bâtir ſur la fin du XIV ſiecle, l'Abbaye ſur les bords du lac de *Joux*.

A une lieue de l'Abbaye ſur la montagne, du côté du pays de Vaud, on voit un grand trou

trou large d'une douzaine de pieds ; il communique perpendiculairement à une caverne très-profonde, où l'on entend des eaux souterraines couler avec bruit. Du côté opposé, c'est-à-dire, du côté de la Franche-Comté, on voit aussi au milieu des bois un puits ou trou semblable, mais au-dessous duquel on n'entend point de bruit d'eau courante.

On ne doute point que l'eau du petit lac, qui s'échappe vers les moulins, n'aille former au-dessous dans la vallée de Valorbe, la riviere de l'Orbe, qui sort en effet toute formée d'un rocher à demi lieue au dessus du village de Valorbe. Cette source a au moins seize pieds de largeur, sur trois pieds de profondeur au sortir du rocher.

On peut conclure de là & de l'inspection des lieux, qu'il ne seroit pas impossible de couper au travers des rochers un canal pour vuider les lacs & les faire couler par le canal de l'Orbe : ce seroit gagner du large dans un pays très-serré & fort peuplé.

Les habitans de cette vallée sont ingénieux & industrieux. On y trouve de bons horlogers, des serruriers fort adroits, un grand nombre de lapidaires & de boisseliers.

Il y a beaucoup de mines dans les montagnes voisines. On y rencontre des pyrites globuleuses, & des marcassites anguleuses : les paysans ne manquent point de prendre les dernieres, à cause de leur éclat, pour des mines d'or. On s'est avisé de travailler sur ce minéral au Mont-dor en Franche-Comté, à quelques lieues de-là. Des françois, ou ignorans ou trompeurs, ont fait dépenser inutilement une somme assez considérable à des particuliers peu instruits. On n'a pas su seulement y faire du vitriol. On y trouve aussi sur-tout sur les revers du côté du midi & du couchant, des pétrifications, comme des térébratules, des cornes d'ammon & des musculites. Dans le chemin de la vallée de *Joux* à celle de Vauillion, on ramasse quelques glossopetres; & plus bas on voit une pierre ollaire, dont on pourroit peut-être tirer parti: il y a aussi des couches d'ardoise qui est négligée.

ISLE *de* S. JEAN, bailliage du canton de Berne, entre les lacs de Neuchâtel & de Bienne, sur les frontieres de Neuchâtel. C'étoit anciennement un couvent de l'ordre de S. Benoit, fondé en 1090, par Ulric de Fenu, doté & enrichi ensuite par les comtes de Neuchâtel & par toute la noblesse des environs. Aussi ses revenus sont-ils fort considérables. Cette abbaye fut sécularisée en 1528.

JULIÆ-ALPES, montagne des Grisons près de Tusis. Il est très-probable que Jules César a passé cette montagne avec ses troupes, & qu'elle en a pris le nom. Il y a même encore des restes de deux colonnes.

On estime la hauteur de cette montagne à 12000 mille pieds au-dessus de la mer. Elle fournit les sources de l'Inn, de la Maira & de quelques autres rivieres. Il y a aussi un petit lac nommé *lago di Giulio.*

JURA, grande chaine de montagnes en Suisse. Ptolémée, Strabon, Pline & César en font déjà mention. Cette chaîne commence dans le canton de Zuric ; elle passe par le canton de Berne, le canton & l'évêché de Bâle, le canton de Soleure, la principauté de Neuchâtel, les bailliages médiats de Grandson entre Berne & Fribourg, le pays de Vaud, jusques sur les frontieres de Geneve. Cette même chaîne porte des noms très-différens. En voici les principaux, *Lægerberg*, *Bætzberg*, *Hauenstein*, *Leberberg*, *Freyberg*, *Jurten*, *&c.* Elle sert de bornes à la *Burgundiacis & transjurana.* La plus grande partie de cette chaîne est fort aride, mais riche en bois & en pétrifications. Il n'en sort pas de riviere fort considérable, & il n'y a que quelques lacs très-petits.

JUSSY, *mandement de*, c'est un petit bailliage des Genevois conquis en 1536 sur la maison de Savoie, & gouverné par un châtelain, tiré du grand conseil de Geneve. Les appels vont à la chambre des appellations à Geneve & de là au petit conseil. Le terrain en est assez aride, mais très-peuplé.

K

KAYSERSTUHL, petite ville dans le comté de Baden en Suisse, sur les bords du Rhin. On la croit très-ancienne & déjà connue sous les Romains. Dans le moyen âge les barons de Regensperg en furent les maîtres. Ils la vendirent, en 1290, à l'évêché de Constance. La bourgeoisie jouit de plusieurs priviléges qui lui ont été confirmés en 1434, par l'empereur Sigismond. L'évêque de Constance y tient un baillif. La ville a son propre magistrat, & les habitans sont de la religion catholique romaine.

KELLER-AMT, bailliage du canton de Zuric en Suisse, c'est une partie du Frey-Amt, & la haute jurisdiction appartient en partie au baillif de Knonau. Les habitans sont catholiques. La ville de Bremgarten y a la basse jurisdiction & quelques autres droits, mais la souveraineté, la haute jurisdiction & le droit de glaive appartiennent au canton de Zuric. Ce canton établit deux membres de son petit conseil pour gouverner ce bailliage, sans être obligés à résidence.

KLETTGUE, petite étendue de pays entre le Rhin & la Forêt-Noire. On croit que c'étoit le siege des Latobriges. Cette province passa des mains de la maison de Habsbourg dans celles des comtes de Sulz, & enfin dans celles des princes de Schwartzenberg. Les cantons de Zuric & de Schafhausen en possedent aussi une partie.

KLINGNAW, ville dans le bailliage de Baden en Suisse, qui forme avec quelques villages ce qu'on nomme *bailliage de Klingnaw*. Elle a été fondée par les barons de Hohenklingen, lesquels y établirent encore l'église de S. Jean, & une commanderie de l'ordre Teutonique. L'évêché de Constance acheta cette ville en 1269, & dès lors il y tient un baillif pour y exercer ses droits. La ville jouit de plusieurs priviléges assez considérables.

Le couvent de Sion est situé tout près de cette ville. Il a été fondé en 1269 par Walther, baron de Hohenklingen. Il fut bientôt assez considérable, mais il tomba peu-à-peu en décadence, de façon qu'il se manquoit peu qu'il eût été incorporé à l'abbaye de Wettinguen. En 1724, il fut incorporé à celle de S. Blaise. Dès lors c'est un monastere de Bénédictins; ci-devant on y observoit la regle de S. Guillaume. Le prince abbé de S. Blaise y tient maintenant un prieur qui rend compte annuellement aux cantons régnans.

KLOSTER, un des hochgerichts de la ligue des Dix-droitures ès Grisons, Il appartint long-tems à la maison d'Autriche, qui en nommoit le landamman. Les habitans s'en racheterent en 1649. Depuis ce tems là les affaires civiles, criminelles & consistoriales sont dirigées par le landamman & seize juges. Le terrain est assez sauvage; on y cultive cependant quelque peu de froment. La plus grande partie du pays est très-sujette aux chutes des neiges, & à de pareils événemens.

Il envoye deux députés aux assemblées générales & particulieres du pays. Il est probable que ce hochgericht a pris son nom d'un couvent de l'ordre des Prémontrés qui y existoit jusqu'en 1526.

KNONAU, bailliage du canton de Zuric en Suisse, nommé aussi *Frey-amt*. Il est d'une étendue assez considérable, & renferme onze paroisses. Le terrain est un des plus fertiles de tout le canton. On y cultive une quantité immense de fruits, sur-tout de poires dont on fait de la poirée, des grains & des pommes de terre; il y a aussi de belles prairies & on y entretient beaucoup de bétail. Les habitans sont grands & robustes. On y trouve encore plusieurs singularités; comme du tuf, des pétrifications, des marnes, &c.

Cette province comprend les deux anciennes seigneuries de Schnabelbourg & de Schwarzenbourg. Elles passerent dans la maison d'Eschenbach; Walther, baron d'Eschenbach ayant trempé dans l'assassinat commis en la personne de l'empereur Albert I, la maison d'Autriche s'empara de toutes ses terres. Les Zuricois s'en emparerent à leur tour en 1415, & les garderent en vertu des traités conclus à ce sujet. En 1512, ils y établirent un baillif obligé à résidence & qui se change tous les six ans. Dans l'étendue de ce bailliage, se trouve le monastere de Cappel, dont nous avons parlé. Maschwanden, place ancienne & qui formoit ci-devant un bailliage à part: Lunnern où l'on a trouvé plusieurs antiquités très-curieuses, des ruines d'un temple, des tombes, des ſtatues, des inſtrumens, des ſquelettes, l'attelier d'un potier avec beaucoup de fragmens d'ouvrages de ſon métier, un *vaporarium* ou place pour ſuer & ſe baigner, & pluſieurs médailles. M. M. Breitinger & Sulzer en ont donné une deſcription étendue. Il y a encore ſur l'Iſenberg, près d'Ottenbach, des ruines conſidérables d'un temple, dans lequel ſelon les apparences, on célébroit le culte de la déeſſe Iſis. Il a quatre-vingt cinq pieds de longueur, ſur quarante-quatre de largeur. On remarque encore les bains de Wengi, dont on ſe ſert avec ſuccès contre les ulceres invêterés, la colique, les maux d'eſtomacs: on leur attribue auſſi la vertu d'être emmenagogues. Le Turler-ſée, petit lac, très-poiſſonneux, &c. En un mot ce bailliage eſt en tout ſens, un des plus curieux en Suiſſe.

KNUTWEIL, bailliage du canton de Lucerne en Suiſſe. Il eſt aſſez petit, auſſi n'a-t-il été ſéparé de celui de Williſau que depuis 1579, & ce n'eſt que dès 1671, qu'on y a établi un baillif qui ſe change tous les deux ans, & qui n'eſt pas tenu à réſidence. Il n'y a rien de bien remarquable que des bains qu'on prétend avoir des vertus antiparalytiques.

KOENIGSFELDEN, bailliage du canton de Berne en Suiſſe: il y avoit ci-devant un monaſtere des freres mineurs, & un autre de religieuſes de l'ordre de S. Claire. L'épouſe de l'empereur Albert I, y fonda une chapelle en 1308. Ses fils y établirent en 1311 les deux couvents & les doterent largement, sur-tout des biens de ceux qui ont eu part à l'assassinat d'Albert I. Ces donations furent confirmées de tems en tems & on y ajouta plusieurs priviléges & exemptions, le droit de bourgeoisie à Arau. L'abbesse avoit l'inspection & la jurisdiction sur toutes ces terres. Il y avoit aussi la tombe de plusieurs princes & princesses de la maison d'Autriche; mais tous ces ossemens sont actuellement transportés à l'abbaye de S. Blaise.

Ce couvent obtint des donations immenses, tant de la maison d'Autriche que de la noblesse des environs. En 1313, il acquit le château d'Altenbourg avec ses dépendances; en 1364, le bailliage Eigen. Il avoit encore beaucoup de revenus dans le comté de Baden, les bailliages libres, à Waldshout, &c. En 1528, les deux couvens furent sécularisés. Les revenus sont destinés à l'entretien d'une vingtaine d'églises & de leurs pasteurs; à celui d'une quantité de pauvres & d'imbecilles, & à exercer des charités considérables.

Dans ce bailliage se trouve encore Windisch petit village actuellement, mais une très-grande ville du tems des Romains nommée *Vindonissa.* On en voit de tous côtés les ruines, l'eau même dont on se sert à *Kœnigsfelden* y est conduite, par des restes d'un aqueduc romain. C'étoit une place forte pour reprimer les Allemands; ceux-ci la détruisirent effectivement au IV siecle. On y a trouvé des inscriptions & plusieurs autres morceaux curieux.

Déjà au VI siecle il y avoit un évêché, qui à ce qu'on dit, a été transporté depuis à Constance. Cette ville s'étendoit jusqu'au château d'Altenbourg, au moins toute cette contrée est pleine de ruines des Romains : on croit que ce château est le *Castrum Vindonicense*, du moins il est sûr, selon les inscriptions qu'on y a trouvées, que l'onzieme légion des Romains y a été placée.

Le château de Habsbourg est aussi dans l'enceinte de ce bailliage, de même que les bains de Schinznacht.

KOENITZ, bailliage du canton de Berne en Suisse. Il y avoit très-anciennement un prieuré de l'ordre de S. Augustin. Il fut incorporé en 1230, à l'abbayé d'Interlacken; mais en 1235, il lui fut ôté & donné à l'ordre Teutonique qui en fit une commanderie. L'église de *Kœnitz*, étoit l'église paroissiale de la ville de Berne, jusqu'en 1232 que Berne obtint le droit d'avoir une paroisse particuliere. En 1729 la ville de Berne acheta tous les droits de l'ordre Teutonique & y établit un baillif dès 1732, qui se change tous les six ans.

Dans l'enceinte de ce bailliage se trouve le ci-devant couvent de Frauen-Capellen, le le village de Bumpliz où l'on a trouvé des antiquités romaines, entr'autres un pavé à la mosaïque, &c.

Le baillif n'a que la basse jurisdiction. Le criminel & le militaire est regi par les *frey-weibels*, voyez ce mot & celui de LAND-GERICHT.

KRIEGSTÆTTEN, bailliage du canton de Soleure en Suisse. Il parvint à ce canton à différentes reprises. Berne y avoit la haute jurisdiction; mais par un traité conclu en 1665, ce canton y a renoncé sous de certaines conditions. Il ne contient au reste rien qui puisse mériter notre attention. Les habitans se racheterent en 1517 de la servitude. Le baillif se change tous les deux ans, & n'est pas tenu à résidence.

KRIENS & HORB, bailliage du canton de Lucerne en Suisse. Il parvint à ce canton en même tems que le comté de Rothenbourg. Il acquit la basse jurisdiction en 1416, & y établit un baillif qui se change tous les deux ans, & qui n'est pas tenu à résidence. Il est généralement très-fertile en pâturages & en grains. La plus grande partie des terres appartenoit dès les IX & X siecles à l'église collégiale de Lucerne. On y remarque entr'autres la fameuse chapelle de Berrgottswald, très-célebre par les pélérinages qu'on y fait. Elle a été fondée en 1500 par de Weil, avoyer à Lucerne. L'Eigenthal est une espece de promontoire du mont Pilate, c'est un vallon très-fertile, où l'on cultive même du froment, du seigle & de l'orge. L'abbaye de Murbach le vendit en 1291, à l'empereur Albert I. Lucerne l'acquit en 1453, par droit d'achat. La même ville acquit aussi en 1479 les droits du chapitre de Lucerne sur cette vallée.

KUSSNACHT, un des bailliages intérieurs du canton de Zuric en Suisse, gouverné à tour par deux membres du petit conseil. Ce canton l'acquit par parties. La paroisse de ce nom qui est fort grande fut achetée par le canton en 1383. En 1396, on y fonda une commanderie de l'ordre Teutonique. Les revenus de cette commanderie sont actuellement dirigés par un baillif qui se prend dans le grand conseil, qui est tenu à résidence & dont la prefecture dure six ans. Celui-ci n'a aucune jurisdiction. On fait beaucoup de vin dans ce bailliage, & il est généralement très-bien cultivé & fort peuplé.

KYBOURG, bailliage du canton de Zuric en Suisse. Il comprend la plus grande partie de l'ancien comté de ce nom. De tous les bailliages Suisses, c'est le plus grand si on en excepte la Turgovie. Il a six milles d'Allemagne de longueur sur sept de largeur en comptant celle-ci du midi au nord. Nous ne parlerons pas ici des comtes de *Kibourg* qui sont éteints depuis 1264. La maison de Habsbourg les hérita. Le comté passa aussi dans cette maison, & dès là dans celle d'Autriche. Léopold duc d'Autriche l'hypothéqua aux comtes de Toggenbourg ; ce droit d'hypothéque passa dans la maison des comtes de Montfort. En 1415, lorsque Fréderic duc d'Autriche fut mis au ban de l'empire, l'empereur Sigismond s'en empara & permit en 1424, aux Zuricois d'acheter les droits des comtes de Montfort, ce qu'ils firent. Zuric devint ainsi le maître de ce comté, en payant cependant à l'empereur des sommes considérables à cinq différentes reprises. En 1442, le canton de Zuric le rendit à l'empereur Frederic III, mais en 1452, le duc Sigismond le vendit une fois pour toutes aux Zuricois. Depuis ce tems-là ils en sont les maîtres & le font gouverner par un baillif tenu à résidence, & qui se change de six ans en six ans. Le comté a sa propre justice, il est jugé d'après ses propres loix. Les appels en causes civiles se portent au petit conseil à Zuric. Les causes criminelles se jugent définitivement par la justice du comté augmentée de 24 autres justiciers ; le baillif a le droit de grace.

Le bailliage est partagé en six sections, & il comprend 47 paroisses. Il est très-peuplé & très-fertile en champs, en prés, en vignes, en legumes, en fruits, sur-tout en cerises, dont on tire copieusement la liqueur nommée *eau de cerise*. Il y a 27 seigneuries, dont une grande partie appartient au canton. Leurs droitures varient beaucoup. Il comprend encore les bailliages de Hegi, d'Attikon, d'Embrach, de Lausen, de Tœss, la ville de Winterthour avec ses dépendances. On remarque encore le *ausser-Geirenbad*, différent de celui qui se trouve dans le bailliage de Gruningen, les eaux sont très-restaurantes & consolidantes, & on les fréquente beaucoup ; les châteaux de ces anciennes & illustres maisons de Alt-Hohen & Breiten-Landenberg; Ober-Winterthour, l'ancien *Vitodurum* des Romains, place forte ruinée par les Allemands, rétablie par Aurelius Proculus *præfectus Helvetiæ* & démolie derechef par les Allemands sous Valentinien III. On y trouve encore des ruines très-considérables.

L

LÆBEREN, bailliage du canton de Soleure en Suiſſe, peu étendu, mais très-fertile. Il appartenoit au chapitre de Soleure. Le canton en acheta une grande partie en 1389, & il en acquit l'autre en 1393, par le traité conclu à Buren avec le canton de Berne. Il eſt probable qu'il y a eu à Selzach des ſources d'eau ſalée, à en juger par le nom qui veut dire *eau ſalée*. Les Romains connoiſſoient déjà cet endroit & l'on y trouve aſſez ſouvent des ruines & des médailles. Le bailliage eſt gouverné par un membre du petit conſeil, qu'on change tous les deux ans & qui n'eſt pas tenu à réſidence.

LANDERON, *le*, châtellenie de la principauté de Neuchâtel, la premiere par ſon rang, d'entre celles de cette principauté, & qualifiée de baronie dès l'année 1373 à 1415, pour avoir été poſſédée en fief, dans cette intervalle par Varenne de Neuchâtel & par ſon fils Conrad de Fribourg, avant l'époque où celui-ci recueillant la ſucceſſion de la comteſſe Iſabelle ſa tante, réunit cette baronie au comté même de Neuchâtel.

Cette châtellenie eſt ſituée à l'orient du pays : elle a pour bornes, le lac de Bienne, le territoire de la Neuveville, les mairies de Liniéres & de Valangin, la châtellenie de Thiéle & la riviere du même nom. On lui donne 3 à 4 lieues de circuit, & on la croit peuplée de 8 à 900 habitans. Il y a dans son district la ville même du *Landeron*, le village paroissial de Cressier, les villages annexes de Combes, d'Enges & de Frochaux, avec diverses metairies & maisons détachées. Son sol, applati dans sa partie méridionale, & montueux dans la septentrionale, est varié par des productions différentes: au nord il a des bois & des pâturages estimés, & au sud il a des vignes abondantes, des champs fertiles, & des prés gras. Il a même quelques marais dans cette derniere portion, laquelle n'est pas toujours à couvert non plus des ravages de la Thiéle, quand cette riviere se déborde.

La ville du *Landeron* est placée entre deux bras ou canaux de la Thiéle, à peu de distance du lac de Bienne. Le comte Rollin, ou Rodolphe V de Neuchâtel en jetta les fondemens l'année 1324, sur ceux d'un village, qui avoit, dit-on, été substitué à son tour au *Neveu* du moyen âge, ou à la *Nevonia* des anciens. Rollin, dis-je, éleva les murs du *Landeron*, pour faire face à ceux de la Neuveville, que Girard évêque de Bâle, son ennemi, venoit de bâtir. Cette circonstance fut d'abord très-funeste au *Landeron*; à peine la construction de cette ville étoit elle achevée, que soit par lui-même, soit avec le secours des Bernois & autres Suisses qui n'aimoient pas Rollin, l'évêque en fit le siege & la menaça de destruction: mais ainsi que la tentative la menace fut vaine; la valeur de

Louis fils de Rollin, & la bravoure des habitans firent tout échouer; on ne put prendre la ville, mais on en brûla les fauxbourgs; & tel étoit l'acharnement avec lequel on poussoit cette guerre, qu'en plein hyver l'on revint assaillir la place, & que les assiégés ayant fait prisonnier l'un des chefs des assiégeans, une mort violente mit fin aux jours de ce captif. Dès lors le *Landeron* se soutint, & obtint des franchises & des priviléges considérables. Il fut même autorisé dans la suite à contracter avec Soleure une combourgeoisie particuliere. Et même de nos jours à l'instar de celle de Neuchâtel, cette ville porte les armes sous sa propre banniere. Elle professe ainsi que toute la châtellenie la religion catholique romaine, & renferme un hospice de Capucins. Son clergé est diocésain de Lausanne, mais ses prebendes sont sous la collature de l'Etat de Berne, à cause de l'abbaye de l'isle S. Jean, dont cet Etat est en possession, & dont l'église du *Landeron* a relevé de tout tems. L'on a sur le compte de cette ville, deux traits d'histoire assez frappans, chacun dans son genre. L'un est rélatif à la maniere dont elle rejetta, dans le XVI siecle, la réformation de l'église; & l'autre se rapporte à la répugnance qu'avoient ses bourgeois, il y a 60 & quelques années, pour la domination Prussienne. Dans ces deux cas en effet, le *Landeron* parut se conduire tout autrement que la nature des choses ne sembloit le comporter. Qui croiroit que dans le premier sa bourgeoisie agit avec le plus grand ſang froid, & que dans le ſecond elle s'armat d'une aveugle obſtination ? Elle ſoumit à la délibération tranquille de tous ſes membres l'affaire de la religion ; & elle ſe révolta, ſans apparence de ſuccès, contre la ſentence ſouveraine rendue à Neuchâtel le 3 Novembre 1707. A cet égard ci, la force ouverte la mit à la raiſon ; & à l'égard de la religion, le ſuffrage du berger, qui avoit la garde du bétail de la ville, la fit reſter catholique. La voix de cet homme manquoit à l'aſſemblée pour rompre l'équilibre des opinans ; il fut convenu de ſe la procurer ; & l'on mit alors autant de ſérieux, dit-on, à la peſer & à la compter, que l'on mettroit aujourd'hui de plaiſanterie à renouveller le fait.

LANDGERICHT, on donne ce nom à une certaine étendue de pays près de Berne en Suiſſe, qui jouit de priviléges conſidérables. Ce diſtrict eſt partagé en quatre parties, dont chacune eſt gouvernée par un des quatre bannerets de la ville, qui a les *freyweibels* ſous ſes ordres.

Le premier de ces *landgerichts*, eſt celui de Seftigen. Le banneret de l'abbaye des boulangers le gouverne. Il y a trois freyweibels. Il comprend outre pluſieurs paroiſſes, les ſeigneuries de Gerzenſée, Belp, Riggisberg, Toffen, Rumligen, Burgiſtein, Seftigen, Kerſaz. On y remarque les bains de Blumenſtein, le lac de Gerzenſée, qui eſt très-poiſſonneux, le fameux prieuré de Ruggisberg de l'ordre de Clugny, fondé au X ſiecle & très-richement doté par la nobleſſe

des

des environs ; il fut incorporé au chapitre établi à Berne. A Toffen, il y a des carrieres très-riches en tuf, & dont on fait grand usage ; ce tuf est rempli de divers corps étrangers, végétaux sur-tout, incrustés ou pétrifiés.

Le *landgericht* de Sternenberg est sous la direction du banneret de l'abbaye des maréchaux, qui n'a qu'un seul freyweibel sous lui. Il comprend le bailliage de Kœnitz, la seigneurie de Bumpliz où l'on a trouvé un pavé à la mosaïque, le couvent de S. Frauen-Cappelen, &c.

Le *landgericht* de Conolfinguen est gouverné par le banneret de l'abbaye des bouchers. Il y a deux freyweibels. Il renferme les seigneuries de Munsigen, Wichtracht, Diesbach, Kisen, Worb, Wyl, &c.

On prétend que Munsigen étoit anciennement une petite ville. Konolfinguen petit village donne le nom au *landgericht*. Dans le moyen âge c'étoit la place d'assemblée du *landgericht* de la petite Bourgogne. Les bains d'Enggistein sont très-fréquentés.

Le *landgericht* de Zollikofen est le dernier. Il est gouverné par le banneret de l'abbaye des tanneurs, & il a deux freyweibels sous lui. Il comprend les seigneuries de Hindelbank, Jegenstorf, Seedorf, Bremgarten, le prieuré de Hettisweil, fondé en 1107, & sécularisé en 1529. A Hindelbank, on admire le château & le tombeau de Jérôme comte d'Erlach, avoyer de Berne & le tombeau de Mad. Langhans née Wæber. Ce dernier surtout est un chef-d'œuvre du fameux sculpteur Nahl.

Il ſeroit tédieux de détailler à qui appartient la baſſe juriſdiction de chaque endroit, c'eſt tantôt aux baillifs, tantôt aux ſeigneurs de terres, tantôt à d'autres. Le banneret a les cauſes civiles & une partie de la police en partage, à l'exception de ce qui concerne les ſeigneuries. Le criminel, le militaire, les cauſes conſiſtoriales ſont du reſſort immédiat de la ville de Berne.

Nous parlerons à l'article THOURGAW du *landgericht* de ce comté, & nous paſſons ſous ſilence cette immenſité de *landgerichts* qu'il y a encore en Suiſſe, & qui ne ſont que des cours criminelles.

LANDSCHAFFT, *alte*, il y a proprement deux diſtricts de pays en Suiſſe, auxquels on donne ce nom, l'un dans le canton de Fribourg, & l'autre dans les terres de l'abbé de S. Gall.

Dans le canton de Fribourg, c'eſt un diſtrict de 18 lieues d'étendue, qui comprend 27 paroiſſes. Les habitans ont des priviléges conſidérables. Ils établiſſent de concert avec les bourgeois de Fribourg, les deux avoyers du canton, d'après le choix de quelques perſonnes que les conſeils ont le droit de propoſer. On y remarque ſur-tout les bains de Bonn, l'hermitage & l'abbaye d'Hauterive.

Dans le territoire de l'abbaye de S. Gall, on donne le nom d'*Alte-Landſchafft* à tout ce qui appartenoit à cette abbaye, avant l'achat du comté de Toggenbourg. Cette province eſt partagée en 4 bailliages dont on parlera à leur place.

LANDSHOFMEISTER-AMT, un des 4 bailliages dans lesquels l'ancien domaine, Alte-Landschafft, de l'abbaye de S. Gall est partagé. Le *landshofmeister* de l'abbaye en est le baillif, il réside au château de Burg, il est conseiller secret & l'un des premiers officiers laïques du monastere. Ce bailliage comprend d'abord le monastere même, dont nous avons parlé ; le couvent de religieuses de l'ordre de S. François établi en 1381 à Nœtkersegg; le couvent de S. Wiborade, de religieuses de l'ordre de S. Benoit, l'un des plus anciens de la Suisse, & quelques autres paroisses, villages & châteaux.

LANDSHUT, bailliage du canton de Berne en Suisse. Il appartenoit aux comtes de Kibourg de la derniere race. Après avoir passé par différentes mains, le canton de Berne l'acheta en 1510 & 1514 & en fit un bailliage. On y cultive beaucoup de bled, mais l'agriculture y fleuriroit bien mieux encore, si les terres n'y étoient pas sujettes à de fortes redevances censieres, & sur-tout à des corvées très-onéreuses.

LANGENTHAL, gros & beau bourg dans le canton de Berne en Suisse. Il mérite ici une place particuliere à plusieurs titres. Sa situation est belle, ses environs fertiles. Il s'y fait un négoce très-considérable en toileries, en fromages, &c. Ses trois foires sont très-fréquentées. Il s'y vend annuellement près de 10 à 11000 pieces de toiles, dont on blanchit environ 8000 à *Langenthal*, sans compter le fil, &c. Ces toiles s'envoyent en

France, en Italie, en Espagne, en Portugal, en Amérique, &c. Il s'y fabrique encore beaucoup de toiles peintes, rubans de fil, & autres étoffes de coton & demi-soie, il s'y vend pareillement beaucoup de chanvre, de lin, de cotons. Il s'y fait encore un grand négoce en bétail de toute espece, en chevaux, en grains. La quantité de marchandises qui s'y vend va à plus de quinze mille quintaux par an; le fromage de l'Emmenthal seul fait un objet de 1400 quintaux.

Il y a encore de belles tanneries, des teintures & d'autres manufactures. Les artistes n'y manquent pas non plus; on distingue entr'autres un Mummenthaler qui a présenté, il y a environ un an, à la société physique de Zuric, un microscope solaire adapté pour les corps opaques, & qui a très-bien réussi.

Tout près de *Langenthal*, il y a des sources minérales soufrées.

La jurisdiction sur ce bourg appartient au monastere de S. Urbain. Le canton y a la souveraineté; les causes matrimoniales, le militaire, le criminel, les péages & plusieurs autres droits. Le monastere y a aussi des droits & des revenus considérables. Ces prétentions réciproques ont été reglées en 1413 & en 1669. Le bourg même jouit aussi de plusieurs beaux revenus. Il y a toute apparence que ce bourg est fort ancien, mille indices le prouvent, des ruines de murailles, de tuileries, d'aqueducs, &c., faits à l'antique, & on trouve aussi assez souvent des médailles romaines.

Il donne aussi son nom à une des huit classes dans lesquelles le clergé allemand du canton de Berne est partagé.

LAUFEN, bailliage du canton de Zuric en Suisse, sur les frontieres de Schaffhausen, fameux par cette belle cataracte du Rhin, qui a près de 80 pieds de hauteur, & dont le bruit est si fort, qu'il entretient le château de *Laufen* dans une sorte de tremblement perpétuel. Tout près de là il y a en automne une pêche très-riche de saumons. Cette seigneurie changea souvent de maîtres; enfin Jean Guillaume de Fulach la vendit en 1544 au canton de Zuric, lequel y établit un baillif tenu à résidence & qui y reste six ans. On y cultive de très-bon vin rouge, dont il s'en exporte beaucoup en Suabe & en Suisse.

Nous parlerons de la petite ville de *Laufen* dans l'évêché de Bâle, à l'article de ZWINGEN, dont elle releve.

LAUPEN, c'est le premier de tous les bailliages que le canton de Berne a acquis; il fut augmenté depuis par l'achat de la seigneurie d'Oltingen, Mulliberg, Biberen, Gummenen & Gammen. La ville de *Laupen* est assez ancienne. Boniface de Savoie la prit sur l'empire en 1250, mais Rodolphe I, la rétablit en 1275 dans ses immunités, & lui accorda les mêmes privilèges qu'avoit alors la ville de Berne. En 1298 il y eut une alliance conclue entre ces deux villes. Mais dix ans après la ville de Berne acquit d'Othon de Strasberg le droit d'avoyerie sur cette ville & en 1324 elle acquit tous les droits de

Gerodus de la Tour, héritier d'Othon de Strasberg. Les empereurs ratifierent ces acquisitions. La bataille livrée près de *Laupen* en 1339 par les Bernois & leurs alliés, contre la noblesse ennemie des Bernois, rend cette ville très-célebre; cette bataille décida absolument du sort de la ville de Berne. La ville jouit encore de quelques priviléges; elle établit son propre magistrat, & si elle n'exerce pas plusieurs priviléges, qu'elle prétend avoir, c'est qu'elle n'a personne en état de les faire valoir, les citoyens même ne sachant que par tradition ce qui en est; & ne voulant les confier à personne.

Le bailliage contient entr'autres l'ancienne baronie d'Ostranges, Othodingen ou Oltingen, si fameuse dans l'histoire par les tyrannies inouïes de Hugo de Montbelliard, à qui elle appartenoit. Il fut tué par ses sujets en 1410. Conrad comte de Neuchâtel, acheta la seigneurie de la veuve du défunt, & la vendit aux Bernois en 1412. Berne exempta les paysans de la servitude; ceux-ci par reconnoissance payerent la somme que les Bernois avoient déboursé pour racheter cette seigneurie. A Villars, le moine y avoit un prieuré incorporé en 1484 au chapitre de l'église S. Vincent à Berne. Il y a près de la ville de *Laupen* un pont de bateaux assez curieux, & le seul dans ce genre dans le canton.

LAUSANNE, ville du canton de Berne en Suisse, à une demi-lieue du lac de Geneve. Elle est la plus grande dans le pays de Vaud,

& assez bien bâtie sur un terrain inégal, & trois petites montagnes. On la connoissoit déja sous les Romains. Antonin en fait mention dans son *Itinéraire*, & l'inscription trouvée à Vidy, en fait preuve aussi. Elle portoit déja alors le nom de *Lausonna*.

Cette ville quoique sujette en partie à l'évêque du même nom, jouissoit cependant de privileges très-considérables que les empereurs lui avoient accordés. Ses loix ont été rédigées en code en 1368, sous le nom de *placitum generale*, plaid général. En 1525 elle conclut une alliance avec Berne & Fribourg. En 1536 elle se soumit au canton de Berne. Celui-ci non content de lui confirmer ses anciens privileges, lui en accorda encore de nouveaux, la haute, moyenne & basse jurisdiction, & lui céda une partie très-considérable des biens ecclésiastiques, sur-tout des monasteres de S. Sulpy, Montheron & Bellevaux. Ces privileges ont encore été augmentés de tems en tems, & le canton de Berne n'y exerce presque de droit que la souveraineté, le militaire, le droit de faire grace, celui de battre monnoye, plusieurs revenus de l'évêché, &c. Pierre Viret y introduisit la réforme en 1536 laquelle s'étendit sur tout le pays de Vaud, après la dispute tenue à *Lausanne* la même année. Viret y fut assisté de Farel & de Jean le Comte.

Cette ville est célebre par l'évêché qui y étoit établi, & par le concile qui y a été tenu en 1448 dans lequel Felix V résigna le pontificat pour donner la paix à l'église. Elle établit son propre magistrat qui consiste dans le bourguemaître, les cinq bannerets, le petit conseil, le conseil des soixante & le grand conseil, outre plusieurs autres charges & commissions. Elle établit des chatelains à S. Sulpy & à Montheron.

L'académie y a été établie en 1537. Il n'y eut d'abord qu'un professeur en hébreu & en grec. Actuellement il y a deux pasteurs, deux professeurs en théologie, un en hébreu & en catechese, un en grec & en morale, un en éloquence & en belles lettres, un en philosophie & en mathématiques, & un en droit, outre deux places honoraires. Elle est sous la jurisdiction du baillif.

A Berne, il y a quatre curateurs établis, qui sont tous tirés du petit conseil. Il est singulier qu'avec la modicité extraordinaire des revenus attachés à ces chaires, elles ayent cependant été remplies par des savans très-célebres, tels que Farel, Viret, Hotmann, Conrad Gesner, de Bese, de Chandieu, Scapula, Bertram, Steck, Ott, Polier, Constant, Jean-Pierre de Crousaz, Roy, Jean Barbeyrac, Loys de Bochat, Ruchat, &c.

Le college a été établi en 1540 : actuellement il y a six précepteurs, & on distribue de la part du souverain des pensions annuelles à 45 pauvres écoliers & étudians.

L'origine de l'évêché de *Lausanne*, son premier siege, son premier évêque, sont également inconnus ; on croit cependant assez généralement, qu'il a été transféré d'Avenche à *Lausanne* vers la fin du VI siecle. Il relevoit du diocese de l'évêché de Besançon. La jurisdiction ecclésiastique s'étendoit ci-devant sur une très-grande partie de la Suisse. Il comprenoit une partie considérable des cantons de Berne & de Soleure. L'Aar en formoit les limites. Il comprenoit encore tout le canton de Fribourg, presque tout le pays de Vaud, la souveraineté de Neuchâtel & de Valangin, à l'exception de la mairie des Brenets; il comprenoit encore l'Etat de Bienne & ses environs, & l'Erguel, & il s'étendoit même en Franche-Comté. Il étoit borné par les évêchés de Constance, de Bâle, de Sion, de Geneve, & par l'archevêché de Besançon. Cette grande étendue de jurisdiction a été extrêmement resserrée du tems de la réforme & de la conquête du pays de Vaud. Il ne lui reste que le canton de Fribourg, une partie de celui de Soleure, le bailliage d'Echallens, Cressier & Landeron riere Neuchâtel, Jogne & Longueville en Franche-Comté. Ces restes sont divisés en quinze doyennés ou décanats.

L'évêque avoit la jurisdiction civile sur une partie de la ville de *Lausanne*, les quatre paroisses de la Vaud & quelques autres endroits: mais il ne lui en reste plus rien, Berne & Fribourg s'étant emparés de tout.

De toute cette ancienne gloire, il ne reste à l'évêque que le titre de prince du S. empire, qui lui fut accordé par l'empereur Rodolphe en 1273. Il avoit aussi droit de séance à la diette de l'Empire, entre les Etats du cercle du Rhin. Sa taxe matriculaire étoit de 60 hommes à pied & 14 à cheval. On croit assez généralement que S. Protaise a été le premier évêque à Avenche, & S. Maire le premier évêque à *Lausanne*. La cour de Rome les établit maintenant. Son siege actuel est à Fribourg.

La monnoye des évêques de *Lausanne* étoit très-connue dans tout le pays de Vaud, on ne comptoit qu'après elle. Sebastien de Montfaucon est le dernier qui a exercé le droit d'en battre. Ce droit est très-ancien ; dans un acte de 1144 il en est fait mention.

Le bailliage de *Lausanne* est un des plus étendus, & des plus remarquables du canton. Le baillif a succédé à l'évêque. Il habite son château, & exerce la jurisdiction sur les mêmes endroits que l'évêque, à quelques changemens près faits depuis lors. Il est tenu au même serment que l'évêque prêtoit à la ville ; sa préfecture dure six ans.

LEMAN, *le lac*, lac situé entre la Savoie & le pays de Vaud, dépendant de la république de Berne. On le nomme communément le *lac de Geneve*, & nous avons déja dit quelque part, qu'il a porté le nom de lac de Lausanne, *lacus Lauzanius*.

La figure de ce lac approche un peu de celle d'un croissant, dont les deux cornes seroient émoussées, & dont l'une des mêmes cornes auroit une grande échancrure par dedans. Il est vrai que nous en avons de bonnes cartes ; mais toutes ne représentent pas sa véritable figure, ce lac s'étend bien plus contre le nord, & moins du côté de l'orient, que plusieurs de ces cartes ne le marquent.

Il est situé entre le 24. 10. & le 25 de *longitude*, à compter cette longueur depuis l'isle de Fer, & entre le 46 12, & le 46. 31 de *latitude*.

La longueur de ce lac depuis Geneve jusqu'à Villeneuve, en passant par le pays de Vaud, est de 15 lieues de marine, dont il y en a 20 au degré; & ces 15 lieues font 18 lieues trois quarts communes de France; mais cette distance prise en ligne droite par dessus le Chablais, n'excede pas 12 lieues de marine.

La plus grande largeur de ce lac, à le prendre de Rolle jusqu'au voisinage de Thonon, est de trois à quatre lieues, ou plutôt à cause du biais qui se trouve entre ces deux endroits, sa plus grande largeur doit être seulement estimée environ sept mille toises de France, de six pieds de roi chacune, ce qui fait un peu plus de trois lieues communes du même royaume; mais ce lac se rétrécit beaucoup ensuite en venant vers Geneve, car depuis Rolle jusqu'à Geneve, il n'est guere, en aucun endroit plus large d'une lieue marine.

La surface du *lac Léman* est d'environ 26 lieues communes quarrées, dont chacune a 2282 toises & deux cinquiemes de côte.

La profondeur de ce lac est dans quelques endroits très-considérable, particulierement du côté de Savoie; cependant on n'a point fait encore d'expériences suffisantes pour la justifier, & le fait en vaudroit la peine.

Il en est presque de même au sujet des trombes qu'on a observées quelquefois sur ce lac, par exemple en 1741 & 1742 ; les trombes dont nous parlons, sont des especes de vapeurs épaisses qui s'élevent de tems à autre sur le *lac Léman*, occupent en largeur dès 15 à 20 toises, à-peu-près autant en hauteur, & se dissipent ensuite dans un instant, sans qu'on soit encore suffisamment éclairé sur leurs causes.

Un phénomene beaucoup moins rare que nous offre le *lac Léman*, est une espece de flux & reflux qu'on y remarque sous le nom ridicule de *seiches*; cette espece de flux & reflux, qui se trouve d'une part près de l'embouchure du Rhône, ou bien à l'autre extrêmité, près de l'embouchure de l'Arve, doit être vraisemblablement produit par la fonte des neiges, conformément au détail exact & savamment raisonné qu'en a fait M. Jallabert, dans *l'Hist. de l'acad. des sciences, année.* 1742.

Le *lac Léman* est en partie formé par le Rhône qui le traverse dans toute sa longueur, en sort à Geneve, & y conserve seulement sa couleur jusqu'à une certaine distance : ce lac, au contraire de plusieurs autres, décroit en hyver, & croît en été quelquefois jusqu'à dix pieds & davantage. Les neiges fondues des montagnes dans cette saison, grossissent de leurs eaux, les ruisseaux & rivieres qui entrent dans le lac lui-même. Il ne ſe gele jamais dans les plus grands froids, parce qu'il abonde en ſources vives.

Mais ſi l'on joint à cet avantage ſa belle ſituation, l'aſpect admirable qu'il procure de maiſons de plaiſance, de villes & de villages, de champs cultivés, de côteaux, de vignobles & de campagnes fertiles, l'excellent poiſſon de pluſieurs ſortes qu'il fournit en abondance, ſa profondeur, ſon étendue, la bonté du baſſin ſur lequel il roule des eaux pures, légeres & argentines, on ne pourra s'empêcher de le regarder pour un des plus beaux lacs de l'Europe.

LENZBURG, Le bailliage le plus étendu & le plus conſidérable du canton de Berne en Suiſſe. Il portoit anciennement le nom de comté, & l'on connoit dans l'hiſtoire Suiſſe la puiſſance, les richeſſes & l'étendue des poſſeſſions des comtes de *Lenzburg*. Cette famille s'éteignit en 1173 dans la perſonne d'Ulric. Richenza épouſe de Hartmann comte de Kibourg ſa couſine germaine fut ſon héritiere. En 1264 la famille des comtes de Kibourg s'éteignit auſſi, & ils furent hérités par la maiſon d'Habsburg, ſouche de la maiſon d'Autriche. Le canton de Berne s'en empara en 1415 & Frederic duc d'Autriche y renonça formellement en 1418. Cette renonciation a été confirmée par des traités poſtérieurs, & en particulier en 1648. Depuis cette conquête le canton de Berne y entretient un baillif, qui réſide dans le château de *Lenzburg*, & qui ſe change de ſix en ſix ans. Le territoire eſt preſque tout entier en plaine. Il eſt des plus fertiles en grains, en pâturages, en fruits, & en partie en vins. Outre les produits de la nature, l'induſtrie des habitans leur procure encore d'autres reſſources. C'eſt dans ce bailliage qu'il ſe fabrique le plus de toiles de coton, de chanvre ou de lin, & il y a encore d'autres fabriques. Auſſi la population y eſt-elle des plus conſidérables.

Ce bailliage comprend 20 paroiſſes, partagées en 14 juſtices inférieures, outre les ſeigneuries de Schöftland, Rud, Hallweil, Wildegg, Schaffisheim & Liebegg. A Culm, l'on a trouvé des antiquités très-conſidérables. M. Schmidt nous en a donné la deſcription. Il croit y trouver l'ancien Gaunodurum. A Gandiſchweil il y avoit des eaux minérales auxquelles on attribuoit beaucoup de vertus, mais elles ſe ſont perdues. La baronie de Hallweil eſt une des plus importantes en Suiſſe. Elle jouiſſoit de priviléges extraordinaires, modifiés peu-à-peu, par la république qui les croyoit contraires à ſes conſtitutions. C'eſt ſur-tout à l'égard de Faarwangen & de Dænweil qu'ils ſont très-importans. Elle comprend le lac de Hallweil, qui a deux lieues en longueur ſur une de largeur. Il eſt très-poiſſonneux, ſur-tout en une eſpece de poiſſons qu'on nomme *Hæglinge* & qui ſont très-goûtés.

Ce bailliage donne ſon nom à l'une des 8 claſſes dans leſquelles le clergé du pays allemand du canton de Berne eſt partagé.

LENZBURG, une des quatre villes municipales dans l'Ergovie, canton de Berne en Suisse. Il faut la séparer du bailliage de ce nom, vu qu'elle n'a rien de commun avec lui. Elle a eu anciennement le même sort que le bailliage. Berne la conquit en 1415, & lui accorda des priviléges très-considérables, en confirmation sur-tout de ceux qu'elle avoit déjà. Elle est absolument indépendante du baillif. Il y a deux avoyers, un petit & un grand conseil. Cette magistrature & toutes les autres charges & commissions sont nommées par la ville même. Elle a aussi la haute & basse jurisdiction sur sa banniere, le droit de pâtronage sur le pastoral de la ville, &c. Depuis quelque tems le commerce y prend faveur, & il est très-considérable en toileries: il y a plusieurs fabriques de toiles peintes, de tabac, &c.

LEPONTII, l'étendue de cette nation n'est pas exactement fixée encore; on sait cependant avec quelque sûreté qu'elle habitoit le Livinerthal, la vallée nommée *Leventina* par laquelle descend le Tesin au pied du mont S. Gothard, une partie des Grisons, le haut Valais, *Domo d'Ossola*, &c. César fait sortir le Rhin des *Lepontii*.

Il est très-remarquable que le district qu'on croit avoir été habité par les *Lepontii*, se distingue en grande partie par la langue allemande, qui y est encore en usage au milieu même de l'Italien corrompu. Les noms propres même sont allemands. Cet allemand lépontin, s'il est permis de se servir de ce terme, se distingue par un accent qui fait traîner la derniere syllabe ou lettre du mot qu'on prononce.

LEUGGEREN, commanderie de l'ordre de S. Jean, dans le comté de Baden en Suisse, dans le diocese de Bâle. Déjà en 1239, cet ordre acquit des droits dans les environs, la commanderie cependant ne fut formée qu'après la translation de celle de Klingnau faite dans le XV siecle : les revenus & les droitures de cette commanderie sont assez considérables.

LEUK, gros bourg de Suisse, presqu'au milieu du Valais, remarquable par la force de sa situation, par l'assemblée fréquente des députés du pays avec ceux de l'évêque pour y délibérer sur les affaires communes, & par les bains de *Leuk* qui sont à deux lieues. Ce sont des eaux minérales chaudes, sans odeur, & dont on a trouvé cinq sources. *Long.* 25, 30. *lat.* 46, 12.

LEVONTINA, *vallée*, les Allemands disent *Levinerthal*, vallée de Suisse, dans laquelle on descend du mont S. Gothard, lorsqu'on prend la route d'Italie. Ses habitans dépendent en entier de l'évêché de Milan pour le spirituel, & du canton d'Uri pour le temporel, en conséquence du traité de Lucerne conclu en 1466.

LICHTENSTEIG, c'est la seule ville & par-là même la capitale du comté de Toggenbourg en Suisse, & la résidence d'une grande partie de la magistrature, tant de celle du prince que de celle de la ville, qu'elle établit

établit elle-même. Les habitans sont de religion mixte, & le public est très-riche. Il y a beaucoup de commerce en toileries, &c. & un grand passage, ce qui donne un air d'aisance aux bourgeois. La ville jouit d'ailleurs de privileges très-considérables.

LIESTAL, *ou* LIESTEL, bailliage du canton de Bâle en Suisse. Déjà en 1041 l'évêque de Bâle en fut investi par l'empereur. La maison de Thierstein sût rentrer dans ses droits, & ce ne fut qu'en 1416 que ces droits furent hypothequés à la ville de Bâle, qui acheta peu-à-peu tous les droits tant de cette maison que de celle de Falkenstein. En 1585 l'évêque de Bâle renonça formellement à toute prétention sur cette partie du Sissgeu. La ville de *Liestal* est petite & bien bâtie; elle fut vendue en 1400 au canton de Bâle. Elle avoit de très-beaux privileges qu'elle a perdus peu-à-peu par sa propre faute. Des deux avoyers qu'elle a, l'un est tiré du nombre des bourgeois de Bâle. Le passage considérable qu'il y a par cette ville, la fertilité du terroir en vignes & en champs, de même que les métiers, fournissent richement à l'entretien des habitans. Le public est très-riche. Elle donne aussi son nom à une des trois classes du clergé du canton.

Le bailliage de ce nom est en général très-fertile. Dans le Knœtfenthal on a trouvé des ruines romaines, un vaporaire & un pavé à la mosaïque. Il y a aussi des eaux minérales, de même qu'à Alt-Schauenbourg. A Fulinsdorf il y a encore des restes très-considérables d'un immense aqueduc établi par les Romains; on y a aussi trouvé des médailles romaines & des urnes.

LIGNIERES, mairie dans la principauté de Neuchâtel en Suisse, sur le mont Jura. Les droits que l'évêque de Bâle avoit sur ce territoire, ont été cédés en 1316 aux comtes de Neuchâtel. Ce pays est fertile en grains & en pâturages. Le pasteur est dépendant du canton de Berne.

LIGUES-GRISES, c'est le nom des trois *ligues* ou confédérations des Grisons. Ces peuples sont voisins & alliés des Suisses. Le pays qu'ils habitent, situé à l'orient de la Suisse proprement dite, formoit anciennement la partie supérieure de la Rhétie; les géographes modernes le comprennent, ainsi que le Valais, dans la délimitation générale de la Suisse, dont il occupe sur les cartes environ la cinquieme partie, par sa grande étendue dans les hautes Alpes.

Avant le cinquieme siecle les Ostro-Goths s'étoient soumis cette partie de l'ancienne Rhétie. On trouve dans un acte de 890 l'indication d'un comté de Coire, *Com. Curiæ Rhetorum.* D'autres comtes & grands barons, établis dans l'intérieur ou sur les confins de ce pays, y étendirent la domination féodale, & à juger par le grand nombre de mazures, qu'on apperçoit encore sur les pointes les plus basses des rochers qui bordent les vallons, la Rhétie n'a pas été moins chargée de petits tyrans que les pays voisins. L'excès de l'oppression & du brigandage poussa les paysans à chercher dans leur union & dans leurs propres forces la justice & la tranquillité, que l'autorité précaire des empereurs ne pouvoit leur garantir. Cette révolution, indépendante de celle des cantons Suisses, rapprocha cependant les deux nations & les conduisit naturellement à une union plus étroite.

Les Grisons formerent successivement entr'eux trois *ligues* différentes. La confédération des communautés qui relevoient plus directement du siege de Coire, est la plus ancienne; son commencement date de l'année 1400 & 1419; cette ligue formée contre l'abus de la domination séculiere des évêques, prit le nom de *Ligue Caddée*, ou de la *Maison-Dieu; Casa Dei*, *Gottshaus-Bund.* La *Ligue-haute* ou *Ligue-Grise*, *Obere-oder Grau-Bund*, s'est formée en 1424; & celle des Dix-Droitures, *Zehn-Grichten-Bund* en 1436. Les deux premieres de ces *ligues* ou associations s'étoient unies par une alliance dès l'an 1425. Celle des Dix-Droitures fit une alliance avec la Ligue-Caddée en 1450, & une autre avec la *Ligue-Grise* en 1471. Cette confédération générale a été renouvellée en 1544, & dernierement en 1712.

Par ce traité d'union entre les trois ligues, qui fait la baze de leur droit public, ces peuples s'engagent réciproquement à ne faire aucune nouvelle alliance, aucune guerre ni traité de paix, que d'un commun accord; ils conviennent de se secourir à leurs propres frais les uns les autres, & de posseder en commun les conquêtes qu'ils feroient sur l'ennemi ; ils reglent la maniere de terminer tout différend entre des communes particulieres, ou entre les diverſes ligues, lorſqu'il s'en élevera entre deux ligues, la troiſieme en ſera le juge. On garantit les privilèges de chaque partie & l'on confirme les collectes & taxes uſitées. Il ſeroit ſuperflu d'entrer dans le détail de toutes les précautions priſes pour maintenir la paix publique.

A ce traité ſuccéda en 1526 la convention des articles généraux, dont le but principal eſt de fixer les limites du pouvoir du clergé. Les évêques de Coire avoient acquis une autorité temporelle fort étendue. Des circonſtances favorables ayant affranchi ces peuples de la puiſſance féodale, plutôt par une ſuite de petits ſuccès que par une révolution marquée, ils devoient néceſſairement pencher à rejetter encore le joug épiſcopal. Auſſi la doctrine des réformateurs fut-elle adoptée par la majeure partie de ces peuples. Ce fut à cette époque, que, par les articles généraux, ils priverent l'évêque du droit de nommer des juges. Les communautés ſe réſerverent le privilége de choiſir à la pluralité des ſuffrages leurs magiſtrats & leurs juſticiers, & les officiers ou fermiers de l'évêque furent exclus pour toujours des ſeſſions ou diettes nationales. En réſervant aux religieux des monaſteres réformés une penſion à vie, on leur interdit de recevoir des novices, & l'œconomie des biens monaſtiques fut miſe en régie. Chaque commune conſerva le droit de choiſir ſon paſteur. Elles s'attribuerent, chacune dans ſon diſtrict, le droit du cours d'eau, de la chaſſe & de la pêche. On établit dans tout le pays l'uniformité du poids & des meſures. Il fut défendu d'appeller des juſtices inférieures au conſeil de l'évêque; on abolit l'impôt des intrades, & il fut ordonné, que l'élection d'un évêque par le chapitre n'auroit à l'avenir ſa force, que par l'agrement obtenu des deux *ligues*, Griſe & Caddée.

Ainſi les *Ligues-Griſes* forment une démocratie confédérée, ſubdiviſée en un grand nombre de petites démocraties, abſolument indépendantes pour tout ce qui ne touche que leur intérêt œconomique & leur police particuliere; le droit de faire la guerre & la paix ou des traités d'alliances, de même que des loix relatives à l'union générale & à la conſtitution nationale, ſont réſervés à la déciſion de la pluralité entre les communautés des Ligues. Jettons un coup-d'œil ſur cette forme de gouvernement populaire, différente de celles des cantons démocratiques de la Suiſſe.

Chaque ligue eſt diviſée en grandes juriſdictions appellées *Hautes-Juſtices*, *Hochgericte* ou *grandes Communautés*, *Communitates magnæ*; ces juriſdictions ſont partagées en ſimples juſtices ou communes, *Gerichte*, *Com. parvæ*. On donne auſſi à ces dernieres la dénomination de *communes*, *voiſinages*, *diſtricts*, ou *quartiers*; *Nach-barſchaften*,

Schnize, (*) *Pleve*, *Directuren*, *Squadre*, *Contrade*, *&c.* Chaque petite communauté ou juſtice ſe donne un chef ou *Ammann*, & une douzaine de juges, pour décider les cauſes civiles, & juger les délits moins graves. Le chef de la grande juſtice ou communauté s'appelle *landammann*; il eſt chargé de veiller ſur l'œconomie & les intérêts particuliers de ſa communauté, il préſide dans les jugemens des cauſes civiles majeures, des cauſes criminelles & fiſcales; dans quelques communautés cependant cette derniere commiſſion eſt confiée à un *podeſtà* ou juge criminel. *Blutrichter.* Tous les emplois ſont ſujets à un grabau ou confirmation annuelle dans l'aſſemblée de la communauté. On délibere encore dans ces aſſemblées ſur toutes les propoſitions qui intéreſſent la ligue générale ou la confédération des trois ligues.

Lorſqu'il s'éleve une difficulté entre deux communautés ou juſtices, la juſtice ou communauté neutre la plus voiſine doit en être le juge ou l'arbitre; ſi la difficulté ne peut pas être terminée de cette maniere, elle peut être portée à la diette générale de la ligue. Nous allons expoſer briévement les conſtitutions particulieres de chacune des trois ligues.

(*) Ce terme dans la langue du pays répond exactement à celui qui déſigne un quartier d'une pomme partagée. On voit par la variété ſinguliere de ces termes, combien les dialectes varient chez les Griſons, ſuivant le voiſinage des confins de l'Allemagne ou de l'Italie.

La *Ligue-Grise*, *Grau-Bund*, eſt diviſée en huit grandes juriſdictions. Suivant une autre diviſion on y compte vingt & une communautés, ayant droit de ſuffrage aux diettes nationales des trois ligues. Six de ces communautés ayant le droit de deux ſuffrages, ſi on y ajoute celui qui eſt attribué au chef de la ligue, on en comptera en tout vingt-huit appartenant à la *Ligue-Griſe*. Le chef de cette ligue s'appelle *grand juge du pays*; *Land-Richter*, on lui donne le titre *d'Excellence*. Il eſt choiſi chaque année dans la diette particuliere des députés de cette ligue, aſſemblés dans le village de Trouns; l'élection ſe fait ſur trois ſujets, prépoſés alternativement, une année par l'abbé de Diſentis, une ſeconde année par le Cau de Sax ou Sacco, chef des communautés de l'ancien comté de Sax ou Maſſox, & la troiſieme année par la ſeigneurie de Ræzuns appartenante à la maiſon d'Autriche.

La *Ligue-Caddée* ou *de la Maiſon-Dieu*, *Gotts-Haus-Bund*, diviſée en onze grandes juriſdictions, a vingt-trois ſuffrages aux diettes générales, un pour le préſident de la ligue, & les vingt-deux diſtribués ſur dix-ſept communautés. Anciennement le bourguemaître de Coire étoit préſident né de la ligue; *Bunds-præſident*. Suivant un compromis, fait au commencement de ce ſiecle, les députés de la ligue choiſiſſent annuellement deux ſujets parmi les quinze ſénateurs de la ville, & le ſort décide entr'eux. Par un motif d'œconomie ou de convenance, la diette particuliere de cette ligue ſe tient vers le même tems & dans le même lieu que la diette générale.

La *Ligue des Dix-Droitures* ou *Juriſdictions*, *Zehn-Gerichte-Bund*, ne forme que ſept grandes juriſdictions, & n'a que le droit de quinze ſuffrages, attribués au landammann & à onze communautés. Le chef, *Bunds-landammann*, eſt choiſi tour-à-tour dans les ſept juriſdictions, par les députés de la diette particuliere ; la commune de Davos a le privilége de deux tours, le premier & le cinquieme.

Ces trois ligues ou confédérations forment enſemble la *république confédérée des Griſons* ou *des Ligues-Griſes*, en latin *Reſpublica Rhætorum*. Nous avons indiqué les objets réſervés à la déciſion des diettes générales des trois ligues. Ces aſſemblées ſont de trois eſpeces.

La diette ordinaire, appellée *Bunds-Tag*, ſe tient une fois l'an ; le plus ſouvent vers la S. Barthelémi, vieux ſtyle, ſi des affaires preſſantes ne la font avancer. Les chefs des trois ligues fixent ce tems dans un congrès dont il ſera parlé plus bas. Ces diettes annuelles s'aſſemblent alternativement, une année à Ilanz, dans la *Ligue-Griſe*, la ſuivante à Coire dans la ligue-Caddée, & la troiſieme à Davos dans celle des Dix-Droitures. C'eſt chaque fois le chef de la ligue, riere laquelle ſe tient l'aſſemblée, qui en eſt le préſident. Chaque communauté, ayant droit d'un ou de deux ſuffrages, députe deux représentans. L'assemblée complette forme soixante-six suffrages ; nous avons indiqué le nombre compétant de chaque ligue. Les députés sont munis d'instructions écrites par leurs constituans, & le résultat de ces instructions décide par la pluralité. A la fin des sessions, qui durent ordinairement deux ou trois semaines, un comité, composé des trois chefs & de deux députés de chaque ligue, est chargé de rediger les actes; il expédie le recès ou les conclusions, tant sur les objets terminés, que sur ceux qui doivent faire la matiere d'une nouvelle délibération; le chancellier de chaque ligue en expédie ensuite les doubles, pour chaque communauté, ayant droit de députation ou de suffrage. Les actes s'expédient ou sous les trois sceaux des trois ligues, ou sous le sceau particulier de la ligue, riere laquelle la diette est assemblée.

Les diettes extraordinaires, *Beytage*, se tiennent toujours dans la ville de Coire, où sont conservées les archives de la confédération générale. Le chef de la ligue-Caddée en est toujours le président, & les actes passent sous le seul sceau de cette ligue. Dans les occasions subites, ou pour des affaires qui demandent du secret, les trois chefs souvent composent seuls la session; d'autrefois, sur-tout quand un ministre étranger le requiert, on convoque les députés des communautés, mais seulement la moitié du nombre admis aux diettes ordinaires.

Quand des Etats & souverains étrangers adressent une lettre aux trois ligues en commun, le président de la ligue-Caddée, qui réside toujours à Coire, en fait l'ouverture, & la communique aux deux autres chefs; celles qui s'adressent séparement à l'une ou l'autre ligue sont ouvertes par le chef de chaque ligue, pour être communiquées aux chefs particuliers des communautés.

Tels sont les principes généraux de la constitution & du droit public de la république confédérée des ligues des Grisons. Si cette constitution est suffisante pour maintenir la paix & l'union entre toutes les petites démocraties qui composent la ligue, si elle garantit le peuple des abus de l'autorité & du pouvoir législatif, si elle assure au citoyen la liberté personnelle & réelle, on conçoit que ses effets doivent à-peu-près se borner à ces premiers besoins de l'État paisible intérieur; & que dans des cas de troubles, de guerre, & de démélés avec les puissances voisines, la lenteur des délibérations, le démembrement de l'autorité publique, le défaut de finances, & la dépendance ou même la nullité du pouvoir exécutif, doivent présenter les plus grands inconvéniens. Un coup-d'œil sur les événemens publics, les plus mémorables dans l'histoire des Grisons, suffira pour constater cette observation.

A peine les confédérations des communes avoient été consolidées, que la guerre éclata entre les Suisses & les Grisons d'une part, & les provinces de la Suabe & du Tirol de l'autre. Quelques prétentions de la maison d'Autriche, la haine ou les préventions de la nobleſſe allemande contre des peuples qu'ils regardoient comme des deſtructeurs de la nobleſſe, & plus encore une antipathie populaire préparée de longue date, furent les moteurs de cette rupture momentanée, mais éclatante, entre des nations voiſines. Dans l'eſpace de ſix mois, huit combats ſanglans, à l'avantage des Suiſſes & de leurs alliés, furent livrés ſur toute cette frontiere, qui s'étend dès le Tirol juſqu'à Bâle. Les Griſons avoient eſſuié quelques pertes dans le commencement; ils avoient été défaits dans le Munſterthal & perdu la ville de Mayenfeld; mais ils prirent leur revanche, tant par leurs propres forces qu'avec le ſecours de leurs alliés, au pas de Ste Lucie, à Freiſen, à Fraſtenz & dans le Munſterthal même. Sforze duc de Milan, qui avoit beſoin du ſecours des Suiſſes & de l'Autriche, réuſſit à les reconcilier. La reputation d'une valeur indomptable fut le principal avantage qu'en retirerent nos républicains.

Cette époque établit une liaiſon entre les cantons Suiſſes & les *Ligues-Griſes*. Mais, par un effet malheureux de leurs ſuccès, le goût des armes, reveillé ſans ceſſe par les promeſſes ſéduiſantes des puiſſances qui ſe diſputoient le duché de Milan, dégénera en une habitude aviliſſante. Les penſions, l'avidité du butin corrompirent leur diſcipline; ils prodiguerent leur ſang dans les plaines de la Lombardie, leur valeur mercenaire les fit redouter & haïr. A l'exemple des Suiſſes, les Griſons enleverent au duc de Milan, la Valteline, les comtés de Chiavenna & de Bormio; ces conquêtes devinrent long-tems un sujet de troubles pour eux.

Ils furent encouragés à cette saisie par l'évêque de Coire, qui reclamoit ces terres, comme un ancien domaine de son église; ce fut du moins à ce titre qu'elles furent retenues en 1512. En 1530 l'évêque céda ses droits temporels sur ces provinces pour une rente perpétuelle de 573 florins par an. Depuis 1525 jusqu'en 1532 un gentilhomme Milanois, nommé *Médicis* & surnommé le *châtelain de Musso*, ne cessa de les troubler dans cette possession; il étoit frere du pape Pie IV dont il ne faut pas confondre la famille avec celle de Léon X élevée à la souveraineté de Florence. En opposant à la lenteur & à la crédulité des Grisons toutes les ressources du génie, de l'activité & de la perfidie, il les força de recourir au secours des Suisses pour le déposséder de son usurpation.

Une révolte de ces sujets plongea la république dans les horreurs d'une guerre civile, vers le commencement du XVII siecle. Les Espagnols, alors possesseurs du Milanois, cherchoient à se procurer, par la Valteline, une communication libre avec les provinces Autrichiennes. Ce plan se rapportoit à de plus vastes projets; ils l'exécuterent avec cette cruauté dont leur avide politique avoit fait usage dans les Pays-Bas, en Italie & dans les Indes. La religion servit encore ici de prétexte à la perfidie. Dans la plus grande partie des *Ligues* la réformation avoit été adoptée; dans les provinces sujettes elle avoit fait moins de progrès. Le nombre de ses partisans, s'étant accru, & se sentant appuyés, ils demandoient une école publique à Sondrio, chef-lieu de la Valteline. Le zele des catholiques, fomenté par les Espagnols, fit résistance. Les suites de cette querelle occasionnerent l'établissement d'une commission extraordinaire criminelle, dont la sévérité fit dégénerer les murmures en violences.

Par une suite de ces fréquentes & malheureuses expéditions en Lombardie, le relâchement s'étoit introduit dès long-tems dans les divers Etats de la Suisse; les pensions avoient corrompu une partie des magistrats; l'apas du butin & l'habitude des enrôlemens momentanés avoient introduit l'indocilité chez les peuples. Ces effets furent plus sensibles & plus durables dans les gouvernemens populaires, où l'autorité publique étoit plus précaire. L'excès du mal fit recourir chez les Grisons à un remede extrême, à l'établissement des commissions pénales extraordinaires; *Straf-Gerichte*. Ce moyen violent livroit souvent le parti le plus foible à l'oppression du plus fort, & provoquoit les vengeances & les révolutions. Ces secousses devenoient d'autant plus fréquentes & plus fortes que la nation se trouvoit partagée en factions; des citoyens puissans s'étoient vendus aux intérêts des Espagnols, des Vénitiens, des François. Les familles de Salis & de Planta étoient à la tête de partis opposés.

Le marquis de Fuentes, gouverneur du Milanois, avoit fait construire un fort sur le bord du lac de Como & fur la frontiere de la Valteline. Cette entreprife occafionna déjà une très-grande fermentation dans le pays. Un Planta, menacé par le parti contraire, introduit des troupes Autrichiennes dans le territoire de la ligue des Dix-Droitures. Par cette hoftilité il irrita fes propres partifans; fon château fut pillé & une commiffion extraordinaire févit contre lui. En même tems une femblable commiffion pourfuivoit dans la Valteline, ceux qui s'étoient oppofés à l'établiffement d'une école réformée. L'occafion fut faifie par le fanatifme fourdement excité. Le 20 Juillet 1620, les catholiques zelés firent dans la Valteline & dans le comté de Bormio, un maffacre général des réformés & de leurs fauteurs. En même tems que les Grifons des deux cultes fe réuniffoient pour tirer une vengeance éclatante de cette perfidie, les Efpagnols fourniffoient des fecours aux provinces révoltées.

Bien loin de parvenir à punir une révolte accompagnée de faits auffi atroces, ou feulement à faire rentrer les rebelles dans leur devoir, les *Ligues*, par les fuites de cette guerre, moitié civile moitié étrangere, fe trouverent, pendant une quinzaine d'années, dans la plus grande confufion, & près de voir leur confédération entierement diffoute. La politique efpagnole méloit toujours dans cette querelle injufte l'intérêt de la religion. Ce prétexte, par la défiance qu'il entretenoit entre les cantons, tenoit en fufpens leur zele pour l'intérêt de la liberté & leur fidélité envers des alliés opprimés ; ils n'agissoient que mollement ; ils se laissoient amuser par des négociations inutiles, dans une occasion où leurs ancêtres eussent agi avec une valeur respectée. Les troupes Autrichiennes s'emparerent du pays des Dix-Droitures & de la ville de Coire. Si les Grisons eurent quelques retours heureux, ils ne furent que passagers, & les revers étoient toujours accompagnés de nouvelles violences. Enfin, après plusieurs projets de traités ou simulés ou sans exécution, la position des grandes puissances décida du sort de la Valteline & des Grisons. La maison d'Autriche, pressée par les Suédois, fut obligée de rappeller la plus grande partie de ses troupes ; le duc de Rohan, avec quelques régimens François & Suisses, dissipa le reste en 1635, & parvint à chasser les Espagnols de Bormio, de Chiavenna & de la Valteline. Il ne remit cette derniere province aux *Ligues* qu'en 1637 ; cet acte de justice ou de nécessité lui valut la disgrace de sa cour. Ainsi les affaires des Grisons furent rétablies sur le même pied qu'en 1617.

En 1649 les communes des Dix-Droitures, sur lesquelles l'Autriche avoit conservé divers droits, s'en racheterent pour le prix de 75000 florins. Par cette convention leur indépendance fut parfaitement consolidée. Une dissention entre les trois *Ligues*, au sujet des prérogatives de la ligue-Caddée dans la direction & l'œconomie intérieure de la confédération générale, fut terminée en 1728 par la médiation des cantons de Zuric & de Berne.

La Rhétie moderne, ou le pays des Grisons, est en général fort élevé & montueux. Il renferme divers vallons, séparés par des gorges & des hauteurs; quelques-uns de ces passages sont fermés par les neiges pendant une grande partie de l'année. Plus on s'avance au midi & plus ces vallons s'enfoncent dans les hautes Alpes, qui se terminent enfin dans des glaciers inaccessibles, ou dans des rochers si élevés, que toute végétation y cesse absolument. Ces deserts occupent même une grande surface. C'est dans ces glaciers que le Rhin, l'Inn & l'Adda, les principales rivieres du pays, prennent leur source. On cultive quelques grains dans les vallons & sur les coteaux les moins rapides; cependant, même avec le secours des provinces sujettes, beaucoup plus fertiles que la Rhétie proprement dite, les Etats de la république ne fournissent des grains, que tout au plus pour la subsistance de la moitié des habitans; on se procure le supplément de la Lombardie. Mais il faut observer que les montagnards en font une moindre consommation que les peuples agricoles; chez quelques-uns même l'usage du pain passe plutôt pour une délicatesse que pour un article de premier besoin. Leur objet principal, tant pour la consommation intérieure que pour le commerce, est le produit des troupeaux, les bestiaux, le beurre & le fromage. Les montagnes fournissent d'excellens pâturages; les vallées produisent des fruits d'arbres & les côteaux des chataignes.

Ordinai-

Ordinairement les pays montueux ſont abondans en métaux, en minéraux, en divers foſſiles & en ſources minérales. On trouve de tout cela dans la haute Rhétie; cependant on n'y voit pas des mines bien riches, & ce pays, comme la majeure partie de la Suiſſe, manque de ſel, qu'il reçoit du Tirol.

Il n'y a dans toute l'étendue de la *Ligue-Griſe* qu'un ſeul bourg entouré de murs; c'eſt Ilanz, où ſe tient tous les trois ans la diette générale des trois *Ligues*. Diſſentis, abbaye de bénédictins, autrefois riche, qui date ſa fondation du ſeptieme ſiecle, eſt ſituée dans le fond d'un vallon fort élevé. L'abbé jouit des honneurs de la mitre; il eſt prince de l'empire; il aſſiſte à la diette particuliere de cette ligue & y donne le premier ſuffrage.

La ville de Coire, le chef-lieu de la ligue-Caddée, forme une petite démocratie civile indépendante. L'autorité ſuprême réſide dans cinq tribus, dans les aſſemblées deſquelles chaque bourgeois a droit de ſuffrages. Dans chaque tribu la pluralité décide l'objet de la délibération, & l'accord de trois tribus ſuffit pour une déciſion abſolue. Le grand conſeil des ſoixante & dix, & le ſénat ou conſeil des vingt, ſont compoſés à nombre égal de chaque tribu. On appelle *tribuns*, les préſidens de ces corporations de la bourgeoiſie; ils ſont du nombre des ſénateurs par leur office. Deux bourguemaîtres, dont les fonctions ſont alternatives, deux chefs pour l'œconomie, *Statt-Vogt*, le chef de la juſtice civile y rempliſſent les premieres charges de cette petite république. Depuis la convention de 1710, que la bourgeoiſie de Coire n'accepta point, & qui néanmoins a ſon effet dans les élections, le préſident, le ſecretaire & le waibel, ſont choiſis par les députés des communes aſſemblés dans les diettes particulieres de la ligue ; cependant leur choix eſt aſtreint au corps du ſénat pour la premiere charge & à celui de la bourgeoiſie pour les deux autres emplois.

Autrefois l'évêque de Coire avoit une puiſſance temporelle très-étendue ; mais à meſure que les communes étendirent leurs affranchiſſemens, ſur-tout par l'extinction ſucceſſive de la féodalité & de la nobleſſe, juſqu'à l'époque de la grande confédération, ce pouvoir s'affoiblit par degrés. Les ſouverains du pays ayant été les protecteurs & avoyers de l'évêque, les communes, depuis leur indépendance reconnue, fondent ſur ce titre la prétention d'approuver l'élection de l'évêque & de ſe faire rendre compte de l'adminiſtration des revenus. Une convention de 1541 paroît conſtater ce droit ; cependant, à la faveur d'une protection étrangere, les évêques ont toujours réuſſi à l'éluder. L'évêque de Coire eſt prince de l'empire d'Allemagne, & en conſéquence de ce rang il députe un repréſentant aux diettes de Ratisbone ; il releve de l'archevêché de Mayence. Par la réformation, les deux tiers environ des habitans des trois *Ligues* ſe ſont ſouſtraits à ſon autorité eccléſiaſtique. Ses revenus ont déchu dans la même proportion. Son droit à la co-régence des provinces sujettes se réduit aujourd'hui à une rétribution minime en argent.

Des villages cantonés dans diverses vallées, ou des hameaux ou habitations dispersées dans les montagnes, composent les autres communautés ou membres de cette *Ligue*, ainsi que quelques-unes de celles des deux autres *Ligues*.

De ces trois confédérations, aucune n'a été plus souvent & plus long-tems en danger de perdre sa liberté que celle des Dix-Droitures. Nous avons indiqué plus haut les troubles & les oppressions que ce petit pays a essuyées dans le dernier siecle. La petite ville de Meyenfeld est la seule dans l'enceinte de toute la *Ligue*. Une particularité remarquable est, que cette ville porte le titre & qu'elle est de fait co-régente & sujette. Les *Ligues* acheterent la seigneurie de Meyenfeld des comtes de Soulz en 1509; ils établissent un podesta dans la ville, & la bourgeoisie, dans son tour après les autres communautés, pourvoit à cette charge, ainsi qu'à d'autres emplois publics.

Nous avons parlé des trois petites provinces que les Grisons ont conquises sur les ducs de Milan; le comté de Bormio, la Valteline & le comté de Chiavenna. Le sol de ces pays est plus fertile, le climat incomparablement plus doux, que chez les Grisons même; les premiers ont les hautes Alpes derriere eux au nord & déclinent vers le midi; aussi produisent-ils & d'excellens fourrages dans leurs montagnes & de bons grains dans les vallées. La Valteline ſur-tout eſt abondante en vins fort eſtimés, & dont elle fait un commerce lucratif. Ces provinces jouiſſent de divers priviléges, réſervés encore lors de la reſtitution de 1639. Elles ſont d'ailleurs gouvernées par des magiſtrats nommés par les *Ligues* & qui portent le nom de *capitaines*, *commiſſaires*, ou *podeſtas*. Tous les deux ans la diette des trois *Ligues* députe des ſindics pour entendre les griefs portés contre les juges ou podeſtas, & les ſujets peuvent appeller des ſindics à la diette.

Ces provinces, à cauſe de leur fertilité, ſont auſſi plus peuplées à proportion de leur étendue, que les pays des *Ligues*; on évalue à 150000 ames la population de ces derniers, & celle des premieres à 100000.

Un événement phyſique, arrivé en Septembre 1618 dans le comté de Chiavenna, mérite d'être ici rapporté. Au pied du mont Conto étoit ſitué le bourg de Plurs, floriſſant par la richeſſe des fonds de terre, par le commerce & par l'induſtrie des habitans, & orné de belles maiſons de campagne. Après des pluies abondantes, tombées vers la fin d'Août, tout-à-coup, par une nuit calme & un tems ſerein, la montagne s'entrouvrit, une ſeule maſſe de terre & de rocs couvrit le village de Schilan, compoſé de 78 focages, & le bourg de Plurs, dans lequel on comptoit cent & trente maiſons, 2430 perſonnes, furent enterrées vives ou écraſées ſous les ruines.

La ressource de la république des Grisons pour sa propre défense consiste en une milice, qui comprend généralement tous les habitans capables de porter les armes. La distribution de cette milice tient de la premiere simplicité de l'ordonnance militaire des anciens Suisses. Elle est partagée en trois divisions; la premiere est composée des volontaires & de la jeunesse; ce n'est que dans le plus grand danger que la derniere division ou l'arriere-ban se met en marche avec les bannieres des trois *Ligues*. Chaque *Ligue* a son chef militaire & ses officiers particuliers. On conçoit que cette milice, pour la défense de la patrie manquera moins de bravoure que de discipline, & qu'elle ne peut pas être bien exercée. Du moins la quantité de troupes dans les services étrangers, avouées par les Etats, fournit des officiers entendus. On fait monter jusqu'à cinquante mille hommes, toute la milice des *Ligues*, en y comprenant les pays sujets. Au défaut de places fortes, les rochers & les gorges étroites pourroient être regardés comme une défense naturelle du pays.

Chez des peuples libres & pauvres, qui ne veulent point se charger d'impôts, les finances de l'Etat ne peuvent qu'être bien modiques. Tout se réduit ici, à-peu-près, à 15500 florins, que produisent annuellement les fermes des péages dans les pays sujets. Cette somme est appliquée aux frais des diettes & à quelques autres dépenses publiques indispensables. Une petite finance imposée à quelques offices publics dans la Valteline, & le produit de quelques petits domaines dans le comté de Chiavenna, servent à défrayer les députés ou visitateurs envoyés dans ces provinces, & à salarier quelques employés des *Ligues*. Les mises ou rétrubutions, que payent ceux qui obtiennent des emplois, sont distribuées au peuple dans les communes, de même que les pensions des puissances étrangéres. Dans ces circonstances où l'Etat prendroit-il les fonds pour des ouvrages publics, pour les chemins, pour les magazins de provision, si nécessaires dans un pays qui ne produit pas assez de bled ? Et si dans de semblables cas, il faut toujours recourir au consentement volontaire des communes, que de retards & de difficultés le démembrement de l'autorité publique ne doit-il point présenter ?

Les familles les plus riches des Grisons trouvent une ressource de fortune dans les services militaires étrangers. L'Etat accorde la permission des recrues pour deux régimens complets, l'un au service de la France, l'autre au service de la république de Hollande ; pour un bataillon à la solde du roi de Sardaigne, & pour quelques compagnies dans les gardes à Versailles & à Naples. Les fabriques se bornent à quelques filatures de coton, à quelques peu de toiles peintes & d'étoffes en soie, & à la fabrique de divers poëles, jattes & tasses, travaillées autour d'une pierre refractaire, appellée *Lavezza*, de couleur tantôt cendrée tantôt verdâtre, qui s'exploite dans le comté de Chiavenna. Outre cela le transport des marchandises d'Italie en Allemagne, qui se fait à dos de mulets ou de chevaux, produit quelques salaires aux paysans placés à portée de ces passages.

Ce n'est que depuis 1763 que le college établi à Coire par les Etats des trois *Ligues*, pour l'instruction de la jeunesse, a pris un certain degré de perfection. Huit maîtres y enseignent aujourd'hui les principes des langues mortes & les élémens des sciences. C'est la pépiniere du clergé réformé dans les *Ligues*. Un autre établissement plus moderne & tout aussi utile est celui du séminaire formé d'abord à Haldenstein, baronnie libre de l'Empire, située à une lieue de Coire & soumise seulement à la protection des *Ligues*; depuis transporté à Mascheliinz, autre terre appartenante, ainsi que la premiere, à la famille de Salis. Le succès de cet établissement, entrepris par le zèle de deux simples particuliers, est un exemple pour les autres Etats de la Suisse, qui pourroient l'imiter avec de plus grands moyens.

Quoique la langue allemande soit dominante dans les trois *Ligues*, & qu'elle soit employée dans les chancelleries, une grande partie du peuple se sert, ou d'un Italien corrompu, ou d'un dialecte appellé *ladinum*, dans les constructions duquel on trouve effectivement quelques traces d'un latin vulgaire.

La *Ligue*-Caddée & la *Ligue-Grise* sont alliées de six cantons Suisses, Zuric, Lucerne, Uri, Schwitz, Underwalden & Glaris, dès l'année 1497 celle des Dix-Droitures sollicita d'y pouvoir accéder, en 1567; les cantons se contenterent de lui donner des assurances d'amitié & de la comprendre dès-lors sous le titre général de *bons voisins* & alliez dans leurs adresses aux trois *Ligues*. Ces *Ligues* réunies ont fait diverses alliances, dès le commencement du seizieme siecle, avec les papes, avec la France, avec la république de Venise, & un capitulat ou traité, souvent renouvellé, avec les ducs de Milan. Elle est particulierement unie par des traités d'alliance perpétuelle, avec la république du Valais depuis 1600, avec celle de Berne depuis 1602, & avec celle de Zuric depuis 1707. Vers le commencement de ce siecle, les trois *Ligues* ont fait encore une démarche inutile auprès des cantons, pour être incorporés à la confédération helvétique. Leur indépendance de l'empire d'Allemagne est reconnue & garantie par le traité de Westphalie de 1648; elles sont toujours sous-entendues sous la dénomination générale des *alliés de la Suisse*, & jouissent tant en vertu de ce titre, qu'en conséquence de leur alliance particuliere, des priviléges accordés par la France à toute la nation Suisse.

LIMAT *ou* LIMMAT, une des rivieres les plus considérables de la Suisse. Elle sort de la Limmeren-Alp du canton de Glaris, sur la frontiere des Grisons. Le Limmerenbach reçoit le Sundbach, & il prend alors le nom de *Lint*, lequel il conserve jusqu'à son embouchure dans le lac de Zuric, malgré toutes les eaux qu'il reçoit le long de son cours. A sa sortie du lac, la Lint prend le nom de *Limmat*, partage la ville de Zuric en deux parties inégales; elle va à Baden & se perd dans l'Aar près de Vogelsang. Cette riviere étant navigable au moins entre Zuric & Baden, on en tire une grande utilité pour faciliter le commerce intérieur du pays, quoique la navigation soit assez dangereuse surtout entre Fahr & Wettinguen: inconvénient auquel il seroit aisé de remédier.

LITTAU & MALTERS, bailliage du canton de Lucerne en Suisse; il appartenoit au monastere de Murbach, ensuite à la maison d'Autriche, & dès-là tant par achat que par conquête au canton de Lucerne. Le baillif réside en ville, & sa préfecture ne dure que deux ans.

A Saint-Jost il y a une belle église, & un pélérinage très-fréquenté. On a trouvé dans le voisinage de *Littau* en 1574, près de 1200 bractéates, qui ont été remises au souverain.

LIVENEN, *vallée de*, vallon fort étroit au pied du S. Gothard, ayant près de huit lieues en longueur, arrosé sur-tout par le Tesin & par nombre d'autres rivieres, aussi y a-t-il une quantité de petits lacs. C'étoit le siege principal des Lepontii, & déjà alors il étoit de grande importance; aussi remarque-t-on beaucoup de tours placées pour défendre ce passage de l'Allemagne en Italie. On y remarque aussi des restes d'édifices romains. Dans le XIII siecle, ce pays appartenoit aux évêques de Vercelli; le chapitre des chanoines de Milan leur succéda. Ceux-ci fatigués par les guerres & les difficultés que leur éleverent les Suisses, céderent leurs droits à Philippe Marie Sforzia, duc de Milan. Celuici ceda le pays en 1441 au canton d'Uri: Blanche Marie, sa veuve, & Galeace Sforzia son fils confirmerent cette cession, & le chapitre de Milan céda aussi tous ses droits au même canton. Cependant Galeace Sforzia tâcha en 1477 de se remettre en possession de cette terre, mais il fut battu à Giornico, & il abandonna de nouveau toutes ses prétentions par un traité conclu en 1479. Depuis ce tems, le canton d'Uri y entretient un baillif qui réside à Faido & qui se change tous les quatre ans. Les habitans ont causé dans le siecle présent quelques inquiétudes à leur souverain; gouvernés avec trop de rigueur, ils se révolterent en 1713, & ils furent assez heureux d'obtenir des priviléges très-considérables; mais dans une nouvelle révolte, en 1755, ils perdirent non-seulement ces avantages, mais encore leurs anciens priviléges; tous les cantons, pour ainsi dire, ayant armé pour réduire les mécontens à l'obéissance. A cette époque, la forme du gouvernement, les loix, tout fut changé. On les désarma, on leur ôta le droit de chasse, on cassa la magistrature que le peuple avoit le droit d'élire, le baillif fut déclaré seul juge civil, sauf l'appel par devant deux sindics députés du canton, &c.

Dans les affaires eccléſiaſtiques, c'eſt l'archevêque de Milan qui eſt le juge; mais le canton d'Uri a depuis 1487 le droit de nommer aux places de curés & de chapelains. A Faido, il y a un ſéminaire fondé par S. Charles Borromée & ſon frere. Le recteur eſt en même tems vicaire général de l'archevêque dans les bailliages de *Livenen*, Pollenz & Riviera. Il y a un autre ſéminaire tout près de celui-ci, deſſervi par les miſſionnaires de Rho.

Le climat & la fertilité du pays différent beaucoup, ſelon la ſituation: généralement il y a des pâturages très-fertiles & des forêts entieres de chataigniers. Dans la partie baſſe on cultive des grains, & du vin. Le gibier eſt très-abondant dans ce pays.

Les habitans ſont au nombre d'environ 12000: ils parlent un italien corrompu, ils ſont ſobres, robuſtes, pleins de génie, mais indolens. Les chemins ſont fort beaux. On trouve des grenats à douze faces, de la grandeur d'une noiſette, ils ſont très-durs & de belle couleur; des cryſtaux, des eaux minérales, des glaciers ſur les montagnes, &c.

Le pays eſt partagé en huit vicinanze, Airolo, Quinto, Prato, Faido, Chigogna, Chironico, Giornico & di Baſſo. Airolo eſt la plus élevée de toutes: Faido eſt la capitale; Giornico eſt fameux, en ce que ſix cents Suiſſes y battirent, en 1478, à plate coûture l'armée Milanoiſe, forte de 15000 hommes. On conſerve encore à Giornico une partie de l'artillerie qu'on avoit priſe dans cette bataille. Polleggio étoit la place marquée pour y décider amiablement, ou par des juges, les contestations qui pouvoient s'élever entre les Suisses & les Milanois.

LOCARNO, en allemand *Luggarus*, un des quatre bailliages que les cantons Suisses possedent en commun en Italie. Celui d'Appenzell en est seul exclu, puisqu'il n'a été reçu dans la confédération helvétique qu'après leur conquête. Les Suisses ayant rétabli Louis Sforze dans son duché de Milan, il leur céda ces bailliages par reconnoissance en 1512. François I roi de France, confirma cette cession en 1516 comme duc de Milan, & les Suisses en sont en possession depuis ce tems-là. Ils les font gouverner par des baillifs pris à tour dans les cantons, & dont la préfecture dure deux ans. Nous parlerons de chacun d'eux à leur place.

Celui de *Locarno* a six lieues de longueur sur une de largeur. Les parties montagneuses sont riches en pâturages. Les vallons produisent quelque peu de froment, des chataignes & beaucoup de fruits. Les environs du lac Majeur sont très-fertiles en vins, en grains, en fruits & en meuriers blancs. Les paysans élevent beaucoup de vers à soie.

La population va à 30000 ames ou environ. Les habitans sont soumis à l'évêque de Come pour les affaires ecclésiastiques, à l'exception de Brisago qui est sous le diocese de l'archevêque de Milan.

La réformation prit d'abord faveur dans ce pays, sur-tout à *Locarno*; mais en 1555 les réformés en furent expulsés par les cantons catholiques qui avoient la pluralité des voix pour eux. Nombre de familles furent forcées de quitter leur patrie au gros de l'hyver & de s'établir chez les Grisons, à Zuric, à Berne, à Bâle, &c. Plusieurs de ces familles fleurissent encore dans ces villes, surtout les Muralti, les Orelli & les Pestalozzi, &c.

Le baillif a le titre de *commissaire*. Son pouvoir est extrêmement étendu. Il décide seul de toutes les causes civiles & criminelles. Les adjoints, peut-être par abus, n'ont que la voix consultative, excepté dans le cas de crimes dignes de mort; alors le baillif n'a que le droit de grace, mais il y a appel de ses sentences par devant les députés que chaque canton envoye annuellement dans le pays; il y a encore appel de ce sindicat par-devant les cantons mêmes.

Toutes les causes civiles se jugent en allemand, quoique l'italien soit la langue du pays.

Le bailliage a un conseil de vingt-une personnes. Celui-ci a soin des affaires générales du pays, du prix des denrées, poids & mesures, des affaires de santé, des chemins & d'autres dépenses publiques. Le bourg de Brisago, la Riviera di Gambarogno & le val Verzasca n'y envoyent point de députés que lorsqu'il s'agit du pays en général. Ils ont leur propre justice, de laquelle il y a appel par-devant le baillif. Ils ne concourent pas non plus avec le pays pour les impôts, ils les payent séparement.

Locarno eſt un bourg très-grand, bien bâti, dans une ſituation riante. Au VIII ſiecle il appartenoit à l'évêché de Come. Il paſſa ſucceſſivement entre les mains des Muralti, des Viſconti, & des Ruſca. Les fortifications qu'il y avoit ont été raſées par les Suiſſes. Les habitans ſont partagés en nobili, en terrieri & en cittadini. Il y a un chapitre avec un archiprêtre & huit chanoines. Quatre d ces places ſont à la nomination des familles qui les ont fondées, les autres à celle du pape. Nous paſſons d'autres monaſteres ſous ſilence. A Aſcona il y a un college pour l'éducation des jeunes gens, fondé au XVI ſiecle par Bartholomeo Pappio. Les archevêques de Milan en ſont les inſpecteurs; quoique cet endroit ſoit du dioceſe de Come. Dans le val Onſernone il y a des bains chauds peu fréquentés. Briſago jouit de priviléges particuliers, par la ſage conduite de leurs ancêtres. Ils ſurent ſi bien ſe conduire, que dans le partage de ces bailliages, ils furent tout-à-fait oubliés, & ne furent adjugés à perſonne. En 1520 ils ſe ſoumirent volontairement aux douze cantons, qui leur accorderent pluſieurs franchiſes. Ils ont leur propre juſtice, dont il y a, à la vérité, appel par devers le baillif, mais celui-ci eſt tenu d'aller à Briſago même pour y juger le cas.

Ils choiſiſſent leur podeſta qu'ils ſont obligés de prendre dans la famille des Orelli. Celui-ci avec trois conſoli nommés pareillement par la communauté, forment la juſtice. Le bourg eſt grand, bien peuplé, & il y a de beaux bâtimens. La Riviera di Gambarogno a aussi sa propre justice.

LOCLE, *le*, Mairie du pays de Neuchâtel, dans les montagnes du comté de Valangin, aux frontieres du comté de Bourgogne, & des mairies de la Sagne, de Rochefort, des Brenets & de la Chaux-de-fond. Dans sa plus grande longueur on lui donne 2 lieues & demie d'étendue, & dans sa plus grande largeur ou lui en donne une. C'est la seconde des jurisdictions du comté de Valangin; c'est la plus considérable de toutes ses paroisses; & le village du *Locle*, qui en est le siege, passe pour le plus ancien des montagnes de ce comté. L'on en place l'origine à l'année 1303, & l'on en fait honneur à un paysan de Corcelles, nommé *Droz*, qui pere de quatre fils robustes & laborieux comme lui, entreprit avec eux, sous le consentement, l'approbation & la protection de Jean & Thiery d'Arberg, seigneurs de Valangin, les premiers défrichemens que l'on eut vus dans ces montagnes. La nature du lieu pouvoit bien en effet avoir été jusques alors rebutante pour l'humanité. Des monts & des abîmes, des bois & des marais, des rochers & des précipices, des hyvers de 7 à 8 mois de durée, & des bêtes sauvages en grand nombre sans doute, voilà quels étoient les objets caractéristiques de cette portion de la contrée : jusques alors d'ailleurs le pays avoit été sous l'obéissance d'un gouvernement féodal; & l'on sait de combien peu de bonnes choses l'on étoit capable sous un tel gouvernement. L'on ſait que c'étoit bien aſſés pour les peuples d'en avoir les rigueurs à ſupporter, ſans aller affronter encore celles de la nature : de tout tems, & en en tout lieu, pour chercher à braver celles-cy, il fallut un certain courage, un certain génie, une certaine liberté d'eſprit; & de tout tems & en tout lieu, l'effet ordinaire de celles-là, fut d'oter ce courage, de refuſer ce génie, & d'anéantir cette liberté. Mais enfin, en dépit du climat & du ſol, & ſous les auſpices de la vigueur & de la conſtance, le *Locle* fut fondé dans les montagnes occidentales de l'Helvétie, vers le tems à peu près, où, en dépit de l'empereur & de ſes vaſſaux, & ſous des auſpices que la poſtérité reſpectera toujours, la république des Suiſſes fut fondée dans les montagnes orientales de la même contrée. S'il n'y eut pas entre ces deux événemens parité d'importance, comme il y eut identité de date, il y a aujourd'hui en faveur du premier une ſorte de plaiſir, une ſorte de ſatisfaction, à le comparer au ſecond: l'Etat moderne du *Locle* eſt ſi floriſſant, que s'il fait oublier au premier coup d'œil l'apreté de ſon local, il invite néceſſairement par réflexion, à ſonder ſon origine, & à lui trouver de toutes parts, s'il eſt poſſible, des rapports qui l'honorent. Le bien-être d'un lieu d'habitation quelconque eſt d'une eſpèce ſi relevée, que nous n'en ſaurions prendre connoiſſance ſans en aimer l'hiſtoire, ſans nous livrer même avec une ſorte de paſſion à la croyance de tout ce qui peut l'illuſtrer ;

&

& la raiſon en eſt écrite au fond de tous les cœurs ; c'eſt de nos ſemblables qu'il s'agit, de nos ſemblables dans un état de bonheur, dans un état dont nous partageons la jouiſſance, ou dont nous eſpérons la poſſeſſion; & il eſt à abſerver qu'en cas pareil nos affections ſe déployent à proportion de la grandeur des objets : nous ſommes bien plus vivement touchés de la proſpérité d'un village ou d'un bourg, que des avantages d'un hameau ; & le bien réel de celui-ci à ſon tour, nous intéreſſe bien autrement que l'imaginaire félicité d'un ermitage.

Le *Locle*, compoſé du village de ſon nom, & des quartiers appellés la *Jaluſe*, le *Dazenel*, les *Combes*, les *Roches*, les *Eplatures* &c. le *Locle*, dis-je, eſt peuplé d'environ 3000 ames; Le village en comprend un peu plus du quart : il eſt baigné d'une eau courante, que l'on nomme le *Bié*, & il eſt entouré de hauteurs, dont les diverſes pentes ſont, ou cultivées en grains & en fourrages, ou bien entretenues en nature de forêts. Le temple paroiſſial eſt dans ce village; c'eſt un édifice moderne, vaſte, ſolide, & ſurmonté d'une tour qui porte les cloches les plus ſonores du pays. Dans ce village encore on trouve des maiſons, des fontaines & un pavé, qui pourroient embellir bien des villes. Il s'y tient chaque ſemaine un gros marché public; & il y a des foires annuelles, fameuſes par la quantité de chevaux entr'autres & de bêtes à cornes que l'on y débite. Toute l'année d'ailleurs il ſe fait dans le lieu, un commerce immense de dentelles au fuseau, d'orfévrerie, d'horlogerie, de coutellerie, d'ouvrages en émail, en fer, en acier, &c. & le tout travaillé par les habitans même. Il y a dans le quartier appellé *Combe-Girard*, des eaux minérales à qualité ferrugineuse; & à demi lieue du temple, dans l'endroit appellé *sous les Roches*, l'on a hardiment pratiqué sous terre, pour tirer parti de certaines eaux qui s'engouffroient à pure perte, des rouages employés à la mouture des grains & au sciage des bois. Un curieux ne descend point sans frémir au fond de ces moulins; & il n'en sort pas non plus, sans en avoir admiré la construction & sans en bénir l'usage.

A l'ombre des franchises & priviléges du pays de Valangin, & à la faveur du gouvernement juste & doux que l'on y reconnoit, la population, l'industrie, l'aisance, l'opulence même, distinguent le *Locle* d'une façon particuliere. Les mariages y sont fréquens, les familles nombreuses, les entreprises multipliées, les affaires du négoce bien conduites, & les agrémens de la société recherchés sans fatigue, & goûtés sans fadeur, autant le terroir y paroit pauvre en productions végétales, autant les esprits y semblent riches en ressources ingénieuses : il y règne une activité qui doit surprendre quiconque s'imagine, qu'au centre des montagnes, au pied des sapins, & sous un ciel très-souvent obscurci par les nuës, & longuement éclipsé par les neiges, l'on ne puisse vivre qu'à la maniere des renards ou des marmottes : mais cette même activité doit emporter les suffrages de quiconque sait voir comment au *Locle*, l'intelligence, la diligence & le labeur des habitans, correspondent aux vues du prince & du bon sens; comment il est faisable, que par une sage combinaison des loix avec la liberté, les loups & les ours, qui, jadis habitoient le *Locle*, y soient aujourd'hui remplacés par des hommes pleins de lumieres, de politesse & de dextérité; par des hommes versés dans l'histoire naturelle, habiles dans l'exercice des arts, profonds dans la science des méchaniques, enclins & propres à la profession des armes, & non moins jaloux enfin de leurs droits, us & coutumes, qu'ardens à former, perfectionner & maintenir au milieu d'eux, des établissemens de police, de bénéficence & de générosité, exemplaires, on peut dire pour bien d'autres lieux plus célebres.

Le tableau intéressant que l'on vient de donner du *Locle*, peut s'appliquer, pour la plus grande partie, aux habitans des montagnes de Neuchâtel, & spécialement à ceux du beau & riche village de la Chaux-de-fonds.

LOEHNINGEN, bailliage du canton de Schaffousen, en Suisse, acquis par ce canton en 1529 & en 1540, tant du monastere de Paradis, que de la famille Trullerey. Le canton y établit un baillif pris dans le petit conseil & qui n'est pas tenu à résidence.

LOICHE, en allemand *Leuck* ou *Leugg*, un des sept dizains du Valais, très-fertile en pâturages, en champs & en vignes. Il mérite toute l'attention d'un curieux, par la Gemmi, montagne des plus considérables, par les travaux qu'on y a faits, par les bains dont nous parlerons & par plusieurs autres productions de la nature.

Les bains de *Loiche* communément dits les bains du Valais sont très-chauds. On y vient de loin pour s'en servir, sans craindre le chemin, souvent suspendu au-dessus des précipices les plus affreux, ni l'incommodité du séjour dans un endroit où on ne se pique pas de propreté. Il y a beaucoup de sources, on les boit & on s'y baigne; ses vertus les mieux constatées sont, de fortifier l'estomac & toutes les parties du corps, de guérir les hypocondres, les maux hystériques, les ulceres invéterés, les paralysies & plusieurs especes de maladies chroniques.

LUCERNE, nom d'un des treize cantons ou républiques confédérées des Suisses, & de la ville capitale de ce canton. La situation de cette ville, dans un lieu, où une riviere navigable sort d'un lac assez étendu, fait présumer qu'il dut s'y former un établissement de pêcheurs & de batteliers, aussi bien que de cultivateurs, si-tôt que la population des pays voisins put fournir la matiere de quelques échanges. Cette riviere s'appelle la *Reuss*. Le lac d'où elle débouche est nommé le *lac des quatre Waldstætt* ou cantons forêtiers, qu'il ne faut pas confondre avec les quatre Waldstätt ou villes forêtieres sur le Rhin; il s'étend, sous une forme très-irréguliere, entre les confins des cantons de *Lucerne*, de

Schwitz, d'Uri & d'Underwalden. Comme dans sa majeure partie il est bordé par de très-hautes montagnes, sa profondeur est proportionnée à l'élévation de ses bords. On fait dériver le nom de *Lucerne* d'un phare, qu'on suppose avoir été établi au haut d'une tour très-ancienne, fondée au milieu des eaux.

Quelle que puisse être l'antiquité de la ville de *Lucerne*, elle doit incontestablement ses premiers accroissemens à l'établissement d'un monastere de bénédictins, fondé vraisemblablement dans le VI siecle, soumis à l'abbaye de Murbach en Alsace, & converti en un chapitre de chanoines réguliers vers 1455. A mesure que la ville s'étendit sur les deux rives de la Reuss, on établit des ponts, pour réunir les différens quartiers. C'est une particularité, que dans une ville d'une étendue médiocre, il se trouve trois ponts couverts, pour l'usage des gens à pied; l'un de 500, un autre de 316, & le troisieme de 176 pas géométriques.

Le sort de cette ville, dans le moyen age, a été semblable à celui de la plupart des villes de l'Europe. Son conseil municipal n'exerçoit qu'une police de commune, très-circonscrite; les corps des métiers eurent des priviléges, & le corps général de la bourgeoisie obtint successivement des immunités. Mais toute espece de jurisdiction, & la haute police s'exerçoient dans la ville au nom de l'abbé de Murbach, par des officiers ou juges de son choix; & les nobles des environs étoient la plupart ses vassaux.

Par une réciprocité d'obligation, le monaſtere s'étoit engagé envers la bourgeoiſie de *Luçerne* de ne point aliéner ſes droits ſans leur conſentement. Cependant l'empereur Rodolphe I, occupé du projet de former à ſes fils un patrimoine digne du rang où il venoit d'être élevé, perſuada l'abbaye de Murbach de lui vendre ſa juriſdiction ſur *Lucerne* & ſur d'autres fiefs circonvoiſins. Les petits pays d'Uri, Schwitz & Underwalden, voiſins de *Lucerne*, jouiſſoient de la prérogative du relief direct de l'empire, & ſe refuſerent avec fermeté aux ſollicitations du duc d'Autriche de ſe reconnoitre ſes ſujets. Albert, fils de Rodolphe I. parvenu à ſon tour à la dignité impériale, voulut forcer ces pays à ſe ſoumettre; les procédés tyranniques de ſes officiers revolterent les peuples; leur union & l'expulſion des baillifs Autrichiens fixent l'époque du commencement de la ligue Helvétique. La victoire de Morgarten de 1315, qui mit le ſceau à la nouvelle confédération, ne pouvoit manquer d'augmenter la défiance des gouverneurs Autrichiens ſur le compte de leurs nouveaux ſujets de *Lucerne*; il eſt à préſumer, que l'exemple & les premiers ſuccès des confédérés invitoient les peuples voiſins à tourner leurs regards ſur les avantages d'une indépendance toujours flateuſe. Las des hoſtilités, auxquelles les expoſoient la rupture ouverte entre les pays ligués & le parti Autrichien, ils conclurent avec les premiers une trève contre le gré de leurs maîtres. Les Autrichiens crurent devoir prévenir les progrès de ce parti; les meſures qu'ils prirent ſourdement ayant été découvertes, les citoyens, après s'être ſaiſis des poſtes, congédiérent le gouverneur, chaſſérent les partiſans des ducs, & entrerent dans la ligue perpétuelle des trois pays. Depuis 1332, la date de cette alliance, ils vécurent en inimitié ouverte avec le parti Autrichien, nonobſtant que les droits des ducs avoient été réſervés dans le traité. Dans l'eſpace de vingt ans la ligue s'accrut juſqu'au nombre de huit cantons, parmi leſquels *Lucerne* eſt le quatrieme en date, & devint le troiſieme en rang.

Sur ces entrefaites cette ville avoit gagné quelques conquêtes ſur les vaſſaux de la maiſon d'Autriche. En 1386 les ducs réſolurent de frapper un coup déciſif. Il y eut un choc ſanglant près de la petite ville de Sempach. La victoire demeura aux confédérés. Léopold d'Autriche reſta mort ſur le champ de bataille avec la fleur de la nobleſſe de ſon parti. La paix de 1389 procura à *Lucerne* l'affranchiſſement entier de la domination Autrichienne; il fut confirmé, & même étendu par l'empereur Sigiſmond, lors du concile de Conſtance.

Nous ne rapporterons pas ici les divers événemens communs à toute la nation Helvétique, auxquels la république de *Lucerne* a été intéreſſée. Ses citoyens & ſujets ont eu part aux dangers & aux ſuccès des diverſes guerres ſoutenues par les Suiſſes; ils en ont partagé la gloire & les conquêtes. Ces faits mémorables ont été déjà indiqués dans quelques articles précédens, & ſeront rapportés dans l'ordre de leurs dates dans l'article SUISSE.

Le ſchiſme politique, occaſionné par le ſchiſme ſur les dogmes, a donné à l'Etat de *Lucerne*, comme au plus ancien des cantons qui ſont demeurés attachés à l'égliſe de Rome, le premier rang dans les diettes particulieres des Suiſſes catholiques. Les récès, les actes & diplomes publics, la correſpondance avec les puiſſances étrangeres dont ce parti a recherché l'appui ou accepté l'union, tous ces titres & écrits ſont dépoſés à *Lucerne* de la même maniere que la chancellerie générale du corps helvétique eſt fixée à Zuric. Dans les brouilleries entre les huit anciens cantons, occaſionnées par les progrès de la réformation dans des bailliages indivis entre ces cantons, & par les querelles entre les abbés de S. Gall & le peuple de Toggenbourg, & qui éclaterent dans les années 1529, 1531, 1656 & 1712, l'Etat de *Lucerne*, uni avec les trois cantons ſes plus anciens alliés & avec celui de Zug, contre les cantons de Zuric & de Berne, fut obligé de fournir preſque ſeul les munitions, & de ſupporter les plus grands frais.

On a lieu d'eſpérer que ces querelles ne ſe réveilleront plus. Les objets douteux qui en furent le prétexte ſont fixés par des traités; les préjugés de partis & de ſectes s'affoibliſſent chaque jour davantage; d'ailleurs la politique doit ramener *Lucerne* à une union plus ſtable avec les ariſtocraties voiſines. Cet intérêt doit ſe faire mieux ſentir, après l'expérience des divers mouvemens intérieurs éprouvés par la république ; dans ces momens de crise, l'attrait d'une indépendance égale à celle des peuples des Etats démocratiques voisins, présenté aux communes par des citoyens mécontens, peut augmenter les embarras du gouvernement & la fermentation des esprits. En 1477, & depuis dans la mutinerie assez générale des paysans en 1652, quelques sujets de l'Etat de *Lucerne* se révolterent ; ils furent désarmés, & des bourgeois convaincus d'avoir encouragé cette levée de boucliers, reçurent le châtiment mérité. Encore de nos tems, en 1764, fut découverte une trame de quelques citoyens contre l'Etat ; le gouvernement, inquiet sur les suites, avertit les Etats de Zuric, Berne, Fribourg & Soleure, de se préparer à protéger sa constitution, en vertu de la garantie réciproque énoncée dans les traités d'alliance. Les préparatifs de ces Etats aristocratiques pour secourir au besoin le gouvernement de *Lucerne*, mirent celui-ci à même de sévir sans crainte contre les coupables. Depuis cette époque le gouvernement entretient une garde de 150 hommes dans la ville.

Le canton, ou le pays sujet à la ville de *Lucerne*, peut avoir, dans sa plus grande largeur ou longueur, dix à onze lieues communes. On en estime la population à cent mille ames, & on assure, qu'avant trois siecles environ, elle n'alloit qu'à la moitié de ce nombre. Nous ne savons si ces faits sont appuyés sur des preuves bien constatées.

La partie méridionale du pays eſt montueuſe, toutefois ſans qu'elle renferme ni des glaciers ni de grandes étendues de rocs & de cimes ſtériles; elle eſt, au contraire, abondante en bois & en pâturages, & fournit au commerce d'exportation des fromages & des beſtiaux. On trouve dans cette partie des ſources minérales; divers minerais & foſſiles. De toutes les montagnes du pays, le mont Pilate, au pied duquel eſt ſituée la ville de *Lucerne*, eſt célebre, tant par des traditions populaires, que par des relations un peu enflées des curioſités qu'elle préſente. Elle forme un promontoire, rélativement aux diſtricts de la Suiſſe qui s'ouvrent en plaines, & par cette circonſtance ſa cime offre une vue ſingulierement étendue, ſur des pays riches & bien cultivés.

Toute la partie ſeptentrionale du canton de *Lucerne* eſt d'un ſol fertile en grains, en fruits & en fourrages. Ses récoltes, année commune, ſuffiſent pour le beſoin des habitans; mais comme les montagnards de divers cantons voiſins viennent ſe pourvoir de bled au marché de *Lucerne*, il faut que la ville tire d'autres parties de la Suiſſe, & même le plus ſouvent de l'Alſace ou de la Suabe, cet excédent de conſommation ou de commerce. C'eſt auſſi du marquiſat de Baden & de l'Alſace que les Lucernois tirent les vins qui manquent à leur pays. On évalue à 200000 ce ſeul objet d'importation annuelle. La France & la Baviere leur fourniſſent les ſels, ainſi qu'à la majeure partie de la Suiſſe. Les manufactures du pays se réduisent à quelques filatures de soie ou de coton.

Le gouvernement de *Lucerne* a tant de ressemblance avec ceux des autres cantons aristocratiques, que nous pouvons nous borner à une notice générale, sans nous appesantir sur des détails. Le pouvoir souverain réside dans un conseil de cent personnes, choisies dans le corps de la bourgeoisie. Trente-six conseillers, pris du nombre des cent, forment le sénat ou conseil étroit. Il est partagé en deux divisions égales, qui se remettent l'une à l'autre l'administration tous les six mois; on les appelle *la division* ou *le côté d'été*, & *la division* ou *côté de l'hyver;* parce que l'une releve l'autre aux deux fêtes de S. Jean, après le solstice de l'été & celui de l'hyver. La division qui sort de charge n'est pas esclue des assemblées pendant le semestre suivant, mais celle qui rentre y est obligée par serment. C'est la division qui sort, à laquelle compête le grabaut ou la réélection de celle qui succéde; elle complette aussi les places vacantes par mort, en choisissant les nouveaux sujets ou dans le grand conseil ou dans le corps de la bourgeoisie. La réélection, ou la confirmation des membres du grand conseil, se fait aussi chaque semestre, par le conseil des cent. Après ces opérations la nouvelle division du sénat prête serment dans la chapelle d'une église, & le grand conseil sur l'hôtel de ville. La bourgeoisie est aussi appellée, chaquefois, à renouveller le serment de fidélité au gouvernement.

Il faut, pour pouvoir prétendre aux charges, être citoyen né dans le canton ou au service de la république. Une loi expresse interdit au pere & au fils, ou à deux freres, de pouvoir sieger, dans le même tems, dans un même corps de conseil; l'un cependant peut être du grand conseil pendant que l'autre siege au sénat; il est assez ordinaire, qu'après la mort d'un sénateur le fils ou le frere lui succede; il suffit d'avoir vingt ans accomplis pour être éligible. L'entrée dans le sénat donne le patriciat à la personne & à ses descendans, & ce titre de noblesse est reconnu dans l'ordre de Malthe.

Les premieres dignités de l'Etat sont celles des deux avoyers; elles sont à vie. Chaque avoyer préside, pendant six mois, à la division du sénat qui est en fonction, & pendant le même tems aux assemblées du grand conseil. Le conseiller le plus âgé, dans chaque division, porte le titre de *statthalter* ou *lieutenant de l'avoyer*. Après ces magistrats, le trésorier, les deux *panner-herren* ou porte-bannieres, le *venner* ou banneret y sont les officiers les plus distingués de l'Etat.

Le grand conseil est le juge criminel en dernier ressort. La justice civile, la régie des biens des pupilles, l'administration de l'œconomie publique & des différens départemens de police civile & militaire, &c. sont confiés à divers comités, subordonnés aux conseils. La bourgeoisie est divisée en quartiers & en tribus; mais cette répartition n'a rien de relatif à la constitution & à la forme du gouvernement. Cette bourgeoisie n'est pas nombreuse; par-là même le nombre des familles, qui participent aux charges & aux honneurs dans l'État, est assez limité. On ne compte pas au-delà de trois mille ames dans la ville de *Lucerne*; les religieux & autres ecclésiastiques y sont à proportion trop nombreux.

Tout le canton est divisé en quinze bailliages. Les baillifs sont choisis en partie dans le sénat, en partie dans le grand conseil. Trois seulement de ces baillifs résident sur les lieux; les autres demeurent chez eux dans la capitale.

Les lieux les plus remarquables sont la petite ville de Sempach, située sur les bords d'un petit lac. Ses champs sont devenus célebres par la bataille de 1386. Le duc Léopold d'Autriche, au milieu d'un bataillon serré de ses gens d'armes à pied, y présentoit aux troupes des confédérés un front impénétrable, quand le célebre Winkelried, originaire d'Underwalden, se dévouant pour la patrie, saisit autant de piques qu'il en put embrasser, & s'appuyant sur leurs pointes, ouvrit avec son corps une brêche, par laquelle les Suisses pénétrerent dans les rangs des ennemis; avec leurs armes pesantes ils hacherent en pieces tous ceux qui oserent tenir ferme. Léopold, de son côté, refusa de quitter le champ de bataille, & périt les armes à la main.

Willisaw est le lieu du canton le plus considérable après la capitale. Cette ville jouit de diverses immunités; on y trouve l'aisance que la culture peut procurer, sans le secours des arts & du commerce.

S. Urbain, monastere de l'ordre de Citeaux, & Munster, chapitre de chanoines reguliers, sont les deux fondations les plus riches de ce canton, où l'on trouve beaucoup d'autres monasteres bien dotés.

Toute la milice du canton est partagée en cinq brigades d'infanterie, & chaque brigade en cinq bataillons, de six cents hommes. La brigade a son état major; chaque bataillon un capitaine & plusieurs officiers subalternes. La premiere division d'un bataillon, commandée pour marcher au premier ordre, est de 225 hommes; les augmentations se font par piquets de cinquante hommes par bataillon. La cavalerie ne consiste qu'en trois compagnies de dragons, & le corps d'artillerie est composé de cinq compagnies. L'arsenal de *Lucerne* est, à proportion de cette milice, assez bien fourni; la plupart des canons sont de nouvelle fonte.

C'est à *Lucerne* que réside le nonce du pape. Sa présence a souvent fait naître des embarras; lorsque des nonces, fâchés de leur inaction, ont voulu se mêler avec trop de chaleur de la police ecclésiastique dans le pays, le gouvernement a toujours soutenu ses droits avec fermeté.

Au reste l'Etat de *Lucerne* a part, non-seulement à tous les gouvernemens indivis des anciens cantons, & à toutes les alliances de la nation Suisse avec d'autres puissances, & aux priviléges qui en sont le fruit, mais particulierement aux traités & engagemens des Etats catholiques de la Suisse avec les Etats voisins.

Cette république n'a pas de grands revenus. Les plus grandes ressources même des maisons patriciennes consistent, dans des fidei-commis, dans le service militaire étranger, dans l'état ecclésiastique pour les cadets de famille, & dans les charges publiques. En général l'industrie a fait beaucoup moins de progrès chez les Suisses catholiques, que chez les Suisses protestans. Mais on doit s'attendre de voir diminuer de jour en jour les obstacles qu'un faux zele opposoit aux progrés des lumieres. Les sciences, & à leur suite les arts & l'activité, se répandront partout, où de meilleures institutions auront perfectionné l'éducation de la jeunesse. La preuve la plus sûre d'un gouvernement sage & modéré, c'est l'accroissement de la population & l'aisance du peuple; & cette preuve existe dans les Etats de la république de *Lucerne*.

Fin du Tome premier.

www.ingramcontent.com/pod-product-compliance
Lightning Source LLC
LaVergne TN
LVHW011253110826
845149LV00001B/116
9782013524582